Energie als Menschenrecht

Studien zum Internationalen, Europäischen und Öffentlichen Recht

Herausgegeben von Eibe Riedel

Band 28

PL ACADEMIC RESEARCH

Dennis-N. Warman

Energie als Menschenrecht

Ein Recht auf Zugang zur Grundversorgung mit Energie als Menschenrecht nach dem Internationalen Pakt über wirtschaftliche, soziale und kulturelle Rechte

PL ACADEMIC RESEARCH

Bibliografische Information der Deutschen Nationalbibliothek
Die Deutsche Nationalbibliothek verzeichnet diese Publikation in der Deutschen Nationalbibliografie; detaillierte bibliografische Daten sind im Internet über http://dnb.d-nb.de abrufbar.

Zugl.: Mannheim, Univ., Diss., 2016

D 180
ISSN 1430-5380
ISBN 978-3-631-67440-6 (Print)
E-ISBN 978-3-653-06882-5 (E-PDF)
E-ISBN 978-3-631-69984-3 (EPUB)
E-ISBN 978-3-631-69985-0 (MOBI)
DOI 10.3726/978-3-653-06882-5

PL Academic Research ist ein Imprint der Peter Lang GmbH.

Peter Lang – Frankfurt am Main · Bern · Bruxelles · New York · Oxford · Warszawa · Wien

Diese Publikation wurde begutachtet.

www.peterlang.com

Vorwort des Autors

Die Arbeit wurde im März 2016 abgeschlossen und von der Universität Mannheim als Dissertation angenommen.

Von ganzem Herzen danken möchte ich Herrn Professor Dr. Eibe Riedel für die intensive und engagierte Betreuung der Arbeit sowie für die inspirierenden Gespräche und Hinweise. Weiterhin danke ich Herrn Professor Dr. Hans-Joachim Cremer, der die Arbeit als Zweitgutachter betreut hat und durch den ich erst an die Universität Mannheim gekommen bin.

Mein Dank gilt auch Herrn Professor Dr. Volker Epping, der es mir durch die Beschäftigung an seinem Lehrstuhl ermöglichte, die Infrastruktur der juristischen Fakultät in Hannover zu nutzen.

Danken möchte ich außerdem meinen Eltern, die mich während meiner gesamten Ausbildung unterstützt haben und mir die Anfertigung meiner Dissertation erst ermöglicht haben. Zum Schluss gilt ein ganz besonderer Dank Saskia. Durch ihren Glauben an mich hat sie wesentlich zum Erfolg dieser Arbeit beigetragen.

Meinen Eltern und Saskia sei diese Arbeit gewidmet.

Der bei der Bearbeitung zugrundegelegte Rechtsstand und der Stand der Literatur ist der 30. März 2016.

Hamburg, im August 2016
Dennis-N. Warman

Inhaltsverzeichnis

Erstes Kapitel: Einleitung und Ausgangssituation

Energie ist eine treibende Kraft, die die Menschheit und alle anderen Lebewesen auf der Erde am Leben erhält. Jedes Lebewesen muss täglich Energie in Form von Nahrung zu sich nehmen, um die lebensnotwendigen Körperfunktionen aufrecht zu erhalten. Der Begriff „Energie" weckt bei den meisten Menschen sofort Assoziationen an moderne Energiequellen wie Strom und Gas. Natürlich geht der Begriff Energie weit darüber hinaus, dennoch ist gerade heute in unserer modernen, technologisierten Gesellschaft ein Zugang zu modernen Energiequellen, wie Elektrizität, von essenzieller Bedeutung.

Der Grundumsatz an Energie eines jungen Menschen liegt im Durchschnitt bei ca. 1673 kcal am Tag.[1] Das heißt, nur um zu überleben, benötigt der Mensch diese Menge an Energie. Jede Tätigkeit und jedes Verhalten, das darüber hinausgeht, lässt den Energiebedarf steigen. Das Thema Energie lässt sich, wie im weiteren Verlauf der Arbeit noch zu sehen sein wird, nicht allein auf die Aufrechterhaltung der Funktionen des menschlichen Organismus beschränken. Mit Beginn der Industriellen Revolution im 18. Jahrhundert, in deren Folge sich die wirtschaftlichen und sozialen Verhältnisse in der Gesellschaft tiefgreifend verändert haben, ist der weltweite Primärenergieverbrauch rapide angestiegen. Spätestens ab diesem Zeitpunkt ist der Mensch nicht mehr nur allein auf die Energie aus der Nahrung angewiesen. So benötigt der Mensch heutzutage Energie im Haushalt um zu kochen und zu heizen sowie für Beleuchtung, den Betrieb von Haushaltsgeräten und Unterhaltungselektronik. Weiter besteht ein enormer Energiebedarf für die Fortbewegung mit dem Auto, der Bahn oder mit dem Flugzeug. Hinzu kommt der Verbrauch an Energie in der Industrie, Gewerbe, Handel und Landwirtschaft für die Herstellung von Produkten, Gütern, Waren und Agrarerzeugnissen sowie die Erbringung von Dienstleistungen.

Wies ein einfacher Mensch, der vor ca. einer Million Jahren lebte, einen Energieverbrauch von ungefähr 2.000 kcal pro Tag (ca. 2,33 KWh/Tag) auf, die nur aus der Nahrung stammte und die er ohne die Benutzung des Feuers zu sich nahm,[2]

1 *Biesalski,* Kap. Ernährung, in: Schmidt, Lang (Hrsg.), Physiologie des Menschen, 30. Aufl., 2007, S 910; Der Grundumsatz eines Menschen wird als morgendlicher Ruheumsatz bei Nüchternheit und Indifferenztemperatur der Umgebung definiert.

2 *Goldemberg,* Development and Energy, in: Adrian J. Bradbrook (Hrsg.) The Law of Energy and Sustainable Development, 2005, S. 37; *Cook,* Man, Energy, Society, 1976.

so betrug bereits im Jahr 1970 der Verbrauch von Energie eines Menschen in den Vereinigten Staaten von Amerika umgerechnet ca. 230.000 kcal pro Tag (ca. 267,49 KWh/Tag).[3] Die Zahlen für die Bundesrepublik Deutschland sind etwas niedriger, aber auch ein Bundesbürger kommt im Durchschnitt auf einen Primärenergieverbrauch von 131 KWh/Tag.[4]

Aus dem enormen Anstieg des Energieverbrauchs der Menschheit in den letzten Jahrzehnten resultieren neue Herausforderungen und Probleme, die zunehmend in den Fokus der Öffentlichkeit treten. Fossile Energieträger wie Erdöl, Gas und Kohle sind nicht unbegrenzt auf der Erde vorhanden. Die Konsequenzen hieraus werden unter den Stichpunkten Energieknappheit und Energiesicherheit diskutiert.[5] Der Zugang zu fossilen Energieträgern besitzt eine enorme strategische und sicherheitspolitische Dimension für die Staaten dieser Welt.[6] Die globale Wirtschaft ist im höchsten Maße abhängig von einer sicheren Versorgung mit fossilen Energieträgern und die Sicherung des Zugangs zu ihnen besitzt höchste Priorität. Verschärft wird diese Lage durch den wirtschaftlichen Aufstieg von Staaten wie China, die immer stärker auf den Zugang zu den begrenzten Ressourcen an fossilen Energieträgern angewiesen sind, um das eigene Wirtschaftswachstum nicht zu gefährden. Konflikte, insbesondere mit den westlichen Staaten, sind somit vorprogrammiert. Als Beispiel für solche Konflikte können hier der Golfkrieg von 1990/1991 genannt werden, in dessen Verlauf das von Saddam Hussein besetze Kuwait durch die Operation „Desert Storm“ befreit wurde, um die dort vorhandenen Ölquellen vor dem Einfluss Iraks zu sichern. Aber auch bei der letzten Invasion im Irak von 2003 bis 2011 wurden zumindest hinter vorgehaltener Hand die Gründe teilweise bei der Sicherung der Energieversorgung gesehen.

Als Konsequenz haben die Menschen seit Jahren mit enorm steigenden Energiepreisen zu kämpfen. Insbesondere der Preis für Rohöl und Gas ist hiervon betroffen, aber auch der Preis für Elektrizität steigt seit Jahren kontinuierlich.

---

3 *Goldemberg*, Development and Energy, in: Adrian J. Bradbrook (Hrsg.) The Law of Energy and Sustainable Development, 2005, S. 38. Die Angabe in kcal/Tag erfolgt, um die Zahlen einfacher vergleichen zu können. Sie bezieht sich nicht allein auf die Nahrungsaufnahme, sondern umfasst sämtliche Aktivitäten eines Menschen, wie den Transport, die Herstellung von Konsumgütern usw.

4 *Jürgen Paeger*, Ökosystem Erde, http://www.oekosystem-erde.de/html/energiegeschichte.html, letzter Zugriff am 08.08.2016.

5 Ausführlich zur Problematik der Energiesicherheit: *Yergin*, Ensuring Energy Security, in: Foreign Affairs (85) 2006, S. 69–82.

6 OECD/IEA, Enregy Outlook 2014, S. 24.

Laut einer jüngst veröffentlichten Studie wird in Deutschland bis zu 300.000 Haushalten jährlich der Strom abgestellt, weil die Stromrechnungen nicht mehr bezahlt werden können.[7]

Ein weiteres Bedrohungsszenario im Zusammenhang mit dem Thema Energie kann dann entstehen, wenn der Zugang zu fossilen Energiequellen als Druckmittel eingesetzt wird, um staatliche Interessen durchzusetzen. Die westlichen Staaten beispielsweise sind sehr zurückhaltend mit Sanktionen gegen Russland als Reaktion auf die völkerrechtswidrige Annexion der Krim, denn Russland droht immer wieder damit seine Gaslieferungen an Europa zu stoppen oder zumindest zu reduzieren.

Der Fortschritt und die Veränderungen im Bereich der Energiesicherheit sind sehr schnelllebig. Aufgrund neuer Technologien und der daraus resultierenden Entwicklung neuer Fördermethoden wie das sogenannte Fracking, bei dem durch die Verwendung von Chemikalien Gas- und Ölvorkommen aus Gesteinsschichten gelöst werden können, deren Förderung vor einigen Jahren noch nicht möglich war, sind die USA mittlerweile auf dem Weg völlig unabhängig von Öl- und Gasexporten aus dem Ausland zu sein.[8] Für die USA verliert damit die Golfregion aus geostrategischen Aspekten an Bedeutung, was wiederum zu einer gewissen Entspannung beim Wettlauf um die Sicherung von fossilen Energieträgern führt. Dennoch sind die damit verbundenen Gefahren nicht verbannt.

Ein Nachteil dieser Entwicklung ist, dass die langfristigen Folgen dieser Fördermethode für die Umwelt noch nicht abzuschätzen sind und zu befürchten ist, dass die Natur dadurch Schaden nehmen wird. Die Zerstörung oder zumindest die Belastung der Umwelt ist ein weiteres Problem im Rahmen der Gewinnung und dem Verbrauch von Energie. Durch den steigenden Energiebedarf steigt der Ausstoß schädlicher Kohlendioxide, die nicht nur der Gesundheit schaden, sondern auch im Verdacht stehen, den Klimawandel mit all seinen Konsequenzen zu verursachen.

Nach aktuellen Schätzungen haben noch immer rund zwei Milliarden Menschen weltweit keinen Zugang zu modernen Formen von Energie.[9] Sie sind

---

7 *S. Schultz,* Energiearmut: Im dunklen Deutschalnd, SPON v. 05.05.2014, http://www.spiegel.de/wirtschaft/soziales/energiearmut-reportage-ueber-menschen-ohne-strom versorgung-a-964258.html, letzter Zugriff am 08.08.2016.

8 *Frankenberger,* Amerika auf dem Weg zur Energieunabhängikeit, FAZ Online v. 20.10.2013, http://www.faz.net/aktuell/wirtschaft/konjunktur/oel-und-gas-amerika-auf-dem-weg-zur-energieunabhaengigkeit-12617741.html, letzter Zugriff am 08.08.2016.

9 *Mainali,* Sustainability of rural energy access in developing countries, 2014, S. 1 f.; *OECD/IEA,* World Energy Outlook 2009, S. 128; *WHO/UNDP,* The Energy Access

hauptsächlich auf die Nutzung fossiler Energieträger wie Brennholz, Kohle oder Tierdung angewiesen. Dabei fällt auf, dass der Großteil dieser Menschen in sogenannten Entwicklungsländern lebt und man daher geneigt ist, einen Zusammenhang zwischen Zugang zu Energie und dem Stand der Entwicklung zu sehen. In den letzten Jahren hat sich auf der internationalen Ebene etwas bewegt. Der Zusammenhang zwischen Armut und defizitärer Energieversorgung wurde erkannt, und die Staatengemeinschaft hat begonnen diese Missstände zu beheben. Als Reaktion und Anerkennung des Problems, wurde das Jahr 2012 durch Resolution der Generalversammlung der Vereinten Nationen zum *„International Year of Sustainable Energy for All"* erklärt.[10]

Eine ähnliche Problematik herrscht im Hinblick auf den Zugang zu Wasser. Diesbezüglich wurde im Jahr 2002 vom Ausschuss für wirtschaftliche, soziale und kulturelle Rechte der Rechtskommentar (General Comment) Nr. 15 zum Recht auf Wasser verabschiedet, der das Recht auf Wasser als Element des Sozialpakts anerkannt hat.[11] Es drängt sich somit die Frage auf, ob auch ein Recht auf Energie aus dem Sozialpakt abgeleitet werden kann.

Im ersten Teil (Teil I) dieser Arbeit soll ein kurzer Überblick über die aktuelle Situation in Bezug auf Energie gegeben werden. Energie ist ein sehr komplexes und abstraktes Gebilde, das in seiner ganzen Bandbreite nur schwer zu erfassen ist. Um ein Verständnis für die Notwendigkeit eines Menschenrechts auf Zugang zu Grundversorgung mit Energie zu bekommen, müssen die Grundlagen dieser Materie und die komplexen Zusammenhänge bekannt sein. Dazu ist es notwendig, eine Erklärung des Begriffs Energie, eine Darstellung der verschiedenen Energieformen sowie einen Überblick darüber zu geben, wieviel Energie weltweit verbraucht wird und wie der Verbrauch verteilt ist. Da vorliegend die Frage untersucht wird, ob das Recht auf einen Zugang zu Grundversorgung mit Energie als Menschenrecht im Sozialpakt enthalten ist, erfolgt eine Darstellung des Inhalts und der Bedeutung von wirtschaftlichen, sozialen und kulturellen Rechten.

Der zweite Teil (Teil II) beschäftigt sich mit den Grundlagen eines Rechts auf Zugang zu Grundversorgung mit Energie und soll die Frage klären, ob ein solches Recht existiert, wie es sich gegebenenfalls begründen lässt und welchen Inhalt es hat.

Situation in Developing Countries, November 2009, S. 10; *UNDP/UNDESA/WEC,* World Energy Assement Overview: 2004 Update, S. 19.

10 Vgl. GA Res. 65/151, UN Doc. A/RES/65/151 v. 16.2.2011, Abs. 1; *Bazilian* et al., Improving Access to Modern Energy Services: Insights from Case Studies, in: The Electricity Journal 2012, S. 93–114.

11 CESCR-General Comment Nr. 15 (2002), UN Doc. E/C.12/2002/11.

Im dritten Teil (Teil III) folgen Erläuterungen zur Umsetzung eines Rechts auf Zugang zu Grundversorgung mit Energie. Zudem werden Lösungen präsentiert, wie ein solches Recht legitimiert werden kann, bevor das Ergebnis der Arbeit dargestellt wird und eine Schlussbetrachtung erfolgt.

Teil I – Definition und Energiequellen

A. Definition von Energie

Konfrontiert mit dem Begriff Energie sind wahrscheinlich viele Menschen der Meinung, genau zu wissen, was darunter zu verstehen ist. Energie ist im Alltag ein verhältnismäßig häufig gebrauchtes Wort.[12] Doch ist die Bestimmung, was unter Energie zu verstehen ist, wirklich so einfach? Viele verbinden den Begriff Energie automatisch mit Elektrizität. Zwar ist Elektrizität eine weit verbreitete Form der Energie, doch wird eine Reduzierung hierauf der Definition nicht gerecht. Energie ist jedenfalls notwendig, um die menschliche und tierische Existenz zu sichern. Für den Menschen lässt sich der Nutzen der Energie grob in drei Bereiche einteilen. Diese sind Nahrung, Wärme und Transport.[13] Nahrung stellt dabei die unmittelbare Energienutzung dar.[14] Die Wärme wird einerseits benötigt, um die Nahrung zuzubereiten, und zum anderen ermöglicht sie die Erwärmung von Wohnstätten.[15] Durch den Transport wird der regionale und überregionale Austausch von Waren und Dienstleistungen ermöglicht.[16] Im Folgenden soll der Begriff der Energie genau definiert werden.

I. Etymologie des Begriffs Energie

Aufzeichnungen aus dem englischen Sprachraum belegen, dass der in seiner heutigen modernen Form verwendete Begriff „energy"[17] bereits ab 1599 verwendet wurde.[18] Seinen Ursprung hat der Begriff „Energie" in dem griechischen Wort „enérgeia", das so viel wie Wirksamkeit beziehungsweise wirkende Kraft bedeutet, das wiederum eine Ableitung von dem griechischen Wort „érgon" (Werk, Wirken) darstellt.[19] Von dem spätlateinischen Begriff „energia" (Wirksamkeit) entlehnte sich der französische Begriff „énergie", welcher gleichbedeutend ist mit dem deutschen Wort „Energie" und ab dem 18. Jahrhundert ins Deutsche übernommen wurde.[20] Ursprünglich bezog sich „Energie" auf Eigenschaften einer Person,

---

12 Ähnlich auch *William C. Robertson*, Energy: Stop fakin it!, S. 1.

13 *Wesselak/Schabbach*, Regenerative Energietechnik, 2009, S. 1.

14 *Wesselak/Schabbach*, Regenerative Energietechnik, 2009, S. 1.

15 *Wesselak/Schabbach*, Regenerative Energietechnik, 2009, S. 1.

16 *Wesselak/Schabbach*, Regenerative Energietechnik, 2009, S. 1.

17 Das englische Wort "energy" weist die selbe Wortherkunft wie die deutsche Übersetzung „Energie" auf.

18 *Broyles*, What is Energy?, 2006, S. 4.

19 *Broyles*, What is Energy?, 2006, S. 4.

20 *Broyles*, What is Energy?, 2006, S. 4.

Sprache oder Ausdrücke.[21] So bezeichnete Aristoteles mit dem Wort „enérgeia" eine Art von Metapher, die ein Bild von etwas, das handelt oder sich bewegt, hervorruft.[22] Thomas Young hat den Ausdruck „Energy" 1807 in die Physik eingeführt, wo der Begriff eine immer größere Bedeutung erlangt hat.[23] Das heutige Wortverständnis von Energie ist daher sehr durch die Fortschritte der Physik des 19. Jahrhunderts geprägt.

II. Der Begriff Energie in der Naturwissenschaft

Nach dem kurzen Überblick über die Herkunft des Wortes Energie wird im Folgenden eine naturwissenschaftliche Definition gegeben. Wie oben bereits erläutert, ist das heutige Wortverständnis sehr stark aus einem physikalischen Blickwinkel geprägt. Doch auch die Naturwissenschaft tut sich schwer mit einer allgemein gültigen und präzisen Definition.[24] Anschaulich wird dies durch ein Zitat des bedeutenden Physikers Richard Feynman, der schrieb:

> *"It is important to realize that in physics today, we have no knowledge of what energy is. We do not have a picture that energy comes in little blobs of a definite amount."*[25]

Pauschal kann unter Energie alles zusammengefasst werden, was sich in Arbeit umwandeln lässt.[26] So erklärte der Physiker Wilhelm Ostwald Energie Anfang des 20. Jahrhunderts als Arbeit oder alles, was aus Arbeit besteht oder sich in Arbeit umwandeln lässt.[27] In diesen anfänglichen Erklärungsversuchen wird die Verbindung zu der oben erläuterten Herkunft des Begriffs Energie noch deutlich.

Arbeit spielt eine zentrale Rolle bei der Definition von Energie. Energie ist eine physikalische Größe. In der Physik wird zwischen potentieller und kinetischer Energie unterschieden, wobei unter potenzieller Energie gespeicherte Arbeit zum Beispiel als Lageenergie oder elastische Energie verstanden wird.[28]

---

21 *Broyles*, What is Energy?, 2006, S. 4.

22 *Broyles*, What is Energy?, 2006, S. 4.

23 *Young*, A Course of Lectures on Natural Philosophy and the Mechanical Arts, Nachdruck 1845, S. 34 ff.; *Kirchner*, Kirchner's Wörterbuch der Philosophischen Grundbegriffe, 5. Aufl. 1907; *Broyles*, What is Energy?, S. 4.

24 *Diekmann/Heinloth*, Energie: Physikalische Grundlagen ihrer Erzeugung, Umwandlung und Nutzung, 2. Aufl. 1997, S. 17.

25 *Feynman*, The Feynman Lectures on Physics, 1964, S. 23.

26 *Diekmann/Heinloth*, Energie: Physikalische Grundlagen ihrer Erzeugung, Umwandlung und Nutzung, 2. Aufl. 1997, S. 17.

27 *Ostwald*, Vorlesungen über Naturphilosophie: Gehalten im Sommer 1901 an der Universität Leipzig, S. 152 ff.

28 *Rybach*, Physik für Bachelors, 2008, S. 41.

Kinetische Energie hingegen, die auch Bewegungsenergie genannt wird, kann Arbeit verrichten.[29] Diese stellen in der Physik unterschiedliche Energieformen dar. Aus den Ausführungen lässt sich entnehmen, dass es sich bei dem Konzept der Energie um ein sehr abstraktes Gebilde handelt, weshalb es bis heute nicht gelungen ist, eine allgemein gültige und präzise Definition zu etablieren.

Zusammenfassend lässt sich festhalten, dass es sich bei Energie um eine physikalische Größe handelt, die in mechanischer, chemischer, elektrischer, thermaler oder elektromagnetischer Strahlung auftreten kann.[30]

Aus dem oben erörterten ergibt sich, dass das naturwissenschaftliche Begriffsverständnis von Energie als Grundlage für die vorliegende Arbeit nicht sehr sinnvoll erscheint. Der naturwissenschaftliche Begriff ist schlicht zu abstrakt. Es ist deshalb notwendig, sich für diese Arbeit von dem naturwissenschaftlichen Begriff zu lösen und einen konkreten Energiebegriff zu entwickeln.

III. Primärenergie, Endenergie und Nutzenergie

Man unterscheidet zwischen Primärenergie, Endenergie und Nutzenergie. Dabei beschreibt die Primärenergie die Energie in ihrem natürlichen noch nicht technisch aufbereiteten Zustand wie zum Beispiel Kohle, Rohöl oder Wind. Endenergie ist die dem Verbraucher nach energiespezifischen Aufbereitungs- und Umwandlungsprozessen zugeführte Energie in Form von Erdgas, Benzin oder Elektrizität. Die Energienutzung des Verbrauchers beinhaltet weitere Umwandlungsprozesse, die zu Nutzenergie in Form von Wärme oder Licht führen.[31]

B. Energiequellen

Wie oben herausgearbeitet wurde, stellt der Begriff Energie ein sehr abstraktes Gebilde dar. Energie ist in vielen fossilen oder mineralischen Bodenschätzen gespeichert, aus denen sie nutzbar gemacht werden muss. Daneben kann Energie auch aus auf die Erde einfallenden Energieströmen verfügbar gemacht werden.[32]

Um das Verständnis von Energie etwas weiter zu verdeutlichen, sollen im Folgenden die am häufigsten vorkommenden Energiequellen aufgezeigt werden. Die Aufzählung der Energiequellen kann als abschließend betrachtet werden,

---

29 *Rybach*, Physik für Bachelors, 2008, S. 41.

30 *Goldemberg*, Development and Energy, in: Adrian J. Bradbrook (Hrsg.) The Law of Energy and Sustainable Development, 2005, S. 37; Gem. dem Internationalen Einheitssystem SI (Système international d'unités) wird Energie in Joule angegeben.

31 Ausführlich *Wesselak/Schabbach*, Regenerative Energietechnik, 2009, S. 4.

32 *Strauß*, Kraftwerkstechnik, 6. Aufl. 2010, S. 35.

da es nach heutigem Kenntnisstand als unwahrscheinlich gilt, dass in Zukunft weitere, noch nicht bekannte Energiequellen gefunden werden.[33]

Zunächst lässt sich eine grobe Einteilung in fossile und regenerative Energiequellen vornehmen.

I. Fossile Energiequellen

Fossile Energiequellen sind im Gegensatz zu erneuerbaren Energiequellen nur in einer begrenzten Menge auf der Erde vorhanden.

Zu den fossilen Energieträgern zählen Kohle, Erdöl und Erdgas. Diese auch als Primärenergie bezeichneten fossilen Brennstoffe zeichnen sich dadurch aus, dass sie Produkte der Umwandlung urweltlicher pflanzlicher und tierischer Organismen sind, die mit dem Sauerstoff der Luft exotherm reagieren.[34] Zu finden sind diese hochkonzentrierten Energierohstoffe fast ausschließlich in der Erdkruste, aus der sie bei Bedarf gefördert werden. Fossile Energiequellen in all ihren Erscheinungsformen, stellen seit tausenden von Jahren eine Hauptenergiequelle dar.[35] Auch heute noch wird der überwiegende Energiebedarf der Welt durch fossile Energiequellen gedeckt.

1. Kohle

Kohle ist durch Karbonisierung von Pflanzenresten entstanden und umfasst einen weiten Bereich organischer Mineralien von brauner bis schwarzer Farbe.[36] Stein- und Braunkohlen sind die wichtigsten Brennstoffe für Kraftwerke.[37] Der Abbau von Steinkohle läuft überwiegend unter Tage, wohingegen Braunkohle fast ausschließlich im Tagebau gewonnen wird.[38]

---

33 *Strauß*, Kraftwerkstechnik, 6. Aufl. 2010, S. 35.

34 *Strauß*, Kraftwerkstechnik, 6. Aufl. 2010, S. 38; *Wesselak/Schabbach*, Regenerative Energietechnik, 2009, S. 4.

35 *Asif/Muneer*, Energy supply, its demand and security issues for developed and emerging economies, in: Renewable and Sustainable Energy Reviews, 11 (2007), S. 1388–1413 (1394).

36 *Speight*, Handbook of Coal Analysis, 2015, S. 1.

37 *Speight*, Handbook of Coal Analysis, 2015, S. 3.

38 BGR (2015): Energiestudie 2015. Reserven, Ressourcen und Verfügbarkeit von Energierohstoffen, S 25 f.

2. *Erdöl und Erdgas*

Erdöl und Erdgas befinden sich in kleinen und kleinsten Poren von Gesteinen der Erdkruste. Die flüssige Konsistenz von Erdöl bietet gegenüber der Kohle den Vorteil, dass es einfacher transportiert und gelagert werden kann und dadurch insgesamt leichter zu handhaben ist. Das Erdöl stellt deshalb auch seit über 150 Jahren eine der bequemsten und billigsten Energiequellen dar. Rohöl macht heutzutage über ein Drittel des weltweiten Primärenergieverbrauchs aus.[39] Aus Erdöl können unterschiedliche Kraftstoffe gewonnen werden, wobei Benzin und Dieselkraftstoff die bekanntesten sind. Neben diesen Produkten der Petrochemie werden in Raffinerien auch die Flüssiggase Propan und Butan aus Erdöl gewonnen. Damit ist Erdöl eine der wichtigsten Energiequellen der Industriegesellschaften.

Erdgas besteht zum überwiegenden Teil aus Methan und lagert vielfach zusammen mit Erdöl. Bis in die 1970er Jahre hinein wurde Erdgas noch als lästige Nebenerscheinung der Ölförderung angesehen und am Ort der Förderung verbrannt. Erst die weiterführende technische Entwicklung, die es möglich machte das Gas zu verflüssigen und damit zu transportieren, ließ es innerhalb weniger Jahre nach Heizöl und Kohle zum drittwichtigsten Energieträger werden. Der Vorteil von Erdgas gegenüber Heizöl und Kohle liegt in der saubereren und schadgasarmen Verbrennung.

II. Regenerative Energiequellen

Energiequellen werden als regenerativ bezeichnet, wenn sie sich von selbst und innerhalb menschlicher Zeitmaßstäbe erneuern, weshalb sie nach dem heutigen Kenntnisstand unerschöpflich sind.[40] Zwar werden regenerative Energiequellen schon seit hunderten von Jahren benutzt, doch spielen sie neben fossilen Brennstoffen immer noch eine untergeordnete Rolle. Erst mit der ersten Ölkrise im Jahr 1973 und dem daraus resultierendem Anstieg des Ölpreises, änderte sich das Bewusstsein der Menschheit und es wurde mehr auf die Entwicklung regenerativer Energiequellen gesetzt.[41] Der Anteil regenerativer Energiequellen, wie Sonnenenergie, Windenergie, Wasserenergie und Biomasse am weltweiten Primärenergieverbrauch beträgt heute ca. 13%.[42]

---

39 *Wesselak/Schabbach*, Regenerative Energietechnik, 2009, S. 4.

40 *Wesselak/Schabbach*, Regenerative Energietechnik, 2009, S. 53; *Strauß*, Kraftwerkstechnik, 6. Aufl. 2009, S. 35.

41 *Strauß*, Kraftwerkstechnik, 6. Aufl. 2009, S. 443.

42 *Wesselak/Schabbach*, Regenerative Energietechnik, 2009, S. 4.

1. Sonnenenergie

Die Sonne ist die wichtigste und zuverlässigste Energiequelle für das Leben auf der Erde. Durch Fusionen in ihrem Inneren erzeugt die Sonne Energie in Form von elektromagnetischer Strahlung und Materienstrahlung.[43] Die Energie der Sonne kann für unterschiedliche Zwecke genutzt werden. So kann aus ihr Niedertemperaturwärme zum Heizen und zur Wasserbereitung gewonnen werden sowie Hochtemperaturwärme für thermische Kraftwerke aber natürlich auch elektrischer Strom mit Solarzellen. Die Umwandlung der Sonnenenergie in elektrische Energie geschieht durch den photovoltaischen Effekt. Das Potenzial der Sonnenenergie ist so groß, dass theoretisch der gesamte Energiebedarf der Welt mehrfach durch diese gedeckt werden könnte. Allerdings ist die Verwendung von Sonnenenergie gegenwertig vergleichsweise kostspielig und die Nutzung zur Gewinnung von Elektrizität lohnt sich nur in Gegenden mit hoher Sonnendirekteinstrahlung.

2. Windenergie

Winde sind durch Druckunterschiede in der Atmosphäre ausgelöste Luftströmungen. Bei der Entstehung dieser Luftströme spielt die Sonne eine entscheidende Rolle. Die ersten Nutzer von Windenergie waren vermutlich bereits die Menschen im alten Ägypten, indem sie Windräder zur Bewässerung der Felder und zum Mahlen von Getreide einsetzen. Ab dem Mittelalter wurde diese Form der Energie auch zunehmend in Europa genutzt. Da Wind nicht gespeichert werden kann, ist eine Nutzung nur zeitgleich mit dem Auftreten von Winden möglich, die mittels Windrädern in Elektrizität umgewandelt werden. Mit Ende des Jahres 2007 waren weltweit Windturbinen mit einer Nennleistung von ca. 93.800 Megawatt (MW) installiert. Im Bereich der Windenergie wird heutzutage immer mehr auf die Errichtung von sogenannten Offshore-Windparks gesetzt. Diese werden im Meer einige Kilometer vor der Küste installiert. Dadurch ist es möglich sehr große und deshalb auch extrem leistungsstarke Windräder zu errichten. Einzelne Offshore-Windparks kommen auf eine Leistung von bis zu 400 MW, was ausreichend ist, um bis zu 400.000 Mehrpersonenhaushalte mit Strom zu versorgen.[44]

---

43 *Wesselak/Schabbach*, Regenerative Energietechnik, 2009, S. 56.

44 *Bundesministerium für Wirtschaft und Energie (BMWi)*, Offshore-Windenergie, Ein Überblick über die Aktivitäten in Deutschland, 2015, S. 8.

3. *Wasserenergie*

Wie die Windenergie wird auch die „Energie des Wassers“ seit vielen Jahrhunderten genutzt. Aufzeichnungen belegen, dass die Menschen bereits in der Antike durch Wasserräder die kinetische Energie des fließenden Wassers zum Mahlen von Getreide nutzten. Die alten Wasserräder können als Vorbild für die heutzutage in Wasserkraftwerken eingesetzten Wasserturbinen angesehen werden, deren Entwicklung bereits im 18. und 19. Jahrhundert weiter vorangetrieben wurde.[45] Heute wird ungefähr ein Sechstel der Elektrizität durch Wasserkraftwerke erzeugt.[46] Das bisher größte errichtete Wasserkraftwerk ist das nicht unumstrittene 3-Schluchten Kraftwerk am Yangtse Fluss in China mit einer Leistung von 18.200 MW.[47]

4. *Biomasse*

Unter dem Begriff „Biomasse“ werden sämtliche Stoffe organischer Herkunft verstanden. Damit umfassen diese die in der Natur lebende Phyto- und Zoomasse (Pflanzen und Tiere), die daraus resultierenden Rückstände (z. B. tierische Exkremente), abgestorbene (aber noch nicht fossile) Phyto- und Zoomasse (z. B. Stroh) sowie im weiteren Sinne alle Stoffe, die beispielsweise durch eine technische Umwandlung und/oder eine stoffliche Nutzung entstanden sind beziehungsweise anfallen (z. B. Papier und Zellstoff, Schlachthofabfälle, organische Hausmüllfraktion, Pflanzenöl, Alkohol).[48] Biomasse enthält quasi gespeicherte Sonnenenergie, denn nur ein Teil der eingestrahlten Sonnenenergie kann für die Photosynthese genutzt werden. Biomasse besitzt den Vorteil, dass sie in feste, flüssige oder gasförmige Energieträger umgewandelt werden kann.[49] Darüber hinaus wird die nachhaltige Nutzung von Biomasse als überwiegend klimaneutral angesehen. Als Nachteil der Förderung von Biomasse als Energieträger kann allerdings der zunehmende Wettbewerb zu anderen Agrarrohstoffen für die Nahrungsmittelproduktion

---

45 *Strauß*, Kraftwerkstechnik, 6. Aufl. 2009, S. 444.

46 *Strauß*, Kraftwerkstechnik, 6. Aufl. 2009, S. 444.

47 *Strauß*, Kraftwerkstechnik, 6. Aufl. 2009, S. 448; Im Zuge der Errichtung des Kraftwerks mussten ca. 1,3 Millionen Menschen umgesiedelt werden. Darüber hinaus sind die Auswirkungen auf die Umwelt nicht abzuschätzen.

48 *Kaltschmitt,* in: Kaltschmitt/Hartmann/Hofbauer (Hrsg.) Energie aus Biomasse: Grundlage, Technik und Verfahren, 2. Aufl. 2009, S. 2; *Wesselak/Schabbach*, Regenerative Energietechnik, 2009, S. 99, 102.

49 *Wesselak/Schabbach*, Regenerative Energietechnik, 2009, S. 99.

gesehen werden, da dies zu einem Anstieg der Lebensmittelpreise insbesondere in den sogenannten Entwicklungsländern führen kann.[50]

III. Kernenergie

Die Kernenergie ist heute aufgrund ihrer hohen Gefährlichkeit eine umstrittene Energiequelle. Die Strahlung von Uran oder Plutonium, beides wird zum Betrieb von Kernkraftwerken benötigt, ist für den Menschen tödlich. Dies wurde durch die Atomkatastrophe im Jahr 2011 in Fukushima wieder ins Bewusstsein gerufen.[51] Bei der Kernenergie wird sich die Bindungsenergie der Nukleonen in den Atomkernen zunutze gemacht, was zum einen durch Kernspaltung und zum anderen durch Kernfusion geschehen kann. Letztere Möglichkeit ist allerdings noch nicht ausreichend erforscht und wird daher auch noch nicht großtechnisch genutzt. Als vorhandene Brennstoffe für die Kernenergie auf der Erde sind Uran und Thorium zu nennen.[52] Im Jahr 2006 basierten ca. 13% der weltweiten Elektrizitätsversorgung auf der Kernenergie, in Deutschland sind dies fast 25%.[53] Zu den Gefahren, die von der Nutzung der Kernenergie ausgehen, kommt das Problem des Atommülls hinzu. Von den Brennelementen geht auch nach der Benutzung eine starke radioaktive Strahlung aus. Bis heute ist das Problem der Endlagerung nicht gelöst. Allerdings entstehen bei dem Betrieb von Kernkraftwerken wenige klimaschädliche Treibhausgase, weshalb einige den Ausbau der Kernenergie fordern. Diese Stimmen verstummen seit der Reaktorkatastrophe in Fukushima jedoch immer mehr und Deutschland hat sogar den Atomausstieg beschlossen.[54]

C. Zwischenergebnis

Die Analyse hat gezeigt, dass der im Alltag so häufig verwendete Begriff Energie sehr vielschichtig ist. Es hat sich auch gezeigt, dass nicht alle Aspekte der Energie im Zusammenhang mit dieser Arbeit diskutiert werden können. Das ist auch nicht das Ziel dieser Arbeit. Dies könnte nur von einer naturwissenschaftlichen Dissertation geleistet werden.

---

50 Diakonisches Werk der EKD e.V.(et.al.), Analyse: „Energie vom Acker, Wie viel Bioenergie verträgt die Erde", 2009, S. 33 ff. http://www.brot-fuer-die-welt.de/downloads/fachinformationen/analyse04_energie-vom-acker.pdf, letzter Zugriff: 08.08.2016.

51 Vgl. nur *Müller-Jung*, Die höchste aber nicht die letzte Stufe, FAZ v. 13.4.2011, S. 2.

52 *Wesselak/Schabbach*, Regenerative Energietechnik, 2009, S. 27.

53 *Strauß*, Kraftwerkstechnik, 6. Aufl. 2009, S. 387; *Heuck/Dettmann/Schulz*, Elektrische Energieversorgung, 7. Aufl. 2007, S. 24.

54 Vgl. nur *Wiegel*, Der Atomkonsens bröckelt, FAZ v. 13.4.2011, S. 4.

Der Fokus liegt auf der Frage, ob dem internationalen Pakt für wirtschaftliche, soziale und kulturelle Rechte ein Recht auf Zugang zur Grundversorgung mit Energie als Menschenrecht immanent ist. Es ist deshalb eine Beschränkung auf die Energie vorzunehmen, die der Mensch zum täglichen Leben benötigt. Sei es in Form von Elektrizität oder Gas.

Zweites Kapitel: Nachfrage, Verbrauch und Distribution von Energie

Nach Erläuterung der Begrifflichkeit Energie ist es darüber hinaus notwendig zur Klärung der Ausgangssituation, einen Überblick über die weltweite Nachfrage, den Verbrauch und die Verteilung von Energie zu liefern. Im folgenden 2. Kapitel wird der Frage nachgegangen, wo Energie verbraucht wird, wer wie viel Energie benötigt und aus welchen Formen die Energie beschaffen ist. Als Grundlage für diese Darstellung soll unter anderem der World Energy Outlook der OECD herangezogen werden.

A. Ausblick "World Energy Outlook 2009"

Der World Energy Outlook ist ein seit 1993 jährlich erscheinender Bericht, herausgegeben von der Internationalen Energieagentur (IEA), auf Basis eines sogenannten World Energy Models, das eine Prognose zu den Entwicklungen auf dem weltweiten Energiemarkt liefert. Der Bericht basiert auf einem Referenzszenario, das beschreibt, wie sich die weltweiten Energiemärkte entwickeln würden, wenn die Regierungen keine Änderungen an ihren bestehenden Maßnahmen und Politiken in Bezug auf die Energiemärkte vornehmen.

I. Das World Energy Model der IEA

Das World Energy Model (WEM) der IEA ist ein großangelegtes mathematisches Konstrukt, entwickelt um aufzuzeigen, wie die Energiemärkte funktionieren. Es stellt gleichzeitig das Hauptwerkzeug dar, um eine detaillierte auf bestimmte Bereiche und Regionen bezogene Darstellung verschiedener Szenarien, wie auch das hier noch darzustellende sogenannte Referenzszenario, zu konstruieren.[55] Die Daten für dieses Model stammen zum Großteil aus der IEA Datenbank über Energie- und Wirtschaftsstatistik.

55 OECD/IEA, World Energy Model – Methodology and Assumptions, 2009, S. 1.

II. Das World Energy Outlook Referenzszenario

Das Referenzszenario basiert auf dem World Energy Model. Es bezieht alle Maßnahmen und Politiken[56] der Regierungen ein, die in Bezug auf die Energiemärkte in den einzelnen Staaten erlassen oder angenommen wurden.[57] Im Fall des World Energy Outlooks 2009 ist dies bis Mitte 2009 berücksichtigt worden, wobei bis jetzt noch nicht alle Maßnahmen umgesetzt sein müssen.[58]

Die Darstellungen des Referenzszenarios sollten nicht als definitive Prognose verstanden werden, sondern vielmehr als ein Ausblick, wie sich die Energiemärkte entwickeln, wenn die Regierungen nichts an ihren aktuellen Maßnahmen und Richtlinien ihrer Politik ändern.[59] Die Darstellung des Szenarios umfasst einen Zeitraum bis 2030.[60] Dabei wird nicht von einem untätig bleiben der Regierungen ausgegangen, es wird im Gegenteil vielmehr erwartet, dass eingreifende Maßnahmen insbesondere im Hinblick auf die Herausforderungen des Klimawandels unternommen werden.[61]

Den Darstellungen liegen verschiedene Annahmen zugrunde, die auf die Nachfrage und Bereitstellung von Energie Einfluss haben.[62] Diese sind Bevölkerungswachstum, makroökonomische Trends (Wirtschaftswachstum), Energiepreise, technologische Entwicklungen und Maßnahmen der Regierungen.[63]

Somit bietet sie eine seriöse und informative Quelle für aktuelle Daten zur Nachfrage, zum Verbrauch und zur Verteilung von Energie.

---

56 Als Beispiele für solche Maßnahmen sind in den USA die New Coroporate Average Fuel Economy (CAFE) Standards, in der Europäischen Union die EU 20-20-20 Targets oder das Golden Sun Programm Chinas zu nennen; IEA, World Energy Outlook 2009, S. 56.

57 OECD/IEA, World Energy Model – Methodology and Assumptions, 2009, S. 1.

58 OECD/IEA, World Energy Model – Methodology and Assumptions, 2009, S. 2.

59 IEA, World Energy Outlook 2009, S. 73/75.

60 OECD/IEA, World Energy Model – Methodology and Assumptions, 2009, S. 2.

61 IEA, World Energy Outlook 2009, S. 75.

62 So wird davon ausgegangen, dass die Bevölkerung durchschnittlich um 1% pro Jahr wächst, von schätzungsweise 6,6 Milliarden im Jahr 2007 auf 8,2 Milliarden im Jahr 2030. Am stärksten wird das Bevölkerungswachstum in Afrika und Asien ausfallen. Weiter wird erwartet, dass das weltweite Bruttoinlandsprodukt im durchschnitt um 3,1% pro Jahr steigen wird. Das größte Wachstum werden auch weiter Indien und China hinlegen, gefolgt vom Mittleren Osten und Afrika. Im Technologiesektor wird erwartet, dass die bestehenden Technologien weiter verbessert werden, insbesondere im Bereich der Effizienz.

63 IEA, World Energy Outlook 2009, S. 56.

B. Der weltweite Energieverbrauch

Die weltweite Nachfrage nach Energie steigt seit Jahren konstant an. Ursachen für diese Entwicklung sind der stetig steigende technische Fortschritt verbunden mit einem rapiden Bevölkerungswachstum.[64] Jedoch ist für das Jahr 2009 erstmals seit dem Jahr 1981 ein leichter Rückgang des Verbrauchs fossiler Energieträger zu verzeichnen.[65] Die Gründe für die Abnahme des Energieverbrauchs sind in der zurückliegenden Finanz- und Wirtschaftskrise zu sehen.[66] Sollte bei den aktuellen Maßnahmen der Regierungen aber keine Veränderung eintreten, wird der Energieverbrauch schnell wieder auf einen langfristigen Aufwärtstrend schwenken.[67]

Der primäre Energieverbrauch wird nach Schätzungen zwischen 2007 und 2030 um 1,5% im Jahr ansteigen, von ca. 12.000 Millionen Tonnen (t) Rohöleinheiten (RÖE)[68] auf 16.800 Millionen t Rohöleinheiten.[69] Dies bedeutet einen Gesamtanstieg um fast 40%. Für den Anstieg der weltweiten Nachfrage nach primären Energiequellen sind hauptsächlich die sogenannten Nicht-OECD-Länder[70] verantwortlich, da ihr Anteil am Anstieg ca. 90% ausmachen wird.[71] Daraus folgt, dass der weltweite Energieverbrauch dieser Länder von 52% auf 63% im Projektionszeitraum ansteigen wird.[72] Schon im Jahr 2005 haben die Nicht-OECD-Länder gemeinsam die OECD-Länder im Verbrauch überholt.[73] Die Gründe für den Anstieg trotz steigender Preise auf den internationalen Energiemärkten und damit auch für den Endverbraucher sind in dem enormen Wirtschafts- sowie Bevölkerungswachstum in diesen Regionen zu sehen. Die Hauptantriebskräfte des

64 *Asif/Muneer*, "Energy supply, its demand and security issues for developed and emerging economies", in: Renewable and Sustainable Energy Reviews, 11 (2007), S. 1389.

65 IEA, World Energy Outlook 2009, S. 42/74.

66 IEA, World Energy Outlook 2009, S. 42/74.

67 IEA, World Energy Outlook 2009, S. 42/74.

68 Im Englischen „oil equivalent" ist eine Maßeinheit für die in Heizstoffen vorhandene Energie.

69 IEA, World Energy Outlook 2009, S. 74.

70 Zu den OECD-Ländern gehören: Belgien, Dänemark, Deutschland, Frankreich, Griechenland, Irland, Island, Italien, Kanada, Luxemburg, Niederlande, Norwegen, Österreich, Portugal, Schweden, Spanien, Schweiz, Türkei, Vereinig Staaten von Amerika und das Vereinigte Königreich als Gründungsstaaten. Weitere Beitrittsstaaten sind Australien, Chile, Finnland, Japan, Mexiko, Neuseeland, Polen, Slowakei, Südkorea, Tschechien und Ungarn. Alle übrigen Länder werden als sogenannte Nicht-OECD Länder bezeichnet.

71 IEA, World Energy Outlook 2009, S. 76.

72 IEA, World Energy Outlook 2009, S. 76.

73 IEA, World Energy Outlook 2009, S. 76.

steigenden Energieverbrauchs sind China und Indien. China ist verantwortlich für 39% des weltweiten Anstiegs, auf Indien entfallen ca. 15%.[74]

Im weltweiten Energiemix bilden die fossilen Brennstoffe noch immer die primäre Energiequelle mit einem Anteil von ca. 77% am gesamten Energieverbrauch.[75] Der größte Anteil an diesem Energiemix entfällt dabei auf das Öl, auch wenn sein Anteil am weltweiten Verbrauch von ca. 34% auf ca. 30% zurück gehen wird, stellt es nach wie vor die Hauptenergiequelle dar. In absoluten Zahlen bedeutet dies, dass der Ölverbrauch von 85 Millionen Barrel am Tag im Jahr 2008 auf 105 Millionen Barrel pro Tag im Jahr 2030 ansteigen wird. Die treibende Kraft hinter dem Anstieg des Ölverbrauchs ist der Verkehrssektor, der für 97% des Anstiegs zwischen 2007 und 2030 verantwortlich sein wird. So wird geschätzt, dass die Anzahl der weltweit zugelassenen Personenkraftwagen von heute 770 Millionen auf 1,4 Milliarden bis zum Jahr 2030 ansteigen wird.[76]

Den zweiten Platz im weltweiten Energiemix nimmt mit einem Gesamtanteil von ca. 27% die Kohle ein, gefolgt von Gas mit ca. 22%.[77] Der Grund für die stark ansteigende Nachfrage nach Kohle und Gas ist im unaufhaltsamen Wachstum des Energiebedarfs für die Stromerzeugung zu sehen. So wird vermutet, dass der weltweite Stromverbrauch bis 2030 um ca. 2,5% pro Jahr von heute ca. 16.429 TW/h auf dann 28.930 TW/h steigen wird.[78] Dabei werden über 80% des Wachstums von Nicht-OECD-Ländern verursacht. Erfreulicherweise lässt sich in Bezug auf die Nachfrage nach nachhaltigen Energiequellen, ausgenommen die Wasserkraft, mit ca. 37% der höchste Anstieg im gesamten Energiemix verzeichnen. Trotzdem ist der Anteil der nachhaltigen Energiequellen am Gesamtverbrauch mit knapp unter einem Prozent heute und erwarteten 2% im Jahr 2030 als sehr gering zu bewerten.[79] Im Bereich der Stromerzeugung sehen die Zahlen hingegen positiver aus. So wird der Anteil nachhaltiger Energiequellen ohne Wasserkraft für die Stromerzeugung von heute ca. 2,5% auf ca. 9% im Jahr 2030 ansteigen.[80]

Die Kernenergie spielt im Bereich der Stromerzeugung weiterhin eine nicht zu vernachlässigende Rolle. Kernkraftwerke erzeugten im Jahr 2007 noch 2.719

---

74 IEA, World Energy Outlook 2009, S. 76.
75 IEA, World Energy Outlook 2009, S. 76.
76 IEA, World Energy Outlook 2009, S. 82.
77 IEA, World Energy Outlook 2009, S. 89; 366.
78 IEA, World Energy Outlook 2009, S. 96; IEA, Electricity Information 2009, Part I, I.13.
79 IEA, World Energy Outlook 2009, S. 74.
80 IEA, World Energy Outlook 2009, S. 98.

TW/h Strom, eine Menge, die bis zum Jahr 2030 auf 3.670 TW/h ansteigen wird.[81] Die Kapazitäten von Kernkraftwerken für die Stromerzeugung steigen von heute 371 Gigawatt (GW) auf vermutlich 475 GW im Jahr 2030. Auch hier wird ein Großteil der neuen Kapazitäten im asiatischen Raum geschaffen. In Europa wird dabei sogar ein Rückgang der Kapazitäten zur Erzeugung von Strom durch Kernenergie erwartet. Der Anteil an Kernenergie für die Gewinnung von Elektrizität in der EU wird voraussichtlich von ca. 28% im Jahr 2007 auf ca. 19% im Jahr 2030 fallen. Ausschlaggebend sind die von vielen Regierungen in der EU verfolgten Maßnahmen, die einen Ausstieg aus der Kernenergie verfolgen. Dennoch gibt es weltweit aber auch in der EU fortwährende Tendenzen die Kernenergie weiter auszubauen.[82] Dies ist begründet durch die aktuellen Diskussionen über den Klimawandel und der Annahme, dass Kernkraftwerke als emissionsarm im Vergleich zu Kohlekraftwerken gelten.

Zusammenfassend lässt sich insgesamt ein starker Anstieg des weltweiten Energieverbrauchs feststellen, der vor allem mit dem enormen Wirtschaftswachstum im asiatischen Raum zu erklären ist.

C. Verteilung von Energie

I. Vorkommen von fossilen Energiequellen

Die heute bekannten Vorkommen von Energiequellen für fossile Brennstoffe sind unterschiedlich auf der Welt verteilt. Die größten Rohölvorkommen sind in den Staaten des mittleren Osten, namentlich den Vereinigten Arabischen Emiraten, Katar, Kuwait, dem Irak und Iran sowie Saudi Arabien, zu finden. Es befinden sich ca. 56,6% der weltweiten Ölvorkommen in dieser Region.[83] Weitere Regionen mit bedeutenden Ölvorkommen sind Zentral- und Südamerika, wo sich ca. 14,9% der weltweiten Ölreserven befinden, wobei allein auf Venezuela 12,9% der weltweiten Reserven fallen.[84] Als einzelne Staaten hervorzuheben wären noch Russland, Kasachstan, Libyen und Nigeria, die zusammen auf ca. 14,7% der weltweiten Ölreserven kommen.[85] Andere Staaten spielen daneben mehr eine untergeordnete Rolle.

81 IEA, World Energy Outlook 2009, S. 99.
82 IEA, World Energy Outlook 2009, S. 100.
83 BP, BP Statistical Review of World Energy June 2010, S. 6.
84 BP, BP Statistical Review of World Energy June 2010, S. 6.
85 BP, BP Statistical Review of World Energy June 2010, S. 6.

Die Verteilung der Erdgasvorkommen sieht ähnlich aus, weist jedoch Unterschiede im Detail auf. Festzuhalten ist auch hier zunächst, dass die größten Erdgasvorkommen in der Region des Mittleren Osten zu finden sind. Es entfallen demnach ca. 40,6% der weltweiten Erdgasvorkommen auf diese Region, wobei mit 29,3% Iran und Katar den größten Anteil haben.[86] Blickt man jedoch nur auf einzelne Staaten, so weist Russland mit 23,7% der weltweiten Erdgasreserven das größte Vorkommen auf.[87] Die Region Europa/Eurasien stellt mit 33,7% der weltweiten Erdgasreserven die zweitgrößte Region hinter dem Mittleren Osten dar. Es folgen der asiatisch pazifische Raum mit 8,7% und Afrika mit 8,3% der weltweiten Erdgasreserven. Anders als bei den Rohölreserven weist die Region Zentral- und Südamerika mit 4,3%, wobei 3% auf Venezuela entfallen, nach der Region Nordamerika mit 4,9% den weltweit kleinsten Anteil an den Erdgasreserven auf.[88]

Im Bereich der Kohle, als dem momentan wichtigsten fossilen Brennstoff, sieht die Verteilung wiederum etwas anders aus. So verzeichnen die USA mit 28,9% den größten Anteil an den weltweiten Kohlereserven.[89] Die Region Nordamerika kommt insgesamt auf 29,8%. Die zweitgrößten Kohlevorkommen sind mit 19% in Russland zu finden. Insgesamt kommt die Region Europa/Eurasien auf 33% der weltweiten Kohlevorkommen.[90] Als weitere wichtige Region ist der asiatisch-pazifische Raum zu nennen, der insgesamt auf einen Anteil von 31,4% kommt, wobei China mit 13,2%, Australien mit 9,2% und Indien mit 7,1% an den weltweiten Kohlereserven den größten Anteil haben.[91] Die Region des Mittleren Ostens zusammen mit Afrika sowie Zentral- und Südamerika weist also mit 4% beziehungsweise 1,8% den kleinsten Anteil an den weltweiten Kohlereserven auf.[92]

Diese dargelegte Verteilung der Vorkommen von fossilen Brennstoffen auf der Welt zeigt die gravierenden Unterschiede. Die verschiedenen Arten von Brennstoffen sind geografisch unterschiedlich verteilt, wobei bei Erdöl und Erdgas Zusammenhänge erkennbar sind.

---

86 BP, BP Statistical Review of World Energy June 2010, S. 22.
87 BP, BP Statistical Review of World Energy June 2010, S. 22.
88 BP, BP Statistical Review of World Energy June 2010, S. 22.
89 BP, BP Statistical Review of World Energy June 2010, S. 32.
90 BP, BP Statistical Review of World Energy June 2010, S. 32.
91 BP, BP Statistical Review of World Energy June 2010, S. 32.
92 BP, BP Statistical Review of World Energy June 2010, S. 32.

II. Distribution des Zugangs zu Energie

Nach der Darstellung des weltweiten Energieverbrauchs ist es erforderlich den weltweiten Zugang zu Energie, insbesondere zu Elektrizität, zu zeigen. Dadurch wird deutlich, wie viele Menschen von einem mangelnden Zugang zu Energie betroffen sind. Es wird davon ausgegangen, dass weltweit etwa 1,5 Milliarden Menschen (22% der Weltbevölkerung) in Entwicklungsländern keinen Zugang zu elektrischer Energie haben und zusätzlich etwa 3 Milliarden Menschen in diesen Ländern auf feste Brennstoffe zum Kochen angewiesen sind.[93] In Europa und den Staaten der OECD haben fast 100% der Bevölkerung Zugang zu Elektrizität – die Wohnungen sind an die öffentliche Stromversorgung angeschlossen –, wohingegen nur ca. 72% der Bevölkerung in den Entwicklungsländern einen solchen besitzen.[94] Nur China und die Staaten Nordafrikas können mit einer Elektrifizierungsrate von ca. 99% mit den Staaten Europas und der OECD mithalten. Subsahara-Afrika weist mit ca. 29% eine der niedrigsten Elektrifizierungsraten auf. An zweiter Stelle befindet sich die Region Südostasien ohne China. Innerhalb der genannten Regionen sind durchaus signifikante Unterschiede in den Elektrifizierungsraten zu erkennen. So haben in Haiti ca. 62% der Menschen keinen Zugang zu Energie, in Brasilien sind dies jedoch nur ca. 2%. Auch in Afrika sind ähnliche Beobachtungen zu machen. In Ländern wie Liberia, dem Tschad und Burundi haben über 95% der Bevölkerung keinen Zugang zu Energie, auf Mauritius sind es hingegen weniger als ein Prozent.[95] Gravierende Unterschiede in den Elektrifizierungsraten bestehen innerhalb der Staaten auch zwischen ländlichen Gebieten und urbanen Zentren. In den Staaten Subsahara-Afrikas besteht zum Beispiel eine Elektrifizierungsrate von 57% in den urbanen Zentren, dem stehen lediglich 12% in den ländlichen Gebieten gegenüber. Insgesamt lässt sich ein starkes Ungleichgewicht bei dem Zugang zu Energie feststellen. Ausgehend von einer Weltbevölkerung von derzeit ca. 6,7 Milliarden Menschen, verfügen die ca. 1,5 Milliarden Menschen der OECD-Länder zu fast 100% über einen Zugang zu Energie, wohingegen die restlichen ca. 5,3 Milliarden nur zu 72% über einen ausreichenden Zugang zu Energie verfügen. Der Großteil davon lebt in Subsahara-Afrika und Südostasien.

93 *OECD/IEA,* World Energy Outlook 2009, S. 128; *WHO/UNDP,* The Energy Access Situation in Developing Countries, November 2009, S. 10.

94 *OECD/IEA,* World Energy Outlook 2009, S. 128; *WHO/UNDP,* The Energy Access Situation in Developing Countries, November 2009, S. 10.

95 *WHO/UNDP,* The Energy Access Situation in Developing Countries, November 2009, S. 11.

D. Konsequenzen eines fehlenden Zugangs zu Energie

Ein fehlender Zugang zu Energie hat für die betroffenen Menschen unterschiedliche Konsequenzen. Schon seit langem wird ein Zusammenhang zwischen einem fehlenden Zugang zu Energie und Armut hergestellt. Wie die Verteilung des Zugangs zu Energie zeigt, sind vor allem Entwicklungsländer mit diesem Problem konfrontiert.[96] Dies gilt insbesondere im Hinblick auf Armut, gesundheitliche Schäden und Probleme der Gleichberechtigung. Im Folgenden sollen daher die Zusammenhänge zwischen einem fehlenden Zugang zu Energie und Armut einerseits sowie gesundheitlicher Schäden andererseits erläutert werden. Eine strikte Trennung der genannten Auswirkungen erscheint als nicht sinnvoll, da die Effekte nicht immer klar voneinander zu trennen sind und teilweise miteinander verbunden sind. Aus Gründen der Übersicht sollen im Folgenden drei Kategorien eines fehlenden Zugangs zu Energie dargestellt werden. Zuvor soll aber ein kurzer Überblick über die Millennium Development Goals gegeben werden, die unter anderem die Bekämpfung von Armut und Krankheiten zum Ziel haben.

I. Millennium Development Goals

Die Millennium Development Goals (MDGs)[97] sind acht Entwicklungsziele, die im Jahr 2000 von Vertretern der Vereinten Nationen, der Weltbank, der OECD und mehreren Nichtregierungsorganisationen verabschiedet wurden und bis zum Jahr 2015 erreicht werden sollen. Die acht Ziele beinhalten die Beendigung von Armut und Hunger, Bildung, Gleichberechtigung, die Bekämpfung von Kindersterblichkeit, eine Verbesserung der gesundheitlichen Versorgung von Müttern, die Bekämpfung von HIV/Aids und anderen gefährlichen Krankheiten, ökologische Nachhaltigkeit und die Förderung des Aufbaus einer globalen Partnerschaft für Entwicklung. Allerdings haben die acht formulierten Ziele keinerlei verbindliche Wirkung für die Staaten, sondern sind lediglich als Absichtserklärungen zu verstehen. Die MDGs stehen nicht ausdrücklich im Zusammenhang mit Energie oder einem Zugang zu Energie, jedoch ist allgemein anerkannt, dass ein Zugang zu Energie eine notwendige Voraussetzung zur Realisierung dieser Ziele ist. Hierauf soll später noch ausführlicher eingegangen werden.[98]

---

96 IEA, Energy Access Database, zu finden unter: http://www.worldenergyoutlook.org/resources/energydevelopment/energyaccessdatabase/, letzter Zugriff am 25.04.2016.

97 UN Resolution, UN Doc. A/RES/55/2 (2000) v. 18.09. 2000.

98 Siehe unten, S. 141 ff.

II. Armut als Konsequenz eines fehlenden Zugangs zu Energie

Die Vermutung, dass es einen Zusammenhang zwischen Armut und einem fehlenden Zugang zu Energie gibt, ist sehr weit verbreitet, wenn auch noch nicht vollumfänglich anerkannt.[99] Der Grund hierfür liegt darin, dass der Zugang zu Energie Möglichkeiten eröffnet, die ohne diesen nicht gegeben sind. Die obige Darstellung der Elektrifizierungsraten in verschiedenen Ländern zeigt deutlich, dass es vor allem Entwicklungsländer sind, in denen es an einem Zugang zu Energie mangelt, wohingegen in den „reichen“ Industriestaaten eine nahezu hundertprozentige Abdeckung gegeben ist. Insofern liegt der Schluss nahe, dass zwischen dem Zugang zu Energie und Armut ein Zusammenhang besteht. Bereits im Jahr 1986 wurde mit dem sogenannten Burtland Report auf diesen Zusammenhang hingewiesen und die Notwendigkeit der Bereitstellung eines Zugangs zu Energie erkannt.[100] Dort heißt es in Kapitel 7, dass Energie notwendig für das tägliche Überleben ist. Weiter heißt es,

> *"Concern about a dependable future for energy is only natural since energy provides 'essential services' for human life - heat for warmth, cooking, and manufacturing, or power for transport and mechanical work."*[101]

Ohne einen Zugang zu Energie bleiben den Menschen grundlegende Entwicklungsmöglichkeiten versperrt. Der Betrieb eines Krankenhauses ist ohne eine ausreichende Stromversorgung nur schwer realisierbar. Energie ist weiter notwendig zum Erhalt von angemessener Nahrung, für die Errichtung und Unterhaltung von Unterkünften, zur Gewinnung von Wasser sowie der Unterhaltung von sanitären Einrichtungen, für den Betrieb von Schulen und dem Zugang zu

---

99 *Bradbrook/Gardam*, "Energy and Poverty: A Proposal to Harness International Law to Advance Universal Access to Modern Energy Services", in: Netherlands International Law Review, 2010, S. 1–28 (4); *Bradbrook/Gardam*, "Placing Access to Energy Services within a Human Rights Framework", in: Human Rights Quarterly 28 (2006), S. 389–415 (392 ff.); *Misereor*, "Energie für die Armen: Ein Positionspapier", 2004, S. 1–11; ähnlich auch *Goldemberg*, „Development and Energy“, in: Adrian J. Bradbrook (Hrsg.) The Law of Energy and Sustainable Development, 2005, S. 37.

100 World Commission on Environment and Development (WCED), Report "Our Common Future", 20. März 1987, Chapter 7. <http://www.worldinbalance.net/pdf/1987-brundtland.pdf>; *Bradbrook/Gardam*, "Placing Access to Energy Services within a Human Rights Framework", in: Human Rights Quarterly 28 (2006), S. 393.

101 World Commission on Environment and Development (WCED), Report "Our Common Future", 20. März 1987, Chapter 7. <http://www.worldinbalance.net/pdf/1987-brundtland.pdf>.

modernen Technologien und Kommunikationsmitteln.[102] Energie wird zum Beispiel benötigt, um sauberes Grundwasser an die Oberfläche zu befördern. Nur so kann vermieden werden, das häufig kontaminierte Oberflächenwasser zu trinken oder im Haushalt zu benutzen.[103] Zudem wird Energie benötigt, um Wasser zu kochen und kühl zu lagern.

Eine effiziente und ertragreiche Landwirtschaft kann nur durch einen adäquaten Zugang zu Energie gewährleistet werden.[104] Auch in der Landwirtschaft wird Wasser benötigt, das beispielsweise durch elektrisch betriebene Pumpen zu den Anbauflächen transportiert werden muss. Eine funktionierende Landwirtschaft führt in logischer Konsequenz zu einer besseren Nahrungsversorgung.

Aus einem fehlenden Zugang zu Energie resultiert im Hinblick auf die Entwicklung eine große Lücke zwischen den vom Energiemangel betroffenen Ländern und den Industriestaaten. Deutlich wird dies, wenn die Daten über einen Zugang zu Energie mit dem Human Development Index[105] verglichen werden. So verfügen die Staaten mit einem sehr hohen Human Development Index wie zum Beispiel Norwegen, Schweden und Deutschland über einen fast hundertprozentigen Zugang zu Energie, die Staaten mit einem mittleren bis niedrigen Human Development Index hingegen, weisen starke Lücken bei der Energieversorgung auf.[106] Dies trifft insbesondere auf die Subsahara-Staaten sowie auf die Staaten Südostasiens zu.[107] Aus diesen Auffälligkeiten lässt sich eindeutig ein Zusammenhang herstellen.

---

102 *Bradbrook/Gardam*, „Placing Access to Energy Services within a Human Rights Framework", in: Human Rights Quarterly 28 (2006), S. 389–415 (393 ff.); *Akanksha Chaurey/Malini Ranganathan/Parimita Mohanty*, „Electricity access for geographically disadvantaged rural communities-technology and policy insights", in: Energy Policy 32 (2004), S. 1693–1705 (1693). *Misereor*, "Energie für die Armen: Ein Positionspapier", 2004, S. 1–11; *Amulya K.N. Reddy*, „Energy and Social Issues", in: UNDP, World Energy Assessment 2000, S. 39–60 (44).

103 *Bradbrook/Gardam*, "Energy and Poverty: A Proposal to Harness International Law to Advance Universal Access to Modern Energy Services", in: Netherlands International Law Review, 2010, S. 1–28 (4).

104 *Bradbrook/Gardam*, "Placing Access to Energy Services within a Human Rights Framework", in: Human Rights Quarterly 28 (2006), S. 394.

105 Der Human Development Index wird seit 1990 in dem jährlich erscheinenden Human Development Report der UNDP veröffentlicht. Er zeigt in einem weltweiten Vergleich den Stand der Entwicklung in den einzelnen Ländern.

106 *UNDP*, Human Development Report 2009, S. 143 ff.

107 *UNDP*, Human Development Report 2009, S. 143 ff.

Ohne einen adäquaten Zugang zu Energie wird den Menschen insbesondere in den Entwicklungsländern die Gelegenheit genommen, sich aus ihrer misslichen wirtschaftlichen Lage zu befreien und ihren Lebensstandard zu erhöhen. Das Sammeln von fossilen Brennstoffen ist häufig eine mühsame und zeitintensive Aufgabe, welche die Personen, die mit dieser Aufgabe beschäftigt sind, davon abhält Einkommen zu generieren.[108] Diese Personen können nahezu nichts dazu beitragen, um aus der Armut herauszukommen.

III. Gesundheitliche Schäden als Konsequenz eines fehlenden Zugangs zu Energie

Ein fehlender Zugang zu Energie hat auch enorme Auswirkungen auf die Gesundheit der betroffenen Menschen. Aufgrund des Mangels an einer sauberen, sicheren und verlässlichen Energieversorgung sind nach Schätzungen[109] bis zu zwei Milliarden Menschen abhängig von traditionellen Energieträgern wie Biomassen, um den täglichen Energiebedarf im Haushalt zu decken. Zur Biomasse in diesem Sinne zählen Brennholz, Tierdung oder Holzkohle.[110] Oft müssen Frauen in Subsahara-Afrika bis zu 20 kg Brennholz durchschnittlich über 5 km transportieren.[111] Die Verwendung traditioneller Energieträger zum Kochen, Heizen oder zur Beleuchtung im Haushalt hat schwere Atemwegserkrankungen zur Folge, die durch den bei der Verbrennung entstehenden Rauch ausgelöst werden. Weltweit sterben jährlich ca. zwei Millionen Menschen, 99% davon in

---

108 *Bradbrook/Gardam*, "Placing Access to Energy Services within a Human Rights Framework", in: Human Rights Quarterly 28 (2006), S. 395.

109 *Advisory Group on Energy and Climate Change (AGECC)*, Energy for a Sustainable Future, 2010, S. 7; World Bank, Energy – The Facts, 2013, erhältlich unter: http://web.worldbank.org/WBSITE/EXTERNAL/TOPICS/EXTENERGY2/0,,contentMDK:22855502~pagePK:210058~piPK:210062~theSitePK:4114200,00.html., letzter Zugriff am 24.07.2014.

110 *OECD/IEA*, World Energy Outlook 2009, S. 128; *WHO/UNDP*, The Energy Access Situation in Developing Countries, November 2009, S. 10; *Ambuj Sagar*, „Alleviating energy poverty for the world's poor", Energy Policy 33 (2005), S. 1367–1372 (1367); *UNDP/UNDESA/WEC*, World Energy Assement Overview: 2004 Update, S. 19; *Johansson/Goldemberg*, "The Role of Energy and in Sustainable Development: Basic Facts and Issues", in: Johansson/Goldemberg (Hrsg.) Energy for Sustainable Development: A Policy Agenda, (2002), S. 25–39 (30).

111 *Ambuj Sagar*, „Alleviating energy poverty for the world's poor", in: Energy Policy 33 (2005), S. 1367–1372 (1367); *Bradbrook/Gardam*, "Placing Access to Energy Services within a Human Rights Framework", in: Human Rights Quarterly 28 (2006), S. 389–415 (394).

den Entwicklungsländern, an den Folgen der Nutzung fossiler Brennstoffe in den Haushalten.[112] Der bei der Verbrennung von traditionellen Energieträgern entstehende Rauch enthält einige für den menschlichen Organismus giftige Stoffe. Dazu zählen Kohlenmonoxide und eine hohe Konzentrationen an Feinstaub, die bei Messungen in den betroffenen Haushalten festgestellt wurden.[113] Es gilt als erwiesen, dass der Rauch für die Entstehung von drei verbreiteten Krankheiten verantwortlich ist. Diese sind die Lungenentzündung, chronisch obstruktive Lungenerkrankung (engl. chronic obstructive pulmonary disease [COPD]) und Lungenkrebs.[114]

Neben den durch den Rauch ausgelösten Erkrankungen der Atemwege stellt die Verwendung fossiler Brennstoffe in zumeist beengten Räumlichkeiten auch eine Gefahr in Bezug auf Verletzungen dar. Häufig kommt es zu Verbrennungen beim Kochen oder Heizen. Wie oben schon beschrieben, muss schweres Brennholz oft über lange Strecken transportiert werden, wodurch einerseits Rückenschäden entstehen können und andererseits zusätzlich auch die Gefahr von Schlangenbissen besteht.[115] Nicht zu vernachlässigen ist zudem die Tatsache, dass Frauen während des Sammelns von Brennholz einer höheren Gefahr von gewalttätigen oder sexuellen Übergriffen ausgesetzt sind.[116]

---

112 *Bradbrook/Gardam*, "Energy and Poverty: A Proposal to Harness International Law to Advance Universal Access to Modern Energy Services", in: Netherlands International Law Review, 2010, S. 1–28 (5); *WHO/UNDP*, The Energy Access Situation in Developing Countries, November 2009, S. 22; *Johansson/Goldemberg*, "The Role of Energy and in Sustainable Development: Basic Facts and Issues", in: Johansson/Goldemberg (Hrsg.) Energy for Sustainable Development: A Policy Agenda, (2002), S. 25–39 (32); WHO, The World Health Report 2002, S. 69 ff.; *WHO*, Situation Analysis of Household Energy Use and Indoor Air Pollution in Pakistan, Department of Child and Adolescent Health and Development, S. 1. erhältlich unter: <http://whqlibdoc.who.int/hq/2005/WHO_FCH_CAH_05.06.pdf>.

113 *WHO/UNDP*, The Energy Access Situation in Developing Countries, November 2009, S. 22.

114 *WHO/UNDP*, The Energy Access Situation in Developing Countries, November 2009, S. 22.

115 *Bradbrook/Gardam*, "Energy and Poverty: A Proposal to Harness International Law to Advance Universal Access to Modern Energy Services", in: Netherlands International Law Review, 2010, S. 1–28 (6); *Howells* (et al.), "A model of household energy services in a low-income rural African village", in: Energy Policy 33 (2005), S. 1833–1851 (1834); *UNDP*, Gender and Energy For Sustainable Development: A Toolkit and Resource Guide, (2004), S. 9.

116 *Bradbrook/Gardam*, "Energy and Poverty: A Proposal to Harness International Law to Advance Universal Access to Modern Energy Services", in: Netherlands Interna-

Weiter können ohne den Zugang zu Strom keine Krankenhäuser unterhalten werden und darüber hinaus Medikamente nicht ausreichend gekühlt werden. Eine angemessene Gesundheitsversorgung ist somit nicht zu gewährleisten.

Ferner wird vermutet, dass ein Zugang zu Energie die Geburtenraten in den Entwicklungsländern senken könnte.[117] Zugang zu Energie, hätte eine geringere Sterblichkeit und niedrigere Fertilität zur Folge, wodurch der demographische Wandel beschleunigt würde, so wie es sich auch in den Industriestaaten vollzogen hat.[118]

IV. Ein fehlender Zugang zu Energie und die Auswirkungen auf Frauen und Kinder

Frauen und Kinder sind im besonderen Maße von den Konsequenzen eines fehlenden Zugangs zu Energie betroffen. Aufgrund einer strikten Rollenverteilung in den betroffenen Ländern sind Frauen viel stärker den Gefahren ausgesetzt als Männer. Sie sind zuständig für das Zubereiten der Mahlzeiten und atmen dementsprechend mehr Rauch beim Kochen und Heizen mit fossilen Brennstoffen ein.[119] Darüber hinaus sind in diesen Gesellschaften meistens Frauen dafür verantwortlich die traditionellen Brennstoffe zu besorgen, weshalb sie überproportional den damit verbundenen Gefahren - wie Rückenschäden - ausgesetzt sind.[120]

---

tional Law Review, 2010, S. 1–28 (6); *UNDP*, Gender and Energy For Sustainable Development: A Toolkit and Resource Guide, (2004), S. 9.

117 *Bradbrook/Gardam*, "Energy and Poverty: A Proposal to Harness International Law to Advance Universal Access to Modern Energy Services", in: Netherlands International Law Review, 2010, S. 1–28 (5); *Johansson/Goldemberg*, "The Role of Energy and in Sustainable Development: Basic Facts and Issues", in: Johansson/Goldemberg (Hrsg.) Energy for Sustainable Development: A Policy Agenda, (2002), S. 25–39 (30).

118 *Johansson/Goldemberg*, "The Role of Energy and in Sustainable Development: Basic Facts and Issues", in: Johansson/Goldemberg (Hrsg.) Energy for Sustainable Development: A Policy Agenda, (2002), S. 25–39 (30).

119 *Bradbrook/Gardam*, "Placing Access to Energy Services within a Human Rights Framework", in: Human Rights Quarterly 28 (2006), S. 389–415 (394); *UNDP*, Gender and Energy For Sustainable Development: A Toolkit and Resource Guide, (2004), S. 10.

120 *Bradbrook/Gardam*, "Placing Access to Energy Services within a Human Rights Framework", in: Human Rights Quarterly 28 (2006), S. 389–415 (394); *UNDP*, Gender and Energy For Sustainable Development: A Toolkit and Resource Guide, (2004), S. 10.

Gleiches ist im Zusammenhang mit Kindern zu nennen. Insbesondere Neugeborene und Kleinkinder sind in den Unterkünften dem beim Verbrennen von traditionellen Brennstoffen entstehenden Rauch ausgesetzt. Ab einem gewissen Alter müssen sie häufig bei der Besorgung von Brennmaterial helfen, weshalb es ihnen unter anderem nur schwer möglich ist, regelmäßig zur Schule zu gehen.[121] Ein weiterer nicht zu unterschätzender Aspekt ist die Tatsache, dass ohne Licht, das Lernen nur zu der Zeit möglich ist, in der genug Tageslicht vorhanden ist. Dies führt zu einer geringeren Chance auf angemessene Bildung.[122]

E. Zwischenergebnis

Der Verbrauch von Energie ist auf der Welt sehr unterschiedlich verteilt. So ist der Energieverbrauch insbesondere in den Industriestaaten der „westlichen Welt", aber auch in den Ländern wie China sehr hoch. In vielen Gegenden Afrikas und Südostasiens dagegen wird im Verhältnis kaum Energie verbraucht. Diese Gegenden sind im besonderen Maße von Armut betroffen. Nach Schätzungen verfügen bis zu zwei Milliarden Menschen über keinen oder keinen ausreichenden Zugang zu modernen Energiequellen.[123] Energie ist unerlässlich für das menschliche Leben, die Sicherung und der Zugang zu Energie sind entscheidend für die Nachhaltigkeit moderner Gesellschaften.[124] Fest steht auch, dass Energie das menschliche Leben antreibt und eine notwendige Voraussetzung für die kontinuierliche menschliche Entwicklung ist. Seit jeher ist mit der Evolution von Zivilisationen, die Nachfrage des Menschen nach Energie kontinuierlich gestiegen.[125] Die Analyse zeigt auch, dass die weltweite Nachfrage nach Energie mit einer wachsenden Bevölkerung, Urbanisation und Modernisierung schnell ansteigt. Die Welt ist zurzeit noch sehr von fossilen Energiequellen abhängig,

---

121 Gender & Energy, For Sustainable Development: A Toolkit and Resource Guide, 2004, S. 8.

122 *Bazilian* et al., Improving Access to Modern Energy Services: Insights from Case Studies, in: The Electricity Journal 2012, S. 93–114; Gender & Energy, For Sustainable Development: A Toolkit and Resource Guide, 2004, S. 12.

123 *OECD/IEA*, World Energy Outlook 2009, S. 128; *WHO/UNDP*, The Energy Access Situation in Developing Countries, November 2009, S. 10; *UNDP/UNDESA/WEC*, World Energy Assement Overview: 2004 Update, S. 19; *AGECC*, Energy for a Sustainable Future, 2010, S. 7.

124 *Asif/Muneer*, Energy supply, its demand and security issues for developed and emerging economies, in: Renewable and Sustainable Energy Reviews 2007, S. 1388–1413 (1388).

125 *Asif/Muneer*, Energy supply, its demand and security issues for developed and emerging economies, in: Renewable and Sustainable Energy Reviews 2007, S. 1388–1413 (1389).

um den weltweiten Bedarf an Energie zu befriedigen. Bis zu 80% des weltweiten Energiebedarfs wird mit fossilen Brennstoffen wie Öl, Gas und Kohle gedeckt.[126] Im Gegensatz dazu decken erneuerbare Energien bis zu 13,5% des weltweiten Energiebedarfs ab.[127] Energie ist eines der dringendsten Grundbedürfnisse des Menschen und die Bereitstellung eines Zugangs zu modernen Energiequellen verringert die weltweite Armut, steigert das Wohl der Menschheit und hebt weltweit den Lebensstandard der Menschen. Die Auswirkungen eines fehlenden Zugangs zu Energie sind verheerend. Die Staaten mit den niedrigsten Zugangsraten zu modernen Energiequellen sind am stärksten von Armut betroffen. Die Menschen leiden unter gesundheitlichen Schäden. Davon betroffen sind insbesondere Frauen und Kinder. Durch ein Menschenrecht auf Zugang zu Grundversorgung mit Energie, wären die Staaten verpflichtet diese Missstände zu beheben. Es ist daher entscheidend, ob im Internationalen Pakt über wirtschaftliche, soziale und kulturelle Rechte, ein Recht auf Energie enthalten ist.

126 *Asif/Muneer*, Energy supply, its demand and security issues for developed and emerging economies, in: Renewable and Sustainable Energy Reviews 2007, S. 1388–1413 (1389).

127 Diese Werte steigen im Moment kontinuierlich an.

Drittes Kapitel: Umfang, Inhalt und Bedeutung des Sozialpakts

Wie beschrieben, geht die vorliegende Arbeit der Frage nach, ob ein Recht auf Zugang zur Grundversorgung mit Energie als Menschenrecht im Internationalen Pakt über wirtschaftliche, soziale und kulturelle Rechte (im Folgenden auch: Sozialpakt)[128] enthalten ist. Aus diesem Grund ist es erforderlich, hier einen kurzen Überblick über den Sozialpakt zu geben. Dabei soll insbesondere auf seine Bedeutung im Rahmen des internationalen Menschenrechtsschutzes sowie auf seine Geschichte eingegangen werden.[129] In der Zeit der Entstehung des Sozialpakts und des Pakts über bürgerliche und politische Rechte (im Folgenden auch: Zivilpakt)[130] waren die Diskussionen noch stark durch die aus dem Ost-West-Konflikt resultierenden ideologischen Unterschiede geprägt. Seit den siebziger Jahren des letzten Jahrhunderts und vor allem nach Beendigung des Kalten Kriegs haben die Diskussionen um die beiden Pakte eher eine Nord-Süd-Dimension erhalten und beinhalten noch immer eine hohe ideologische Sprengkraft. Die Problematik in Verbindung mit den wirtschaftlichen, sozialen und kulturellen Rechten (im Folgenden: wsk-Rechte) wird daher auch in Zukunft ein sehr kontrovers diskutiertes Thema bleiben.[131]

A. Historische Ursprünge wirtschaftlicher, sozialer und kultureller Rechte

In der Tradition der Glaubensgemeinschaften, sich um die Bedürftigen und Unterdrückten in einer Gesellschaft zu kümmern, liegen bereits erste Ansätze wirtschaftlicher und sozialer Rechte. Fast alle großen Glaubensgemeinschaften der Welt weisen Bräuche auf, nach denen ein Engagement für benachteiligte

128 BGBl. II, 1973, S. 1570 ff.; UNTS Bd. 993, S. 3 ff.

129 Umfassend zu den wirtschaftlichen, sozialen und kulturellen Menschenrechten, siehe *Riedel,* Economic, Social and Cultural Rigths, in: Krause/Scheinin (Hrsg.) International Protection of Human Rights: A Textbook, S. 129–149.

130 BGBl. II, 1973, S. 1534 ff.; UNTS Bd. 999, S. 171 ff.

131 *Steiner/Alston/Goodman,* International Human Rights in Context: Law, Politics, Morals, 3. Aufl. 2008, S. 264.

Gruppen der Gesellschaft gefordert wird.[132] Ähnliche Ansätze finden sich in den Schriften von Thomas Paine, Karl Marx, Immanuel Kant und John Rawls.[133] Aber auch die politischen Programme des 19. Jahrhunderts von Otto von Bismarck[134], die New Dealers in den USA, die erste Verfassung der Sowjetunion oder die Weimarer Verfassung von 1919 (Wohlfahrtsstaat)[135] enthalten Ansätze wirtschaftlicher und sozialer Rechte. Aus diesem langen Prozess der Genese dieser Rechte kann die Gründung der International Labour Organization (ILO) als Beginn der Wahrnehmung von sozialen und wirtschaftlichen Rechten gesehen werden.[136] Nach dem Ende des Ersten Weltkriegs bildete sich der Gedanke, dass Weltfrieden nur auf der Basis sozialer Gerechtigkeit erreicht werden kann. Mit dem Vertrag von Versailles im Jahre 1919 kam es zu einer Einigung zur Schaffung von fairen und humanen Arbeitsbedingungen sowie der gleichzeitigen Gründung der ILO.[137] In der Zeit zwischen den Weltkriegen erarbeitete und entwickelte die ILO international gültige Minimumstandards zu einer Vielzahl von Themen, die unter die Rubrik der wirtschaftlichen und sozialen Rechte fallen. Dazu gehören Regelungen zu den Arbeitszeiten, der Arbeitslosigkeit, Regelungen bezüglich der Behandlung von Frauen während der Schwangerschaft, die Einführung eines Mindestalters für die Arbeit in der Industrie oder die Absicherung für den Krankheitsfall.[138]

Insofern kann konstatiert werden, dass wirtschaftliche und soziale Rechte schon vor den bürgerlichen und politischen Rechten auf internationaler Ebene Anerkennung erfahren haben.[139]

---

132 *Shupack*, The Churches and Human Rights: Catholic and Protestant Human Rights Views as Reflected in Church Statements, in: Harvard Human Rights Journal, 1993, S. 123–157 (137f./141ff.); Islam?

133 *Steiner/Alston/Goodman*, International Human Rights in Context: Law, Politics, Morals, 2008, S. 264.

134 *Andreassen*, in: Afredsson/Eide (Hrsg.) The Universal Declaration of Human Rights, 1999, Art. 22, S. 455 ff.

135 *Frotscher/Pieroth*, Verfassungsgeschichte, 9. Aufl., 2010, Rn. 495 ff.

136 *Eide*, Economic, Social and Cultural Rights as Human Rights, in: Eide/Krause/Rosas (Hrsg.) Economic, Social and Cultural Rights: A Textbook, 2001, S. 9–28 (16).

137 *Rodgers/Lee/Sweptson/Van Daele*, The International Labour Organization and the Quest for Social Justice 1919–2009, 2009, S. 2 ff.

138 *Rodgers/Lee/Sweptson/Van Daele*, The International Labour Organization and the Quest for Social Justice 1919–2009, 2009, S. 7 ff.

139 *Eide*, Economic, Social and Cultural Rights as Human Rights, in: Eide/Krause/Rosas (Hrsg.) Economic, Social and Cultural Rights: A Textbook, 2001, S. 9–28 (15).

Während der Verhandlungen zum Entwurf der UN-Charta wurden einige Vorschläge unterbreitet, die Verpflichtung zur Vollbeschäftigung in den Text mit aufzunehmen. Obwohl dieser Vorschlag eine breite Unterstützung fand, scheiterte die Aufnahme an den Bedenken der Vereinigten Staaten. Man einigte sich letztendlich darauf, in Art. 55 a der UN-Charter die Verpflichtung aufzunehmen,

> *"the United Nations shall promote: higher standards of living, full employment, and conditions of economic and social progress and development".*

In den USA herrschten seit jeher Vorbehalte gegen wirtschaftliche und soziale Rechte.[140] Dies obwohl der US-amerikanische Präsident Franklin D. Roosevelt als einer der ersten Verfechter von wsk-Rechten galt und ausführte, dass "*freedom from want*" eine der vier Freiheiten sei, die die Weltordnung in der Zukunft bestimmen werden.[141] In seiner „State of the Union Message to Congress" vom 11. Januar 1944 hat er diese Grundsätze noch einmal verdeutlicht.[142] Die Zeit zwischen den Weltkriegen war aus verschiedenen Gründen von hoher Arbeitslosigkeit und Armut geprägt, in deren Folge die Entstehung von totalitären Regimen begünstigt wurde. Dadurch wuchs auch im Westen das Interesse an wirtschaftlichen und sozialen Rechten, da diese als Voraussetzung für Frieden und Demokratie angesehen wurden.

In den Entwürfen zu der Universal Declaration of Human Rigths gab es folglich eine große Unterstützung, auch von Seiten der USA, wirtschaftliche und soziale Rechte in die Erklärung mit aufzunehmen, die sich dabei fast wörtlich auf

---

140 Insgesamt zur Entwicklung und Bedeutung von wsk-Rechten in den USA *Alston*, Putting Economic, Social and Cultural Rights Back on The Agenda of the United States, in: Schulz (Hrsg.) The Future of Human Rights U.S. Policy for a New Era, 2009, S. 120–138 (120ff.).

141 *Roosevelt*, State of the Union Address, am 06.01.1941, erhältlich unter: http://www.ourdocuments.gov/doc.php?doc=70, letzer Zugriff am 02.05.2016; *Roosevelt*, State of the Union Address, 11.01.1944, erhältlich unter: http://www.presidency.ucsb.edu/ws/index.php?pid=16518, letzter Zugriff am 02.05.2016.

142 *Roosevelt*, 4 – State of the Union Message to Congress, 11. 01. 1944, http://www.presidency.ucsb.edu/ws/index.php?pid=16518, letzter Zugriff am 02.05.2016; *Riedel/Giacca/Golay*, The Development of Economic, Social and Cultural Reights in International Law, in: Riedel/Giacca/Golay (Hrsg.) Economic, Social and Cultural Rights in International Law: Contemporary Issues and Challanges, 2014, S. 3–48 (6 f.); *Riedel*, „Rethinking Human Rights – Real Reforms in Procedure and Substance?", in: Delbrück et al. (Hrsg.) Aus Kiel in die Welt: Kiel's Contribution to International Law, Festschrift zum 100-jährigen Bestehen des Walther-Schücking-Instituts für Internationales Recht, University of Kiel, Berlin 2014, S. 421–446.

die von Roosevelt gemachten Aussagen stützten.[143] Bei der Universal Declaration of Human Rights handelt es sich nicht um einen verbindlichen völkerrechtlichen Vertrag, sondern lediglich um eine Erklärung der Menschenrechte. Sie wurde mit Resolution 217 A (III) der UN-Vollversammlung eingeführt.[144] Hinsichtlich des unverbindlichen Charakters gibt es jedoch Einschränkungen.[145] Zum einen finden sich die Normen teilweise in den beiden Menschenrechtspakten wieder. Zum anderen sind verschiedene Regelungen als Völkergewohnheitsrecht anerkannt.[146] Die Positivierung wirtschaftlicher und sozialer Rechte wurde schließlich durch die Schaffung des Internationalen Pakts über wirtschaftliche, soziale und kulturelle Menschenrechte im Jahr 1966 erreicht.

B. Entstehung des Sozialpakts

Am 16. Dezember 1966 wurde der Internationale Pakt über wirtschaftliche, soziale und kulturelle Rechte von der Generalversammlung der Vereinten Nationen verabschiedet. Ihm vorausgegangen waren intensive und umfangreiche Verhandlungen in der Menschenrechtskommission der Vereinten Nationen, die bereits im Jahr 1949 begannen. Etwa neun Jahre später, nämlich am 3. Januar 1976, trat der Sozialpakt mit der Abgabe der 35. Ratifikationsurkunde in Kraft. Der Sozialpakt wurde bis heute von 164 Staaten unterzeichnet und ratifiziert[147] und repräsentiert damit mehr als drei Viertel der

---

143 *Eide*, Economic, Social and Cultural Rights as Human Rights, in: Eide/Krause/Rosas (Hrsg.) Economic, Social and Cultural Rights: A Textbook, 2001, S. 9–28 (19).

144 Nach der UN-Charta haben nur Resulotionen des Sicherheitsrates eine verbindliche Wirkung, vgl. Art. 25 UN-Charta. Für Resolutionen der Vollversammlung fehlt eine solche Regelung. http://www.un.org/en/universal-declaration-human-rights/, letzter Zugriff am: 08.08.2016; zur Bedeutung der UDHR, *Klein*, Universeller Menschenrechtsschutz – Realität oder Utopie?, in: EuGRZ, 1999, S. 109–115.

145 Gegen eine rechtl. Bindungswirkung.: *Epping*, in: Ipsen (Hrsg.) Völkerrecht, 6. Aufl. 2014, § 7, Rn. 11; a. A. *Humphrey*, The Universal Declaration of Human Rights, in: Ramcharan (Hrsg.) Human Rights: Thirty Years after the Universal Declaration of Human Rights, 1979, S. 21–37 (S. 29 ff.); *Gros Espiell*, The Evolving Concept of Human Rights, in: Ramcharan (Hrsg.) Human Rights: Thirty Years after the Universal Declaration of Human Rights, 1979, S. 41–66.

146 *Epping*, in: Ipsen (Hrsg.) Völkerrecht, 6. Aufl. 2014, § 7, Rn. 11; *Humphrey*, The Universal Declaration of Human Rights, in: Ramcharan (Hrsg.) Human Rights: Thirty Years after the Universal Declaration of Human Rights, 1979, S. 21–37 (S. 29 ff.); *Gros Espiell*, The Evolving Concept of Human Rights, in: Ramcharan (Hrsg.) Human Rights: Thirty Years after the Universal Declaration of Human Rights, 1979, S. 41–66.

147 Stand: 10.08.2015.

Staatengemeinschaft. Ebenfalls im Jahr 1966 wurde der Pakt über bürgerliche und politische Rechte verabschiedet, der das Pendant zum Sozialpakt darstellt. Den beiden Pakten liegt eine gewisse Brisanz zu Grunde, die den historischen Umständen zur Zeit ihrer Entstehung geschuldet ist. Die Beratungen zu den beiden Verträgen begannen schon in den fünfziger Jahren des letzten Jahrhunderts, als der Kalte Krieg akut war und Fragen der Menschenrechte zu einem Schlachtfeld dieses Krieges geworden waren.[148] Diese Spannungen führten im Ergebnis dazu, dass es zu der Aufteilung in zwei separate Verträge kam und nicht, wie zunächst geplant, zu einem einheitlichen Vertrag, der sowohl die wirtschaftlichen, sozialen und kulturellen Rechte als auch die bürgerlichen und politischen Rechte umfassen sollte.[149] Die den Verträgen zu Grunde liegenden ideologischen Unterschiede konnten zum damaligen Zeitpunkt nicht überwunden werden.[150] Der Sozialpakt enthält verschiedene Normen, die – wie es im Vertragstext heißt – von den Vertragsstaaten anerkannt werden, wie zum Beispiel ein Recht auf Arbeit, das Recht eines jeden auf soziale Sicherheit und das Recht eines jeden auf einen angemessenen Lebensstandard für sich und seine Familie. Durch die beiden Verträge waren mit Ausnahme der Eigentumsgarantie alle wesentlichen Forderungen der rechtlich noch unverbindlichen Allgemeinen Menschenrechtserklärung von 1948 vertraglich eingelöst.[151]

Zusammen mit der Allgemeinen Menschrechtserklärung von 1948 bilden sie die *Universal Bill of Human Rights.*

---

148 *Craven,* The International Covenant on Economic, Social and Cultural Rights, in: Raija Hanski and Markku Suksi (Hrsg.) *'An Introduction to the International Protection of Human Rights'* (1997), S. 99.

149 *Riedel/Giacca/Golay,* The Development of Economic, Social and Cultural Reights in International Law, in: Riedel/Giacca/Golay (Hrsg.) Economic, Social and Cultural Rights in International Law: Contemporary Issues and Challanges, 2014, S. 3–48 (6); *Steiner/Alston/Goodman,* International Human Rights in Context: Law, Politics, Morals, 2008, S. 264.

150 Die Staaten des Ostblocks mit der damaligen Sowjetunion als Anführer favorisierten die Rechte des Sozialpakts, die westlichen Staaten allen voran die USA sind starke Verfechter der politischen und bürgerlichen Rechte. Bis heute haben die USA den Internationalen Pakt über wirtschaftliche, soziale und kulturelle Menschendrechte nicht ratifiziert.

151 *Riedel,* Menschenrechte der dritten Generation, in: EuGRZ 1989, S. 9–21 (12).

C. Bedeutung des Sozialpakts im Vergleich zum Zivilpakt

Die Bedeutung des Sozialpakts ist nicht ganz unumstritten, insbesondere im Vergleich zu seinem Gegenstück dem Internationalen Pakt über bürgerliche und politische Rechte. Deutlich wird dies unter anderem dadurch, dass im Zusammenhang mit der Verwirklichung wirtschaftlicher, sozialer und kultureller Rechte von den „vergessenen Rechten" gesprochen wird.[152] Dies ist der Tatsache geschuldet, dass den sogenannten politischen und bürgerlichen Rechten in der öffentlichen Diskussion seit jeher mehr Aufmerksamkeit geschenkt wurde. Sei es bei Fragen bezüglich der Kodifikation bestimmter Normen und Auslegung dieser oder, weil sie ganz allgemein im Bewusstsein der Öffentlichkeit präsenter sind.[153]

Der Begriff der bürgerlichen und politischen Rechte wird von der Öffentlichkeit recht schnell erfasst. Man assoziiert damit beispielsweise aus dem Grundgesetz vertraute Rechte wie die Meinungsfreiheit, die Versammlungsfreiheit oder das Recht der körperlichen Unversehrtheit. Zudem werden dieses Rechte häufiger mit der allgemeinen Idee der Menschenrechte in Verbindung gebracht. Darüber hinaus gibt es weitere Argumente dafür, den wsk-Rechten einen schwächeren Stellenwert als den politischen und bürgerlichen Rechten einzuräumen. Allerdings sind diese Argumente widerlegbar, wie im Folgenden gezeigt werden soll.

I. „Wsk-Rechte unterscheiden sich fundamental von den bürgerlichen und politischen Rechten"

1. Unterschiede in den vorhandenen Institutionen

So kann ein weiterer Grund, warum den wsk-Rechten über die Jahre im Vergleich zu den politischen und bürgerlichen Rechten weniger Aufmerksamkeit geschenkt wurde, darin gesehen werden, dass die beiden Verträge fundamentale Unterschiede bei der Einrichtung von Institutionen aufwiesen.[154] So sah der Sozialpakt im Gegensatz zum Internationalen Pakt über bürgerliche und politische

152 *Engbruch,* Das Menschenrecht auf einen angemessenen Lebensstandard, (2007), S. 16; *Simma,* „Die vergessenen Rechte": Bemühungen zur Stärkung des VN-Sozialpakts, in: Ruland/ von Maydell/ Papier (Hrsg.), Verfassung, Theorie und Praxis des Sozialstaats, Festschrift für Hans Zacher zum 70. Geburtstag, S. 868.

153 Fact Sheet No.16 (Rev.1), The Committee on Economic, Social and Cultural Rights, erhältlich unter: <http://www.ohchr.org/Documents/Publications/FactSheet16rev.1en.pdf>, letzter Zugriff am 22.05.2016.

154 Siehe umfassend *Riedel,* Economic, Social and Cultural Rigths, in: Krause/Scheinin (Hrsg.) International Protection of Human Rights: A Textbook, S. 129–149.

Rechte[155] ursprünglich nicht die Errichtung eines unabhängigen Gremiums vor, das den Vollzug der wsk-Rechte überwacht. Im Rahmen des Zivilpakts wurde von Beginn an der Ausschuss für bürgerliche und politische Rechte errichtet. Die Kontrolle über die Einhaltung und Umsetzung der Normen des Sozialpakts wurden zunächst durch sogenannte Arbeitsgruppen übernommen, die sich jedoch als ineffektiv erwiesen[156], weshalb ab 1985 ein Ausschuss nach Vorbild des Ausschusses über bürgerliche und politische Rechte errichtet wurde.[157] Ein weiterer Nachteil im Vergleich zum Zivilpakt ist, dass der Sozialpakt über kein Fakultativprotokoll verfügte, aufgrund dessen Individuen die Möglichkeit eingeräumt wird, Verletzungen der im Vertrag enthaltenen Rechte zu rügen. Der Internationale Pakt über bürgerliche und politische Rechte verfügte von Beginn an über ein Fakultativprotokoll mit der Möglichkeit einer Individualbeschwerde im Bereich der bürgerlichen und politischen Rechte, das bereits im März 1976 in Kraft trat.[158] Seit dem 5. Mai 2013 ist auch das Fakultativprotokoll zum Sozialpakt in Kraft. Bis dahin war es ein langer und beschwerlicher Weg und es bleibt abzuwarten, wie sich das nun vorgesehene Individualbeschwerdeverfahren entwickelt. Darüber hinaus sieht der Internationale Pakt über bürgerliche und politische Rechte die Möglichkeit eines Staatenbeschwerdeverfahrens vor, das aber nur geringe praktische Bedeutung aufweist, da es bis heute noch nicht erhoben wurde.[159]

2. Positive kostenintensive Rechte gegen negative „kostenneutrale" Rechte

Gegen die wsk-Rechte wird immer wieder vorgebracht, dass es sich bei ihnen im Gegensatz zu den bürgerlichen und politischen Rechten um positive Rechte handelt.[160] Daraus folgt, dass die Verwirklichung der enthaltenen Verpflichtungen

---

155 Siehe Art. 28 ff. IPBPR.

156 *Riedel*, Committe on Economic, Social and Cultural Rights, in Wolfrum (Hrsg.) MPEPIL 2008 online edtion, letzter Zugriff am 20.10.2012; *Riedel*, „Rethinking Human Rights – Real Reforms in Procedure and Substance?", in: Festschrift 100 years of the Walther-Schücking Institute of International Law, University of Kiel, Berlin 2014, S. 421–446.

157 ECOSOC Res. 1985/17 vom 28 Mai 1985; siehe ferner unten Abschnitt E.

158 Siehe, Fakultativeprotokoll zu dem Internationalen Pakt über bürgerliche und politische Rechte, vom 19. Dezember 1966; *Buergenthal/Thürer.* Menschenrechte: Ideale, Instrumente, Institutionen, 2009, S. 37ff.

159 Siehe Art. 41 IPBPR; *Buergenthal/Thürer.* Menschenrechte: Ideale, Instrumente, Institutionen, 2009, S. 36f.

160 *Riedel*, Economic, Social and Cultural Rigths, in: Krause/Scheinin (Hrsg.) International Protection of Human Rights: A Textbook, S. 129–149.

positive Handlungen des Staates sowie die Bereitstellung großer Ressourcen, sei es in finanzieller oder materieller Hinsicht, erfordern.[161] Die wsk-Rechte seien somit „kostspieliger“ als die bürgerlichen und politischen Rechte.[162] Grundsätzlich ist dieses Argument richtig, bei genauerer Betrachtung erweist es sich jedoch als etwas kurzsichtig. Auch bürgerliche und politische Rechte können nicht kostenlos beziehungsweise „kostenneutral“ gewährleistet werden. Um beispielsweise die Rechtsstaatlichkeit oder ein Demonstrationsrecht zu gewährleisten, müssen Institutionen geschaffen werden, wie etwa eine funktionsfähige Justiz oder Polizei, die gegebenenfalls bei der Durchsetzung des Rechts unterstützend eingreifen müssen.[163] Auch auf den ersten Blick als relativ günstige oder sogar kostenlos wahrgenommene Rechte, wie das Recht auf ein faires Verfahren, zeigen bei genauerem Hinsehen, dass diese Ansicht nicht vertretbar ist. Damit das Recht auf ein faires Verfahren gewährleistet werden kann, muss eine effiziente Judikative geschaffen und unterhalten werden, die nur funktionieren kann, wenn sie über gut ausgebildete und zuverlässige Richter und andere Justizangestellte verfügt. Die Schaffung und Unterhaltung solcher Institutionen sind mit erheblichen Kosten verbunden. Insofern kann das Argument, die wsk-Rechte und bürgerlichen und politischen Rechte wären inhaltlich fundamental unterschiedlich nicht aufrechterhalten werden. Zwar stimmt es, dass die Umsetzung der wsk-Rechte Ressourcen seitens des Staates benötigt, dies betrifft die bürgerlichen und politischen Rechte aber ebenfalls.

II. „Wsk-Rechte sind keine Menschenrechte im eigentlichen Sinne“

Ein weiterer Grund, warum den wsk-Rechten geringere Bedeutung gegenüber den bürgerlichen und politischen Rechten eingeräumt wird, kann darin gesehen werden, dass den wsk-Rechten der Status eines Menschenrechts abgesprochen wird. Diese Ansicht basiert auf einer liberalen Tradition, wonach sich Menschenrechte nur auf die Unverletzlichkeit des Lebens, der Freiheit und des Eigentums auswirken.[164] Daraus resultieren Rechtsansprüche für den Einzelnen oder Abwehransprüche gegen Eingriffe des Staates. Wsk-Rechte stellen dagegen nur Richtlinien

---

161 *Riedel,* Economic, Social and Cultural Rigths, in: Krause/Scheinin (Hrsg.) International Protection of Human Rights: A Textbook, S. 135.

162 *Riedel,* Economic, Social and Cultural Rigths, in: Krause/Scheinin (Hrsg.) International Protection of Human Rights: A Textbook, S. 136.

163 *Riedel,* Economic, Social and Cultural Rigths, in: Krause/Scheinin (Hrsg.) International Protection of Human Rights: A Textbook, S. 136.

164 *Riedel,* Economic, Social and Cultural Rigths, in: Krause/Scheinin (Hrsg.) International Protection of Human Rights: A Textbook, S. 134.

und moralische Bestrebungen dar und begründen keine Rechtsansprüche für den Einzelnen.[165] Demnach wären wsk-Rechte rein politischer Natur und ihre Realisierung wäre abhängig von den nationalen Parlamenten oder dem Ermessen der nationalen Regierungen. Begünstigt wird eine solche Ansicht durch die sprachlichen Formulierungen des Sozialpakts. Während die Normen im Pakt über bürgerliche und politische Rechte überwiegend mit der klaren Aussage beginnen *„everyone has the right to“* wird in den Normen des Sozialpakts eher eine indirekte Formulierung verwendet wie zum Beispiel *„the States Parties recognize the right to“* oder *„undertake to ensure the right“*[166]. Dies kann zu der Annahme führen, dass die bürgerlichen und politischen Rechte sich als sogenannte „self-executing“ Normen darstellen, wsk-Rechte jedoch nicht.

Allerdings stellen sowohl der Pakt über bürgerliche und politische Rechte als auch der Sozialpakt verbindliche völkerrechtliche Verträge dar, die anerkannte Menschenrechtsstandards zum Ausdruck bringen, wie sie auch schon gemeinsam in der Allgemeinen Erklärung der Menschenrechte von 1948 enthalten sind. Der Großteil der Staaten hat sich zu diesen bekannt. Diese Tatsache unterstreicht auch die immer wieder erwähnte Interdependenz und Untrennbarkeit der Menschenrechte im Allgemeinen, die wesentliche Grundsätze in der internationalen Menschenrechtsdogmatik darstellen.[167] Insofern kann auch das Argument wsk-Rechte seien keine Menschenrechte im eigentlichen Sinn als widerlegt angesehen werden.

---

165 *Riedel*, Economic, Social and Cultural Rigths, in: Krause/Scheinin (Hrsg.) International Protection of Human Rights: A Textbook, S. 134; *Riedel*, International Law Shaping Constitutional Law: Realization of Economic, Social and Cultural Rights, in: Riedel (Hrsg.) Constitutionalism – Old Concepts, New Worlds: German Contributions to the VIth World Congress of the International Association of Constitutional Law (IACL), Santiago de Chile 2004, S. 105–121, (S. 108).

166 Vgl. beispielhaft Art. 2, Art. 3 und Art. 7 IPWSKR.

167 Vienna Declaration and Programme of Action, adopted by the World Conference on Human Rights in 1993, A/CONF./157/23, 12. Juli 1993, I Abs. 5; so auch *Riedel*, Economic, Social and Cultural Rigths, in: Krause/Scheinin (Hrsg.) International Protection of Human Rights: A Textbook, S. 129–149 (130); Commission on Human Rights Resolution 2004/29 of 19 April 2004, Abs. 8(d); Bereits im Jahr 1977 wurde auf die Interdependenz der Menschenrechte hingewiesen, siehe dazu: General Assembly Resolution, 32/130 v. 16.12.1977, Abs. 1(a).

III. Wsk-Rechte enthalten keinen Rechtsanspruch

Ein ebenfalls immer wieder hervorgebrachtes Thema ist, dass wsk-Rechte keinen Rechtsanspruch enthalten, da sie als nicht einklagbar gelten. Allerdings resultiert die fehlende Einklagbarkeit nicht daraus, dass die Normen an sich nicht justizierbar wären. Vielmehr beruht es auf der Tatsache, dass in der Praxis der wsk-Rechte insgesamt sehr zurückhaltend mit dieser Thematik umgegangen wird.[168] Mit der Verabschiedung des Fakultativprotokolls zu dem Internationalen Pakt über wirtschaftliche, soziale und kulturelle Rechte, das nun auch im Bereich der wsk-Rechte die Möglichkeit einer Individualbeschwerde zulässt, wird auch ein den wsk-Rechten innewohnender Rechtsanspruch anerkannt.

IV. Die Relativität der wsk-Rechte

Im Gegensatz zu den politischen und bürgerlichen Rechten werden wsk-Rechte oft als relative Rechte mit einem variablen Inhalt betrachtet.[169] Die Gründe dafür werden auch hier in den verwendeten Formulierungen des Sozialpakts gesehen. Zudem wird behauptet, dass bei nicht variablen Normen im Rahmen des Sozialpaktes, unterschiedliche Standards für reiche und arme Staaten kreiert würden.

Dem ist entgegenzuhalten, dass wsk-Rechte keinen variablen Inhalt aufweisen und schon gar nicht unterschiedliche Standards für reiche und arme Staaten etablieren. Es wird vielmehr eine Unterscheidung dahingehend getroffen, dass die Staaten von verschiedenen Ausgangspunkten bei der Realisierung von wsk-Rechten beginnen müssen.

V. Die soziale Dimension der bürgerlichen und politischen Rechte

In der Lehre vertreten einige die Meinung, dass die schwächere Position der wsk-Rechte im Vergleich zu den bürgerlichen und politischen Rechten unter anderem aus der sozialen Dimension der letztgenannten Rechte resultiert. Insbesondere der Menschenrechtsausschuss des Zivilpakts unterstreicht bei der Behandlung von Individualbeschwerden oder der Erstellung von General Comments teilweise die soziale Komponente von politischen und bürgerlichen Rechten.[170]

---

168 OHCHR, Frequently Asked Questions on Economic, Social and Cultural Rights, Fact Sheet No. 33, 2008, S. 30ff.; *Riedel,* Economic, Social and Cultural Rigths, in: Krause/Scheinin (Hrsg.) International Protection of Human Rights: A Textbook, S. 134.

169 *Riedel,* Economic, Social and Cultural Rigths, in: Krause/Scheinin (Hrsg.) International Protection of Human Rights: A Textbook, S. 137.

170 CCPR General Comment Nr. 18, Non Discrimination, (1989), Abs. 6; Communication *No.* 172/1984 Netherlands. 09.04.1987Views of the Human Rights Committee

Eine ähnliche Praxis lässt sich bei der Arbeit des Europäischen Gerichtshof für Menschenrechte (EGMR) erkennen. So hat der EGMR im sogenannten *Airey* Fall das Recht auf kostenlosen juristischen Beistand als soziale Komponente des Rechts auf ein faires Verfahren gemäß Art. 6 EMRK angesehen.[171] Jedoch ist zu berücksichtigen, dass dies bei der Fülle der behandelten Verfahren Einzelfälle sind. Zudem ist nicht zu erkennen, weshalb dieses Verfahren eine Schwächung der wsk-Rechte zur Folge haben soll. Das Gegenteil ist der Fall. Durch die Betonung einer sozialen Komponente politscher und bürgerlicher Rechte, erfahren die Verpflichtungen des Sozialpakts insgesamt eine Aufwertung und ergänzen die politischen und bürgerlichen Rechte. Auch die Normen des Sozialpakts zeigen freiheitliche Elemente, wie das Recht auf Gesundheit oder Bildung, ohne dass deshalb den politischen und bürgerlichen Rechten eine schwächere Position zukommen würde.

VI. Die vage Formulierung der wsk-Rechte

Als Begründung für die schwache Position der wsk-Rechte wird zudem ihre vage Formulierung angeführt. Im Verhältnis zu den bürgerlichen und politischen Rechten seien sie unklar und zu abstrakt. Zudem wird kritisiert, dass die sprachliche Gestaltung des Textes, größere Erwartungen wecke als realistischer Weise erfüllt werden können.[172]

Erkennbar ist, dass nicht nur die Normen des Sozialpakts vage formuliert sind, sondern sämtliche Verträge oder Pakte die fundamentale Rechte garantieren, eine gewisse Abstraktheit aufweisen. Sie benötigen die Ausgestaltung und Interpretation von Experten und Gerichten, die sich mit dieser Thematik beschäftigen. Wie sonst ließen sich die über viele Jahre erarbeiteten General Comments zum Zivilpakt erklären, die eine Interpretationshilfe für eine Vielzahl von Normen des Pakts darstellen. Seit der Einrichtung des Ausschusses für wirtschaftliche, soziale und kulturelle Rechte im Jahr 1987 interpretiert und konkretisiert dieser durch die

---

under article 5, paragraph 4, of the Optional Protocol to the International Covenant on Civil and Political Rights, CCPR/C/29/D/172/1984; Communication Nr.182/1984 Netherlands. 09.04.1987, Views of the Human Rights Committee under article 5, paragraph 4, of the Optional Protocol to the International Covenant on Civil and Political Rights, CCPR/C/29/D/182/1984.

171 *Airey* Case, judgement of 9 October 1979, Publication of the European Court of Human Rights, Series A, Nr. 32, Abs. 26 et seq; *Scheinin*, Economic and Social Rights as Legal Rights, in: Eide, Krause and Rosas (Hrsg.), Economic, Social and Cultural Rights: A Textbook, 2001, S. 36ff.

172 *Engbruch,* Das Menschenrecht auf einen angemessenen Lebensstandard, (2007), S. 18.

Staatenberichte und General Comments die einzelnen wsk-Rechte. Durch seine Arbeit werden der Umfang und die Bedeutung der im Sozialpakt erhaltenen Rechte neu definiert und konkretisiert, sodass die vagen Formulierungen in der Realität keine Rolle mehr spielen.

VII. Zwischenergebnis

Die wsk-Rechte erfüllen Grundbedürfnisse, ohne die das menschliche Überleben nicht gewährleistet werden kann. Man kann sogar soweit gehen, dass die Erfüllung der wsk-Rechte eine notwendige Voraussetzung zur Erfüllung der politischen und bürgerlichen Rechte ist, frei nach dem Motto von Bertolt Brecht: „Erst kommt das Fressen, dann die Moral".[173] Obdachlosen und hungernden Menschen ist wohl eher ein geringes Interesse zu unterstellen, ihr Recht auf freie Meinungsäußerung zu forcieren. Was daran liegen kann, dass sie vielleicht physisch gar nicht dazu in der Lage wären. Außerdem sollte nicht die Tatsache vergessen werden, dass die Interdependenz und Untrennbarkeit der Menschenrechte wesentliche Grundsätze in der internationalen Menschenrechtsdogmatik darstellen.[174] Folglich können die beiden Pakte nicht separat betrachtet werden, sondern müssen vielmehr im Zusammenhang mit den anderen menschenrechtlichen Kodifikationen interpretiert und gesehen werden. Daraus folgt ganz deutlich, zumindest in der Theorie, dass sowohl die politischen und bürgerlichen als auch die wsk-Rechte einen gleichen Stellenwert besitzen.

Auch eine historische Betrachtung kommt zu dem Ergebnis der Gleichwertigkeit der verschiedenen Menschenrechte. Wie bereits oben erwähnt wurde, sahen die Verfasser der beiden Pakte ursprünglich die Schaffung eines einzigen Menschenrechtpakts vor, der sowohl bürgerliche und politische als auch wsk-Rechte umfassen sollte.[175] Nur durch die Spannungen des Kalten Kriegs und den daraus resultierenden ideologischen Unterschieden ist es letztendlich nicht dazu

---

173 *Brecht*, Dreigroschenoper, Zweiter Akt, 6. Bild, Nr. 15. Zweites Dreigroschen-Finale, 1928.

174 Vienna Declaration and Programme of Action, adopted by the World Conference on Human Rights in 1993, A/CONF./157/23, 12. Juli 1993, I Abs. 5; so auch *Riedel*, Economic, Social and Cultural Rigths, in: Krause/Scheinin (Hrsg.) International Protection of Human Rigths: A Textbook, S. 129–149 (130); Bereits im Jahr 1977 wurde auf die Interdependenz der Menschenrechte hingewiesen, siehe dazu: General Assembly Resolution, 32/130 vom 16. Dezember 1977, Abs. 1(a).

175 Vgl. oben S. 31 f.

gekommen.[176] Wäre nur ein Menschenrechts Pakt errichtet worden, erübrigte sich eine Diskussion um die unterschiedliche Bedeutung der enthaltenen Rechte.

Auch aus diesem Grund haben die wsk-Rechte in den letzten Jahren einen Bedeutungswandel erfahren. Dies ist nicht zuletzt der Schaffung des Fakultativprotokolls zu dem Internationalen Pakt über wirtschaftliche, soziale und kulturelle Rechte zu verdanken, sodass nun auch im Bereich der wsk-Rechte die Möglichkeit einer Individualbeschwerde gegeben ist. Ein weiterer wichtiger Beitrag zur Aufwertung der wsk-Rechte konnte durch den seit dem Jahr 1987 tätigen Ausschuss für wirtschaftliche, soziale und kulturelle Menschenrechte erreicht werden. Er bildet das mit 18 unabhängigen Experten besetzte Gremium zur Überwachung der Vertragsverpflichtungen. Wie die bürgerlichen und politischen Rechte sind die wsk-Rechte ebenfalls durch den Ausschuss „quasi justizierbar", womit eine Lücke im Instrumentarium zur Durchsetzung der wsk-Rechte geschlossen wurde. In der aktuellen Diskussion haben die wsk-Rechte somit inzwischen in der Praxis einen enormen Bedeutungswandel erfahren.

D. Inhalt des Sozialpakts

Der Internationale Pakt über wirtschaftliche, soziale und kulturelle Rechte besteht aus einer Präambel, ist in 5 Abschnitte unterteilt und umfasst 31 Artikel. Der erste Abschnitt des Vertrages umfasst mit Art. 1 nur eine Norm, die sich mit der entsprechenden Regelung aus dem Internationalen Pakt über bürgerliche und politische Rechte deckt. Diese Norm bestimmt das Recht auf Selbstbestimmung der Völker, enthält eine Bestimmung frei über die eigenen natürlichen Ressourcen verfügen zu können und erkennt damit die Souveränität der Vertragsstaaten an. Im zweiten Abschnitt, der die Art. 2 bis 5 umfasst, werden Bestimmungen zur Implementierung der im Pakt enthaltenen Rechte getroffen. In diesem Zusammenhang ist Art. 2 die am kontrovers diskutierteste Norm, welche auch im Rahmen der Diskussion über das Verhältnis der beiden Menschenrechtspakte immer wieder angeführt wird.[177]

Der dritte Abschnitt benennt die konkreten Vorschriften und enthält somit die Verpflichtungen und Rechte des Pakts. Im Einzelnen sind dies das Recht auf Arbeit (Art. 6 IPWSKR), das Recht auf gerechte und angemessene Arbeitsbedingungen (Art. 7 IPWSKR), das Recht Gewerkschaften zu gründen und ihnen beizutreten (Art. 8 IPWSKR), das Recht auf soziale Sicherung (Art. 9 IPWSKR), einen Anspruch auf die Anerkennung von Rechten für Familien, Mütter und Kinder (Art. 10

176 Vgl. oben S. 31 f.
177 Vgl. unten S. 40 ff.

IPWSKR), ein Recht auf einen angemessenen Lebensstandard, der das Recht auf Nahrung, Bekleidung und Unterkunft umfasst (Art. 11 IPWSKR), das Recht auf Gesundheit (Art. 12 IPWSKR), ein Recht auf Bildung (Art. 13 u. 14 IPWSKR) und ein Recht auf Teilhabe am kulturellen Leben sowie das Recht die Vorteile des wissenschaftlichen Fortschritts einschließlich des Schutz des Urheberrechts in Anspruch nehmen zu können (Art. 15 IPWSKR).

In Abschnitt 4 finden sich sodann Regelungen zur Überwachung und Implementierung der im Pakt enthaltenen Rechte. Der fünfte und letzte Abschnitt enthält allgemeine Regelungen wie zum Beispiel eine Bestimmung zum Inkrafttreten des Vertrags, die in jedem völkerrechtlichen Vertrag zu finden sind.

I. Progressive Realisierung der Paktrechte (Art. 2 Abs. 1 IPWSKR)

Eine zentrale und kontrovers diskutierte Norm des Sozialpakts ist Art. 2 Abs. 1.[178] Viele Autoren sehen in dieser Norm den Grund dafür, warum sich die wsk-Rechte in Bezug auf ihre Verbindlichkeit so gravierend von den bürgerlichen und politischen Rechten unterscheiden. Schon 1987 wurden die sogenannten Limburg Prinzipien zum Sozialpakt verabschiedet, die Richtlinien zur Interpretation der heftig diskutierten Normen des Sozialpakts darstellen.[179] Die Prinzipien 16–34 treffen Aussagen zu Art. 2 Abs. 1 IPWSKR.[180] In General Comment Nr. 3 hat sich auch der Ausschuss für wirtschaftliche, soziale und kulturelle Rechte mit dem Inhalt von Art. 2 Abs. 1 auseinandergesetzt. Er stellt fest:

> *"Article 2 is of particular importance to a full understanding of the Covenant and must be seen as having a dynamic relationship with all of the other provisions of the Covenant."*[181]

Art. 2 Abs. 1 IPWSKR hat folgenden Wortlaut:

> *"Each State Party to the present Covenant undertakes to take steps, individually and through international assistance and co-operation, especially economic and technical, to the maximum of its available resources, with a view to achieving progressively the full realization of*

178 Für eine umfassende Darstellung zur Geschichte, Inhalt und Bedeutung von Art. 2 Abs. 1 IPWSKR vgl. *Klee*, Die progressive Verwirklichung wirtschaftlicher, sozialer und kultureller Menschenrechte, 2000.

179 The Limburg Principles on the International Covenent on Economic, Social and Cultural Rights, UN doc. E/CN.4/1987/17 = Human Rights Quarterly, Vol. 9 (1987), S. 122–135.

180 Insgesamt umfassen die Limburg Prinzipien 103 Prinzipien.

181 CESCR-General Comment Nr. 3 (1990), Abs. 1.

the rights recognized in the present Covenant by all appropriate means, including particularly the adoption of legislative measures."[182]

Geschuldet ist diese Formulierung der Tatsache, dass unter den Verfassern des Pakts die Meinung vorherrschend war, es handele sich bei den wsk-Rechten um positive Verpflichtungen, deren Verwirklichung ein hohes Maß an Ressourcen in Anspruch nehme.[183] Deutlich wird dies durch die Formulierung

"Each State Party to the present Covenant undertakes to take steps, [...] to the maximum of its available resources, with a view to achieving progressively the full realization of the rights recognized in the present Covenant."

Der Wortlaut von Art. 2 Abs. 1 IPBPR unterscheidet sich hiervon gravierend. Dort heißt es:

"Each State Party to the present Covenant undertakes to respect and to ensure to all individuals within its territory and subject to its jurisdiction the rights recognized in the present Covenant, [...]."

Daraus folgt der Schluss, dass die politischen und bürgerlichen Rechte im Gegensatz zu den wsk-Rechten unverzüglich umgesetzt und respektiert werden müssen. Allerdings ist dieser Schluss etwas zu kurz gegriffen.

Es ist richtig, dass die Formulierung *"to take steps"* darauf hindeutet, dass der Sozialpakt eine längerfristige Umsetzung der Paktrechte zum Ziel hat, ohne die Vertragsstaaten dazu zu verpflichten, unverzüglich Ergebnisse liefern zu müssen. Der Grund dafür ist in der Tatsache zu sehen, dass einige im Pakt enthaltenen Rechte – es sind überwiegend positive Verpflichtungen – rein praktisch nicht sofort oder in einem kurzen Zeitraum realisiert werden können.[184] Nichtdestotrotz darf die Norm nicht in dem Sinne verstanden werden, dass den im Sozialpakt enthaltenen Verpflichtungen jeglicher Inhalt von Bedeutung abgesprochen werden soll. Vielmehr eröffnet Art. 2 Abs. 1 PWSKR den Vertragsstaaten ein gewisses Maß an Flexibilität, um die jeweils herrschenden Realitäten in Bezug auf deren wirtschaftliche Situation und den daraus resultierenden Schwierigkeiten

---

182 „Jeder Vertragsstaat verpflichtet sich, einzeln und durch internationale Hilfe und Zusammenarbeit, insbesondere wirtschaftlicher und technischer Art, unter Ausschöpfung aller seiner Möglichkeiten Maßnahmen zu treffen, um nach und nach mit allen geeigneten Mitteln, vor allem durch gesetzgeberische Maßnahmen, die volle Verwirklichung der in diesem Pakt anerkannten Rechte zu erreichen."

183 *M. Sepúlveda*, The Nature of the Obligations under the Covenant of Economic, Social and Cultural Rights, 2003, S. 133.

184 CESCR-General Comment Nr. 3 (1990), Abs. 9.

bei der Umsetzung von wsk-Rechten angemessen berücksichtigen zu können.[185] Außerdem ist in der Formulierung das über alles stehende Ziel, die *raison d'être*, enthalten, letztlich zu einer umfassenden Umsetzung der im Pakt enthaltenen Verpflichtungen zu gelangen. Folglich sind die Vertragsstaaten verpflichtet, diese so schnell und effektiv wie möglich zu erreichen.

Auch wenn Art. 2 Abs. 1 IPWSKR eine progressive Realisierung der Verpflichtungen statuiert, enthalten die Rechte des Sozialpakt dennoch Elemente, die unabhängig davon unverzüglich durch die Vertragsstaaten umgesetzt werden können und müssen.[186] So ist zum Beispiel jedem Paktrecht das Prinzip der Nichtdiskriminierung immanent, welches ohne großes Dazutun angewendet werden kann.[187] Als weiteres Element aus dem Konzept der progressiven Realisierung ergibt sich ein Verbot der sogenannten Rückentwicklung.[188] Daraus folgt, dass außer im Fall von erheblichen wirtschaftlichen Schwierigkeiten ein einmal erreichtes Level in Bezug auf den Schutz von wsk-Rechten nicht wieder unterschritten werden darf.

Die aus der progressiven Realisierung resultierende Flexibilität in Bezug auf die Umsetzung der Paktverpflichtungen wird auch durch die Formulierung *"[...] to the maximum of its available resources [...]"* unterstrichen. Dem reinen Wortlaut entsprechend haben die Vertragsstaaten die Pflicht unter Ausschöpfung aller ihrer Möglichkeiten Maßnahmen zu treffen, um die Rechte des Sozialpakts umzusetzen. Dies ließe sich nun so interpretieren, dass die erforderlichen Maßnahmen, auf das, was die Staaten zu leisten im Stande sind, insbesondere in finanzieller, logistischer und technischer Hinsicht, beschränkt sind. Dies ist im Grunde auch zutreffend, gleichwohl liegt darin aber auch die Verpflichtung, alle ihnen zur Verfügung stehenden Mittel voll und umfänglich zu nutzen. Deutlich wird dies durch die Aussage des Ausschusses

185 *Eide*, Making Human Rights Universal, in Stocke/ Tostensen: Human Rights in Development (Yearbook 1999/2000, The Millenium Edition), S. 24; so wohl auch CESCR, General Comment Nr. 3 (1990), Abs. 9.

186 CESCR-General Comment Nr. 3 (1990), Abs. 1; *M. Sepúlveda*, The Nature of the Obligations under the Covenant of Economic, Social and Cultural Rights, 2003, S. 134.

187 CESCR-General Comment Nr. 3 (1990), Abs. 1; *Riedel*, International Covenant on Economic, Social and Cultural Rights (1966), in Wolfrum (Hrsg.) MPEPIL 2008 online edtion, letzter Zugriff am 20.10.2012.

188 *Riedel* verwendet die Formulierung „non-retrogression". Vgl. *ders.*, International Covenant on Economic, Social and Cultural Rights (1966), in Wolfrum (Hrsg.) MPEPIL 2008 online edtion, letzter Zugriff am 20.10.2012.

"the obligation remains for a State party to strive to ensure the widest possible enjoyment of the relevant rights under the prevailing circumstances."[189]

Es geht sogar noch weiter: Nicht nur die den Staaten zur Verfügung stehenden Mittel müssen voll und umfänglich ausgeschöpft werden, sondern sie müssen, wie Art. 2 Abs. 1 IPWSKR vertraglich festlegt, auf Ressourcen zurückgreifen, die ihnen im Rahmen von internationaler Kooperation und Hilfe zur Verfügung stehen.[190] Daraus folgt sogar die Pflicht der Vertragsstaaten, sich technischer Hilfe von weiter entwickelten Staaten zu bedienen oder die Hilfe der internationalen Gemeinschaft in Anspruch zu nehmen, um den höchst möglichen Standard in Bezug auf wsk-Rechte in dem jeweiligen Land zu verwirklichen.

Die progressive Verwirklichung der wsk-Rechte grenzt sich entscheidend von den im Zivilpakt enthaltenen Verpflichtungen ab. Dies führt aber nicht dazu, dass sie einen weniger verpflichtenden Charakter haben, sondern bietet die Möglichkeit, auf wirtschaftliche, gesellschaftliche und politische Gegebenheiten Rücksicht zu nehmen.

II. Kerngehalt wirtschaftlicher, sozialer und kultureller Rechte

Es besteht weitestgehend Einigkeit darüber, dass jedem Menschenrecht ein sogenannter Kerngehalt immanent ist. Auch das Grundgesetz der Bundesrepublik Deutschland legt in Art. 19 Abs. 2 fest: „In keinem Fall darf ein Grundrecht in seinem Wesensgehalt angetastet werden". Was unter dem Begriff „Wesensgehalt" inhaltlich zu verstehen ist, ist unklar.[191] Einigkeit besteht nur darüber, dass der Wesensgehalt eines Grundrechts individuell bestimmt werden muss und dass nach einem Eingriff in das Grundrecht noch etwas von diesem übrig bleiben muss.[192] Der Kerngehalt eines Menschenrechts ist, per definitionem das Minimum dessen, was aus dem Menschenrecht als Verpflichtung folgen muss. Die Herleitung dieses Grundsatzes und welche Bedeutung der Kerngehalt für das jeweilige Recht hat, wird im Einzelnen aber kontrovers diskutiert.[193] Schon in

---

189 CESCR-General Comment Nr. 3 (1990), Abs. 11.

190 Vgl. Art. 2 Abs. 1 IPWSKR wo es heißt *"individually and through international assistance and co-operation"*, *Riedel*, International Covenant on Economic, Social and Cultural Rights (1966), in Wolfrum (Hrsg.) MPEPIL 2008 online edtion, letzter Zugriff am 20.10.2012.

191 *Epping*, Grundrechte, 5. Aufl. 2012, Rn. 71 ff.

192 *Epping*, Grundrechte, 5. Aufl. 2012, Rn. 71 ff.; *Jarass/Pieroth*, Grundgesetz, Art. 19, 12. Aufl., Rn. 315.

193 Für eine ausführliche Darstellung der vertretenen Ansichten vgl. *Engbruch*, Das Menschenrecht auf einen angemessenen Lebensstandard, S. 117 ff.

einem Land wie der Bundesrepublik Deutschland ist die Bestimmung eines Wesensgehalts oder Kerngehalts von Grundrechten sehr umstritten, obwohl die Diskussion des Wesensgehalts der Grundrechte auf die Grenzen der Bundesrepublik beschränkt ist und sich damit innerhalb einer relativ homogenen Gesellschaft mit stabilen wirtschaftlichen und politischen Gegebenheiten abspielt, in der sich zudem wenige kulturelle Unterschiede innerhalb der Gesellschaft auftun. Anders sieht es für die Bestimmung des Kerngehalts von Rechten des Sozialpakts aus. Vertragspartner sind verschiedene Staaten mit unterschiedlichen politischen Systemen, unterschiedlichen kulturellen Hintergründen, unterschiedlichen wirtschaftlichen Systemen sowie einem teilweise gravierend auseinanderfallenden Entwicklungsstand. Daraus ergibt sich die Frage, ob der Kerngehalt der wsk-Rechte in Mali der gleiche wie in Kanada ist.[194]

Unumstritten ist die Tatsache, dass auch den Normen des Sozialpakts ein Kerngehalt immanent ist. So hält der Ausschuss in General Comment Nr. 3 fest, dass er der Ansicht ist, dass eine minimale Kernverpflichtung, um die Befriedigung zumindest der absolut wesentlichsten Stufen eines Rechts zu gewährleisten, jedem der Vertragsstaaten obliegt.[195] Weiter führt er aus, dass ein Vertragsstaat die wesentlichen Kernverpflichtungen des Pakts nicht gewährleisten kann, indem eine signifikante Anzahl der Bevölkerung ihrer notwendigen Nahrung, einer notwendigen medizinischen Grundversorgung, einfachster Formen der Unterkunft oder grundlegender Bildung beraubt wird, so stellt dies *„prima facie“* eine Verletzung des Pakts dar.[196] Nach dem *prima facie* Grundsatz ist eine Ursache als bewiesen anzusehen, wenn nach der Lebenserfahrung auf eine bestimmte Ursache hingewiesen wird, wenn der Fall also das Gepräge des üblichen und gewöhnlichen trägt.[197] Daraus folgt, dass der Anscheinsbeweis im Einzelfall unter bestimmten Umständen widerlegt werden kann. Dieses Statement

---

194 Vgl. *Young*, The Minimum Core of Economic, Social and Cultural Rights, in: The Yale Journal of International Law, Vol. 33, S. 112–175 (113); Vgl. auch die Diskussion um den Inhalt des Begriffs „Kernverpflichtung“ bei *Engbruch*, Das Menschenrecht auf einen angemessenen Lebensstandard, S. 135 f.

195 CESCR-General Comment Nr. 3 (1990), Abs. 10. *“[...] the Committee is of the view that a minimum core obligation to ensure the satisfaction of, at the very least, minimum essential levels of each of the rights is incumbent upon every State party.”*, siehe auch, *Riedel*, International Covenant on Economic, Social and Cultural Rights (1966), in Wolfrum (Hrsg.) MPEPIL 2008 online edition, letzter Zugriff am 20.10.2012.

196 CESCR, General Comment Nr. 3 (1990), Abs. 10.

197 *Grünberg*, Palandt, 71. Aufl. 2012, Vorb. §249, Rn. 130.

des Ausschusses wurde wörtlich in die sogenannten Maastrichter Richtlinien[198] übernommen. Eine andere Interpretation des Pakts in dem Sinne, dass den Verpflichtungen ein solcher Kerngehalt nicht zu entnehmen ist, würde dem Pakt seine *raison d'être* entziehen.[199]

Die Diskussion um einen Kerngehalt steht eng in Zusammenhang mit dem Thema der Grundbedürfnisse.[200] Die Erfüllung des Kerngehalts der Verpflichtungen ist eine wesentliche Voraussetzung für ein auskömmliches und würdevolles Leben, somit entspricht der Kerngehalt dem „Survival Kit".[201] Scheitert der Staat bei der Erfüllung, stellt dies eine Verletzung des Vertrags dar.[202]

Der Kerngehalt wirtschaftlicher, sozialer und kultureller Rechte bildet eine Ausnahme zu dem Prinzip der progressiven Realisierung. Jedoch existiert für diese Ausnahme wiederum eine Einschränkung und zwar, wenn der Staat beweisen kann, dass er alle ihm zur Verfügung stehenden Ressourcen ausgeschöpft sowie die internationale Gemeinschaft um Unterstützung gebeten hat, um seine Verpflichtungen zu erfüllen. Dies folgt aus dem Grundsatz *prima facie*, dem sich der Ausschuss in Bezug auf den Kerngehalt angeschlossen hat.

Auch das Recht auf Zugang zur Grundversorgung mit Energie weist einen Kerngehalt auf, dessen Bestimmung weiter unten vorgenommen wird.[203]

III. Zwischenergebnis

Die obige Darstellung zeigt, dass bei der Bestimmung des Inhalts des Sozialpakts verschiedene Faktoren berücksichtigt werden müssen. Zum einen ist das Prinzip der progressiven Realisierung zu beachten. Dadurch unterscheidet er sich vom Internationalen Pakt über politische und bürgerliche Rechte, bietet dafür aber die Flexibilität, die im Zusammenhang mit der Umsetzung der überwiegend positiven und damit Ressourcen abhängigen Verpflichtungen des Pakts benötigt wird. Zum anderen besitzen die Rechte des Pakts sogenannte Kernverpflichtungen, die unabhängig

---

198 The Maastricht Guidelines on Violations of Economic, Social and Cultural Rights, abgedruckt in: Human Rights Quarterly (1998) S. 691–704. § 9 der Maastricher Richtlinien.

199 CESCR-General Comment Nr. 3 (1990), Abs. 10.

200 Vgl. dazu ausführlich unten Kapitel 4.

201 So auch *Riedel*, International Covenant on Economic, Social and Cultural Rights (1966), in: Wolfrum (Hrsg.) MPEPIL 2008 online edition, letzter Zugriff am 20.10.2012.

202 *Riedel*, International Covenant on Economic, Social and Cultural Rights (1966), in: Wolfrum (Hrsg.) MPEPIL 2008 online edition, letzter Zugriff am 20.10.2012.

203 Vgl. unten S. 176 f.

vom Prinzip der progressiven Realisierung umgehend und unverzüglich von den Vertragsstaaten verwirklicht werden müssen, da dies andernfalls zu einer Verletzung des Pakts führt. Es sei denn, der betroffene Staat kann nachweisen, alles in seinen Möglichkeiten stehende unternommen zu haben, um die Kernverpflichtungen zu erfüllen.

E. Organe, Verfahren und Akteure im Rahmen des Sozialpakts

Der internationale Pakt über wirtschaftliche, soziale und kulturelle Rechte ist zunächst einmal ein völkerrechtlicher Vertrag, der von einer Vielzahl von Staaten unterzeichnet und ratifiziert wurde. Damit einem solchen Vertrag ein vollständiges Maß an Bedeutung zukommt, gibt es bestimmte Mechanismen zur Überwachung der im Pakt enthaltenen Verpflichtungen. Nicht nur der Geltungsanspruch des Sozialpakts ist indirekt abhängig von den Organen, Verfahren usw., sondern auch die Etablierung eines Rechts auf Zugang zur Grundversorgung mit Energie. Die Überwachung des Pakts ist Aufgabe des Ausschusses für wirtschaftliche, sozial und kulturelle Rechte (im Folgenden auch: Sozialausschuss). Um diese Aufgabe effektiv wahrnehmen zu können, bedient er sich verschiedener Instrumente und Methoden. Zum einen werden die Normen des Pakts inhaltlich bestimmt, zum anderen werden Vertragsstaaten durch ein bestimmtes Verfahren zur Konformität mit den Normen des Pakts gebracht. Neben dem Ausschuss sind noch andere Akteure an der Überwachung und Ausgestaltung der Verpflichtungen beteiligt. Wie dies im Kontext des Sozialpakts funktioniert, soll im Folgenden dargestellt werden.

I. UN-Ausschuss für wirtschaftliche, soziale und kulturelle Rechte

Der UN-Ausschuss für wirtschaftliche, soziale und kulturelle Rechte (*Committee on Economic, Social and Cultural Rights/CESCR*) ist das Überwachungsorgan des Sozialpakts. Hauptaufgabe des Ausschusses ist es, die Implementierung des Paktes durch die Vertragsstaaten zu überwachen. Der Ausschuss wurde im Jahr 1985 errichtet und trat 1987 zum ersten Mal zusammen, nachdem sich die Kontrolle des Vertrags durch aufeinanderfolgende Treffen von Arbeitsgruppen als ineffektiv herausgestellt hatte.[204]

---

204 *Alston,* The Committee on Economic, Social and Cultural Rights, in: *The United Nations and Human Rights,* (2nd ed. 2008), S. 473; ECOSOC Res. 1985/17 of 28 May 1985.

Der Ausschuss setzt sich aus 18 unabhängigen Experten zusammen, die vom Wirtschafts- und Sozialrat der Vereinten Nationen alle vier Jahre gewählt werden und eine gerechte, geografische Verteilung widerspiegeln sollen.[205] Er trifft sich in Genf für einen Zeitraum von drei Wochen, wobei ursprünglich jährliche Treffen vorgesehen waren, die nun aber auf zwei Sitzungsperioden im Jahr ausgeweitet wurden.[206] Die Treffen finden in der Regel im Frühling und Herbst statt. Reise und Aufwandsentschädigung werden von den Vereinten Nationen übernommen, um die Unabhängigkeit der Mitglieder des Ausschusses von den jeweiligen Staaten, die sie nominiert haben, zu gewährleisten.[207]

Die Aufgaben des Ausschusses umfassen die Klarstellung der im Pakt enthaltenen Normen, die Ausweitung der Informationsgrundlage, die für die Arbeit des Ausschusses notwendig ist, und die Schaffung eines effektiven Systems zur Überwachung der Leistungen der Vertragsstaaten im Bereich der wirtschaftlichen, sozialen und kulturellen Rechte.[208] Die Erläuterung der im Pakt enthaltenen Rechte stellt dabei eine der Hauptaufgaben des Ausschusses dar. Mangels eines Systems von Durchsetzungsmechanismen für die im Pakt enthaltenen Rechte ist der Ausschuss auf die Übermittlung von Staatenberichten sowie die Veröffentlichung von General Comments angewiesen. Die Ausgestaltung dieser Instrumente wird im Weiteren erläutert.

1. General Comments

In Deutschland wird der Begriff General Comment teilweise mit der Formulierung „Allgemeine Bemerkung" übersetzt. Da in diesem Zusammenhang aber auch im Rahmen deutscher Literatur häufig die englische Terminologie verwendet wird, empfiehlt es sich auch hier, die englische Formulierung zu verwenden.

Ursprünglich verfügte der Ausschuss für wirtschaftliche, soziale und kulturelle Rechte nicht über die Befugnis, die General Comments zu verabschieden. Erst im Jahr 1988 während seiner zweiten Sitzungsperiode entschied sich der Ausschuss dazu, General Comments zukünftig zu verabschieden.[209] Bis heute hat der

---

205 *Henry J. Steiner and Alston,* International Human Rights in Context, S. 248.

206 *Alston,* The Committee on Economic, Social and Cultural Rights, in: *The United Nations and Human Rights, (2nd ed. 2008),* S. 488.

207 ESC, Res. 1985/17 Abs. e.

208 *Alston,* The Committee on Economic, Social and Cultural Rights, in: *The United Nations and Human Rights, (2nd ed. 2008),* S. 489; General Comment Nr. 1 (1989) stated that reporting obligations under the Covenant fulfil seven key objectives.

209 Fact Sheet Nr. 16 (Rev.1) The Committee on Economic, Social and Cultural Rights, S. 17, erhältlich unter: http://www.ohchr.org/Documents/Publications/

Ausschuss 21 General Comments verfasst.[210] Dabei unterscheiden sich die General Comments in zweierlei Hinsichten. Zum einen existieren ausführliche Kommentierungen zu einzelnen Paktrechten, zum anderen gibt es eher allgemein gehaltene General Comments, die sich mit übergreifenden thematischen Fragen auseinandersetzen.[211] Die Aufgabe der General Comments besteht darin, eine Interpretationshilfe und Wegweiser für die Vertragsstaaten zu bilden, um die Umsetzung und Erfüllung der im Pakt enthaltenen Rechte zu ermöglichen.[212] Hin und wieder greifen auch nationale Gerichte auf die General Comments zurück, wenn sie Entscheidungen zu treffen haben, die einen Bezug zu den wsk-Rechten aufweisen.[213] Die General Comments dienen den Vertragsstaaten zudem als Unterstützung bei der Abfassung der regelmäßig einzureichenden

---

Factheet16rev.1en.pdf. letzter Zugriff am 08.08.2016; *Riedel*, Allgemeine Bemerkungen zu Bestimmungen des Internationalen Pakts Allgemeine Bemerkungen zu Bestimmungen des Internationalen Pakts über wirtschaftliche, soziale und kulturelle Rechte der Vereinten Nationen, in: Die „General Comments" zu den VN-Menschenrechtsverträgen (Hrsg. Deutsches Institut für Menschenrechte) 2005, S. 160 (160).

210 Stand: 27.07.2014.

211 *Riedel*, Allgemeine Bemerkungen zu Bestimmungen des Internationalen Pakts Allgemeine Bemerkungen zu Bestimmungen des Internationalen Pakts über wirtschaftliche, soziale und kulturelle Rechte der Vereinten Nationen, in: Die „General Comments" zu den VN-Menschenrechtsverträgen (Hrsg. Deutsches Institut für Menschenrechte) 2005, S. 160 (162 f.). Es findet sich dort eine Kategorisierung der einzelnen General Comments bis Nr. 15. Hinzugekommen sind bis heute General Comment Nr. 16 „The equal right of men and women to the enjoyment of all economic, social and cultural rights (Art. 3)", General Comment Nr. 17 „The right of everyone to benefit from the protection of the moral and material interests resulting from any scientific, literary or artistic production of which he is the author (Art. 15 (1) (c))", Nr. 18 „The Right to work (Art. 6)", Nr. 19 „The right to social security", Nr. 20 „Non-Discrimination in Economic, Social and Cultural Rights (Art. 2, Abs. 2)" und Nr. 21 „Right of everyone to take part in cultural life", die allesamt Kommentierungen zu einezelnen Paktrechten oder Teilen von diesen enthalten.

212 *Riedel*, ‚The Human Right to Water', in Klaus Dicke ‚et al' (ed), *Weltinnenrecht Liber Amicorum Jost Delbrück*, (2005) 592; *ders.*, Allgemeine Bemerkungen zu Bestimmungen des Internationalen Pakts Allgemeine Bemerkungen zu Bestimmungen des Internationalen Pakts über wirtschaftliche, soziale und kulturelle Rechte der Vereinten Nationen, in: Deutsches Institut für Menschenrechte (Hrsg.), Die „General Comments" zu den VN-Menschenrechtsverträgen, 2005, S. 160 (160).

213 *Riedel*, ‚The Human Right to Water', in Klaus Dicke ‚et al' (ed), *Weltinnenrecht Liber Amicorum Jost Delbrück*, (2005) 592; Exemplarisch sind folgende Gerichtsentscheidungen in Deutschland: BSG, Urteil v. 06.03.2012 – Az. B 1 KR 10/11 R, Rn. 25 ff.; BVerwGE 134, 1–27 = BVerwG, NVwZ 2009, 1562 (1568); OVG Berlin-Brandenburg,

Staatenberichte und verdeutlichen die Absichten, Bedeutungen und den Inhalt der im Pakt enthaltenen Normen.[214] Dies führt auf lange Sicht dazu, dass im Rahmen der Interpretation der sehr knapp gehaltenen und der dadurch notwendigerweise sehr abstrakt formulierten Normen der Menschrechtsverpflichtungen eine weitestgehend einheitliche Linie verfolgt werden kann. Durch sie generiert der Ausschuss eine Art „Rechtsprechung", auf dessen Grundlage die Mitglieder des Ausschusses leichter zu einer Konsensentscheidung im Hinblick auf die Interpretation der Normen gelangen können und durch die es dem Ausschuss ermöglicht wird, speziferische Fragen während der mündlichen Verhandlungen zu stellen.[215]

Über Inhalt, Sinn und Zweck der General Comments besteht zum Großteil Einigkeit, umstritten ist allerdings deren Rechtsnatur.

Stimmen in der Literatur gehen teilweise davon aus, dass General Comments authentische Interpretationen des Ausschusses darstellen und somit eine Rechtsverbindlichkeit bei der Auslegung der Bestimmungen des Pakts entfalten.[216] Andere vergleichen die General Comments mit einer *"Advisory Opinion"* also einem Gutachten oder einer Stellungnahme, deren Inhalt ernst genommen werden sollte, mehr aber auch nicht. Hinzu kommen diejenigen, die die Abfassung von General Comments sehr kritisch sehen und für die sie nicht mehr sind als weite, unsystematische Statements, basierend auf nicht nachvollziehbaren Grundlagen, die es nicht verdienen, in einem rechtlichen Zusammenhang erwähnt zu

---

Urteil v. 08.09.2011 – Az. OVG 3 B 24.09, Rn. 47; VG Köln, Urteil v. 25.11.2010 – Az. 6 K 2405/07, Rn. 51; BGHst 39, 1–36 = BGH NJW 1993, 141 (146).

214 *Riedel*, 'New Bearings to the State Reporting Procedure, in: von Schorlemer (ed.), Praxishandbuch UNO, 2003, S. 346; *Alston*, 'The Historical Origins of the Concept of General Comments in Human Rights Law, in de Chazournes/Gowlland-Debbas (Hrsg.), *Liber Amicorum Georges Abi Saab, 2001*, S. 763 ff.; *Riedel*, 'The Human Right to Water', in Klaus Dicke 'et al' (ed), *Weltinnenrecht Liber Amicorum Jost Delbrück,* (2005), S. 592.

215 *Riedel*, 'The Human Right to Water', in Klaus Dicke 'et al' (Hrsg.), *Weltinnenrecht Liber Amicorum Jost Delbrück,* (2005), S. 592.

216 *Alston*, The Historical Origins of the Concept of ‚General Comments' in Human Rights Law, in: de Chazournes/Debbas (Hrsg.) The International Legal System in Quest of Equity and Universaltiy: Liber Amicorum Georges Abi-Saab (2001), S. 763 ff.; *Riedel*, Allgemeine Bemerkungen zu Bestimmungen des Internationalen Pakts Allgemeine Bemerkungen zu Bestimmungen des Internationalen Pakts über wirtschaftliche, soziale und kulturelle Rechte der Vereinten Nationen, in: Die „General Comments" zu den VN-Menschenrechtsverträgen (Hrsg. Deutsches Institut für Menschenrechte) 2005, S. 160 (164).

werden.[217] Besonders kritisch wird die rechtliche Verbindlichkeit von *General Comments* dann gesehen, wenn Ansichten oder Meinungen von NGOs mit einbezogen werden.[218]

Für den Ausschuss selbst ist das Abfassen von General Comments ein sehr wichtiges Instrument, als Überzeugungsstrategie konzipierte und Maßstäbe setzende Kommentierung der Sozialpaktbestimmungen, die als wichtige Auslegungshilfe dienen. Dennoch kommt ihnen auch nach eigener Auffassung keine Rechtsverbindlichkeit zu.[219] Auf die Frage der Verbindlichkeit von General Comments kommt es in der Praxis des Ausschusses kaum an, denn der größte Teil der General Comments wurde von den Vertragsstaaten widerspruchslos akzeptiert. Auch bezieht sich eine steigende Zahl nationaler Gerichte im Rahmen ihrer Entscheidungsfindung auf die General Comments.[220] Doch gibt es hin und wieder Kritik seitens der Vertragsstaaten, wonach der Ausschuss versuchen würde, den Inhalt der Normen so auszulegen, dass er der Interpretation der Vertragsstaaten widerspricht. Aufgrund der oft vagen und allgemein gehaltenen Paktbestimmungen ist die Abfassung von General Comments, welche die einzelnen Normen des Pakts konkretisieren und den Vertragsstaaten damit ein Hilfsmittel an die Hand geben sollen, wie die Bestimmungen in die nationalen Rechtsordnungen umgesetzt werden können, enorm wichtig. Der Ausschuss „muss bei der Abfassung seiner „General Comments" größte Sorgfalt walten lassen und sich seiner Rolle als Interpret der Staatenverpflichtung im Staatenberichtsverfahren stets bewusst sein."[221]

---

217 *Alston*, The Historical Origins of the Concept of ‚General Comments' in Human Rights Law, in: de Chazournes/Debbas (Hrsg.) The International Legal System in Quest of Equity and Universaltiy: Liber Amicorum Georges Abi-Saab (2001), S. 763 ff.

218 *Riedel*, Scope of NGO Participation in Human Rights Treaty Bodies, in: Wolfrum/Röben (Hrsg.) Developments of International Law in Treaty Making, 2005, S. 311–318 (314).

219 *Riedel*, Allgemeine Bemerkungen zu Bestimmungen des Internationalen Pakts Allgemeine Bemerkungen zu Bestimmungen des Internationalen Pakts über wirtschaftliche, soziale und kulturelle Rechte der Vereinten Nationen, in: Deutsches Institut für Menschenrechte (Hrsg.), Die „General Comments" zu den VN-Menschenrechtsverträgen, 2005, S. 160 (164).

220 Vgl. oben Fn. 213.

221 *Riedel*, Allgemeine Bemerkungen zu Bestimmungen des Internationalen Pakts Allgemeine Bemerkungen zu Bestimmungen des Internationalen Pakts über wirtschaftliche, soziale und kulturelle Rechte der Vereinten Nationen, in: Deutsches Institut für

Die General Comments entfalten keine rechtliche Verbindlichkeit im Sinne einer gerichtlichen Entscheidung. Dennoch werden die Bestimmungen des Paktes in der Weise interpretiert und konkretisiert, wodurch die Arbeit des Ausschusses erleichtert wird und den Vertragsstaaten eine Orientierungshilfe bei der Erfüllung ihrer aus dem Vertrag resultierenden Verpflichtungen geliefert wird. Zusammenfassend sind die General Comments sehr wichtig für die Weiterentwicklung der Menschenrechtsverpflichtungen und daher ein wichtiges Instrument des Ausschusses, um seine Aufgaben zu erfüllen.

2. Staatenberichte

Neben den General Comments bedient sich der Ausschuss auch einem System der sogenannten Staatenberichte, um die Einhaltung der im Pakt enthaltenen Normen durch die Vertragsstaaten überwachen zu können. In Art. 16 und 17 IPWSKR verpflichten sich die Vertragsstaaten dem Ausschuss in regelmäßigen Abständen Staatenberichte zu übermitteln, die Aufschluss über die Umsetzung der Vertragsverpflichtungen geben. Der erste Bericht soll zwei Jahre, nachdem der Sozialpakt für den Vertragsstaat in Kraft getreten ist, übermittelt werden, danach erfolgt ein Bericht alle fünf Jahre.[222] Auch sie stellen ein Instrument des Ausschusses dar, um die Vertragsstaaten bei der Erfüllung der von ihnen übernommenen Verpflichtungen zu unterstützen. Während der Erstellung der Berichte müssen sich die Vertragsstaaten mit den wsk-Rechten in ihren Rechtsordnungen auseinandersetzen, und es wird ihnen selbst bewusst, inwieweit der Pakt implementiert ist.[223] Der erste General Comment, den der Ausschuss verabschiedet hat, behandelt die Frage, wie die Staatenberichte zu verfassen sind.[224] Danach identifiziert der Ausschuss sieben Hauptziele, die durch die Staatenberichte verfolgt werden sollen:

Zunächst wird der Sinn und Zweck der Staatenberichte erläutert. Das Telos der Staatenberichte ist ein Hilfsmittel für die Vertragsstaaten, um die Verpflichtungen des Pakts umzusetzen. Zwei Jahre nachdem der Pakt für einen Vertragsstaat in Kraft getreten ist, soll dieser einen Initialbericht an den Ausschuss

Menschenrechte (Hrsg.), Die „General Comments“ zu den VN-Menschenrechtsverträgen, 2005, S. 160 (165).

222 ECOSOC, Resolution 1988/4 vom 24. Mai 1988.

223 *Alston,* The Committee on Economic, Social and Cultural Rights, in: *The United Nations and Human Rights, (2. Aufl. 2008),* S. 492.

224 Vgl. CESCR-General Comment Nr. 1 (1989) „Reporting by States parties“ vom 24.02.1989.

übermitteln, in dem die Vertragsstaaten berichten, inwieweit ihre nationalen Gesetze, Verwaltungsvorschriften und Praxis, mit den Vorschriften des Pakts im Einklang stehen.[225] Die Kenntnis über die aktuelle Menschenrechtssituation in Bezug auf die wsk-Rechte ist der erste Schritt um die Normen des Sozialpakts implementieren zu können. Nach dem Initialbericht sollen die Vertragsstaaten in regelmäßigen Abständen Staatenberichte übermitteln. Zur Unterstützung der Vertragsstaaten beim Abfassen der Staatenberichte hat der Ausschuss auf seiner 49. Sitzung im November 2008 einen umfassenden und detaillierten Katalog mit Richtlinien dazu verabschiedet.[226] So sollen die Staatenberichte aus einem „*common core document*“ also einem allgemein gehaltenen Teil bestehen, der zu der Situation in Bezug auf wsk-Rechte in dem betreffenden Land Stellung nimmt, sowie einem *“treaty-specific document”*, der auf die einzelnen im Pakt enthaltenen Rechte Bezug nimmt.[227]

Die Staatenberichte sind für die Arbeit des Ausschusses die Hauptquelle.[228] Oftmals sind sie die einzigen Dokumente mit Informationen zu der Situation in Bezug auf wirtschaftliche, soziale und kulturelle Rechte in dem jeweiligen Staat. Die Staatenberichte bilden die Grundlage für die zweimal im Jahr stattfindenden Verhandlungen mit Staatenvertretern. Aus dieser Quelle informieren sich die Ausschussmitglieder und bereiten spezifische Fragen für die Sitzung vor, woraus der Ausschuss dann am Ende einer Sitzung wiederum die *Concluding Observations* formuliert.

3. *Sitzungen des Ausschuss*

Der Ausschuss für wirtschaftliche, soziale und kulturelle Rechte hält seine Sitzungen zweimal jährlich in Genf ab.[229] Für gewöhnlich dauern die Sitzungen 3 Wochen und finden im Mai und November statt. Während der Sitzungen werden die Berichte der Staaten überprüft. Idealerweise senden die Vertragsstaaten eine Delegation aus Vertretern verschiedener Ministerien, die mit dem Themenkomplex

---

225 CESCR-General Comment Nr. 1 (1989) „Reporting by States parties“ vom 24.02.1989, Abs. 2.

226 CESCR, UN-Doc. E/C.12/2008/2 vom 24.03.2009.

227 CESCR, UN-Doc. E/C.12/2008/2 vom 24.03.2009.

228 Vgl. zur praktischen Anwendung der Staatenberichte: *Riedel*, New Bearings tot he State Reporting Procedure: Practical Ways to Operationalize Economic, Social and Cultural Rights – The Example oft he Right to Health – in: v. Schorlemer (Hrsg.) Praxis Handbuch UNO (2003), S. 345 (347 ff.).

229 Der Ausschuss tagt im Palais Wilson in Genf, dort befindet sich der Hauptsitz des Hohen Kommissars der Vereinten Nationen für Menschenrechte.

wirtschaftlicher, sozialer und kultureller Rechte zu tun haben. Im Anschluss an die von den Delegationen vorgestellten Berichte, findet das konstruktive Gespräch statt. Nachdem die Staaten ihren Bericht vorgestellt haben, fasst der Ausschuss die Ergebnisse in den „concluding observations" zusammen.

a. Der „konstruktive Dialog"

Als konstruktiver Dialog (*constructive dialogue*) wird die Diskussion zwischen den Mitgliedern des Ausschusses und den die Staatenberichte vorstellenden Regierungsvertretern bezeichnet. Zu diesen Diskussionen sind häufig auch Vertreter der Sonderorganisationen der Vereinten Nationen anwesend, wie ILO, WHO oder UNESCO.[230] Die Sitzungen des Ausschusses sind öffentlich, so dass Nichtregierungsorganisationen nach Akkreditierung sowie Zuschauer in öffentlicher Sitzung den konstruktiven Dialog verfolgen können. Während der Diskussion mit den Regierungsvertretern haben die Mitglieder des Ausschusses die Möglichkeit, den normativen Inhalt des Sozialpakts, an die Regierungsvertreter weiterzugeben.[231] Zudem werden Probleme und Defizite angesprochen, die der Ausschuss bei der Umsetzung einzelner Verpflichtungen des Pakts identifiziert hat.[232] Durch dieses Gespräch leistet der Ausschuss einen wesentlichen Beitrag dazu, dass die Vertragsstaaten ihren aus dem Sozialpakt resultierenden Verpflichtungen nachkommen können. Der Ausschuss unterstützt durch dieses Verfahren aktiv die Umsetzung der Verpflichtungen und schafft so bei den Vertragsstaaten ein tieferes Verständnis der Regelungen des Sozialpakts.[233] Der Dialog wird sehr offen geführt und es kommt nicht selten vor, dass der Ausschuss „den Finger in die Wunde legt".

b. Die „abschließenden Bemerkungen"

Die abschließenden Bemerkungen (*concluding observations*) stellen die Beendigung der Überprüfung der Staatenberichte durch den Ausschuss dar. Sie werden im Anschluss an das konstruktive Gespräch vom Ausschuss erstellt

---

230 *Sepúlveda*, The Nature of the Obligations under the Covenant of Economic, Social and Cultural Rights, 2003, S. 36.

231 *Sepúlveda*, The Nature of the Obligations under the Covenant of Economic, Social and Cultural Rights, 2003, S. 36.

232 *Sepúlveda*, The Nature of the Obligations under the Covenant of Economic, Social and Cultural Rights, 2003, S. 36.

233 *Alston*, The International Covenant on Economic, Social and Cultural Rights, in: Manual on Human Rights Reporting under six Major international Human Rights Instruments, 1997, S. 160.

und verabschiedet. Seit 1993 ist der Aufbau der abschließenden Bemerkungen festgelegt.[234] Er gliedert sich in eine „Einleitung“, „positive Aspekte“, „Faktoren, die die Umsetzung des Pakts erschweren“, „allgemeine bedenkliche Angelegenheiten“ und „Vorschläge und Empfehlungen“.[235] Waren die ersten concluding observations diplomatisch strukturiert und verfasst, geht der Ausschuss immer mehr dazu über, eine harte Formulierung zu wählen, wodurch der Ausschuss stärker zum Ausdruck bringt, ob der zu überprüfende Vertragsstaat Verpflichtungen des Pakts verletzt hat oder nicht.[236] Fand sich in den ersten concluding observations noch die Formulierung „*the Committee recommends the State party to*“ ist der Ausschuss heute dazu übergegangen, die Formulierung „*urges*“ zu verwenden.[237] Der Ausschuss empfiehlt nicht mehr, bestimmte Maßnahmen zur Umsetzung der Verpflichtungen einzuleiten, sondern drängt die Vertragsstaaten dazu, Maßnahmen zu verabschieden, die der Ausschuss konkret benennt.[238] Die teilweise bestehende Unsicherheit über den Inhalt der Verpflichtungen des Sozialpakts wird auf diese Weise reduziert. Der Ausschuss nimmt damit die Möglichkeit wahr, Defizite, die auf Grund der vagen Formulierungen der Verpflichtungen des Sozialpakts vorgebracht werden, zu kompensieren und aktiv den Inhalt der Normen zu bestimmen. Weitestgehend wird dies von den Vertragsstaaten auch akzeptiert, da nur selten von ihnen Reaktionen gegen die concluding observations vorgebracht werden. Wenn dies der Fall ist, beziehen sie sich allerdings auf die Tatsachen, auf deren Grundlage der Ausschuss seine Überprüfung vollzogen hat, und nicht auf die vom Ausschuss vorgenommene Bestimmung des Inhalts.[239] Insofern wird dadurch die Gültigkeit der Interpretation durch den Ausschuss unterstrichen. Die concluding observations stellen für den Ausschuss ein wichtiges Instrument dar, um den Inhalt der Normen des Sozialpakts zu konkretisieren.

---

234 Vgl. E/1993/22 Abs. 265.

235 Introduction, positive aspects, factors and dificulties impeding the implementation oft the Covenant, principle subject of concern und suggestions and recommendations.

236 Vgl. auch *Simma*, The examination of State reports: International Covenant on Economic, Social and Cultural Rights, in: Klein (Hrsg.) The monitoring system of human rights treaty obligations, Colloquium, Potsdam, 22./23. November 1996, S. 38.

237 Vgl. *Concluding Observations*, Kamerun, UN Doc. E/C.12/CMR/CO/2-3 v. 21.1.2012.

238 Im Fall von Kamerun, führt der Ausschuss aus, „The Committee urges the State party to abolish the penalty of forced labour and to bring its legislation into line with article 6 of the Covenant“, *Concluding Observations*, Kamerun, UN Doc. E/C.12/CMR/CO/2-3 v. 21.1.2012, Abs. 13.

239 *Sepúlveda*, The Nature of the Obligations under the Covenant of Economic, Social and Cultural Rights, 2003, S. 36.

c. *Zwischenergebnis*

Die Überprüfung der Staatenberichte durch den Ausschuss im Rahmen der regelmäßig stattfindenden Sitzungen bildet ein bedeutsames Instrument für den Ausschuss um den Inhalt der Verpflichtungen des Sozialpakts zu bestimmen. Im Rahmen der Sitzung können die Mitglieder des Ausschusses in einen aktiven Dialog mit Vertretern der Regierungen treten und ihnen direkt die Defizite bei der Verwirklichung einzelner Verpflichtungen des Pakts vor Augen führen. Zugleich übermittelt der Ausschuss den Regierungsvertretern den Inhalt der Paktrechte, in dem Maß, wie sie vom Ausschuss bestimmt werden. Die Ergebnisse des Dialogs werden dann in den concluding observations zusammengefasst und bieten den Vertragsstaaten damit eine Anleitung, wie sie die Verpflichtungen des Sozialpakts erfüllen können. Die Veröffentlichung der abschließenden Bemerkungen eröffnet zudem der Zivilgesellschaft die Möglichkeit, den Prozess der Umsetzung der Paktrechte aktiv mitzugestalten. Wenn nötig können sie aber auch gezielt Druck auf die Regierungen ausüben, um Defizite bei der Umsetzung zu beheben.

4. *Das Individualbeschwerdeverfahren*

Im Dezember 2008 (60 Jahre nach der Verabschiedung der Universellen Erklärung der Menschenrechte) verabschiedete die Generalversammlung der Vereinten Nationen ein Fakultativprotokoll *(Optional Protocol)* zum Internationalen Pakt über wirtschaftliche, soziale und kulturelle Rechte.[240] Schon auf der zweiten Weltmenschenrechtskonferenz 1993 in Wien wurde auf die Notwendigkeit eines solchen Fakultativprotokolls hingewiesen.[241] Als Reaktion auf das Engagement in Bezug auf die Notwendigkeit eines Fakultativprotokolls während der Weltmenschenrechtskonferenz begann der Ausschuss für wirtschaftliche, soziale und kulturelle Rechte ein solches Fakultativprotokoll zu entwerfen. Der

---

240 Verabschiedet auf der 66. Plenarsitzung am 10. Dezember 2008, ohne Abstimmung, auf Empfehlung des Ausschusses; Resolution der General Versammlung, GA Resolution A/RES/63/117; Ausführlich zum Individualbeschwerdeverfahren, *Riedel*, New Bearings to Social Rights? The Communications Procedure under the ICESCR, in: Fastenrath (Hrsg.), From Bilateralism to Community Interest: Essays in Honour of Judge Brunno Simma, 2011, S. 574–584.

241 Vienna Declaration and Programme of Action, U.N. GAOR, World Conference on Human Rights, 48th Session, 22nd plenar meeting, U.N. Doc. A/CONF.157/24 (1993); *Victor Dankwa, Cess Flinterman and Scott Leckie*, 'Commantary to the Maastricht Guidelines on Violations of Economic, Social and Cultural Rights', in: *Human Rights Quarterly*, 20 1998, S. 705 (706).

Entwurf wurde 1996 fertig gestellt und der UN-Menschenrechtskommission übermittelt.[242] Das Fakultativprotokoll soll die Lücke schließen, die durch das Fehlen von effektiven Durchsetzungsmechanismen entstanden ist.[243] Wie oben beschrieben verfügt der Ausschuss im Rahmen des Beschwerdeverfahrens über einen Überwachungsmechanismus, allerdings fehlte Individuen, die sich in einem ihrer wsk-Rechte verletzt sahen, die Möglichkeit, eine solche Verletzung geltend zu machen.

Mit dem Fakultativprotokoll wird dem Ausschuss die Kompetenz übertragen sogenannte *Communications* – Beschwerden von Einzelpersonen oder einer Gruppe von Personen, deren Rechte aus dem Sozialpakt verletzt wurden – zu empfangen und zu prüfen.[244] Gemäß Art. 2 des Fakultativprotokolls kann eine Beschwerde auf Grundlage jedes im Pakt enthaltenen Rechts eingereicht werden.[245] Nach Art. 3 des Fakultativprotokolls ist eine Individualbeschwerde subsidiär. Denn gemäß Art. 3 kann der Ausschuss eine Beschwerde nur dann bearbeiten, wenn alle möglichen Rechtsmittel auf nationaler Ebene durch den Beschwerten ausgeschöpft sind. Verhandelt der Ausschuss über eine Beschwerde in Bezug auf eine mögliche Verletzung von Paktverpflichtungen, trifft der Ausschuss gemäß Art. 9 Abs. 1 des Fakultativprotokolls keine Entscheidung, sondern teilt lediglich seine Ansicht dazu mit.[246] In der Entwurfsphase wurde heftig darüber gestritten, welcher Natur die Ergebnisse des Ausschusses sind, weil viele Vertragsstaaten von einer quasi gerichtlichen Entscheidung, die eventuell einen verbindlichen Charakter hat, abgeschreckt worden wären. Das Fakultativprotokoll stellt für den Ausschuss ein sehr wichtiges Werkzeug dar, um die im Pakt

---

242 *Tomuschat*, 'An Optional Protocol for the International Covenant on Economic, Social and Cultural Rigths?', in: Klaus Dicke 'et al' (Hrsg.), *Weltinnenrecht Liber Amicorum Jost Delbrück*, (2005) S. 816.

243 *Tomuschat*, 'An Optional Protocol for the International Covenant on Economic, Social and Cultural Rigths?', in: Klaus Dicke 'et al' (Hrsg.), *Weltinnenrecht Liber Amicorum Jost Delbrück*, (2005) S. 816.

244 Vgl. Art. 1 Abs. 1 Fakultativprotokoll zum Sozialpakt, GA Resolution A/RES/63/117.

245 Während der Entwurfsphase wurde darüber gestritten, ob das in Art. 1 IPWSKR enthaltene Recht auf Selbstbestimmung von der Individualbeschwerde ausgenommen werden sollte. Am Ende blieb es, wie beim Fakultativprotokoll zum IPBPR, enthalten. Staaten können aber Erklärungen nach der Verabschiedung abgeben. Vgl. *Riedel*, New Bearings to Social Rights? The Communications Procedure under the ICESCR, in: Fastenrath (Hrsg.), From Bilateralism to Community Interest: Essays in Honour of Judge Brunno Simma, 2011, S. 574–589 (576).

246 So wird in Art. 9 des Fakultativprotokolls nicht von „decision“, sondern „views“ gesprochen.

enthaltenen Rechte erfolgversprechender durchsetzen zu können. Die Aufgabe der Überwachung des Vertrags wird dadurch viel effektiver. Der praktische Nutzen für die Durchsetzung der wsk-Rechte ist trotz des Inkrafttretens am 5. Mai 2013 mit der Ratifizierung durch Uruguay[247] zum jetzigen Zeitpunkt noch nicht abzusehen und kann erst in der Zukunft abschließend beurteilt werden.

Soviel kann aber schon jetzt festgehalten werden. Die Verabschiedung des Fakultativprotokolls ist ein bedeutender Schritt für die Anerkennung der Menschenrechte insgesamt. Nur durch das Fakultativprotokoll haben Einzelpersonen endlich die Möglichkeit ihre Ansprüche aus den wirtschaftlichen, sozialen und kulturellen Rechten, außerhalb nationaler Rechtsordnungen durchzusetzen.

Seit der Einführung des Individualbeschwerdeverfahrens im Jahr 2013 hat sich der Ausschuss bereits mit mehreren Fällen beschäftigt.[248] So sind zur Zeit acht Fälle anhängig und in fünf Fällen hat der Ausschuss bereits eine Entscheidung getroffen.[249] Davon hat der Ausschuss drei als unzulässig verworfen[250], einmal eine Verletzung[251] und einmal keine Verletzung[252] der Rechte des Sozialpakts festgestellt. Die Fälle bei denen der Ausschuss eine Verletzung festgestellt hat betreffen den Zugang zu einer beitragsfreien Rente während einer Inhaftierung[253] sowie die Versagung auf Zugang zu Gericht, um das Recht auf Unterkunft zu schützen.[254] Von großem Interesse werden die Reaktionen der betroffenen Staaten sein, inwiefern sie die Empfehlungen des Ausschusses umsetzten werden. Aber auch die Reaktion der Staaten die, das Fakultativprotokoll nicht ratifiziert haben, bleibt mit Spannung abzuwarten.

---

247 Uruguay hat das Fakultativprotokoll am 05.02.2015 ratifiziert. Dem Fakultaivprotokoll sind 20 Staaten beigetreten, 26 haben es unterzeichnet. Stand: 12.07.2015; Vgl. Art. 18 Abs. 1 Fakultativprotokoll zum IPWSKR.

248 Siehe zum Individualbeschwerdeverfahren ingesamt: http://www.ohchr.org/EN/HRBodies/TBPetitions/Pages/HRTBPetitions.aspx, letzter Zugriff am 19.11.2016.

249 Stand: 19.11.2016.

250 Individualbeschwerdeverfahren gegen Spanien (Communication No. 6/2015 und. 8/2015), UN Doc. E/C.12/55/D/6/2015 und UN Doc. E/C.12/55/D/8/2015.

251 Individualbeschwerdeverfahren gegen Spanien (Communication No. 2/2014), UN Doc. E/C.12/55/D/2/2014.

252 Individualbeschwerdeverfahren gegen Spanien (Communication No. 1/2013), UN Doc. E/C.12/57/D/1/2013.

253 Der Fall ist anhängig seit Januar 2013. Es werden die Verletzung von Art. 2 und 9 IPWSKR gerügt.

254 Der Fall ist anhängig seit Februar 2014. Es werden die Verletzung von Art. 2 Abs. 1 und 11 Abs. 1 gerügt.

II. Universal Periodic Review (UPR) und die Bedeutung für den Sozialpakt

Im Jahre 2006 wurde die Menschenrechtskommission (*Commission of Human Rights/CHR)* durch den Menschenrechtsrat (*Human Rights Council/HRC*) ersetzt. Der Grund für die Abschaffung des CHR lag darin, dass er immer häufiger in die Kritik geriet, weil eine Politisierung stattgefunden hat und zunehmend Staaten in die Kommission gewählt wurden, die die Wahrung der Menschenrechte nicht sonderlich beachtet haben, sondern vielmehr selbst durch massive Menschenrechtsverletzungen auf sich aufmerksam gemacht haben.[255] So kam es sogar dazu, dass Staaten wie Iran, Sudan oder Saudi Arabien Mitglieder des CHR wurden und die Überwachung der Einhaltung der Menschenrechtsstandards durch dieses Forum damit immer mehr zu einer Farce wurde. [256] Mit der Errichtung des HRC wurde auch das Universal Periodic Review (UPR) ins Leben gerufen.[257] Es handelt sich dabei um ein bis dato einzigartiges Verfahren, welches regelmäßig in einem Intervall von vier Jahren, die Menschenrechtssituation in allen 193 Mitgliedstaaten der Vereinten Nationen bewertet, unabhängig davon, ob der betreffende Staat einen der Menschenrechtspakte ratifiziert hat oder nicht.[258] Grundlage für die Bewertung der Menschenrechtssituation sind Informationen, die das Büro des Hochkommissariats für Menschenrechte (*Office of the High Commissioner for Human Rights/OHCHR*) aus der Analyse von Staatenberichten und Empfehlungen der verschiedenen Menschenrechtsorgane und

255 *Riedel*, „Rethinking Human Rights – Real Reforms in Procedure and Substance?", in: Festschrift 100 years of the Walther-Schücking Institute of International Law, University of Kiel, Berlin 2014, S. 421–446 *ders.*, Global Human Rights Protection at the Crossroads: Strengthening or Reforming the System, in Marten Breuer et al. (Hrsg.), Der Staat im Recht, Festschrift für Eckart Klein zum 70. Geburtstag, Berlin 2013, 1289–1306 (1292); *Clapham*, United Nations Charter-Based Protection of Human Rights, in Catarina Krause/ Martin Scheinin (Hrsg.), International Protection of Human Rights: A Textbook, 2nd ed., Turku/Abo 2012, 79–103 (88).

256 New York Times, The Shame of the United Nations, 26.02.2006, erhältlich unter: http://www.nytimes.com/2006/02/26/opinion/26sun2.html?_r=2&n=Top%2fOpinion%2fEditorials%20and%20Op%2dEd%2fEditorials&oref=slogin&, letzter Zugriff am 08.08.2016.

257 Vgl. UN GA Res. 60/251 v. 15.03.2006.

258 Nach Beendigung der ersten Sitzungsperiode wurden mit Resolution 16/21 (UN. Doc. A/HRC/RES/16/21 v. 25.03.2011) einige Änderungen am Procedere eingeführt. Nunmehr hat die Sitzungsperiode eine Länge von 4 ½ Jahren und pro Sitzung werden nur noch 14 Staaten einer Bewertung unterzogen.

Nichtregierungsorganisationen gesammelt und zusammengefasst hat.[259] Die Bewertung der Menschenrechtssituation eines Staates wird dabei im Wesentlichen auf drei Dokumente gestützt.[260] Dies sind ein Bericht, der von dem zu bewertenden Staat im Vorfeld anzufertigen ist (*national report*), eine Sammlung von Informationen zu der Menschenrechtssituation, die den Vereinten Nationen über den zu bewertenden Staat zur Verfügung stehen und vom *Office of the High Commissioner for Human Rights (OHCHR)* vorbereitet werden (*compilation of UN information*), sowie eine Zusammenfassung von Informationen die durch die Zivilgesellschaft zur Verfügung gestellt wurden und ebenfalls vom OHCHR aufbereitet werden (*summary of stakeholders' information*).[261]

Ziel des Verfahrens ist es, die Menschenrechtssituation in jedem Staat zu verbessern und Verletzungen der Menschenrechte anzusprechen, wenn sie passieren. Gemäß des Gründungsdokuments des UPR soll die Arbeit der bestehenden Vertragsorgane, wie z. B. des Ausschusses für wirtschaftliche und soziale Rechte oder des Ausschusses für bürgerliche und politische Rechte, nicht kopiert, sondern komplementiert werden.[262]

Nach der Bewertung der Menschenrechtssituation verabschiedet der HRC Empfehlungen, die angenommen oder abgelehnt werden können oder denen sich der Staat unter Beobachtung ein Urteil vorbehalten kann.[263] Letzteres ist eine diplomatische Möglichkeit zu sagen, dass wohl nichts mit den gemachten Empfehlungen passieren wird.[264] In der Option, die Empfehlungen abzulehnen,

---

259 *Riedel*, Global Human Rights Protection at the Crossroads: Strengthening or Reforming the System, in Marten Breuer et al. (Hrsg.), Der Staat im Recht, Festschrift für Eckart Klein zum 70.Geburtstag, Berlin 2013, S. 1289–1306 (1292).

260 OHCHR, Universal Periodic Review: A Practical Guide for Civil Society, S. 2, erhältlich unter: http://www.ohchr.org/EN/HRBodies/UPR/Documents/PracticalGuideCivilSociety.pdf, letzter Zugriff am 08.08.2016.

261 OHCHR, Universal Periodic Review: A Practical Guide for Civil Society, S. 2, erhältlich unter: http://www.ohchr.org/EN/HRBodies/UPR/Documents/PracticalGuideCivilSociety.pdf, letzter Zugriff am 08.08.2016.

262 UN GA Res. 60/251 v. 15.03.2006, Abs. 4 e.

263 *Riedel*, Global Human Rights Protection at the Crossroads: Strengthening or Reforming the System, in Marten Breuer et al. (Hrsg.), Der Staat im Recht, Festschrift für Eckart Klein zum 70.Geburtstag, Berlin 2013, S. 1289–1306 (1293 f.).

264 So *Riedel*, „Rethinking Human Rights – Real Reforms in Procedure and Substance?", in: FS 100 years of the Walther-Schücking Institute of International Law, University of Kiel, Berlin 2014, S. 421–446.

sehen Kritiker einen Rückschritt im weltweiten Schutz der Menschenrechte.[265] Im Jahr 2011 wurde der erste Durchgang der Bewertung abgeschlossen und es wird nun im zweiten Durchgang interessant zu sehen sein, wie die Staaten mit den gegebenen Empfehlungen umgegangen sind.

Trotz einiger Kritik wird der UPR überwiegend positiv bewertet. Denn es ist momentan das einzige Gremium dieser Art, bei dem die Menschenrechtssituation aller Mitgliedsstaaten der Vereinten Nationen auf dem Prüfstand stehen, inklusive derjenigen Staaten, die nicht für einen hohen Menschenrechtsstandard bekannt sind und vor allem die Menschenrechtspakte nicht ratifiziert haben. Darüber hinaus wird der UPR von einer breiten Öffentlichkeit aus Medien und der Zivilgesellschaft beobachtet, die zumindest zu einer Auseinandersetzung mit den aufgezeigten Menschenrechtsverletzungen führt.[266]

1. *Bedeutung für die wsk-Rechte*

Nach der kurzen Darstellung des UPR stellt sich die Frage, welche Bedeutung das UPR für die wsk-Rechte hat und in welchem Verhältnis sie zueinander stehen. Zunächst ist festzuhalten, dass kein direkter Zusammenhang zwischen dem UPR und den wsk-Rechten gegeben ist. Eine Erwähnung nur der wsk-Rechte findet sich weder in den Gründungsdokumenten noch wird an anderer Stelle ausdrücklich auf die wsk-Rechte Bezug genommen. Dies widerspräche allerdings auch dem Ziel beziehungsweise dem Sinn und Zweck dieses Organs. Denn die Menschenrechtsverpflichtungen jedes Staates sollen vollumfänglich bewertet werden.[267] Das bedeutet, die Stärkung der Menschenrechte soll dadurch erfolgen, dass sich die Staaten der Vereinten Nationen zu allen Menschenrechten bekennen.[268] Diese Vorgehensweise bringt noch weitere Vorteile, insbesondere für die

---

265 Riedel, „Rethinking Human Rights – Real Reforms in Procedure and Substance?", in: FS 100 years of the Walther-Schücking Institute of International Law, University of Kiel, Berlin 2014, S. 421–446 Fn 43. Wenn der Schutz der Menschenrechte auf der zwischenstaatlichen Ebene angesiedelt wird, sieiht *Riedel* darin die Realpolitik widerspiegeln; *Riedel*, Global Human Rights Protection at the Crossroads: Strengthening or Reforming the System, in Marten Breuer et al. (Hrsg.), Der Staat im Recht, Festschrift für Eckart Klein zum 70.Geburtstag, Berlin 2013, S. 1289–1306 (1294).

266 *Riedel*, „Rethinking Human Rights – Real Reforms in Procedure and Substance?", in: FS 100 years of the Walther-Schücking Institute of International Law, University of Kiel, Berlin 2014, S. 421–446.

267 UN GA Res. 60/251 v. 15.03.2006, Abs. 4 e.

268 UN GA Res. 60/251 v. 15.03.2006.

Stellung der wsk-Rechte im Gefüge der Menschenrechtsinstrumente und ihrer generellen Bedeutung.

Zunächst bietet es die Gelegenheit, die historisch bedingte und weithin als unglücklich angesehene Aufteilung der Menschenrechte in einen Pakt für politische und bürgerliche Rechte auf der einen Seite und wirtschaftliche und soziale Rechte auf der anderen Seite zu überwinden.[269] Eine solche Unterscheidung wird bei der Bewertung der Menschenrechtssituation im Rahmen des UPR nicht vorgenommen. Alle Menschenrechte werden gleichwertig behandelt. Der HRC spricht seine Empfehlungen unter Berücksichtigung bürgerlicher und politischer Rechte, sowie wirtschaftlicher und sozialer Rechte aus. Damit „entscheidet" ein Organ über Fragen in diesem Zusammenhang und nicht nur der jeweilige von dem betreffenden Menschenrechtspakt eingerichtete Ausschuss, namentlich der CCPR und der CESCR in seinem Zuständigkeitsbereich. Dadurch wird nochmals unterstrichen, dass alle Menschenrechte allgemeingültig, zusammenhängend, untrennbar und voneinander abhängig sind.[270]

Ein weiterer Vorteil den das UPR bietet, ist in der Tatsache zu sehen, dass eine Bewertung der Menschenrechtssituation stattfindet unabhängig davon, ob der zu evaluierende Staat einen der Menschenrechtspakte ratifiziert hat oder nicht.[271] Sehr deutlich wird dies am Beispiel der USA. Die Menschenrechtssituation der USA wurde im November 2010 zum ersten Mal einer Prüfung im Rahmen des UPR unterzogen. Das Engagement der Zivilgesellschaft war enorm hoch und viele Bedenken im Hinblick auf die Einhaltung der Menschenrechtsstandards betrafen im Kern wsk-Rechte.[272] Obwohl die USA den ICESCR nicht ratifiziert haben, mussten sie sich im Rahmen des UPR direkt mit den wsk-Rechten auseinandersetzen.[273] Auch wenn der von den USA erstellte Bericht im Vorfeld des UPR darauf verweist, dass die US-amerikanische Verfassung wirtschaftliche und

269 Vgl. oben, S. 28 f.

270 Vgl. UN GA Res. 60/251 v. 15.03.2006.

271 *Riedel*, „Rethinking Human Rights – Real Reforms in Procedure and Substance?", in: FS 100 years of the Walther-Schücking Institute of International Law, University of Kiel, Berlin 2014, S. 421–446.

272 *Kaufman*, Framing Economic, Social and Cultural Rights at the UN, in: Northeastern University Law Journal, 2012, S. 407–427 (418); The National Economic & Social Rights Initiative (NESRI), Toward Economic and Social Rights in the United States: From Market Competition to Public Goods 2010, erhältlich unter: http://www.nesri.org/sites/default/files/UPR_Report_NESRI_1.pdf, letzter Zugriff am 08.08.2016.

273 *Kaufman*, Framing Economic, Social and Cultural Rights at the UN, in: Northeastern University Law Journal, 2012, S. 407–427 (418).

soziale Rechte nicht anerkennt und eine Verpflichtung zur direkten Implementierung von wsk-Rechten verneint wird, so werden in dem Bericht doch Errungenschaften auf nationaler Ebene im Zusammenhang mit Bildung, Gesundheit und Wohnungsbau hervorgehoben.[274] Im Nachgang haben die USA sogar einige mit den wsk-Rechten im Zusammenhang stehende Empfehlungen angenommen.[275] Auch wenn die USA den ICESCR nicht ratifiziert haben, müssen sie ihre Menschenrechtsverpflichtungen nun auch am Sozialpakt messen lassen. Dadurch erfahren die wsk-Rechte insgesamt weiter eine bedeutende Aufwertung.

Wirtschaftliche, soziale und kulturelle Rechte besitzen innerhalb des UPR einen hohen Stellenwert. Defizite, die die Staaten bei der Implementierung und Realisierung der wsk-Rechte aufweisen, werden in diesem Forum zur Sprache gebracht und finden auch bei den anschließenden Empfehlungen des HRC Berücksichtigung. Natürlich findet eine Auseinandersetzung mit den wsk-Rechten nicht in dem Maße statt, wie dies der CESCR leisten kann – dies ist auch nicht die primäre Aufgabe des UPR –, dennoch ist dies hoffentlich eine Ergänzung und Hilfestellung zur Arbeit des CESCR. Nicht unerwähnt sollten aber auch die damit im Zusammenhang stehenden möglichen Gefahren bleiben. Es kann nicht ausgeschlossen werden, dass der HRC und CESCR unterschiedliche Maßstäbe bei der Bewertung der wsk-Rechte ansetzen und damit unter Umständen ein geringerer Inhaltsstandard der Verpflichtungen aus dem Sozialpakt im Rahmen des UPR angenommen wird. Ob solche Befürchtungen begründet sind, bleibt abzuwarten, genauso die Frage, wie die Staaten mit den Empfehlungen des HRC verfahren und sie umsetzen.

2. *Zwischenergebnis*

Durch das UPR erfahren die wsk-Rechte eine Aufwertung, weil sie gleichberechtigt neben anderen Menschenrechtspakten, insbesondere den politischen und bürgerlichen Rechten, Beachtung finden. Im Rahmen des UPR werden auch Staaten im Hinblick auf wirtschaftliche und soziale Menschenrechte bewertet, wenn sie den Sozialpakt nicht ratifiziert haben, wie das Beispiel der USA deutlich macht.

---

274 *Kaufman*, Framing Economic, Social and Cultural Rights at the UN, in: Northeastern University Law Journal, 2012, S. 407–427 (418); National Report, übermittelt gem. Abs 15 (a) des Annex zu HRC Res. 5/1, United States of America 9th Sess. Nov. 1–12 2010, Abs. 67, UN Doc. A/HRC/WG.6/9/USA/1 (Aug. 23 2010), http://lib.ohchr.org/HRBodies/UPR/Documents/session9/US/A_HRC_WG.6_9_USA_1_United%20States-eng.pdf, letzter Zugriff am: 08.08.2016.

275 *Kaufman*, Framing Economic, Social and Cultural Rights at the UN, in: Northeastern University Law Journal, 2012, S. 407–427 (418).

Es bleibt abzuwarten, wie sich das UPR insgesamt entwickelt und ob es tatsächlich zu einer messbaren Aufwertung der wsk-Rechte kommt. Auch wird interessant zu beobachten sein, ob das Procedere auf lange Sicht zu mehr führt, als zu einer reinen Bewusstseinsbildung und Sensibilisierung der Öffentlichkeit für das Thema Menschenrechtsverletzungen. Dies wäre an sich schon ein Erfolg, zumal sich daraus weitere positive Effekte für den Schutz der Menschenrechte ergeben können. Dennoch sind die ursprünglichen Erwartungen an diese Institution höher und es wäre wünschenswert, wenn sich konkrete Verpflichtungen für die Mitgliedsstaaten der Vereinten Nationen ergeben würden.

III. Special Rapporteur/Independent Expert

Eine weitere Institution zur Überwachung der Menschenrechte sind die UN-Sonderberichterstatter beziehungsweise *Special Rapporteurs*. Die UN-Sonderberichterstatter werden nur vorübergehend mandatiert.[276] Es handelt sich dabei um eine unabhängige Einzelperson, die berechtigt ist, die Situation in Bezug auf die Menschenrechte in einem bestimmten Land zu untersuchen oder sich mit einer bestimmten Thematik aus dem Bereich der Menschenrechte zu beschäftigen.[277] Aus diesem Grund wurden sie früher auch als *Independent Experts* bezeichnet, funktional bestehen aber keine Unterschiede zu den *Special Rapporteurs*. Man unterscheidet daher Sonderberichterstatter mit einem Ländermandat und einem thematischem Mandat.

Die *Special Rapporteurs* müssen eindeutig von den vertragsbasierten Menschenrechtsorganen wie beispielsweise dem Ausschuss für wirtschaftliche, soziale und kulturelle Rechte unterschieden werden. Sie werden in keinem der Menschenrechtsverträge erwähnt, sondern werden als Ad-hoc-Mechanismus zur Überwachung von Regierungen zur Einhaltung von Menschenrechtsstandards eingesetzt.[278] Die Sonderberichterstatter führen ihre Untersuchungen auf eigene Initiative durch und bedienen sich dabei aller ihnen zur Verfügung stehenden Quellen. Die Ergebnisse ihrer Untersuchungen werden in regelmäßig erscheinenden Berichten zusammengefasst und veröffentlicht.

---

276 *Pinheiro*, Musings of a UN Special Rapporteur on Human Rights, in: Global Governance 2003, S. 7–13.

277 *Pinheiro*, Musings of a UN Special Rapporteur on Human Rights, in: Global Governance 2003, S. 7–13.

278 *Pinheiro*, Musings of a UN Special Rapporteur on Human Rights, in: Global Governance 2003, S. 7–13.

Obwohl sich die Arbeit eines *Special Rapporteurs* auf eine bestimmte Thematik aus dem Bereich der Menschenrechte beschränkt, kommt es natürlich auch zu Überschneidungen, da alle Menschenrechte mehr oder weniger miteinander verknüpft sind, weshalb eine Grenzziehung nicht immer eindeutig möglich ist. Trotzdem lassen sich aus dem Bereich der wsk-Rechte im Wesentlichen folgende *Special Rapporteurs* identifizieren. Bereits 1998 wurde von der damals noch existierenden Menschenrechtskommission mit der Resolution 1998/33 vom 17. April 1998 ein *Special Rapporteur* auf dem Gebiet des Rechts auf Bildung eingesetzt. Das Mandat wurde zuletzt mit Resolution 17/3 vom Menschenrechtsrat um weitere drei Jahre verlängert.[279] Im Jahr 2000 wurde mit der Resolution 2000/9 vom 17. April 2000 – verabschiedet von der damals noch existierenden Menschenrechtskommission – ein *Special Rapporteur* eingerichtet, der im Bereich des Rechts auf Unterkunft als Komponente eines angemessenen Lebensstandards tätig wurde. Eine der Hauptaufgaben besteht darin, das Recht auf Unterkunft als Komponente eines angemessenen Lebensstandards zu realisieren. Ebenfalls im Jahr 2000 wurde ein *Special Rapporteur* auf dem Gebiet des Rechts auf Nahrung von der Menschenrechtskommission durch die Resolution 2000/10 vom 17 April 2000 mandatiert, das ebenfalls durch die Resolution 13/4 im Jahr 2010 um weitere drei Jahre verlängert wurde.[280] Darüber hinaus existiert ein *Special Rapporteur* im Bereich des Rechts auf Gesundheit, dessen Mandat im Jahr 2002 mit der Resolution 2002/31 durch die Menschenrechtskommission geschaffen und das letzte Mal am 30. September 2010 um weitere drei Jahre verlängert wurde.[281] 2008 wurde durch den Menschenrechtsrat das Mandat eines *Independent Expert* für das Recht auf Wasser und sanitäre Einrichtungen geschaffen, welches im März 2011 um weitere drei Jahre verlängert und in einen *Special Rapporteur* umbenannt wurde.[282] Zu guter Letzt gibt es noch einen *Special Rapporteur* für kulturelle Rechte, dessen Mandat im Rahmen der Resolution 10/23[283] des Menschenrechtsrats vom 26. März 2009 begann und am 22. März 2012 mit der Resolution 19/6[284] um weitere drei Jahre verlängert wurde.[285] Somit sind alle bis zum heutigen

---

279 HRC, Res. 17/3, UN Doc. A/HRC/RES/17/3 v. 16.06.2011.

280 HRC, Res. 13/4, UN Doc. A/HRC/RES/13/4 v. 24.03.2010.

281 HRC, Res. 15/22, UN Doc. A/HRC/RES/15/22 v. 30.09.2010.

282 HRC, Res. 16/2, UN Doc. A/HRC/RES/16/2 v. 24.03.2011.

283 HRC, Res. 10/23 v. 26.03.2009.

284 HRC, Res. 19/6, UN Doc. A/HRC/RES/19/6 v. 22.03.2012.

285 Ursprünglich als sog *Indepenten Expert in the Field of Cultural Rights* errichtet, wurden seine Aufgaben mit der zweiten Resolution leicht erweitert und es erfolgte eine Umbenennung in *Special Rapporteur in the Field of Cultural Rights.*

Zeitpunkt geschaffenen Mandate noch existent und die *Special Rapporteurs* können weiter ihre Aufgaben wahrnehmen. Wie dargestellt sind sie dem Ausschuss für wirtschaftliche, soziale und kulturelle Rechte nicht unterstellt und auch nicht von ihm geschaffen worden, sondern sind von diesem unabhängig. Trotzdem findet zwischen dem Ausschuss und den Sonderberichterstattern ein Austausch zu spezifischen Menschenrechtsfragen statt. Zudem liefern die Berichte der Sonderberichterstatter ein detailliertes Bild zur Situation bezogen auf ein bestimmtes im Pakt enthaltenen Rechts, auf das der Ausschuss für seine Arbeit zurückgreifen kann. Darüber hinaus zielt das Mandat der Sonderberichterstatter regelmäßig darauf ab, die Umsetzung des betreffenden Rechts durch die Arbeit der Sonderberichterstatter zu forcieren. Die Sonderberichterstatter ergänzen die Arbeit des Ausschusses, indem sie wichtige Informationen über die Implementierung der wsk-Rechte liefern.

IV. Nichtregierungsorganisationen

Den Nichtregierungsorganisationen und der Zivilgesellschaft kommt eine wichtige und nicht zu unterschätzende Rolle bei der Förderung der wsk-Rechte zu. Sie besitzen hierfür kein offizielles Mandat, dennoch sind sie auf verschiedenen Ebenen in den Prozess eingebunden.[286] Durch die sehr wichtige Öffentlichkeitsarbeit, fördern sie die Bewusstseinsbildung zu den verschiedenen Themen im Zusammenhang mit den wsk-Rechten. Ihre Arbeit geht aber über die bloße Bewusstseinsbildung hinaus. Verschiedene Gremien, wie der Ausschuss für wirtschaftliche, soziale und kulturelle Rechte oder der *Human Rights Council* sind für eine effektive Erfüllung ihrer Aufgaben, auf die Informationen der verschiedenen Nichtregierungsorganisationen angewiesen.[287] Oftmals verfügen die Organe schlicht nicht über ausreichende Ressourcen und Kapazitäten, um die Fülle von verschiedenen Verletzungen und die bestehenden Defizite bei Umsetzung der aus dem Pakt resultierenden Verpflichtungen zu evaluieren. Aus diesem Grund besteht für Nichtregierungsorganisationen die Möglichkeit, sich auf unterschiedlichen Ebenen in die verschiedenen Bewertungsprozesse z. B. im Rahmen des UPR oder bei den Sitzungen des Ausschusses einzubringen. Sei es

286 Vgl. beispielsweise die Informationen für NGOs zur Teilnahme an Sitzungen des Ausschusses für wirtschaftliche, soziale und kulturelle Rechte: http://www.ohchr.org/EN/HRBodies/CESCR/Pages/NGOs.aspx, letzter Zugriff am: 07.05.2016.

287 *Nader*, The Role of NGOs in the Human Rights Council, in: SUR-International Journal on Human Rights, 2007, S. 7–27.

durch die Erstellung von Berichten oder über die Möglichkeit, sich in den Dialog einzuschalten.

V. Zwischenergebnis

Die Überwachung von Umsetzung und Einhaltung der im Sozialpakt enthaltenen Bestimmungen wird zum überwiegenden Teil vom Ausschuss für wirtschaftliche, soziale und kulturelle Rechte wahrgenommen. Dem Ausschuss stehen dazu mehrere Mechanismen von unterschiedlicher Intensität zur Verfügung, zu denen die *General Comments*, die Staatenberichte und ein Individualbeschwerdeverfahren zählen. Der Ausschuss arbeitet intensiv daran, die Bedeutung der im Pakt enthaltenen Normen herauszuarbeiten, beziehungsweise zu definieren und weiter zu entwickeln, sowie auf Defizite bei der Umsetzung im Allgemeinen, aber auch bezogen auf bestimmte Länder, hinzuweisen. Wie sich das Individualbeschwerdeverfahren auswirken wird, lässt sich zum jetzigen Zeitpunkt noch nicht sagen. Festzuhalten bleibt aber, dass schon jetzt eine nicht zu unterschätzende Signalwirkung von ihm ausgeht. Wie oben dargestellt sind bis heute drei Individualbeschwerdeverfahren vor dem Ausschuss anhängig.[288] Mit großem Interesse wird erwartet, wie sich der Ausschuss äußern wird.

F. Zwischenergebnis

In der öffentlichen Diskussion und Wahrnehmung genießen die wsk-Rechte noch immer nicht denselben Stellenwert wie die bürgerlichen und politischen Rechte. Es lässt sich jedoch erkennen, dass sich besonders in den letzten Jahren ein gewisser Bedeutungswandel vollzogen hat und die wsk-Rechte insgesamt eine stärkere Position einnehmen. Der Internationale Pakt über wirtschaftliche, soziale und kulturelle Rechte umfasst heute 164 Staaten. Schon daran zeigt sich, welch hohen Stellenwert der Pakt im internationalen Gefüge einnimmt. Immer wieder wurde auf die Wechselbeziehung zwischen bürgerlichen und politischen Rechten einerseits und wirtschaftlichen und sozialen Rechten andererseits hingewiesen, was auch in der Öffentlichkeit zu einer anderen Ebene der Wahrnehmung führt. Einen wesentlichen Beitrag zu diesem Bedeutungswandel wurde und wird durch die erfolgreiche Arbeit des Ausschusses erreicht. Durch die Entwicklung von Leitfäden zur Abfassung von Staatenberichten hat sich deren Qualität stark verbessert, zudem kann dadurch eine gewisse Einheitlichkeit in der Bewertung von wsk-Rechten gewährleistet werden, wodurch wiederum die Arbeit des Ausschusses

288 Vgl. oben S. 55 f.

erleichtert wird. Auch die Formulierung von General Comments leistet einen wesentlichen Beitrag zur Förderung der Bedeutung von wsk-Rechten. Exemplarisch kann hier General Comment Nr. 15 (2002) angeführt werden, auf dessen Grundlage es schlussendlich zur Anerkennung eines Rechts auf Wasser und sanitäre Einrichtungen gekommen ist.[289] Eine solche Entwicklung macht deutlich, dass Menschenrechte nicht immer starr sind, sondern sich mit der Zeit wandeln und neue Entwicklungsrichtungen einschlagen können. Weiterhin werden die Rechte des Pakts auf diese Weise einer breiten Öffentlichkeit zugänglich gemacht. Eine Sensibilisierung für das Vorhandensein wirtschaftlicher und sozialer Rechte und eine Verdeutlichung des Inhalts solcher Rechte führt dazu, dass ein Bedeutungswandel stattfindet. In naher Zukunft werden die Unterschiede in der Bedeutung zwischen politischen und bürgerlichen Rechten sowie den wsk-Rechten nicht mehr so groß oder sogar ganz eliminiert sein.

Trotz der oftmals vagen Formulierung der Verpflichtungen des Sozialpakts, entfalten sie die gleichen Verbindlichkeiten wie die bürgerlichen und politischen Rechte. Hervorzuheben bleibt, dass alle Menschenrechte von gleicher Wichtigkeit sind. Sie sind unteilbar, voneinander abhängig und zusammenhängend.

Inwiefern der Ausschuss zur Rechtsgestaltung bestimmter wsk-Rechte beiträgt und ob dies für das Recht auf Zugang zu Grundversorgung mit Energie gilt, wird unten noch ausführlich erörtert.

---

289 Vgl. zur Entwicklung ausführlich unten S. 91 f.

Viertes Kapitel: Menschenrechte und Grundbedürfnisse

A. Grundbedürfnisse

Im Zusammenhang mit der menschenrechtlichen Diskussion wird immer wieder der Begriff der „Grundbedürfnisse“ erwähnt. Auf internationaler Ebene findet seit den sechziger Jahren – zunächst eher theoretisch – eine Auseinandersetzung mit dem Thema der Grundbedürfnisse oder auch Basisbedürfnisse statt.[290] In den siebziger Jahren des vorherigen Jahrhunderts erfuhr die Diskussion allmählich eine politische Dimension, da man erkannte, dass diese Thematik als möglicher Lösungsansatz zur weltweiten Armutsbekämpfung dienen könne.[291] Grundbedürfnisse spielen vor allem in der Entwicklungspolitik eine Rolle und nehmen darüber hinaus auch in der Menschenrechtsdiskussion eine wichtige Stellung ein.

In der Diskussion zwischen Menschenrechten und Grundbedürfnissen stellt sich immer wieder die Frage nach ihrem Verhältnis zueinander. Ist zum Beispiel die Befriedigung von Grundbedürfnissen ein Menschenrecht? Oder stellen Menschenrechte gar selbst Grundbedürfnisse dar? In welchem Verhältnis stehen sie insbesondere zu den wsk-Rechten? Bestehen im Verhältnis zu den wsk-Rechten keine Unterschiede oder sind gerade in den wsk-Rechten im Kern Grundbedürfnisse enthalten? Die Klärung der Frage ist vor allem deswegen von großer Bedeutung, um im späteren Verlauf dieser Arbeit ein mögliches Recht auf einen Zugang zur Grundversorgung mit Energie qualifizieren zu können. Ein Zugang zur Grundversorgung mit Energie muss nicht zwangsläufig als Menschenrecht eingeordnet werden, sondern könnte auch als Grundbedürfnis eingeordnet werden. Um die Vor- oder Nachteile der Einordnung in die eine oder andere Kategorie darstellen zu können, muss zunächst die Bedeutung der Grundbedürfnisse und deren Verhältnis zu den Menschenrechten dargestellte werden.

Der Mensch ist Grundlage und Forschungsziel sowohl im Rahmen der Menschenrechte als auch im Rahmen der Grundbedürfnisse. Jedoch bestehen darüber hinaus fundamentale Unterschiede. Im Fokus der Theorie der „Grundbedürfnisse des Menschen“ steht nicht die Natur des Menschen in Subjektbezogenheit, sondern das Verhältnis des Menschen zu seinen objektiven Umgrenzungen, also

290 *Riedel,* Theorie der Menschenrechtsstandards, S. 186.
291 *Riedel,* Theorie der Menschenrechtsstandards, S. 186.

seinem Umfeld, in dem er lebt.[292] Die objektiven Bedingungen der Existenz des Menschen stehen im Mittelpunkt der „Grundbedürfnisse des Menschen“ und nicht der Mensch als Ausgangspunkt einer Betrachtung seiner Innen- und Außenwelt.[293]

Wie bereits ausgeführt, leiden wsk-Rechte teilweise an einer inhaltlichen Unbestimmtheit. Funktion, Inhalt und Durchsetzbarkeit sind bis heute umstritten, beziehungsweise werden kontrovers diskutiert. Dennoch wird einhellig die Notwendigkeit zur Schaffung eines Minimalkonsenses über fundamentale Menschenrechte anerkannt. Erreicht werden soll dieses Ziel, indem man die Diskussion von der normativen auf eine faktische Ebene verlagert, sprich auf die Ebene der menschlichen Grundbedürfnisse („Basic Human Needs“).

Die Grundbedürfnisse des Menschen müssen befriedigt werden, um seine Existenz zu sichern. Ein Instrument, wie dies erreicht werden kann, sind die Menschenrechte. Insofern lässt sich schon hier festhalten, dass sich Grundbedürfnisse und Menschenrechte unterscheiden. Dabei setzt die Befriedigung von Bedürfnissen die Existenz von Institutionen, die eine solche Befriedigung garantieren, voraus. In welchem Verhältnis die Grundbedürfnisse und Menschenrechte stehen, soll im Folgenden genauer analysiert werden.

I. Begriff der Grundbedürfnisse/Basisbedürfnisse

In der Diskussion um die Grundbedürfnisse ist vielfach auch die Terminologie Basisbedürfnisse zu finden. In dieser Arbeit sollen die beiden Begriffe synonym verwendet werden. Die zwei Begrifflichkeiten sind ein Resultat der Übersetzung aus der englischen Sprache. Dort wird der Begriff „basic needs“ verwendet, der wortwörtlich mit der Formulierung Basisbedürfnisse übersetzt werden kann. Dieses Wort ist in der deutschen Sprache offiziell nicht existent, weshalb es mit dem Wort Grundbedürfnisse übersetzt werden sollte. Trotzdem soll auch die Formulierung Basisbedürfnisse verwendet werden, da sie in der deutschsprachigen Literatur zu dieser Thematik immer wieder anzutreffen ist.

Eine strikte Abgrenzung der Grundbedürfnisse hat im Hinblick auf die vor allem in Deutschland verwendeten Formulierung „Grundrechte“ stattzufinden. Grundrechte unterscheiden sich elementar von den Grundbedürfnissen. Sie sind vielmehr Abwehrrechte des Bürgers gegenüber Eingriffen des Staates und daher

---

292 *Riedel*, Theorie der Menschenrechtsstandards, S. 182.

293 *Riedel*, Theorie der Menschenrechtsstandards, S. 182.

auf einer Stufe mit den Menschenrechten einzuordnen. Die Grundbedürfnisse hingegen markieren die Minimalsphäre elementarer Menschenrechte.[294]

II. Bedeutung der Grundbedürfnisse

Bis heute gibt es keine allgemeingültige Definition der Grundbedürfnisse. Es besteht im Grundsatz Einigkeit darüber, dass die Grundbedürfnisse Aller befriedigt werden sollten, bevor die weniger notwendigen Bedürfnisse von einigen wenigen Leuten befriedigt werden.[295] Die Terminologie Grundbedürfnisse wird in verschiedenen wissenschaftlichen Disziplinen verwendet. So findet man die Bezeichnung Grundbedürfnisse in der Psychologie, der Medizin und der Wirtschaft. Häufig wird der Begriff aber auch in einem sozialpolitischem Kontext verwendet. Daraus folgt ein vielfältiges Verständnis von dem, was unter der Bezeichnung Grundbedürfnisse zu verstehen ist. Bei der Entwicklung einer Definition sind diese verschiedenen Deutungsmuster zu berücksichtigen. Neben der Verwendung der Begrifflichkeit in den verschiedenen wissenschaftlichen Disziplinen – in deren Zusammenhang von einem theoretischen Ansatz ausgegangen werden muss – kommt hinzu, dass das Konzept der Grundbedürfnisse übertragen in die Anwendung in der Praxis wiederum zu einem divergierenden Verständnis führt. Das Verständnis, welche Grundbedürfnisse der einzelne Mensch hat, variiert abhängig von Stand der Entwicklung des Menschen. Zudem variieren Grundbedürfnisse in den unterschiedlichen geografischen Regionen, Klimazonen und Kulturkreisen.[296]

In den 1970er Jahren begann ein neues Denken im Hinblick auf die verschiedenen Modelle der Entwicklungspolitik und die Art und Weise, wie in den sechziger Jahren mit Entwicklungspolitik verfahren wurde.[297] In einen breiteren Fokus der Öffentlichkeit gelangten die Diskussionen um die Grundbedürfnisse durch die Arbeit der *„Fundacion Bariloche"*[298] und erlangten weiteren Impetus durch die *„World Employment Conference"* (Weltbeschäftigungskonferenz) des *International Labour Office* (ILO), auf der die *"Declaration of Principles and*

294 *Riedel,* Theorie der Menschenrechtsstandards, S. 183.

295 *Streeten,* First Things First – Meeting Basic Human Needs in the Developing Countries, 1981, S. 8.

296 *Streeten/Burki,* 'Basic Needs: Some Issues', in: World Development (1978) Vol. 6, S. 411 (413).

297 *Chichilnisky,* 'Basic Needs and the North/South Debate', Working Paper (1982) S. 4.

298 Die Bariloche Stiftung wurde 1963 in Argentinien gegründet und fördert verschiedene interdisziplinäre Forschungsprojekte.

Programme of Action for a Basic Needs Strategy of Development" verabschiedet wurde.[299]

Im Folgenden sollen die Herangehensweisen der verschiedenen Disziplinen der Wissenschaft an den Begriff der Grundbedürfnisse beschrieben werden. Darauf aufbauend soll eine Definition der Grundbedürfnisse entwickelt oder zumindest ein allgemein akzeptiertes Erklärungsmodell geliefert werden.

1. Strategie der Grundbedürfnisse

Im Rahmen der Diskussion um die Entwicklungspolitik der 1970er Jahre, gelangte die Beziehung zwischen Grundbedürfnissen und Menschenrechten zunehmend auf die Agenda.[300] Es wurden in diesem Zusammenhang neue Strategien entwickelt, die Lösungen anbieten sollten, die absolute Armut auf der Welt zu eliminieren. Eine treibende Kraft, den Ansatz der Grundbedürfnisstrategien zu verfolgen, war die Weltbank.[301]

Schon hier wurde der Zusammenhang gesehen, dass der Stand der Entwicklung eines Landes oder einer Gesellschaft in wirtschaftlicher Hinsicht stark von dem Level der Armut in diesem Land abhängt. Eine qualitativ hochwertige Bildung, Nahrung sowie Gesundheit steigern die Produktivität der Arbeit und führen zu einer Senkung der Fertilität. Dies wiederum fördert die Bereitschaft und Fähigkeit der Gesellschaft einen Wandel herbeizuführen und schafft somit das politische Umfeld für eine stabile Entwicklung.[302]

---

299 *Chichilnisky*, 'Basic Needs and the North/South Debate', Working Paper (1982) S. 4.

300 *Streeten/Burki*, 'Basic Needs: Some Issues', in: World Development (1978) Vol. 6, S. 411 ff.; *Streeten*, First Things First – Meeting Basic Human Needs in the Developing Countries, 1981; *Streeten*, Basic Needs and Human Rights, in: *World Development*, Vol. 8, S. 107 ff.

301 Die Weltbank hat das „Basic Needs Work Programme" ins Leben gerufen. Die Rolle der Weltbank bestand vor allem darin, Studien in diesem Zusammenhang durchzuführen. Vgl. zur Rolle der Weltbank *Streeten*, First Things First – Meeting Basic Human Needs in the Developing Countries, 1981, S. 3 ff.; Das Konzept der Grundbedürfnisse ist vor allem heute großer Kritik ausgesetzt. Insbesondere deshalb, weil die Umsetzung des Konzepts in der Praxis teilweise wenig praktikabel war. So stellte es sich als besonders schwierig heraus zu bestimmen, welche Waren in welcher Quantität an welchem Ort gebraucht wurden. Verschiedene Gruppierungen benötigten unterschiedliche Handelswaren in unterschiedlicher Anzahl. Vgl. zu dieser Kritik statt Vieler *Reader*, Does a Basic Needs Approach need Capabilities?, in: The Jounral of Political Philosphy, 2006, S. 337–350.

302 *Streeten*, First Things First – Meeting Basic Human Needs in the Developing Countries, 1981, S. 4.

Ein möglicher Lösungsansatz, die absolute Armut auf der Erde zu besiegen, wurde in der (sogenannten) Strategie der Grundbedürfnisse gesehen. Das Ziel, welches im Rahmen dieser Strategie verfolgt werden soll, besteht darin, die Produktivität, Investitionen, Einkommen und Beschäftigung in einem Land zu steigern, um die Bedürfnisse des Einzelnen so kosteneffektiv wie möglich innerhalb einer bestimmten Zeitspanne zu befriedigen.[303] Im Vordergrund steht dabei Wirtschaftswachstum in Kombination mit der Umverteilung von Einkommen.[304] Bei der Grundbedürfnisstrategie handelt es sich in erster Linie nicht um eine Art „Wohlfahrtskonzept". Durch die Befriedigung der Grundbedürfnisse soll die Produktivität der Gesellschaft gesteigert werden, was deshalb das vordergründige Ziel der Bedürfnisstrategie darstellt.[305]

Das Ziel der allgemeinen Entwicklungspolitik ist es, den Lebensstandard der Massen der armen Bevölkerung auf der Welt so schnell wie möglich zu erhöhen und für sie die Grundlage zu schaffen, ihr volles Potential entwickeln zu können.[306] Nach *Streeten und Burki* bedeutet dies, die Grundbedürfnisse der ärmsten Menschen der Welt zu befriedigen und ein auf nationaler und internationaler Ebene angesiedeltes System für eine nachhaltige und selbstverantwortliche Entwicklung zu etablieren.[307] Was genau von den Grundbedürfnissen im Rahmen der Strategie erfasst sein soll, lässt sich jedoch nicht einfach bestimmen, da eine genaue Bestimmung von verschiedenen Faktoren abhängig ist. Grundsätzlich geht der in diesem Zusammenhang vertretene Grundbedürfnisansatz von einer Hierarchie der Grundbedürfnisse aus.[308] Danach finden sich auf der untersten Ebene die Bedürfnisse, die das „nackte" Überleben sichern sollen.[309] Auf der

303 *Streeten*, First Things First – Meeting Basic Human Needs in the Developing Countries, 1981, S. 3; *ders.*, Basic needs : premises and promises, in: Journal of Policy and Modeling 1979 No. 1, S. 136–146.(136).

304 *Streeten*, First Things First – Meeting Basic Human Needs in the Developing Countries, 1981, S. 3.

305 *Streeten*, First Things First – Meeting Basic Human Needs in the Developing Countries, 1981, S. 3.

306 *Streeten/Burki*, 'Basic Needs: Some Issues', in: World Development 1978 Vol. 6, No. 3, S. 411 (412).

307 *Streeten/Burki*, 'Basic Needs: Some Issues', in: World Development 1978 Vol. 6, No. 3, S. 411 (412).

308 Vgl. auch den Ansatz nach *Maslow* unter b).

309 *Streeten/Burki*, 'Basic Needs: Some Issues', in: World Development 1978 Vol. 6, No. 3, S. 411 (413). Welche Bedürfnisse hiervon genau erfasst sein sollen, bleibt der Autor schuldig. Grundsätzlich wäre auch hier zunächst an das Bedürfnis nach Nahrung und Wasser zu denken, die der Mensch zum überleben benötigt. Allerdings werden

danach folgenden Ebene werden Grundbedürfnisse als die Bedürfnisse definiert, die befriedigt werden müssen, um das Überleben fortlaufend zu sichern. Dies umfasst nach dieser Auffassung ein Mindestmaß an Nahrung und Wasser, Schutz vor verheerenden Krankheiten und eine adäquate Unterkunft. Auf der dritten Ebene sichern die Grundbedürfnisse sodann das fortlaufend ertragreiche Überleben[310] und beinhalten den Schutz vor schwächenden Krankheiten, eine Erhöhung der Quantität an Nahrung und ein gewisses Maß an Bildung.[311] Schlussendlich werden hiernach auch gewisse nichtmaterielle Bedürfnisse unter den Begriff der Grundbedürfnisse gefasst, wie Teilhabe an politischen Entscheidungen.[312] Diese Einteilung hat nicht den Anspruch, abschließend beziehungsweise unveränderbar zu sein, vielmehr stellt es eine Richtschnur dar, nach der Gesellschaften die für sie notwendigen Grundbedürfnisse definieren können.[313] Aufgrund von regionalen, kulturellen und politischen Unterschieden muss das „Paket der Grundbedürfnisse" individuell bestimmbar bleiben.

Dem Begriff der Grundbedürfnisse im Rahmen der Grundbedürfnisstrategie folgend lässt sich zusammenfassend festhalten, dass eine Definition von Grundbedürfnissen mehrere Ebenen umfasst.

2. Grundbedürfnisse aus psychologischer Sicht nach Maslow

Die Auseinandersetzung mit der Frage nach den Grundbedürfnissen hat auch in der Psychologie einen hohen Stellenwert. *Maslow*[314] hat sich mit dem Problem der Grundbedürfnisse ausgiebig beschäftigt und dazu die Theorie der Bedürfnishierarchie entwickelt.

In der Psychologie resultieren Grundbedürfnisse, die dringend befriedigt werden wollen oder müssen, aus physiologischen Spannungen, Defiziten oder Ungleichgewichten wie Hunger und Durst, die den menschlichen Organismus zum Handeln

---

diese Bedürfnisse erst als Voraussetzung der zweiten Ebene genannt. Insofern muss diese Einteilung hier kritisiert werden.

310 *Streeten* verwendet die Formulierung *productive survival.*

311 *Streeten/Burki,* 'Basic Needs: Some Issues', in: World Development 1978 Vol. 6, No. 3, S. 411 (413).

312 *Streeten/Burki,* 'Basic Needs: Some Issues', in: World Development 1978 Vol. 6, No. 3, S. 411 (413).

313 *Streeten/Burki,* 'Basic Needs: Some Issues', in: World Development 1978 Vol. 6, No. 3, S. 411 (413).

314 Abraham Maslow war ein US-amerikanischer Psychologe, der das Konzept der Bedürfnishierachie oder auch Bedürfnispyramide entwickelt hat. Vgl. ingesamt *Maslow,* Motivation and Personality, 2. Aufl. 1970.

treiben. Nach dem von *Maslow* entwickelten Konzept der Bedürfnishierarchie existiert nicht nur eine Ebene von Grundbedürfnissen sondern eine Hierarchie der Grundbedürfnisse. Es existieren fünf Bedürfnisebenen, die hierarchisch nach ihrer Wichtigkeit angeordnet sind.[315] Gemäß dieser Theorie gibt es folgende Grundbedürfnisse.

Auf der *ersten Ebene* befinden sich die physiologischen Bedürfnisse, die das elementare Verlangen eines jeden Menschen nach Nahrung, Wasser und Sauerstoff umfassen. Eine Stufe darüber fällt auch das Verlangen nach Kleidung, Unterkunft oder Schlaf in die Kategorie der physiologischen Bedürfnisse.[316] Grundsätzlich resultieren die auf der ersten Ebene angesiedelten Bedürfnisse aus der Natur des Menschen. Werden sie nicht ausreichend befriedigt, kann der Mensch nicht überleben und ist somit in seiner Existenz bedroht.

Auf der *zweiten Ebene* ist das Bedürfnis nach Sicherheit angesiedelt. Es umfasst im Wesentlichen die Notwendigkeit, sich gegen unvorhergesehene Geschehnisse des Lebens, wie Unfälle und Krankheiten zu schützen.

Auf der dritten Ebene folgen die sozialen Bedürfnisse, die durch das Streben des Menschen nach Gemeinschaft, Zusammenhalt und befriedigende soziale Kontakte gekennzeichnet sind. Die sich anschließende *vierte Ebene* umfasst das Bedürfnis des Menschen nach Achtung. Dies bedeutet das Verlangen, von anderen respektiert und wertgeschätzt zu werden. Es umfasst aber auch das Bedürfnis nach Selbstachtung und Selbstvertrauen. Werden diese Bedürfnisse befriedigt, dann fühlt sich der Mensch selbstbewusst und erfährt dadurch eine gewisse Wertschätzung.

Die *fünfte Ebene* und damit die Spitze der Pyramide bildet das Verlangen nach Selbstverwirklichung. Ist es zu einer Befriedigung der Bedürfnisse auf den Ebenen eins bis vier gekommen, dann strebt der Mensch nach Selbstverwirklichung. Das Bedürfnis nach Selbstverwirklichung setzt sich zusammen aus dem Streben nach Unabhängigkeit und Selbsterfüllung und kann mit der Phrase „ein Mensch muss tun, zu was er geboren wurde" umschrieben werden. Gemäß dieser von *Maslow* entwickelten Bedürfnishierarchie fühlt ein Mensch das Bedürfnis der zweiten Ebene erst, wenn das Verlangen auf der ersten Ebene befriedigt wurde.

Die Theorie der Bedürfnishierarchie ist indes auch einiger Kritik ausgesetzt. So müssen die physiologischen Bedürfnisse der ersten Ebene ununterbrochen befriedigt werden, da die Bedürfnisse nicht auf Dauer gestillt bleiben. Diese Annahme gilt zudem auch für die weiteren Ebenen, auch diese müssen kontinuierlich

---

315 *Schreyögg/Koch*, Grundlagen des Managements, 2010, S. 187.

316 *McKenzie/Tullock*, The New World of Economics, 2012, S. 43.

befriedigt werden. Daraus ergibt sich, dass auch wenn der Mensch schon auf der fünften Ebene angekommen ist, seine Existenz nur dann garantiert werden kann, wenn die Bedürfnisse der ersten Ebene weiter befriedigt werden Ein weiterer Kritikpunkt zielt darauf ab, dass dem Modell ein westlich-industriell sozialisiertes Statusdenken sowie ein gewisser Grad an Individualismus zugrunde liegen. In vielen anderen Kulturkreisen ist ein solches Denken nicht zu finden. So steht insbesondere bei Kulturen in Asien, Afrika oder Südamerika eine kollektivistische Lebensweise im Vordergrund.[317] Das Wohl der Gruppe steht oft über dem Wohl des Einzelnen. Die Aufnahme in eine Stammesgemeinschaft und der Verbleib in einer Gruppe ist häufig die Voraussetzung zur Befriedigung von Sicherheit oder den physiologischen Grundbedürfnissen.

Es zeigt sich, dass der Bedürfnisbegriff nach Maslow sehr interdisziplinär und universal angelegt ist, wie im Folgenden noch zu sehen sein wird.

3. Grundbedürfnisse aus physiologischer Sicht

Auch in der Medizin findet der Begriff Grundbedürfnisse Anwendung. Als Grundbedürfnisse in der Medizin werden die Bedürfnisse bezeichnet, die notwendig sind, um den menschlichen Organismus am Leben zu halten. Dies bezieht sich insbesondere auf die Organe des menschlichen Körpers, deren Funktionieren eine notwendige Voraussetzung zum Überleben des Menschen ist. Notwendig für das Funktionieren der Organe sind Nährstoffe in Form von Nahrung, Wasser und Sauerstoff. Insofern kann hier eine Parallele zu der Bedürfnispyramide nach *Maslow* gezogen werden. Wie oben gezeigt bildet die erste Ebene der Pyramide die physiologischen Bedürfnisse.

Erreicht werden kann die Bedürfnisbefriedigung auf der ersten Ebene, indem einem Menschen Nahrung, Wasser und Sauerstoff in ausreichender Menge und Qualität zur Verfügung gestellt wird. Der Begriff der Grundbedürfnisse in der Medizin knüpft somit an ein sehr existenzielles Bedürfnis an, nämlich an das Überleben.

Das Überleben des Menschen ist aber nicht nur von „inneren Bedingungen" abhängig, sondern auch von äußeren. So kann der Mensch nur in einem bestimmten, sehr eng begrenzten Temperaturspektrum überleben. Die Witterungsbedingungen auf der Erde liegen nicht permanent in diesem Bereich. Im Gegenteil abhängig von der geografischen Lage sind die Witterungsbedingungen zum Großteil so, dass ein Mensch ohne weiteren Schutz nicht überleben könnte. Der Mensch muss

317 *Triandis*, Individualism-Collectivism and Personality, in: Journal of Personality, 2001, S. 907–924 (907f.).

sich deshalb durch Kleidung und/oder Unterkunft diesen Witterungsbedürfnissen anpassen. Insofern muss – zumindest indirekt – auch Unterkunft und Kleidung von dem Begriff Grundbedürfnis in diesem Sinne umfasst sein.

4. *Grundbedürfnisse aus wirtschaftlicher Sicht*

Auch in den Wirtschaftswissenschaften wird die Begrifflichkeit der Grundbedürfnisse oder auch nur Bedürfnisse verwendet. Sowohl die Betriebswirtschaftslehre als auch die Volkswirtschaftslehre befassen sich mit dem Wirtschaften von Menschen. Wirtschaften wiederum dienten der Befriedigung von Bedürfnissen.[318] Nach einer möglichen Definition kann Wirtschaft „als kontinuierliche, geplante Summe aller Maßnahmen und Einrichtungen der rationalen, vom Eigen- und Gesellschaftsinteresse geprägten menschlichen Bedürfnisbefriedigung unter Knappheitsbedingungen definiert werden".[319] Die Bedürfnisse des Menschen werden deshalb teilweise auch als Motor der Wirtschaft beschrieben.[320] Bedürfnisse in diesem Zusammenhang bezeichnen das Empfinden eines Mangels bei Menschen. Dabei ist es gleichgültig, ob dieser objektiv vorhanden ist oder nur subjektiv empfunden wird.[321] Für die Betriebswirtschaft von Interesse sind vor allem die menschlichen Bedürfnisse, die durch die Wirtschaft als Anbieter von Gütern und Dienstleistungen befriedigt werden können.[322] Die Wirtschaftswissenschaften unterscheiden dabei grundsätzlich drei Arten von Bedürfnissen: Existenzbedürfnisse, Grundbedürfnisse und Luxusbedürfnisse.[323] Die Existenzbedürfnisse, die auch Primärbedürfnisse genannt werden, dienen dem Selbsterhalt des Menschen und müssen lebensnotwendig befriedigt werden. Darunter fallen beispielsweise die Bedürfnisse nach Nahrung, Unterkunft und Kleidung. Als Grundbedürfnis werden in den Wirtschaftswissenschaften die Bedürfnisse bezeichnet, die zwar nicht existenznotwendig sind, sich aber aus dem kulturellen und sozialen Leben sowie dem allgemeinen Lebensstandard einer bestimmten Gesellschaft ergeben. Die Luxusbedürfnisse können nur von Personen mit hohem

---

318 *Weber/Kabst*, Einführung in die Bertiebswirtschaftslehre, 7. Aufl. 2009, S. 3.

319 *Kunze*, Unternehmensethik und Wertemanagement in Familien- und Mittelstandsunternehmen, 2007, S. 51.

320 *Thommen*, Managementorientierte Betriebwirtschalftslehre, 8. Aufl. 2008, S. 29; *Weber/Kabst*, Einführung in die Bertiebswirtschaftslehre, 8. Aufl. 2008, S. 3.

321 *Thommen*, Managementorientierte Betriebwirtschalftslehre, 8. Aufl. 2008, S. 29.

322 *Thommen*, Managementorientierte Betriebwirtschalftslehre, 8. Aufl. 2008, S. 29.

323 *Thommen*, Managementorientierte Betriebwirtschalftslehre, 8. Aufl. 2008, S. 29; *Weber/Kabst*, Einführung in die Bertiebswirtschaftslehre, 7. Aufl. 2009, S. 3.

Einkommen befriedigt werden und umfassen den Wunsch des Menschen nach luxuriösen Gütern.

Mangels zur Verfügung stehender Mittel kann der Mensch grundsätzlich nicht alle Grundbedürfnisse und Luxusbedürfnisse befriedigen. Folglich muss der Mensch wählen, welche Bedürfnisse er befriedigen möchte und welche nicht. Man fasst die beiden letzteren Bedürfnisse deshalb auch unter dem Begriff Wahlbedürfnisse zusammen.

5. *Grundbedürfnisse im sozioökonomischen Kontext*

Im sozioökonomischen Kontext sind Grundbedürfnisse beispielsweise für die Menschen bedeutsam, die von der Sozialhilfe leben. Gemäß Art. 20 Abs. 1 GG ist die Bundesrepublik Deutschland ein demokratischer und sozialer Bundesstaat. Aus dieser Norm wird das sogenannte Sozialstaatsprinzip hergeleitet.[324] Das Sozialstaatsprinzip richtet sich an den Gesetzgeber und verpflichtet ihn, das Sozialstaatsprinzip zu entfalten und umzusetzen, [325] jedoch begründet es keine subjektiven Rechte des Bürgers.[326] In der Bundesrepublik Deutschland ist der Gesetzgeber diesen Vorgaben unter anderem durch die Schaffung des Sozialgesetzbuchs nachgekommen. In § 1 Sozialgesetzbuch XII (SGB XII) heißt es, dass es Aufgabe der Sozialhilfe ist, den Leistungsberechtigten die Führung eines Lebens zu ermöglichen, das der Würde des Menschen entspricht. Die Sozialhilfe in Deutschland umfasst nach § 8 SGB XII die Hilfe zum Lebensunterhalt. Was darunter zu verstehen ist, wird in § 27a SGB XII konkretisiert. Danach umfasst der für die Gewährleistung des Existenzminimums notwendige Lebensunterhalt insbesondere Ernährung, Kleidung, Körperpflege, Hausrat, Haushaltsenergie ohne die auf Heizung und Erzeugung von Warmwasser entfallenden Anteile, persönliche Bedürfnisse des täglichen Lebens sowie Unterkunft und Heizung.

Ähnliche Regelungen finden sich auch in Australien. So finden sich in der Verfassung Australiens Regelungen zur Einrichtung von Institutionen für die Zahlung von Sozialleistungen.[327] Umgesetzt wird diese Verpflichtung in der Praxis durch den *Social Security Act 1991 (Cth)*. Das System der Sozialhilfe in Australien setzt sich zusammen aus den Komponenten der Sozialhilfe, die gesunde Lebensverhältnisse, Autonomie und Teilhabe sowie einen sozialen Zusammenhalt umfassen. Das

---

324 *Maurer*, Staatsrecht I, 6. Aufl. 2010, § 8, Rn. 59.

325 *Maurer*, Staatsrecht I, 6. Aufl. 2010, § 8, Rn. 69.

326 *Maurer*, Staatsrecht I, 6. Aufl. 2010, § 8, Rn. 70 f.; *Herzog/Grzeszick*, in: Maunz/Dürig, GG, 64. EL 2012, Rn. 28.

327 Vgl. Section 51 (xxiii) (xxiiiA) of the Commonwealth Constitutional Act.

Attribut „gesunde Lebensverhältnisse“ beinhaltet als Voraussetzung die Befriedigung der Grundbedürfnisse, unter denen ausreichend Wasser, Nahrung und Unterkunft zusammen mit Gesundheit und Sicherheit verstanden werden.[328] Es zeigt sich, dass in beiden Rechtssystemen Maßnahmen der Sozialhilfe darauf abzielen, Sicherheit zu gewährleisten sowie die essenziellen Bedürfnisse bereitzustellen, die das Individuum benötigt, um ein Leben in Würde zu führen.

Im General Comment Nr. 19 hat sich der Ausschuss intensiv mit dem in Art. 9 IPWSKR enthaltenen Recht auf Sozialleistungen auseinandergesetzt.[329] Für die Inhalte eines Rechts auf Sozialleistungen herrscht weltweit kein einheitlicher Maßstab, weshalb der Ausschuss die Kernverpflichtungen von Art. 9 IPWSKR folgendermaßen definiert hat. Danach müssen staatliche Sozialleistungen ausreichend sein, damit sich die Menschen eine einfache medizinische Versorgung leisten können, eine einfache Unterkunft, Zugang zu Wasser und sanitären Einrichtungen, grundlegende Nahrungsmittel und die grundlegendste Form von Bildung.[330]

6. *Grundbedürfnisse auf internationaler Ebene und im Rahmen völkerrechtlicher Verträge*

a. *Grundbedürfnisse und die International Labour Organisation ILO*

Die Internationale Arbeitsorganisation (*International Labour Organisation ILO*) hat sich auf der internationalen Ebene mit der Frage nach den Grundbedürfnissen auseinandergesetzt. Ab den 1970er Jahren stand das Thema auf der Agenda der ILO. Im Jahre 1976 verabschiedete die *World Employment Conference* (Weltbeschäftigungskonferenz) eine wichtige Erklärung zu der Frage der Grundbedürfnisse in Bezug auf Entwicklung in unterentwickelten Ländern.[331] Hauptziele der Konferenz waren, die Probleme im Zusammenhang mit Armut, Arbeitslosigkeit und einer ungerechten Einkommensverteilung zu lösen. Als ein Ziel nennt die Erklärung, die Grundbedürfnisse der Bevölkerung eines jeden Landes zu befriedigen. Dieser Erklärung folgend bestehen Grundbedürfnisse aus zwei Elementen. Zum einen sind dies bestimmte Minimalanforderungen wie

---

328 Australian Institute of Health and Welfare, 'Australias Welfare 2005', S. 5.

329 CESCR-General Comment Nr. 19 (2007), UN Doc. E/C.12/GC/19.

330 CESCR-General Comment Nr. 19 (2007), UN Doc. E/C.12/GC/19, S. 16.

331 ILO, World Employment Conference, 1976, document WEC/CW/E.1; Declaration of Principles and Programme of action adopted by the Tripartite World Conference on Employment, Income Distribution and Social Progress, and the international division of labour, Geneva 4–17 June 1976.

ausreichend Ernährung und Unterkunft, zusätzlich werden aber auch bestimmte Haushaltsgegenstände und Möbel gefordert. Zum anderen umfasst die zweite Ebene von und für die Gemeinschaft bereitgestellte notwendige Dienstleistungen wie sauberes Trinkwasser, sanitäre Einrichtungen oder Gesundheitsvorsorge.[332] Das *„Programme of action"*, welches auf der Weltbeschäftigungskonferenz 1976 verabschiedet wurde, führt weiter aus, dass das Grundbedürfniskonzept ein länderspezifisches und dynamisches Konzept ist, das ein Land in das Gesamtkonzept der wirtschaftlichen und sozialen Entwicklung aufnehmen sollte.[333]

b. Grundbedürfnisse und die Genfer Konvention

Grundbedürfnisse finden durchaus auch im Rahmen der Genfer Konventionen Erwähnung. Die Genfer Konventionen bestehen aus vier Verträgen und drei Fakultativprotokollen, die sich mit dem humanitären Völkerrecht auseinandersetzen. Die in diesem Zusammenhang wichtige Vorschrift ist Art. 69 des Fakultativprotokolls zu den Genfer Abkommen vom 12. August 1949 über den Schutz der Opfer internationaler bewaffneter Konflikte (Protokoll I)[334]. Art. 69 ZusProt I enthält Regelungen zu den „Wesentlichen Bedürfnissen in besetzten Gebieten". In Art. 69 ZusProt I heißt es: „Über die in Artikel 55 des IV. Abkommens bezeichneten Verpflichtungen betreffend die Versorgung mit Lebens- und Arzneimitteln hinaus sorgt die Besetzungsmacht im Rahmen aller ihr zur Verfügung stehenden Mittel und ohne jede nachteilige Unterscheidung auch für die Bereitstellung von Kleidung, Material für die Übernachtung, Notunterkünften, anderen für das Überleben der Zivilbevölkerung des besetzten Gebiets wesentlichen Versorgungsgütern und Kultgegenständen."

Zusammenfassend lässt sich festhalten, dass die Besatzungsmacht verpflichtet ist, der Zivilbevölkerung bestimmte Grundbedürfnisse zu erfüllen. Hiernach fallen neben Lebens- und Arzneimitteln unter anderem auch Kleidung, sowie Unterkunft unter den Begriff der wesentlichen Bedürfnisse, sodass sich auch hier Übereinstimmungen mit dem Verständnis von Grundbedürfnissen erkennen lassen.

---

332 Population and the World Employment Conference, in: Population and Development Review, 1976, Vol. 2, S. 502; International Labour Office, 'Meeting Basic Needs Strategies for eradicating mass poverty and unemployment' (1977), S. 24.

333 Population and the World Employment Conference, in: Population and Development Review, 1976, Vol. 2, S. 502; International Labour Office, 'Meeting Basic Needs Strategies for eradicating mass poverty and unemployment' (1977), S. 24.

334 BGBl. 1990 II S. 1551, Änderung des Anhangs I durch Beschluss nach Art. 98 V, BGBl. 1997 II S. 1367.

7. Analyse der verschiedenen Herangehensweisen an die Grundbedürfnisse

a. Inhalt und Zielsetzung der Grundbedürfnisse

Wie bereits erläutert gibt es keine allgemeingültige Definition der Begrifflichkeit Grundbedürfnis. Im Rahmen der vorgestellten Darstellungen zeigt sich allerdings, dass trotz der Unterschiede in der Definition von Grundbedürfnissen gewisse Gemeinsamkeiten erkennbar sind. Diese sollen im Folgenden zusammengefasst und analysiert werden, um anhand der Ergebnisse eine Definition von Grundbedürfnissen zu erarbeiten.

Wie schon einleitend festgestellt wurde, hängt die Definition von Grundbedürfnissen entscheidend von den sozialen, wirtschaftlichen und politischen Hintergründen ab, in denen eine Gesellschaft angesiedelt ist. Hinzu kommt, dass auch Unterschiede in der geografischen Lage, des Klimas und der Kultur Einfluss auf die Bestimmung von Grundbedürfnissen nehmen.[335] Eine weitere Schwierigkeit bei der Definition von Grundbedürfnissen ergibt sich daraus, dass verschiedene Standards und soziale Zielvorgaben existieren und es problematisch ist, eine Reihenfolge der von der Gesellschaft grundlegend benötigten Güter festzulegen.[336] Unter diesen Voraussetzungen erscheint es sehr schwierig, eine Definition zu finden, die zudem alle diese Variablen berücksichtigt.

Als gewissermaßen kleinster gemeinsamer Nenner im Rahmen der Diskussion über die Grundbedürfnisse lassen sich zunächst die physiologischen Grundbedürfnisse nennen. Unabhängig von der geografischen Lage, vom Stand der Entwicklung, vom kulturellen Hintergrund oder sonstigen gesellschaftlichen Unterschieden brauchen alle Menschen Wasser, Nahrung und Sauerstoff, um zu überleben.

Alle der unter den Abschnitten a) bis e) genannten Herangehensweisen an den Begriff der Grundbedürfnisse sind sich darüber einig, dass diese physiologischen Grundbedürfnisse zuvorderst erfüllt werden müssen. Bestandteil der Definition von Grundbedürfnissen müssen somit die physiologischen Notwendigkeiten wie Wasser, Nahrung und Sauerstoff sein, die eine unabdingbare Voraussatzung für die Existenz eines Menschen darstellen.

Deutlich wird auch, dass eine klare Trennung zu den Menschenrechten schwierig erscheint. Ein Blick in den Sozialpakt zeigt, dass diese existenznotwendigen

---

335 *Streeten/Burki,* 'Basic Needs: Some Issues', in: World Development 1978 Vol. 6, No. 3, S. 411 (413).

336 *Streeten/Burki,* 'Basic Needs: Some Issues', in: World Development 1978 Vol. 6, No. 3 S. 411 (413).

Bedürfnisse teilweise den Status von Menschenrechten haben.[337] Dies wird zum Beispiel bei der Betrachtung von Art. 11 Abs. 1 IPWSKR deutlich, der ausdrücklich ein Recht auf Nahrung, Unterkunft und Bekleidung sowie das Recht auf einen angemessenen Lebensstandard nennt. Zusätzlich ist ebenfalls ein Menschenrecht auf Wasser in Art. 11 Abs. 1 IPWSKR enthalten.[338] Der Internationale Pakt über bürgerliche und politische Rechte normiert in Art. 6 Abs. 1 darüber hinaus das Recht eines jeden auf Leben. Auch hier könnte man annehmen, dass die Gewährung dieses Rechts nur möglich ist, wenn die existenziellen Grundbedürfnisse befriedigt werden.

Die obige Darstellung wirft aber auch die Tatsache auf, dass die Begrifflichkeit der Grundbedürfnisse gar nicht allein auf die existenznotwendigen Bedürfnisse beschränkt sein kann. Eine Definition der Grundbedürfnisse muss daher eine Erweiterung erfahren. Auf einer weiteren Ebene fallen auch die Notwendigkeit einer Unterkunft und Kleidung unter die Definition. *Maslow* macht dies innerhalb der Bedürfnispyramide auf der zweiten Ebene deutlich. Auch der physiologische Ansatz geht – zumindest indirekt – davon aus, da hier ebenfalls für das Überleben des Menschen eine sichere und die physiologischen Bedürfnisse fördernde Umgebung gegeben sein muss. Da der Mensch nur in einem bestimmten Temperaturspektrum überleben kann, ist er gezwungen, sich durch Kleidung oder eine Unterkunft den widrigen Bedingungen anzupassen. Gleiches gilt auch für den Ansatz der ILO. Die auf der Weltbeschäftigungskonferenz verabschiedete Erklärung geht über die existenziellen Bedürfnisse hinaus und umfasst beispielsweise auch die Unterkunft. Die Analyse im sozioökonomischen Kontext lässt weiter den Schluss zu, dass Grundbedürfnisse nicht allein auf die existenznotwendigen Bedürfnisse beschränkt sind. Auch hier existiert eine zweite Ebene, die über die überlebensnotwendigen Bedürfnisse hinaus geht und Bedürfnisse wie Unterkunft oder Kleidung miteinschließt. Eine ähnliche Unterscheidung nehmen auch die Wirtschaftswissenschaften vor. Hier werden sogar drei Arten von Bedürfnissen unterschieden, wobei sich hier zunächst nur auf die ersten beiden Arten, sprich den Existenzbedürfnissen und Grundbedürfnissen, beschränkt werden sollte. Diese entsprechen der Einteilung in existenznotwendige Bedürfnisse und den darüber hinausgehenden Bedürfnissen nach Unterkunft oder Kleidung.

---

337 In Bezug auf ein Recht auf Wasser vgl. ingesamt CESCR-General Comment Nr. 15 (2002).

338 Vgl. unten S. 91 ff.

Für die Definition der Grundbedürfnisse hat dies zur Folge, dass auch diese mindestens aus zwei Elementen bestehen muss. Fraglich ist allerdings, wie die Ebene, die über die existenznotwendigen Bedürfnisse hinausgeht, zusammengefasst werden kann. Werden die existenznotwendigen Bedürfnisse befriedigt, kann der Mensch überleben. Überleben bedeutet aber nicht zwangsläufig leben. Geht man nun davon aus, dass leben und nicht bloß überleben durch die Grundbedürfnisse gedeckelt werden soll, dann können die Grundbedürfnisse des Menschen nur dann als erfüllt angesehen werden, wenn ein Mensch in seinem Umfeld zufrieden leben kann. Grundbedürfnisse sollen oder müssen somit die Würde des Menschen berücksichtigen. Letztlich müssen Grundbedürfnisse also auf der zweiten Ebene ein Leben in Würde gewährleisten. Dies kann dann erreicht werden, wenn neben den lebensnotwendigen Grundbedürfnissen zumindest die Bedürfnisse des Einzelnen nach Nahrung und Unterkunft befriedigt werden. Grundbedürfnisse sollen zunächst das nackte Überleben des Menschen garantieren, auf einer weiteren Ebene sollen sie aber darüber hinaus ein Leben in Würde gewährleisten.

Bestätigt wird dieses Ergebnis zudem durch einen Blick auf die Zielrichtung beziehungsweise den Zweck von Grundbedürfnissen. Gerade in der Entwicklungspolitik verfolgen Programme oder Konzepte, die auf die Befriedigung von Grundbedürfnissen ausgelegt sind, zum einen das Ziel, materielle Armut auszumerzen, zum anderen sollen sie Anreize für den Menschen schaffen, sein Potenzial auszuschöpfen.[339] Gelingt einer Person dies, entledigt sie sich nicht nur ihrer materiellen Armut, sondern schafft die Grundlage für ein würdevolles Leben.

Zusammenfassend kann konstatiert werden, dass Grundbedürfnisse zum einen das Existenzminimum des Menschen sichern und darüber hinaus ein Leben in Würde ermöglichen.

b. Normativität der Grundbedürfnisse

Es stellt sich sodann im Rahmen der Analyse die Frage, ob den Grundbedürfnissen ein normativer Gehalt zu entnehmen ist oder, anders gefragt, ob sie Verpflichtungen enthalten, aus denen Ansprüche abgeleitet werden können. Im Gegensatz dazu wird angenommen, dass den Grundbedürfnissen lediglich moralische beziehungsweise politische Verpflichtungen innewohnen, die als bloße Absichtserklärung verstanden werden können.

---

339 *Streeten/Burki*, 'Basic Needs: Some Issues', in: World Development 1978 Vol. 6, No. 3 S. 411 (412).

Betrachtet man die Grundbedürfnisse von ihrer Zielsetzung her, dann zeigt sich, dass die Grundbedürfnisse der Kraft einer intuitiven moralischen Forderung folgen, befriedigt zu werden. Sie dienen dazu, eine praktikable normative Theorie zu entwickeln, die sagt, was gemacht werden muss, um das Ziel zu erreichen.[340] Die Tatsache, dass Grundbedürfnisse befriedigt werden müssen, ist allgemein akzeptiert und findet seine Grundlage in allen großen Religionen der Welt.[341]

Mithin könnte die Befriedigung von Grundbedürfnissen Gewohnheitsrecht darstellen. Aber Grundbedürfnisse fokussieren auf Ressourcen, die allgemein benötigt werden, wie Wasser, Nahrung oder Unterkunft. Sie müssen befriedigt werden, um das Überleben des Menschen zu gewährleisten. Das Verlangen zur Befriedigung der Grundbedürfnisse ist von der Natur gegeben. Grundbedürfnisse in ihrem eigentlichen Sinn können keine Verrechtlichung erfahren. Sie können nur als Ausgangspunkt dienen, auf dessen Grundlage ein Konstrukt von Normen kreiert werden kann, welches die Befriedigung von Grundbedürfnissen ermöglicht. Grundbedürfnisse sind, wie die obige Analyse gezeigt hat, zu einem gewissen Grad variabel und deshalb nicht allgemein bestimmbar. Könnte man Ansprüche aus ihnen ableiten, dann müssten sie allerdings den Anforderungen der Bestimmtheit entsprechen.

Es bleibt daher festzuhalten, dass aus den „nackten“ Grundbedürfnissen lediglich moralische beziehungsweise politische Absichten abgeleitet werden können. Ein rechtlicher Anspruch auf eine Befriedigung der Grundbedürfnisse ist von dieser Warte nicht gegeben. Nicht zu leugnen ist allerdings der Appell an die Verantwortlichen, ihrer aus den Grundbedürfnissen resultierenden Verpflichtung nachzukommen. Dass den Grundbedürfnissen zwar keine rechtliche Verpflichtung immanent ist, aber aus ihnen zumindest eine moralische Verpflichtung hergeleitet werden kann, ist auch dem Umstand geschuldet, dass die Befriedigung der Grundbedürfnisse ein Leben in Würde zum Ziel hat.

III. Zwischenergebnis

Die vorangegangene Analyse zeigt, dass die Bedeutung von Grundbedürfnissen nicht sehr einfach in Worte zu fassen ist. Es ist daher schwierig eine allgemeingültige Definition zu entwickeln, welche die vielen Variablen berücksichtigt, die

---

340 *Reader,* Does a Basic Needs Approach need Capabilities?, in: The Jounral of Political Philosphy, 2006, S. 337–350 (337).

341 *Streeten,* First Things First – Meeting Basic Human Needs in the Developing Countries, 1981, S. 3.

im Zusammenhang mit den Grundbedürfnissen auftreten. Im Folgenden soll daher eine Definition der Grundbedürfnisse entwickelt werden.

Grundbedürfnisse verpflichten – zumindest nicht direkt – weder einen Staat noch sonst eine zwischenstaatliche oder private Organisation. Aus den Grundbedürfnissen lässt sich kein Rechtsanspruch ableiten, vielmehr enthalten sie moralische oder politische Verpflichtungen.

Als Grundbedürfnisse werden die Lebensnotwendigkeiten bezeichnet, deren Befriedigung die Existenz des Menschen sichern und die es ihm ermöglichen, ein Leben entsprechend seiner kulturellen und gesellschaftlichen Ansprüche in Würde zu führen.

B. Die Beziehung zwischen Menschenrechten und Grundbedürfnissen

Nachdem eine Definition der Grundbedürfnisse entwickelt wurde, stellt sich nun die Frage, in welcher Beziehung Grundbedürfnisse und Menschenrechte zueinander stehen. Die Klärung dieser Frage ist notwendig, um eine Einordnung vornehmen zu können, ob das Recht auf Grundversorgung mit Energie ein Menschenrecht oder eher ein menschliches Grundbedürfnis darstellt.

Bei einer oberflächlichen Betrachtung der zwei Terminologien Grundbedürfnisse und Menschenrechte besteht die Neigung, von einer zumindest inhaltlichen Gleichheit auszugehen.[342] Diese Annahme scheint sich zunächst durch einen Blick vor allem in die Rechte des Sozialpakts zu bestätigen. So enthält zum Beispiel Art. 11 Abs. 1 IPWSKR ein Recht auf Nahrung, Unterkunft und einen angemessenen Lebensstandard. Art. 12 IPWSKR bezieht sich auf ein Recht auf Gesundheit. Der Definition der Grundbedürfnisse folgend wären Nahrung, Unterkunft und Gesundheit Bedürfnisse, die unter diese Definition subsumiert werden könnten. Hinzu kommt, dass neben dem Sozialpakt auch die Universelle Erklärung der Menschenrechte ähnlich lautende Normierungen enthält, hier ist vor allem Art. 25 Abs. 1 der Erklärung zu nennen. Danach hat jeder Mensch das Recht auf gesundheitliche Versorgung, Nahrung oder Unterkunft.

342 Deutlicher wird dies, bei der Verwendung der englischen Begrifflichkeiten „Basic needs“ und „Basic rights. In diesem Zusammenhang drängt sich ein Vergleich noch mehr auf. Denn schon die Begrifflichkeiten deuten zumindest auf dem ersten Blick auf eine ähnliche, vielleicht sogar gleiche Bedeutung hin.

Es wird daher vertreten, dass Grundbedürfnisse normativ vorherbestimmt seien, weil sie als Anspruchsbegründung in den universellen menschenrechtlichen Kodifikationen, dort vor allem in den wsk-Rechten, enthalten sind.[343] Diese Aussage ist allerdings zwiefältig. Einerseits wird argumentiert, dass Grundbedürfnisse den Kern aller allgemein anerkannten Menschenrechte begründen, andererseits wird aber davon ausgegangen, dass die Gewährleistung von Menschenrechten die Befriedigung von Grundbedürfnissen voraussetzt.[344] Demnach ständen Grundbedürfnisse und Menschenrechte, insbesondere wsk-Rechte, in Kongruenz zueinander. Dabei bleiben die daraus möglicherweise resultierenden Konflikte zwischen dem Recht auf der einen Seite und dem Bedürfnis auf der anderen Seite außer Acht.[345] Potenzielle Konflikte können sich speziell daraus ergeben, dass Grundbedürfnisse auf eine Art und Weise befriedigt werden können, die mit menschenrechtlichen Standards nicht in Einklang zu bringen sind oder sogar gegen Menschenrechte verstoßen. Genau genommen können Grundbedürfnisse befriedigt werden, obwohl Menschenrechte abgelehnt werden. Menschenrechte hingegen können ausgeübt werden, indem sie Grundbedürfnisse verweigern.[346] Eine weitere Konsequenz einer Identität von Menschenrechten und Grundbedürfnissen wäre die Tatsache, dass der Schutz von Menschenrechten verringert, im schlimmsten Fall sogar ausgesetzt werden könnte, abhängig jeweils von der momentanen Versorgungslage.[347] Hier liegt der Schluss nahe, dass eine Verletzung von Menschenrechten konsequenterweise weniger fatal ist, weil eine Unterschreitung der Befriedigung von Grundbedürfnissen im Fall von Versorgungslücken oder -defiziten bestimmter Waren akzeptierbar wäre oder mit anderen Worten eine Verletzung der Menschenrechte in „schlechten Zeiten" gerechtfertigt sein könnte.[348]

Bedürfnisse und Rechte sind eindeutig zwei verschiedene Dinge.[349] Bedürfnisse müssen befriedigt werden, sie begründen ein Verlangen. Menschenrechte hingegen sind, wie es der Name schon sagt, Rechte, die garantiert werden müssen. Es lassen sich aus ihnen Ansprüche ableiten, die natürlich auch auf die Befriedigung

343 *Riedel,* Theorie der Menschenrechtsstandards, S. 204.

344 *Riedel,* Theorie der Menschenrechtsstandards, S. 204.

345 *Streeten,* Basic Needs and Human Rights, in: *World Development,* Vol. 8, S. 107.

346 *Streeten,* Basic Needs and Human Rights, in: *World Development,* Vol. 8, S. 107; *Riedel,* Theorie der Menschenrechtsstandards, S. 205.

347 *Riedel,* Theorie der Menschenrechtsstandards, S. 205.

348 *Streeten,* Basic Needs and Human Rights, in: *World Development,* Vol. 8, S. 107; *Riedel,* Theorie der Menschenrechtsstandards, S. 205.

349 *Streeten,* Basic Needs and Human Rights, in: *World Development,* Vol. 8, S. 107.

eines Bedürfnisses gerichtet sein können, aber nicht darauf beschränkt sind. Sie gehen über bloße moralische oder politische Verpflichtungen oder Absichtserklärungen hinaus und enthalten ein mehr oder weniger konkretes Recht. Die Befriedigung von Grundbedürfnissen, zumindest soweit sie physischer Natur sind, beinhaltet die zur Verfügungstellung von unter Umständen knappen Ressourcen, wobei Menschenrechte, soweit es sich um negative Rechte handelt, ohne den Einsatz von Ressourcen auskommen.[350]

Menschenrechte und Grundbedürfnisse bewegen sich auf zwei unterschiedlichen Ebenen. Grundbedürfnisse drücken ein „Sein" oder „gegenwärtigen Status" aus, wohingegen Menschenrechte, allen voran wsk-Rechte, auf der Ebene des „Sollens" zu finden sind.[351] Folglich lässt sich als Ergebnis festhalten, dass zwischen Menschenrechten und Grundbedürfnissen keine Kongruenz besteht.

Ein verbindendes Element von Grundbedürfnissen und Menschenrechten ist allerdings ihre gemeinsame Zielrichtung. Beide Konzepte bilden ein Fundament für ein Leben in Würde. Das Grundbedürfniskonzept könnte insofern eine Grundlage oder einen Leitfaden für die Menschenrechtsbewegung darstellen.[352] Unstreitig versuchen die wsk-Rechte die oben entwickelte Definition von Grundbedürfnissen, die Nahrung, Wasser, Unterkunft und Gesundheit umfasst, in Form einer menschenrechtlichen Verpflichtung zu erfüllen. Eine Beschreibung der Beziehung zwischen Menschenrechten und Grundbedürfnissen, in der die Letzteren als Leitfaden für die Verwirklichung der Erstgenannten dienen, kann daher als durchaus zutreffend gelten. Die Beziehung ist demzufolge aber weitaus unabhängiger voneinander, als dies auf den ersten Blick zu vermuten wäre.

Aus der Diskussion über die Beziehung von Menschenrechten und Grundbedürfnissen lässt sich, auch wenn die Beziehung schwierig zu fassen beziehungsweise zu beschreiben ist, zumindest ein praktischer Nutzen gewinnen.[353] Das Grundbedürfniskonzept bietet eine Grundlage oder einen Leitfaden dafür, den Kerngehalt von Menschenrechten insgesamt und wsk-Rechten im Besonderen zu ermitteln und damit eine Möglichkeit einen Minimalstandard der Konditionen menschlichen Lebens unabhängig von den sozioökonomischen

---

350 *Streeten,* Basic Needs and Human Rights, in: *World Development,* Vol. 8, S. 107; Es darf hier nicht übersehen werden, dass auch negative Rechte nicht völlig ohne den Aufwand von Ressourcen auskommen. Um z. B. ein Recht auf Versammlung zu gewährleisten, ist es notwendig bestimmte Institutionen zu errichten, die ggf. bei der Durchsetzung des Rechts unterstützend tätig werden müssen.

351 *Riedel,* Theorie der Menschenrechtsstandards (1986), S. 208.

352 *Riedel,* Theorie der Menschenrechtsstandards (1986), S. 208.

353 *Riedel,* Theorie der Menschenrechtsstandards (1986), S. 208.

Bedingungen zu bestimmen. Dies kann durch Grundbedürfnisse allein nicht erreicht beziehungsweise etabliert werden, aber sie beeinflussen zumindest die Entwicklungen in einer positiven Art und Weise.[354]

Dieses zeigt insbesondere, dass Grundbedürfnisse und Menschenrechte nicht in einem Ausschließlichkeitsverhältnis zueinander stehen. Menschenrechte wie zum Beispiel das Recht auf Gesundheit können auch als Grundbedürfnisse verstanden werden. Grundbedürfnisse und Menschenrechte bauen teilweise aufeinander auf, teilweise ergänzen sie sich, ohne jedoch identisch zu sein.

C. Zwischenergebnis

Wie hergeleitet wurde, spielen Grundbedürfnisse eine Rolle in vielen wissenschaftlichen Disziplinen. Dabei erfährt der Begriff jeweils eine etwas andere voneinander abweichende Bedeutung, weil er in unterschiedlichen Zusammenhängen verwendet wird. In wesentlichen Punkten zeigen die Begriffe aber inhaltliche Überschneidungen, die beinhalten, dass Grundbedürfnisse die Existenz des Menschen sichern und es ihm ermöglichen, ein Leben in Würde zu führen, wobei die kulturellen und regionalen Gegebenheiten des Individuums berücksichtigt werden.

Eine vergleichbare Zielrichtung weisen auch die Menschenrechte auf. So geht es auch hier darum, ein Leben in Würde zu ermöglichen. Grundbedürfnisse unterscheiden sich jedoch bei näherer Betrachtung fundamental von den Menschenrechten und stellen damit keine deckungsgleichen Begriffe dar. Die Konzepte hinter den Grundbedürfnissen werden mehr als politische Strategien oder Absichtserklärungen verstanden, die an die Moral appellieren und vor allem im Rahmen der Entwicklungspolitik von Bedeutung sind. Menschenrechte dagegen sind Rechtssätze, aus denen sich Rechte für das Individuum aber auch korrespondierende Verpflichtungen für staatliche Institutionen ergeben. Die aus den Menschenrechten resultierenden Ansprüche sind unter Umständen gerichtlich durchsetzbar, was für die Grundbedürfnisse nicht der Fall ist. Trotzdem spielen Grundbedürfnisse bei der Ausgestaltung von Menschenrechten eine wichtige, nicht zu unterschätzende Rolle. Grundbedürfnisse bilden bildlich gesprochen das Fundament der Menschenrechte. Sie vereinfachen die Bestimmung des Kerngehalts der Menschenrechte. Denn genau wie die Grundbedürfnisse, die darauf abzielen, die elementarsten Bedürfnisse des Menschen zu befriedigen, enthalten auch die Menschenrechte „core needs“ oder einen Kerngehalt, der unabhängig

---

354 *Riedel,* Theorie der Menschenrechtsstandards (1986), S. 208.

von allen sozioökonomischen Gegebenheiten als elementarste Verpflichtung befriedigt werden muss.

Ein Anspruch auf eine Grundversorgung mit Energie, so er dem Pakt über wirtschaftliche, soziale und kulturelle Rechte zu entnehmen ist, wäre als ein Menschenrecht zu qualifizieren. Dies ist schon der Tatsache geschuldet, dass der Internationale Pakt über wirtschaftliche, soziale und kulturelle Rechte Menschenrechte und keine Grundbedürfnisse enthält. Ein Anspruch oder auch Recht auf eine Grundversorgung mit Energie kann nicht nur als ein moralischer Appell oder als eine Absichtserklärung verstanden werden. Vielmehr muss aus dem Recht auf Grundversorgung mit Energie eine Verpflichtung zu entnehmen sein. Ein Anspruch aus dem das Individuum Rechte ableiten kann. Grundbedürfnisse und Menschenrechte stehen, wie oben schon erwähnt, nicht in einem Ausschließlichkeitsverhältnis zueinander. So kann ein Zugang zur Grundversorgung mit Energie natürlich auch ein Grundbedürfnis des Menschen darstellen. Jedoch ist es im vorliegenden Kontext wenig zielführend von einem Grundbedürfnis auszugehen oder Annahmen, die in diese Richtung führen, zu prüfen. Vorliegend wird daher der Zugang zu einer Grundversorgung mit Energie als Menschenrecht qualifiziert werden.

Teil II

Fünftes Kapitel: Grundlagen und Herleitung eines Rechts auf Zugang zu Grundversorgung mit Energie nach dem Sozialpakt

Nachdem die Ausgangssituation erläutert wurde, sollen im zweiten Teil dieser Arbeit die Grundlagen eines Rechts auf Energie dargelegt werden. Ein ausdrückliches Recht auf Energie existiert auf internationaler Ebene nicht. Jedoch gibt es eine Vielzahl von Verträgen, die indirekt ein solches Recht enthalten könnten. Allen voran bietet der Internationale Pakt über wirtschaftliche, soziale und kulturelle Rechte Anhaltspunkte für die Existenz eines solchen Rechts.

Die Herleitung eines Rechts auf Zugang zu Grundversorgung mit Energie stößt auf verschiedene Probleme. Wird angenommen, dass ein Recht auf Energie dem Internationalen Pakt über wirtschaftliche und soziale Rechte immanent ist, hätte es, ebenso wie die anderen in dem Vertrag enthaltenen Rechte, den Status eines Menschenrechts. Damit verbunden ist die Frage, ob es sinnvoll ist, jedes nur erdenkliche Recht zu einem Menschenrecht zu erklären, und ob damit nicht der Begriff der Menschenrechte langfristig an Bedeutung verliert.[355] Erschwerend kommt die Tatsache hinzu, dass es auf den ersten Blick überhaupt nicht notwendig erscheint, ein Recht auf Energie zu etablieren. Anders sieht die Situation zum Beispiel in Bezug auf ein Recht auf Nahrung oder Wasser aus. Zumindest letztere Problemlage ist aber mit der vorliegenden Frage eines Rechts auf Energie vergleichbar. Viele können Verständnis für die Notwendigkeit eines Rechts auf Nahrung oder Wasser aufbringen, da es eng mit der Verwirklichung anderer Rechte, allen voran dem Recht auf Leben, verknüpft ist. Darüber hinaus handelt es sich bei Wasser um eine natürlich begrenzte Ressource. Die Situation im Hinblick auf ein Recht auf Energie ist jedoch nicht viel anders gelagert. Auch wenn Energie durch den Menschen künstlich erzeugt werden kann, so müssen dafür natürliche Ressourcen verwendet werden, von denen nicht alle unbeschränkt auf der Erde vorkommen.

Auch wenn kein ausdrückliches, kodifiziertes Recht auf Zugang zu Grundversorgung mit Energie existiert, tritt seit einiger Zeit jedoch die Ansicht immer

355 Kritisch auch *Alston*, "Conjuring up New Human Rights: A Proposal for Quality Control", in: The American Journal of International Law, 1984, S. 607–621; umfassend *Klein*, Menschenrechtsinflation?, in: Hanschel/(u.a.) (Hrsg.) Mensch und Recht: FS für Eibe Riedel zum 70. Geburtstag, 2013, S. 117–129.

mehr in den Vordergrund, die einen Zusammenhang zwischen dem Zugang zu Energie und der Verwirklichung der Menschenrechte sieht. Als Pionier auf diesem Gebiet kann der Energierechtler *Adrian Bradbrook* gesehen werden, der schon seit einigen Jahren darauf hinweist, dass für die Verwirklichung der Menschenrechte ein Zugang zu modernen Energiequellen immer mehr an Bedeutung gewinnt beziehungsweise dass dieser sogar eine notwendige Voraussetzung für die Verwirklichung der Menschenrechte darstellt.[356]

Weiter ist festzustellen, dass auch die nationalen Gesetzgeber mittlerweile einen Zusammenhang zwischen dem Zugang zu Energie und der menschlichen Entwicklung erkannt haben. So bestimmt das Energiewirtschaftsgesetz (EnWG)[357] in der Bundesrepublik Deutschland in § 1 seinen Zweck damit, eine möglichst sichere, preisgünstige, verbraucherfreundliche, effiziente und umweltverträgliche leitungsgebundene Versorgung der Allgemeinheit mit Elektrizität und Gas zu gewährleisten. In § 2 Abs. 1 EnWG werden die Energieversorgungsunternehmen verpflichtet, eine Versorgung im Sinne des § 1 Abs. 1 EnWG sicherzustellen.

Eine ähnliche Vorschrift enthält das französische Gesetz über die öffentliche Energieversorgung[358]. In Art. 1 wird ausgeführt, dass die Bereitstellung einer sicheren und verlässlichen Versorgung mit Elektrizität den sozialen Zusammenhalt stärkt. Weiter heißt es in Art. 2 dieses Gesetzes, dass alle Bürger Frankreichs an das nationale Elektrizitätsnetz angeschlossen werden müssen.

Einen Schritt weiter ging gar die Regierung des Vereinigten Königreichs im Jahr 2002. In einem Bericht des Department of Institutional Development führte es aus, dass

---

356 *Bradbrook/Gardam*, "Energy and Poverty: A Proposal to Harness International Law to Advance Universal Access to Modern Energy Services", in: Netherlands International Law Review, 2010, S. 1–28; *Bradbrook/Gardam*, "Placing Access to Energy Services within a Human Rights Framework", in: Human Rights Quarterly 28 (2006), S. 389–415; *Tully*, The Human Right to Access Electricity, in: The Electricity Journal, 2006, S. 30–39.

357 Die Richtlinie 2003/54/EG des Europäischen Parlaments und des Rates vom 26. Juni 2003 wurde unter anderem im EnWG umgesetzt. In Art. 3 Abs. 3, der Richtlinie heißt es, „Die Mitgliedstaaten tragen dafür Sorge, dass alle Haushalts-Kunden (…) in ihrem Hoheitsgebiet über eine Grundversorgung verfügen, also das Recht auf Versorgung mit Elektrizität einer bestimmten Qualität zu angemessenen, leicht und eindeutig vergleichbaren und transparenten Preisen haben.".

358 Loi n°2000–108 du 10 février 2000 relative à la modernisation et au développement du service public de l'électricité. <http://www.legifrance.gouv.fr/affichTexte.do?cidTexte=LEGITEXT000005629085&dateTexte=20100915>.

"the equity of access to basic energy services for cooking, space heating and lighting, like access to water, could be considered a human right".[359]

Art. 3 Abs. 3 der Richtlinie 2003/54/EG des Europäischen Parlaments und des Rates erklärt,

"Die Mitgliedstaaten tragen dafür Sorge, dass alle Haushalts-Kunden (...) in ihrem Hoheitsgebiet über eine Grundversorgung verfügen, also das Recht auf Versorgung mit Elektrizität einer bestimmten Qualität zu angemessenen, leicht und eindeutig vergleichbaren und transparenten Preisen haben."[360]

Auch auf dem afrikanischen Kontinent zeigen sich vergleichbare Entwicklungen. So enthält das von der Southern African Development Community[361] 1996 verabschiedete sogenannte Energy Protocol in Art. 3 als ein Ziel

"strive to ensure the provision of reliable, continued and sustainable energy services in the most efficient and costeffective manner".[362]

Auf multilateraler Ebene ist das *Übereinkommen zur Beseitigung jeder Form von Diskriminierung (Convention on the Elemination of All Forms of Discrimation against Women [CEDAW])* zu nennen. In Art. 14(2)(h) heißt es,

"States Parties shall take all appropriate measures to eliminate discrimination against women in rural areas in order to ensure (...) to such women the right: To enjoy adequate living conditions, particularly in relation to housing, sanitation, electricity and water supply, transport and communications."

Der Begriff Elektrizität wird in diesem Zusammenhang mit angemessenen Lebensbedingungen erwähnt.[363]

Käme es zur Annerkennung eines Rechts auf Zugang zu Grundversorgung mit Energie auf internationaler Ebene, beziehungsweise würde es im Ergebnis sogar ein Menschenrecht darstellen, hätte dies den Vorteil, dass damit auch die Umsetzung

---

359 *Department for Institutional Development (DFID),* Energy for the poor – Underpinning the Millenium Development Goals, S. 8.

360 ABl. L176, S. 42 (2003/54/EG vom 26. Juni 2003).

361 Die Southern African Development Community ist eine regionale Organisation, mit dem Ziel der wirtschaftlichen und politischen Integration im südlichen Afrika. Die Gründung ist auf den Southern African Development Community Treaty (August 1992) zurückzuführen. Die Organisation umfasst 15 Mitgliedstaaten, Angola, Botswana, Demokratische Republik Kongo, Lesotho, Madagaskar, Malawi, Mauritius, Mosambik, Namibia, Sambia, Simbabwe, Südafrika, Seychellen, Swasiland und Tansania. Sitz der Organisation ist Gaborone in Botswana.

362 Protocol on Energy vom 27. Juli 2002.

363 Eine ausführlichere Analyse folgt unten. Siehe unten, S. 100 ff.

auf nationaler Ebene gefördert werden würde. Enthielte ein völkerrechtlicher Vertrag, wie der internationale Pakt über wirtschaftliche, soziale und kulturelle Rechte ein solches Recht, wären die Vertragsparteien daran gebunden.

A. Bestimmung des Umfangs und der Reichweite eines Menschenrechts auf Energie nach dem IPSWKR

Ein Recht auf Zugang zu Grundversorgung mit Energie kann sich nur auf bestimmte Bereiche beziehen. Wie die oben dargelegten Ausführungen zeigen, ist die Terminologie Energie sehr vielseitig und nicht immer eindeutig zu bestimmen. Von Nahrung über Treibstoff bis hin zu Strom kann vieles als Energie bezeichnet werden. Um den Umfang dieser Dissertation nicht ausufern zu lassen, muss der Begriff der Energie eingeschränkt werden.

Der Zugang zu Energie oder ein Recht auf Energie kann in verschiedenen Sektoren oder Bereichen relevant werden. Eine mögliche Unterteilung wäre anhand der Sektoren Industrie, Transport, Landwirtschaft, Handel, Gewerbe und Dienstleistungen sowie Haushalte vorzunehmen. Diese Aufteilung ist allerdings nicht als abschließend zu verstehen. Es gibt zum einen unterschiedliche Auffassungen über die Einteilung, weshalb die gerade genannten Sektoren nicht festgelegt sind, zum anderen lassen sich einzelne Sektoren nicht immer klar und eindeutig voneinander trennen.

Um die Komplexität der Arbeit einzuschränken, werde ich mich auf den Begriff der Energie im häuslichen Bereich beschränken. Dies ist darin begründet, dass ein Menschenrecht auf Zugang zu Grundversorgung mit Energie als Element des Sozialpakts zunächst einen individualschützenden Charakter entfaltet. Die Sektoren Industrie und Landwirtschaft, in denen das Problem der Energie eine wesentliche Rolle spielt, sollen hier außen vor gelassen werden. Weiterhin erfolgt eine Einschränkung auf die schon oben genannte Endenergie. Das bedeutet, es wird eine thematische Beschränkung auf die dem Verbraucher nach energiespezifischen Aufbereitungs- und Umwandlungsprozessen zugeführte Energie in Form von Erdgas, Benzin oder Elektrizität vorgenommen. Folglich findet eine Beschränkung auf den Bereich statt, der für den Verbraucher beziehungsweise die häusliche Benutzung relevant ist. Dies wird nicht zuletzt auch am ehesten dem Umfang und der Zielrichtung des Sozialpakts gerecht.[364]

364 Zu Bedeutung und Umfang wirtschaftlicher, sozialer und kulturelle Rechte siehe weiter unten, S. 28 ff.

B. Genese eines Rechts auf Wasser und sanitäre Einrichtungen

In jüngster Zeit hat sich in der Völkerrechtslehre die Ansicht durchgesetzt, dass ein Menschenrecht auf Wasser existiert. Zum Zeitpunkt als die ersten Stimmen diesbezüglich laut wurden, war die Ausgangslage mit der jetzigen Situation in Bezug auf ein mögliches Recht auf Energie vergleichbar. So gab es weder einen völkerrechtlichen Vertrag der ein Recht auf Wasser anerkannte, noch fand sich in der Universal Decleration of Human Rights oder den beiden Menschrechtspakten eine ausdrückliche Normierung eines Rechts auf Wasser. Trotzdem kann heute von der Existenz eines Rechts auf Wasser ausgegangen werden. Im Folgenden soll daher kurz die Entwicklung hin zu einem solchen Recht aufgezeigt werden und dann der Frage nachgegangen werden, welche Rückschlüsse daraus für ein Recht auf Zugang zu Grundversorgung mit Energie gezogen werden können.

I. Das Menschenrecht auf Wasser

Erste Versuche ein Menschenrecht auf Wasser auf internationaler Ebene zu etablieren, gehen zurück bis in die siebziger Jahre des letzten Jahrhunderts. Die Angelegenheit stand schon im Rahmen der UN-Water Conference in Mar del Plata 1977 auf der Agenda, auf der die Resolution No. 2 über „community water supply“ verabschiedet wurde.[365] Der Grund, dass sich die Staatengemeinschaft schon sehr früh mit dieser Thematik befasst hat, kann darin gesehen werden, dass schon damals der Zusammenhang zwischen Wasser und Leben gesehen wurde.[366] Dies hat zur Folge, dass in der Diskussion um ein Recht auf Wasser immer wieder auf Art. 6 IPBPR „Recht auf Leben“ verwiesen wird, beziehungsweise diese Norm neben anderen als Grundlage eines Rechts auf Wasser gesehen wird.[367] Mit der „Renaissance“ wirtschaftlicher, sozialer und kultureller Rechte Anfang der 1990er Jahre bekam auch die Entwicklung hinsichtlich der Anerkennung eines Rechts auf Wasser einen neuen Schub. Es kam auch hier die Frage auf, ob trotz fehlender ausdrücklicher Erwähnung im Sozialpakt ein Recht auf Wasser enthalten ist. Der Ausschuss für wirtschaftliche, soziale und kulturelle Rechte verabschiedete im Jahr 2002 den General Comment Nr. 15, der sich dieses Problems annimmt und eine Antwort auf die Frage gibt.

General Comment Nr. 15 zeigt zum einen die rechtlichen Grundlagen für ein Recht auf Wasser auf und stellt zum anderen den Zusammenhang zwischen

---

365 *Koenigs,* Foreword, in: Riedel/Rothen (Hrsg.) The Human Right to Water, S. 9

366 *Stubenrauch,* Ein Menschenrecht auf Wasser, ZUR 2010, S. 521–528 (521).

367 Vgl. *Stubenrauch,* Ein Menschenrecht auf Wasser, ZUR 2010, S. 521–528 (522).

einem Recht auf Wasser und den weiteren im Pakt enthaltenen Rechten dar. Weiter wird der normative Inhalt eines solchen Rechts bestimmt und aufgezeigt, welche Verpflichtungen sich für die Vertragsstaaten daraus ergeben. Der Ausschuss für wirtschaftliche, soziale und kulturelle Rechte hat damit einen maßgeblichen Anteil zur Anerkennung eines Rechts auf Wasser geleistet.

Normative Grundlage für ein im Pakt enthaltenes Recht auf Wasser bildet zunächst Art. 11 Abs. 1 zusammen mit Art. 12 Abs. 1 IPWSKR. In der allgemeinen Bemerkung Nr. 15 führt der Ausschuss dazu aus:

> *"The right to water clearly falls within the category of guarantees essential for securing an adequate standard of living, particularly since it is one of the most fundamental conditions for survival".*[368] Weiter wird erklärt *„The right to water is also inextricably related to the right to the highest attainable standard of health (art. 12, para. 1) and the rights to adequate housing and adequate food (art. 11, para. 1)".*[369]

Der Zusammenhang zwischen einem Recht auf Wasser und Gesundheit wurde zudem schon in General Comment Nr. 14 erkannt.[370] Der Ausschuss hat folglich schon im Jahr 2000 festgestellt, dass ein Zugang zu sauberem Wasser eine notwendige Voraussetzung für die Gewährleistung eines Rechts auf Gesundheit ist. Eine bestehende Beziehung zwischen der Realisierung der im Pakt enthaltenen Rechte, wie zum Beispiel das Recht auf ausreichend Nahrung, das Recht seinen Lebensunterhalt mit Arbeit zu verdienen und das Recht auf Teilhabe am kulturellen Leben, werden im General Comment Nr. 15 ausdrücklich erwähnt.[371] Damit wird deutlich, dass, obwohl eine ausdrückliche Erwähnung eines Rechts auf Wasser fehlt, ein Großteil der Rechte nur dann realisiert werden kann, wenn ein Zugang zu Wasser besteht.

General Comment Nr. 15 stellt weiter fest, dass ein Recht auf Wasser auch in anderen internationalen Dokumenten wie beispielsweise Verträgen anerkannt wird. Beispielhaft wird auf Art. 14 Abs. 2 der Frauenrechtskonvention verwiesen, der normiert:

> *„Die Vertragsstaaten treffen alle geeigneten Maßnahmen zur Beseitigung der Diskriminierung der Frau in ländlichen Gebieten, [...] und gewährleisten ihr insbesondere das Recht auf [...] angemessene Lebensbedingungen, insbesondere im Hinblick auf*

368 CESCR-General Comment Nr. 15 (2002), Abs. 3.

369 CESCR-General Comment Nr. 15 (2002), Abs. 3; vgl. auch General Comment Nr. 4 (1991), Abs. 8 (b).

370 CESCR-General Comment Nr. 14 (2000), Abs. 11, 12 (a) (b) and (d), 15, 34, 36, 40, 43 und 51.

371 CESCR-General Comment Nr. 15 (2002), Abs. 6.

Wohnung, sanitäre Einrichtungen, Elektrizitäts- und Wasserversorgung sowie Verkehrs- und Nachrichtenverbindungen“,[372]

sowie auf Art. 24 Abs. 2 lit. c der Kinderrechtskonvention, in dem es heißt,

„Die Vertragsstaaten bemühen sich, die volle Verwirklichung dieses Rechts sicherzustellen und treffen insbesondere geeignete Maßnahmen, um Krankheiten sowie Unter- und Fehlernährung […] durch den Einsatz leicht zugänglicher Technik und durch die Bereitstellung ausreichender vollwertiger Nahrungsmittel und sauberen Trinkwassers, […].“[373]

Auch wenn die Bindungswirkung der General Comments zweifelhaft und sie vielmehr als Äußerungen des Ausschusses zu verstehen ist, so sorgen sie dennoch für eine Konkretisierung der einzelnen Normen des Pakts und führen somit zu einer quasifaktischen Verbindlichkeit.[374]

Neben dem Ausschuss für wirtschaftliche, soziale und kulturelle Rechte spielten auch viele weitere Akteure eine Rolle bei der Entwicklung hin zu einem Menschenrecht auf Wasser. Beispielhaft zu nennen sind etwa die Akteure der VN, internationale Organisationen und Wasserinstitutionen und -verbände wie der World Water Council.[375] Die Sonderorganisationen der Vereinten Nationen, beispielhaft sind hier WHO, WMO und UNICEF oder die teilweise institutionalisierten Programme wie UNEP, UNDP und WWAP zu nennen, haben einen wichtigen Beitrag geleistet, indem sie Programme und Projekte im Zusammenhang mit einem Recht auf Wasser aufgelegt und gefördert haben.[376] Aus der Kategorie internationale Organisationen kommen insbesondere den gegenwärtigen Finanzinstitutionen wie der Weltbankgruppe oder dem internationalen Währungsfonds eine bedeutende Rolle zu. Sie sind die treibende Kraft

---

372 Art. 14 Abs. 2 lit. h, BGBl. II 1985, S. 647 ff.; vgl. die englische Originalfassung: *„State parties shall ensure to women the right to enjoy […] adequate living conditions, particulary in relation to […] water supply“.*

373 BGBl. II 1992, S. 121 ff.; im englischen Original *„States Parties shall pursue full implementation of this right and, in particular, shall take appropriate measures: To combat disease and malnutrition ‚[…]through the provision of adequate nutritious foods and clean drinking-water […]“.*

374 Vgl. umfassend *Riedel*, Allgemeine Bemerkungen zu Bestimmungen des Internationalen Paktes über Wirtschaftliche, Soziale und Kulturelle Rechte der Vereinten Nationen, in: Die „General Comments“ zu den VN-Menschenrechtsverträgen (Hrsg. Deutsches Institut für Menschenrechte) 2005, S. 160 (164).

375 Für eine detaillierte Darstellung s. *Lohse,* Das Recht auf Wasser als Verpflichtung für Staaten und nichtstaatliche Akteure. S. 40 ff.

376 Siehe unten, S. 91 ff.

für Kreditvergaben im Bereich von Wassersektorvorhaben.[377] Immer wichtiger für das forcieren eines Rechts auf Wasser wurden die Wasserinstitutionen und -verbände. Beispielhaft soll hier auf den World Water Council verwiesen werden, ein 1996 gegründeter Dachverband, der ca. 300 Mitglieder aus 60 verschiedenen Staaten umfasst und sich die Verwirklichung der sogenannten Wassersicherheit bis zum Jahr 2025 zum Ziel gesetzt hat.[378] Die institutionellen Akteure auf diesem Gebiet sind von großer Bedeutung für die Realisierung eines Rechts auf Wasser, weil sie im Gegensatz zum Ausschuss einen eher praxisbezogenen Ansatz verfolgen.

Auf dem Weg zur Anerkennung eines Rechts auf Wasser hat auch der Menschenrechtsrat der Vereinten Nationen eine wichtige Rolle gespielt. Im März 2008 hat dieser durch eine Resolution das Mandat für einen unabhängigen Experten zum Thema der menschenrechtlichen Verpflichtungen, bezogen auf einen Zugang zu sicherem Trinkwasser und Sanitärversorgung, eingerichtet und im Zuge dessen die Portugiesin Catarina de Albuquerque als Expertin benannt.[379] Mittlerweile wurde das auf ursprünglich drei Jahre beschränkte Mandat im Jahr 2011 um weitere drei Jahre verlängert und erweitert, sodass nun das Amt eines UN-Sonderberichterstatters[380] für das Recht auf Wasser und sanitäre Einrichtungen eingerichtet wurde.[381]

Aufbauend auf der Arbeit der unabhängigen Expertin gelang die endgültige Anerkennung eines Menschenrechts auf Wasser schließlich durch eine Resolution der Generalversammlung vom 28. Juli 2010. Darin heißt es

> *"The General Assembly recognizes the right to safe and clean drinking water and sanitation as a human right that is essential for the full enjoyment of life and all human rights".*[382]

Die Resolution nimmt explizit Bezug auf den General Comment Nr. 15 des Ausschusses über wirtschaftliche, soziale und kulturelle Rechte.[383] Unterstützt wurde dieses Vorgehen vom UN-Menschenrechtsrat im September 2010, der ebenfalls

377 *Lohse,* Das Recht auf Wasser als Verpflichtung für Staaten und nichtstaatliche Akteure, S. 41.

378 World Water Council, erhältlich unter: http://www.worldwatercouncil.org/index.php?id=92, (letzter Zugriff am 08.08.2016).

379 HRC, Resolution 7/22, Human rights and access to safe drinking water and sanitation, UN Doc. A/HRC/RES/7/22 vom 28.03.2008.

380 Special Rapporteur on the human right to safe drinking water and sanitation.

381 HRC, Resolution 16/2, The Human right to drinking water and sanitation, UN Doc. A/HRC/RES/16/2 vom 08.04.2011.

382 Resolution der Generalversammlung A/RES/64/292, S. 2.

383 Resolution der Generalversammlung A/RES/64/292, S. 2.

eine Resolution verabschiedete, in der bestätigt wird, dass das Recht auf Wasser rechtsverbindlich für die Staatengemeinschaft ist.[384] Es zeigt sich somit, dass es ein sehr langwieriger und zeitintensiver Prozess bis hin zur Anerkennung eines Menschenrechts auf Wasser war, obwohl die Wichtigkeit von Wasser für das Leben allgemein bekannt ist.

II. Ein Recht auf sanitäre Einrichtungen

Im Zusammenhang mit der Entwicklung hin zu einem Recht auf Wasser steht auch die Entwicklung zu einem Recht auf sanitäre Einrichtungen. Auch dieses Recht hat eine vergleichbare Entwicklung erfahren.[385] Die Etablierung eines Rechts auf Wasser ist eng mit dem Recht auf sanitäre Einrichtungen verbunden. Sauberes und qualitativ hochwertiges Trinkwasser kann nur dann gewährleistet werden, wenn die Quellen, aus denen es gewonnen wird, nicht durch menschliche Exkremente verunreinigt werden. Dies kann nur dann umgesetzt werden, wenn funktionierende sanitäre Einrichtungen sowie ein funktionstüchtiges Abwassersystem zur Verfügung stehen. Eine weitere Verknüpfung des Rechts auf sanitäre Einrichtungen ergibt sich im Zusammenhang mit dem Recht auf Gesundheit.[386] Auch hier ist der Zusammenhang offensichtlich. Ohne funktionierende sanitäre Einrichtungen oder eine Kanalisation können verunreinigte Abwässer nicht abgeleitet werden, sodass sich Keime und andere Krankheitserreger bilden können, die eine Gefahr für die Gesundheit des Menschen darstellen. Obwohl die Wichtigkeit funktionierender sanitärer Einrichtungen als enorm hoch einzustufen ist und somit zumindest auf einer Ebene mit dem Recht auf Wasser steht, erfährt das Thema sanitäre Einrichtungen nicht das ihm gebührende Maß an Aufmerksamkeit.[387]

Im Vergleich zu einem Recht auf Wasser, das schon auf der UN-Water Conference in Mar del Plata 1977 in den Fokus der Öffentlichkeit gelangte,[388] wurde der Problematik im Zusammenhang mit dem Recht auf sanitäre Einrichtungen erst in den letzten 10–14 Jahren in der Öffentlichkeit diskutiert. In den heute gültigen Millennium Development Goals (MDG) wird als ein Mittel, um die

384 HRC, Resolution 15/9, Human rights and access to safe drinking water and sanitation, UN Doc. A/HRC/RES/15/9 vom 30.09.2010.

385 Vgl. insgesamt CESCR-General Comment Nr. 15 (2002).

386 Vgl. *Riedel*, The Human Right to Health: Conceptual Foundations, in: Clapham/Robinson (Hrsg.) Swiss Human Rights Book Vol. 3 2009, S. 21 ff.; CESCR (2010), Statement on the Right to Sanitation, UN Doc E/C.12/2010/1 vom 19.11.2010, Ziff. 7.

387 *Winkler*, Lebenselixier und letztes Tabu: Die Menschenrechte auf Wasser und Sanitärversorgung 2011, S. 6.

388 Vgl. oben, S. 92 ff.

extreme Armut auf der Welt zu bekämpfen, auch auf die Notwendigkeit des Zugangs zu sanitären Einrichtungen eingegangen.[389] Ein weiterer Schritt zur Anerkennung der sanitären Einrichtungen als menschenrechtliche Verpflichtung erfolgte im Zusammenhang mit General Comment Nr. 15 bezogen auf ein Recht auf Wasser.[390] Der Schwerpunkt von General Comment Nr. 15 liegt ganz gewiss auf der Frage nach einem Recht auf Wasser, jedoch fand auch die Problematik der sanitären Einrichtungen Erwähnung. Der Ausschuss formulierte darin sogar eine Verpflichtung der Vertragsstaaten des IPWSKR im Hinblick auf die Errichtung sanitärer Einrichtungen. So heißt es in General Comment Nr. 15,

> *"ensuring that everyone has access to adequate sanitation is not only fundamental for human dignity and privacy, but is one of the principal mechanisms for protecting the quality of drinking water supplies and resources".*[391]

Daraus wird deutlich, dass die Realisierung eines Rechts auf Wasser ein wirksames System sanitärer Einrichtungen voraussetzt. Weiter stellt der Ausschuss fest, dass

> *"in accordance with the rights to health and adequate housing (see General Comments No. 4 (1991) and 14 (2000)) States parties have an obligation to progressively extend safe sanitation services, particularly to rural and deprived urban areas, taking into account the needs of women and children."*[392]

Es bleibt hier jedoch festzuhalten, dass General Comment Nr. 15 die Problematik im Zusammenhang mit sanitären Einrichtungen nur am Rande erwähnt und der Fokus auf dem Recht auf Wasser liegt.

Ein weiterer entscheidender Schritt hin zur Anerkennung eines Rechts auf sanitäre Einrichtungen folgte durch den Ausschuss im Jahr 2010. Er verabschiedete ein Statement, das sich ausschließlich mit dem Recht auf sanitäre Einrichtungen

---

389 Dieses Entwicklungsziel wurde erst 2002 auf dem Weltgipfel zur nachhaltigen Entwicklung in Johannesburg in die Liste der MDG aufgenommen. Vgl. *Winkler*, Lebenselixier und letztes Tabu: Die Menschenrechte auf Wasser und Sanitärversorgung 2011, S. 6 f.; CESCR (2010), Statement on the Right to Sanitation, UN Doc E/C.12/2010/1 vom 19.11.2010, Ziff. 2.

390 CESCR-General Comment Nr. 15 (2002), UN Doc. E/C.12/2002/11 vom 20.01.2003.

391 CESCR-General Comment Nr. 15 (2002), UN Doc. E/C.12/2002/11 vom 20.01.2003, Ziff. 29.

392 CESCR-General Comment Nr. 15 (2002), UN Doc. E/C.12/2002/11 vom 20.01.2003, Ziff. 29.

auseinandersetzt.[393] Das Statement stellt zunächst fest, dass ein fehlender Zugang zu sanitären Einrichtungen, die Würde eines Menschen verletzt und die damit zusammenhängende Thematik bislang sehr oberflächlich in die Diskussion einbezogen wurde.[394] Weiter lässt sich dem Statement entnehmen, dass das Recht auf sanitäre Einrichtungen nicht nur ein integraler Bestandteil des Rechts auf Gesundheit, Unterkunft und Wasser ist, sondern auch eine wesentliche Komponente eines angemessenen Lebensstandards nach Art. 11 Abs. 1 IPWSKR darstellt.[395]

Neben dem Ausschuss für wirtschaftliche, soziale und kulturelle Rechte hat sich auch das Hochkommissariat für Menschenrechte der Vereinten Nationen mit dem Thema auseinandergesetzt und eine Studie erarbeitet.[396] Nach einer Auflistung von Hinweisen auf ein Recht auf sanitäre Einrichtungen in völkerrechtlichen Verträgen und anderen Dokumenten wird insbesondere eine fehlende einheitliche Bestimmung von Inhalt und Umfang des besagten Rechts kritisiert.[397] Aus diesem Grund hat der Menschenrechtsrat der Vereinten Nationen im Jahr 2008 das Mandat einer unabhängigen Expertin zum Thema der menschenrechtlichen Verpflichtungen bezogen auf Zugang zu sicherem Trinkwasser und Sanitärversorgung geschaffen.[398] Das Mandat war ursprünglich für drei Jahre angelegt, wurde im April 2011 durch den Menschenrechtsrat der Vereinten Nationen um weitere drei Jahre verlängert und in einen UN-Sonderberichterstatter[399] für das Recht auf Wasser und sanitäre Einrichtungen umbenannt.[400]

---

393 CESCR, Statement on the Right to Sanitation (2010). UN Doc. E/12/2010/1 vom 19.11.2010.

394 CESCR, Statement on the Right to Sanitation (2010). UN Doc. E/12/2010/1 vom 19.11.2010, Ziff. 1.

395 CESCR, Statement on the Right to Sanitation (2010). UN Doc. E/12/2010/1 vom 19.11.2010, Ziff. 7.

396 UNHCR (2007): Report on the scope and content of the relevant human rights obligations related to equitable access to safe drinking water and sanitation under international human rights instruments, UN Doc. A/HRC/6/3 vom 16.08.2007.

397 UNHCR (2007): Report on the scope and content of the relevant human rights obligations related to equitable access to safe drinking water and sanitation under international human rights instruments, UN Doc. A/HRC/6/3 vom 16.08.2007.

398 Vgl. HRC, Resolution 7/22, Human rights and access to safe drinking water and sanitation, UN Doc. A/HRC/RES/7/22 vom 28.03.2008.

399 Special Rapporteur on the human right to safe drinking water and sanitation.

400 HRC, Resolution 16/2, The Human right to drinking water and sanitation, UN Doc. A/HRC/RES/16/2 vom 08.04.2011.

Die endgültige Anerkennung eines Rechts auf sanitäre Einrichtungen als Menschenrecht neben dem Recht auf Wasser gelang im Juli 2010 durch eine Resolution der Generalversammlung.[401] Dieser Resolution folgend verabschiedete der UN-Menschenrechtsrat im September 2010 ebenfalls eine Resolution, in der bestätigt wird, dass das Recht auf sanitäre Einrichtungen rechtsverbindlich für die Staatengemeinschaft ist.[402] Weiter fordert die Resolution die Staatengemeinschaft auf, dafür Sorge zu tragen, eine stufenweise Realisierung der Rechte sicher zu stellen.

Es zeigt sich, dass bezogen auf ein Recht auf Wasser und ein Recht auf sanitäre Einrichtungen, die Entwicklungen relativ identisch abgelaufen sind. Ein Unterschied ist darin zu sehen, dass im Vergleich zum Recht auf sanitäre Einrichtungen viel früher ein Bewusstsein für die Notwendigkeit eines Rechts auf Wasser bestanden hat. Erst als der zwingende Zusammenhang zwischen den beiden Normen erkannt wurde, schärfte sich das Bewusstsein für die Notwendigkeit eines Rechts auf sanitäre Einrichtungen und die Entwicklungen laufen nun weitestgehend parallel.

III. Bedeutung dieser Entwicklung für ein Recht auf Zugang zu Grundversorgung mit Energie

Welche Rückschlüsse können aus den oben gemachten Ausführungen in Bezug auf ein Recht auf Zugang zu Grundversorgung mit Energie gezogen werden? Wie oben schon beschrieben ist die momentane Situation im Zusammenhang mit einem Recht auf Energie mit der Lage zu vergleichen, die bezogen auf die Etablierung eines Rechts auf Wasser und Sanitärversorgung herrschte. Unterschiede ergeben sich lediglich daraus, dass die Notwendigkeit eines Rechts auf Wasser in der öffentlichen Diskussion auf eine größere Akzeptanz stößt, als dies für ein Recht auf Zugang zu Grundversorgung mit Energie der Fall wäre. Stellt man beispielsweise in der Öffentlichkeit die Frage nach der Notwendigkeit eines Rechts auf Wasser, würden viele diese Frage bejahen, bezogen auf ein Recht auf Zugang zu Grundversorgung mit Energie wäre dies jedoch nicht ganz so eindeutig. Dies ist darin begründet, dass es in der öffentlichen Diskussion allgemein bekannt ist, dass der Mensch Wasser zum Überleben benötigt. In Bezug auf Energie, gerade in Form von Elektrizität, ist dieser Zusammenhang nicht mehr

401 GA Resolution, A/RES/64/292 vom 28.07.2010.

402 HRC, Resolution 15/9, Human rights and access to safe drinking water and sanitation, UN Doc. A/HRC/RES/15/9 vom 30.09.2010.

ganz so offensichtlich, worin meines Erachtens ein Grund zu sehen ist, warum an der Notwendigkeit eines Rechts auf Energie tendenziell gezweifelt wird.

Bis zu einer Anerkennung der Rechte auf Wasser und Sanitärversorgung ist eine lange Zeit vergangen und viele Akteure waren nötig, um das Vorhaben zu realisieren. Neben dem Ausschuss für wirtschaftliche, soziale und kulturelle Rechte, der die rechtlichen Grundlagen und den Inhalt solcher Rechte hervorgehoben hat, spielten insbesondere die Vollversammlung der Vereinten Nationen und der Menschenrechtsrat eine entscheidende Rolle, durch die Verabschiedung der dieses Thema betreffenden Resolutionen. Dadurch wird die breite bis universelle Akzeptanz dieser Rechte in der Staatengemeinschaft verdeutlicht.

Insgesamt kann diese Entwicklung als Beispiel dienen, wie es auch zu einer Anerkennung eines Rechts auf Zugang zu Grundversorgung mit Energie kommen kann. Durch die Beteiligung verschiedener Akteure, insbesondere den diversen Institutionen der Vereinten Nationen und Nichtregierungsorganisationen wird das Thema einem breiten Publikum nahe gebracht, was dazu führt, dass die Öffentlichkeit stärker für die Thematik und die damit zusammenhängenden Probleme sensibilisiert wird. Auf welcher Grundlage ein Recht auf Energie im Pakt über wirtschaftliche, soziale und kulturelle Rechte existiert und wie ein solches Recht inhaltlich ausgestaltet ist, soll im Folgenden analysiert und dargestellt werden.

C. Fehlende ausdrückliche Kodifizierung eines Rechts auf Zugang zur Grundversorgung mit Energie

Zunächst ist festzustellen, dass eine ausdrückliche Kodifizierung eines Rechts auf Zugang zur Grundversorgung mit Energie nicht existiert.[403] Weder in der Universellen Erklärung der Menschenrechte noch im Pakt über bürgerliche und politische Rechte oder im Internationalen Pakt über wirtschaftliche, soziale und kulturelle Rechte findet ein Recht auf Energie ausdrücklich Erwähnung. Einzig in den nationalen Rechtsordnungen finden sich sporadisch Vorschriften, die sich mit dem Problem des Zugangs zu Energie innerhalb ihrer Rechtsordnung auseinandersetzen.[404] Aufgrund der fehlenden Kodifizierung kann ein Recht auf Grundversorgung mit Energie nur im Rahmen der Interpretation bereits existierender Verträge und Abkommen hergeleitet werden.

403 Unter Teil II, A wird die Beschränkung auf einen Zugang zu Grundversorgung mit Energie erläutert. (S. 91).

404 Vgl. in Deutschland, Energiewirtschaftsgesetz (EnWG).

I. Interpretation von völkerrechtlichen Verträgen

Die Herleitung eines Rechts aus bereits existierenden Kodifizierungen stößt allerdings auf verschiedene Probleme.

Die Interpretation von völkerrechtlichen Verträgen ist insoweit problematisch, als dass der Interpretierende der Gefahr ausgesetzt ist, die in einer Norm enthaltenen Verpflichtungen zu verändern, sodass unter Umständen nicht mehr dem entsprochen wird, was die Vertragsparteien ursprünglich unterschrieben haben.[405] Insofern existiert ein schmaler Grat zwischen einer legitimen Vertragsinterpretation oder -auslegung und einer unzulässigen Vertragserweiterung.[406]

Völkerrechtliche Verträge in denen generelle Regeln für das Verhalten von Staaten und ihren Organen festgelegt werden, sind zumeist darauf ausgerichtet, über einen langen Zeitraum Gültigkeit zu beanspruchen. Dies trifft insbesondere auf die menschenrechtlichen Konventionen, sowohl auf der universellen als auch auf der regionalen Ebene, zu. Beispielhaft kann hier die Universelle Erklärung der Menschenrechte genannt werden, die bereits im Jahr 2008 ihr 60-jähriges Bestehen feierte. Gerade im Bereich der Menschenrechte erlangt die dynamische Auslegung von Verträgen mehr und mehr an Bedeutung.[407] Der Sinn einer Norm kann sich im Laufe der Zeit verändern, da sich Ansichten und die sozialen Anschauungen im Laufe der Zeit wandeln. So hat Ulrich Fastenrath erklärt, „das Recht gilt in der Zeit und geht mit der Zeit“[408]. Tobias Thienel verwendet den

---

405 *Riedel*, New Bearings to the State Reporting Procedure, in: v. Schorlemer (Hrsg.) Praxishandbuch UNO, 2003, S. 345–358 (346); *Herdegen*, Interpretation in International Law, in: Wolfrum (Hrsg.), The Max Planck Encyclopedia of Public International Law, Oxford University Press, 2008, online edition, [www.mpepil.com], letzter Zugriff am 10.8.2011.

406 *Riedel/Giacca/Golay*, The Development of Economic, Social and Cultural Reights in International Law, in: Riedel/Giacca/Golay (Hrsg.) Economic, Social and Cultural Rights in International Law: Contemporary Issues and Challanges, 2014, S. 3–48 (22), hier allerdings im Zusammenhang mit einer unzulässigen Rechtssetzung Vertragsorgane, wie es Ausschusses.

407 Vgl. etwa *Herdegen*, Völkerrecht, 10. Aufl. 2011, § 15, Rn. 32; *ders.*, Interpretation in International Law, in: Wolfrum (Hrsg.), The Max Planck Encyclopedia of Public International Law, Oxford University Press, 2008, online edition, [www.mpepil.com], letzter Zugriff am 10.8.2011, der davon ausgeht, dass Menschenrechtsverträge im Lichte des gemeinsamen Vertragszieles und dessen dauernder Förderung (effet utile) ausgelegt werden müssen.

408 *Fastenrath*, Lücken im Völkerrecht, S. 193.

Begriff des „‚Living Instrument‘ Approach“.[409] Auch er vertritt die Ansicht, dass internationale Verträge im Rahmen ihrer gegenwärtigen Gegebenheiten interpretiert werden müssen, die die Vertragsstaaten zum Zeitpunkt der Annahme noch nicht vorhersehen konnten.[410] Dieser Ansatz sei auch keine Abkehr von den grundsätzlichen Regeln der Interpretation Völkerrechtlicher Verträge, sondern das Ergebnis einer richtigen Anwendung der bestehenden Regeln.[411]

II. Grundlagen der Interpretation völkerrechtlicher Verträge

Die vier vorherrschenden Auslegungsmethoden in der Rechtswissenschaft sind die grammatische, die systematische, die teleologische und die historische Auslegung.[412] Zwischen den verschiedenen Auslegungsmethoden herrscht keine Hierarchie, vielmehr sind sie untereinander gleichrangig.[413] Entwickelt wurden sie eigentlich zur Gesetzesinterpretation, sie sind jedoch im Prinzip auch auf

---

409 *Thienel*, The ‚Living Instrument' Approach in the ECHR ans Elsewhere: Some Remarks on the Evolutive Interpretation of International Treaties, in: Festschrift 100 years of the Walther-Schücking Institute of International Law, University of Kiel, 2014, S. 165–200.

410 *Thienel*, The ‚Living Instrument' Approach in the ECHR ans Elsewhere: Some Remarks on the Evolutive Interpretation of International Treaties, in: Festschrift 100 years of the Walther-Schücking Institute of International Law, University of Kiel, 2014, S. 165–200 (S. 166 f).

411 *Thienel*, The ‚Living Instrument' Approach in the ECHR ans Elsewhere: Some Remarks on the Evolutive Interpretation of International Treaties, in: Festschrift 100 years of the Walther-Schücking Institute of International Law, University of Kiel, 2014, S. 165–200 (166 f.).

412 *Bernardt,* Interpretation in International Law, in: ders. (Hrsg.), EPIL, Vol. II, 1995, S. 1416 (1420); *Fastenrath,* Lücken im Völkerrecht, S. 176f.; *Heintschel von Heinegg,* in: Ipsen (Hrsg.), Völkerrecht, 6. Aufl. 2014, § 11, Rn. 6 ff.; *Riedel,* Overview over Methods of Interpretation, special focus on constitutional interpretation in different legal systems, in: Feinäugle/Röder/Wiesner (Hrsg.): Max Planck Compilation of The Papers and Proceedings of the Heidelberg Seminar on Potential Disputes before the Sudanese Constitutional Court, Heidelberg, 2006, S. 13–26 (15).

413 *Fastenrath,* Lücken im Völkerrecht, S. 177; so etwa auch *Liebach,* Die unilaterale humanitäre Intervention im „zerfallenen Staat“ („failed State“), S. 72; *McDougal/Lasswell/Miller,* The interpretation of international agreements and world public order : principles of content and procedure, 1994, S. 111ff.; *Van Alstine,* Dynamic Treaty Interpretation, in: University of Pennsylvania Law Review, 1998, S. 686 (748); anders wohl *Bernhardt,* Die Auslegung völkerrechtlicher Verträge, 1963, S. 187; *ders.,* in: Bernahrdt (Hrsg.), EPIL, Vol. II, 1995, S. 1416 (1420).

Verträge anwendbar.[414] Dies macht schon ein Blick in Art. 31 und Art. 32 der Wiener Übereinkommen über das Recht der Verträge (WVK)[415] deutlich, die im Grunde die genannten Auslegungsmethoden wiedergeben. So enthält nach *H. F. Köck* die Regelung des Art. 31 WVK vier Elemente, nämlich erstens eine Pflicht zur Wahrung der *bona fides*, zweitens die *ordinary meaning rule*, drittens die Maßgeblichkeit von *object and purpose* sowie viertens die Maßgeblichkeit des *Zusammenhangs*.[416] Durch die Zusammenfassung dieser vier Elemente in einer Norm oder „Grundregel" sollte die Gleichrangigkeit der genannten Elemente zum Ausdruck gebracht werden.[417]

Auch wenn, wie oben bereits erläutert, zwischen den einzelnen Auslegungsmethoden keine Hierarchie besteht, erscheint es aus Gründen der Praktikabilität sinnvoll, eine bestimmte Reihenfolge bei der Auslegung einzuhalten. Dabei scheint die von der WVK vorgegebene Reihenfolge einen logischen Ansatz zu bieten. Zunächst wird hier mit der grammatischen beziehungsweise der Wortlautauslegung begonnen, also der Frage nach der üblichen Bedeutung der in den Verträgen verwendeten Formulierungen.

Im Anschluss daran sollte der systematische Kontext einer Norm untersucht werden, wie es auch in Art. 32 Abs. 2 WVK zum Ausdruck gebracht wird. Hier erfolgt eine Untersuchung der auszulegenden Norm im Kontext und Zusammenhang mit anderen Normen oder Abschnitten des Vertrages unter Berücksichtigung der Präambel und eventuell vorhandener Protokolle oder Anhänge.[418] Die Frage nach Ziel und Zweck eines Vertrages, also die teleologische Interpretation,[419] ist ein weiteres effektives Mittel, um den Inhalt und die Bedeutung einer Norm zu ermitteln. In diesem Fall ist der Interpretierende aber schnell geneigt, einer dynamischen Interpretation zu folgen, die von der subjektiven Absicht der Parteien abweichen kann. Zu beachten ist, dass die Bestimmung des Inhalts einer Norm neben den verschiedenen Auslegungsmethoden zudem davon abhängt, ob

---

414 *Fastenrath,* Lücken im Völkerrecht, S. 177;

415 Für den Vertragstext in deutsch siehe BGBl. 1985 II, S. 926 ff.

416 *Köck*, Zur Interpretation Völkerrechtlicher Verträge, in: AJIL 1998 (53), S. 217 (218 f.); vgl. den Wortlaut von Art. 31 Abs. 1 WVK „*A treaty shall be interpreted in good faith in accordance with the ordinary meaning to be given to the terms of the treaty in their context and in the light of its object and purpose*".

417 Vgl. den Kommentar zu Art. 27 des Entwurfs der International Law Commission (ILC-Draft), UN-Doc A/6309/Rev, YBILC II (1966), S. 217 (219).

418 Vgl. Art. 32 Abs. 2 WVK.

419 Vgl. Art. 31 Abs. 1 WVK.

man ihnen einen dynamischen oder statischen Gehalt zuspricht.[420] Im zweiten Fall beruht die Auslegung allein auf der Intention der Parteien und den Umständen, die zur Zeit der Unterzeichnung des Vertrages herrschten. Im Rahmen der dynamischen Auslegung müssten auch die späteren Entwicklungen im Völkerrecht sowie die sozialen und aktuellen Gegebenheiten berücksichtigt werden. Im Rahmen der teleologischen Interpretation wird den Parteien unter Umständen ein hypothetischer Wille in Bezug auf etwas unterstellt, dass sie bei Vertragsschluss nicht vorhergesehen haben. Der hermeneutische Wert einer solchen Interpretation steht häufig in Konflikt mit dem Sinn und Zweck des Vertrages.[421]

Bei der historischen Auslegung, die als Ergänzung herangezogen werden kann (vgl. Art. 32 WVK), wird auf die historischen Umstände zur Zeit des Vertragsschlusses Rücksicht genommen.[422] Dabei spielen insbesondere die travaux préparatoires eine entscheidende Rolle, die gerade bei multilateralen Verträgen sehr umfangreich sein können und daher eine Fülle an Informationen bieten.

Die WVK stellt in Art. 31 Abs. 3 lit. b) noch ein weiteres Instrument für die Auslegung völkerrechtlicher Verträge zur Verfügung. Danach kann jede spätere Übung bei der Anwendung des Vertrags, aus der die Übereinstimmung der Vertragsparteien über seine Auslegung hervorgeht, bei der Interpretation berücksichtigt werden. So können unter Umständen auch Organe der internationalen Rechtsprechung sowie Organe, die von den Verträgen zur Überwachung der Einhaltung der Vertragsbestimmungen geschaffen wurden, zur Entstehung einer solchen späteren Übung beitragen.[423]

Aus Art. 31 Abs. 3 lit. c) ergibt sich weiterhin, dass auch jeder in den Beziehungen zwischen den Vertragsparteien anwendbare einschlägige Völkerrechtssatz

---

420 so wohl auch schon *Bernardt,* Interpretation and Implied (Tacit) Modification of Treaties, in: ZaöRV, 1967, S. 491 (496).

421 *United States - Import Prohibition of Certain Shrimp and Shrimp Products,* WTO Doc. WT/DS58/AB/R, AB-1998-4 (1998) Abs. 17 (Report of the Appellate Body); *Herdegen,* Interpretation in International Law, in: Wolfrum (Hrsg.), The Max Planck Encyclopedia of Public International Law, Oxford University Press, 2008, online edition, [www.mpepil.com], letzter Zugriff am 11.8.2011.

422 *Riedel,* Overview over Methods of Interpretation, special focus on constitutional interpretation in different legal systems, in: Feinäugle/Röder/Wiesner (Hrsg.): Max Planck Compilation of The Papers and Proceedings of the Heidelberg Seminar on Potential Disputes before the Sudanese Constitutional Court, Heidelberg, 2006, S. 13–26 (17).

423 *Herdegen,* Interpretation in International Law, in: Wolfrum (Hrsg.), The Max Planck Encyclopedia of Public International Law, Oxford University Press, 2008, online edition, [www.mpepil.com], letzter Zugriff am 11.8.2011.

bei der Auslegung Anwendung finden kann. Dies umfasst nicht nur Verträge, sondern auch Völkergewohnheitsrecht.[424]

Mit Hilfe der von Art. 31 und 32 WVK vorgegebenen Auslegungsmethoden soll nun der Pakt über wirtschaftliche, soziale und kulturelle Rechte daraufhin untersucht werden, ob er Anhaltspunkte auf ein Recht auf Zugang zu Grundversorgung mit Energie enthält. Zuvor ist aber die Frage zu klären, ob die Normen der WVK überhaupt auf den Sozialpakt angewendet werden können.

III. Anwendbarkeit der Wiener Vertragsrechtskonvention auf den Sozialpakt

Es stellt sich die Frage, ob die Wiener Vertragsrechtskonvention (WVK) vom 23. Mai 1969, die am 27. Januar 1980 in Kraft getreten ist, auf den Sozialpakt angewendet werden kann. Der Geltungsbereich der WVK ist in Art. 1 des Übereinkommens normiert. Danach findet dieses Übereinkommen auf Verträge zwischen Staaten Anwendung. Vorausgesetzt wird also zunächst ein Vertrag zwischen Staaten. Dies wird in Art. 2 Abs. 1 lit. a) WVK legal definiert. Danach bedeutet „Vertrag" eine in Schriftform geschlossene und vom Völkerrecht bestimmte Übereinkunft zwischen Staaten, gleichviel ob sie in einer oder mehrerer zusammengehörigen Urkunden enthalten ist und welche besondere Bezeichnung sie hat. Der Sozialpakt lässt sich unproblematisch unter diese Definition subsumieren und stellt demzufolge ein Vertrag im Sinne der WVK dar. Wie oben bereits erörtert, trat der 1966 verabschiedete Sozialpakt bereits 1975 und damit vor dem Inkrafttreten der WVK in Kraft.[425] Es ist daher Art. 4 WVK zu beachten, der von der Nichtrückwirkung dieses Übereinkommens spricht. Danach findet die Wiener Vertragsrechtskonvention nur auf Verträge Anwendung, die von Staaten geschlossen werden, nachdem das Übereinkommen für sie in Kraft getreten ist. Konsequenterweise würde die WVK, entsprechend der oben genannten zeitlichen Abfolge des Inkrafttretens des Sozialpakts vor der WVK, keine Anwendung finden. Etwas anderes würde aber gelten, wenn die in den Normen kodifizierten Grundsätze Völkergewohnheitsrecht darstellten. Vor Beginn des Kodifizierungsprozesses durch die International Law Commission (ILC) konnte aufgrund der vielen verschiedenen Methoden der Interpretation von Verträgen nicht von einer völkergewohnheitsrechtlichen Grundlage ausgegangen werden.[426] Dies hat

424 Iran-United States Case No A/18 Abs. 188.

425 Siehe oben, S. 31 ff.

426 *Villiger,* Commentary on the 1969 Vienna Convention on the Law of Treaties, Art. 31, Abs. 37.

sich aber seit 1969 durch die wachsende Überzeugung der Staaten und Gerichte geändert, die davon ausgehen, dass Art. 31 und 32 WVK Völkergewohnheitsrecht wiedergeben.[427]

IV. Zwischenergebnis

Im Ergebnis lässt sich festhalten, dass die Art. 31 und 32 WVK Völkergewohnheitsrecht wiedergeben und insofern für die Interpretation des Sozialpakts herangezogen werden können.[428] Weiter wird vorliegend einer dynamischen Interpretation gefolgt. Es handelt sich bei dem Sozialpakt um die Kodifizierung von Menschenrechten, die über einen langen Zeitraum Geltung beanspruchen sollen, was am ehesten im Wege der dynamischen Interpretation gewährleistet werden kann.

D. Ein Recht auf Zugang zur Grundversorgung mit Energie im IPWSKR

I. Auslegung von Art. 11 Abs. 1 IPWSKR

Als Ausgangspunkt für das Vorhandensein eines Rechts auf Grundversorgung mit Energie soll zunächst Art. 11 IPWSKR untersucht werden.[429] Schon bei der Frage, ob es sich bei dem Recht auf Wasser um ein Menschenrecht handelt,

---

427 The Legality of use of Force (Serbia and Montenegro/Belgium)(Preliminary Objections) Case, ICJ Reports 2004 318 Abs. 10; the LaGrand (Germany/USA) Case, ICJ Reports 2001 501, Abs. 99; Kasikili/Sedudu Island (Botswana/Namibia) Case, ibid 1999 1059, Abs. 13; *Alston/Quinn*, The Nature and Scope of States Parties' Obligations under the International Covenant on Economic, Social and Cultural Rights, in: Human Rights Quarterly, 1987, S. 156–222 (160); *Linderfalk*, On the Interpretation of Treaties, S. 2; *Herdegen*, Interpretation in International Law, in: Wolfrum (Hrsg.), The Max Planck Encyclopedia of Public International Law, Oxford University Press, 2008, online edition, [www.mpepil.com], letzter Zugriff am 11.8.2011.

428 *Alston/Quinn*, The Nature and Scope of States Parties' Obligations under the International Covenant on Economic, Social and Cultural Rights, in: Human Rights Quarterly, 1987, S. 156–222 (160).

429 Art. 11 IPWSKR hat folgenden Wortlaut:
(l) Die Vertragsstaaten erkennen das Recht eines jeden auf einen angemessenen Lebensstandard für sich und seine Familie an, einschließlich ausreichender Ernährung, Bekleidung und Unterbringung, sowie auf eine stetige Verbesserung der Lebensbedingungen. Die Vertragsstaaten unternehmen geeignete Schritte, um die Verwirklichung dieses Rechts zu gewährleisten, und erkennen zu diesem Zweck die entscheidende Bedeutung einer internationalen, auf freier Zustimmung beruhenden Zusammenarbeit an.

diente Art. 11 neben Art. 12 IPWSKR als eine der zentralen Normen für die Begründung eines solchen Rechts.[430] Die Formulierung von Art. 11 IPWSKR bietet ausreichend Raum für Interpretationen. Ein besonderes Augenmerk muss dabei auf Art. 11 Abs. 1 IPWSKR gelegt werden und hier insbesondere auf folgende Formulierung:

> *"Die Vertragsstaaten erkennen das Recht eines jeden auf einen angemessenen Lebensstandard für sich und seine Familie an, einschließlich ausreichender Ernährung, Bekleidung und Unterbringung, sowie auf eine stetige Verbesserung der Lebensbedingungen. (...)"*[431].

Es ist allgemein anerkannt, dass die Aufzählung in Art. 11 Abs. 1 IPWSKR nicht als abschließend betrachtet werden darf.[432] Insofern ist die Möglichkeit der Interpretation eröffnet. Daran schließt sich somit die Frage an, ob die Formulierung „angemessener Lebensstandard" ein Recht auf Energie beinhaltet.[433]

1. Ein Recht auf Zugang zu Grundversorgung mit Energie als Bestandteil eines angemessenen Lebensstandards

Der Begriff des angemessenen Lebensstandards ist nicht eindeutig an objektiven Kriterien auszumachen. Vielmehr spielen bei der Definition verschiedene Aspekte eine Rolle, um der Multidimensionalität[434] des Begriffs gerecht zu werden. So hängt der Begriff des Lebensstandards unter anderem von Faktoren wie der gesellschaftlichen Stellung des Individuums, dessen geografischer Herkunft oder der Tatsache, wo der Mensch seinen Lebensmittelpunkt hat, ab, aber auch seine

---

(2) In Anerkennung des grundlegenden Rechts eines jeden, vor Hunger geschützt zu sein, werden die Vertragsstaaten einzeln und im Wege internationaler Zusammenarbeit die erforderlichen Massnahmen, einschliesslich besonderer Programme, durchführen
a) zur Verbesserung der Methoden der Erzeugung, Haltbarmachung und Verteilung von Nahrungsmitteln durch volle Nutzung der technischen und wissenschaftlichen Erkenntnisse, durch Verbreitung der ernährungswissenschaftlichen Grundsätze sowie durch die Entwicklung oder Reform landwirtschaftlicher Systeme mit dem Ziel einer möglichst wirksamen Erschliessung und Nutzung der natürlichen Hilfsquellen;
b) zur Sicherung einer dem Bedarf entsprechenden gerechten Verteilung der Nahrungsmittelvorräte der Welt unter Berücksichtigung der Probleme derNahrungsmittel einführenden und ausführenden Länder.

430 CESCR-General Comment Nr. 15 (2002), Abs 3; vgl. oben, S. 92 ff.

431 BGBl. 1973 II S. 1569ff.

432 CESCR-General Comment No 15 (2002), Abs. 3.

433 Ausführlich zum Begriff des angemessenen Lebensstandard, siehe: *Engbruch*, Das Menschenrecht auf einen angemessenen Lebensstandard, (2007).

434 Vgl. *Engbruch*, Das Menschenrecht auf einen anagemessenen Lebensstandard, S. 87.

Religion, Ethik und Wertvorstellungen können Einfluss auf den Begriff haben. Entscheidend ist darüber hinaus auch die Zeit, in der der Mensch lebt. Was unter einem angemessenen Lebensstandard zu verstehen ist, ist einem ständigen Wandel unterworfen. Niemand wird zum Beispiel in Abrede stellen wollen, dass ein Lebensstandard der im 15. oder 16. Jahrhundert als angemessen angesehen wurde, heute im 21. Jahrhundert noch Gültigkeit beansprucht.[435] Grundsätzlich enthalten wsk-Rechte wie oben schon beschrieben einen sogenannten Kerngehalt, der für jeden Menschen die gleiche Bedeutung besitzt. Dies kann auf die Aussage reduziert werden, dass jedem der wsk-Rechte immanent ist, dass dem Mensch ein Leben in Würde ermöglicht wird. Kann der in Art. 11 Abs. 1 IPWSKR enthaltene Kerngehalt nur dann erfüllt werden, wenn ein Zugang zu sauberer, also aus nachhaltigen Quellen stammende Energie vorhanden ist, könnte daraus geschlussfolgert werden, dass Energie Bestandteil eines angemessenen Lebensstandards ist.

Art. 11 Abs. 1 IPWSKR selbst bietet keine Definition eines angemessenen Lebensstandards, allerdings enthält die Norm Indizien, was darunter zu verstehen sein könnte. In Art. 11 Abs. 1 IPWSKR werden eine Reihe von Rechten aufgezählt, die für die Realisierung eines angemessenen Lebensstandards notwendig sind. Diese umfassen ausreichende Ernährung, Bekleidung und Unterbringung sowie eine stetige Verbesserung der Lebensbedingungen. Wie oben schon erwähnt muss bei der Auslegung und Interpretation von Verträgen sehr behutsam umgegangen werden, da aus einer rechtmäßigen Vertragsinterpretation schnell eine unzulässige Vertragserweiterung resultieren kann. Der Begriff „angemessener Lebensstandard" könnte unter Umständen auch ein Recht auf Energie umfassen. Die Aufzählung in Art. 11 Abs. 1 IPWSKR ist nicht abschließend. Ein angemessener Lebensstandard zeichnet sich folglich nicht nur dadurch aus, dass dieser ausreichend Ernährung, Bekleidung und Unterbringung sowie eine stetige Verbesserung der Lebensbedingungen umfassen muss, sondern es können auch weitere Aspekte eine Rolle spielen, wie beispielsweise Energie in Form von Elektrizität. Schon ein näherer Blick auf das Wort „einschließlich" unterstreicht diese These. Die aufgezählten Rechte definieren nicht den angemessenen Lebensstandard, sondern stellen vielmehr eine Konkretisierung des Begriffs „angemessener Lebensstandard" dar. Als Präposition hat das Wort einschließlich die Bedeutung von „mitsamt" oder „unter Einschluss".[436] Es impliziert somit, dass

435 Auch hieraus kann gefolgert werden, dass es notwendig ist bei der Interpretation von Verträgen einem dynamischen Ansatz zu folgen.

436 Vgl. Duden unter dem Stichwort „einschließlich".

ein angemessener Lebensstandard eine ausreichende Ernährung, Bekleidung und Unterbringung sowie eine stetige Verbesserung der Lebensbedingungen umfasst, aber nicht auf diese beschränkt ist.[437] Es handelt sich bei der Aufzählung somit um eine Konkretisierung des Begriffs „angemessener Lebensstandard", so wie es die Verfasser des Vertrages im Zeitpunkt der Entstehung für richtig hielten. Dies wird auch bei einem Blick in die *Travaux Préparatoires,* die bei der Interpretation herangezogen werden sollten, deutlich.[438] Bezüglich des Art. 11 Abs. 1 IPWSKR heißt es, dass die aufgezählten Rechte Ernährung, Bekleidung und Unterbringung im Lauf der Zeit geändert werden können.[439] Daraus folgt eindeutig, dass die Aufzählung nicht als abschließend zu betrachten ist. In der Praxis wäre eine spätere Änderung beziehungsweise Erweiterung des Sozialpakts nur schwerlich durchsetzbar oder unmöglich, weshalb eine Anpassung an die Gegebenheiten derzeit nur im Rahmen der Auslegung erfolgen kann.

Bei der weiteren Betrachtung der in Art. 11 Abs. 1 IPWSKR genannten Rechte fällt auf, dass diese nur durch einen adäquaten Zugang zu Energie realisiert werden können. Das Recht auf Nahrung kann zum Beispiel nur erfüllt werden, sofern eine Person die Möglichkeit hat, diese zuzubereiten. Die Zubereitung von Nahrung kann aber nur dann erfolgen, wenn auf die dafür benötigte Energie zugegriffen werden kann. Sei es in Form von Brennholz oder idealerweise durch eine saubere Energiequelle wie Erdgas oder Elektrizität. Die Realisierung des Rechts auf Unterbringung kann durch die Bereitstellung von Unterkünften erfolgen. Werden Unterkünfte für Menschen geschaffen, kann deren Leid vermindert und deren Überleben gesichert werden. Eine Unterkunft nützt jedoch wenig, wenn man sich darin nicht frei entfalten oder weiter entwickeln kann, weil sie über keinen Zugang zu einer angemessenen Energieversorgung verfügt. So ist Energie notwendig, um Räume zu heizen oder zu kühlen. Darüber hinaus muss eine Wohnung über eine angemessene Möglichkeit der Beleuchtung verfügen, was durch einen Anschluss mit Elektrizität erreicht werden kann. Mit nur unzureichender Beleuchtung werden viele Menschen zum Beispiel aus dem Bildungssystem ausgeschlossen, weil sie ab Einbruch der Dunkelheit nicht mehr

437 In diesem Zusammenhang könnte es als problematisch angesehen werden, dass der autentische Text in englischer Sprache abgefasst wurde. Die englische Originalfassung spricht von „including". Aber auch das Wort „including" kennzeichnet die Aufzählung nicht als abschließend. „Including" ist synomym für „that includes", "shuts in", "ecloses", or "comprises". Insofern bestehen keine Differenzen zwischen der englischen und deutschen Bedeutung.

438 Vgl. auch oben, S. 106 ff.

439 E/CN.4/SR.222, S. 19 (Bowie UK).

vernünftig arbeiten oder studieren können. So wird auch im General Comment Nr. 4 betreffend das Recht auf Unterkunft festgestellt,

> *"access to energy is essential to realise the right to housing mentioned in Art. 11 (1) ICESCR."*[440]

Auch wenn in General Comment Nr. 4 nicht ausdrücklich ein Recht auf Energie erwähnt wird, so lässt sich daraus ableiten, dass die in Art. 11 Abs. 1 erwähnten Rechte nur erfüllt werden können, wenn ein adäquater Zugang zu Energie bereitgestellt wird.

Zugang zu Energie ist folglich eine Grundvoraussetzung zum Kochen, zum Beleuchten, Heizen, Kühlen und für den Betrieb von Abwassereinrichtungen. Man könnte also daraus ableiten, dass ein Zugang zu Energie eine Grundvoraussetzung darstellt oder *conditio sine qua non* ist, um die Voraussetzungen eines angemessenen Lebensstandards zu erfüllen.[441]

2. Bewertung

Geht man mit dem vorher Gesagtem davon aus, dass ein Zugang zu Grundversorgung mit Energie im Ergebnis *conditio sine qua non* ist, um die Voraussetzungen eines angemessenen Lebensstandard zu erfüllen, kann daraus geschlussfolgert werden, dass in Art. 11 Abs. 1 IPWSKR ein Recht auf Zugang zu Grundversorgung mit Energie enthalten ist. Diese Schlussfolgerung besäße eine höhere Aussagekraft, wenn sie durch weitere Argumente bekräftigt werden könnte.

II. Auslegung der weiteren im Pakt enthaltenen Rechte

Die Interpretation von Art. 11 Abs.1 IPWSKR deutet daraufhin, dass in der Norm ein Recht auf Energie enthalten sein könnte. Ob es als eigenständiges Recht Bestand hat, soll hier aber noch dahingestellt bleiben. Eine Analyse der Art. 11 Abs. 1 IPWSKR umgebenden Rechte könnte die These, dass in dem Sozialpakt ein Recht auf Zugang zu Grundversorgung mit Energie enthalten ist, untermauern. Wie Art. 11 Abs. 1 IPWSKR befinden sich auch alle weiteren Rechte des Pakts im dritten Teil.[442] Eine Unterscheidung in der Systematik nach

---

440 Office of the High Commissioner of Human Rights, CESCR-General Comment Nr. 4 (1992), Abs. 8 (b).

441 *Engbruch,* Das Menschenrecht auf einen angemessenen Lebensstandard, S. 249; *Sachs/Silk,* Food and Energy, Strategies for Sustainable Development, S. 4.

442 Vgl. ausführlich zum Aufbau des IPWSKR *Riedel,* in: MPEPIL, International Covenant on Economic, Social and Cultural Rights (1966), Rn. 5; *ders.,* Economic, Social

wirtschaftlichen, sozialen oder kulturellen Rechten findet nicht statt.[443] Dies spricht für eine Gleichrangigkeit der WSK-Rechte. Im nachfolgenden Teil der Arbeit sollen die weiteren Rechte des Pakts daraufhin untersucht werden, ob der Zugang zu Energie Voraussetzung für deren Realisierung ist oder ihnen gar ein Recht auf Energie immanent ist. Zunächst soll sich die Analyse auf Art. 12, Art. 6 und 7, auf Art 13 sowie auf Art. 15 IPWSKR beschränken.

1. Auslegung von Art. 12 IPWSKR (Gesundheit)

Gemäß Art. 12 IPWSKR erkennen die Vertragsstaaten das Recht eines jeden auf das für ihn erreichbare Höchstmaß an körperlicher und geistiger Gesundheit an. Es wird in der Völkerrechtslehre unstreitig und vereinfacht von einem Recht auf Gesundheit gesprochen, auch wenn vertragliche Kodifizierungen die Terminologie „Recht auf Gesundheit" nicht ausdrücklich verwenden, beziehungsweise eine klare und einfache Definition nur schwer zu finden ist.[444] Art. 12 IPWSKR gliedert sich in zwei Absätze. Nach Art. 12 Abs. 1 IPWSKR erkennen die Vertragsstaaten das Recht eines jeden auf das für ihn erreichbare Höchstmaß an körperlicher und geistiger Gesundheit an. Nach Ansicht des Ausschusses für wirtschaftliche, soziale und kulturelle Rechte enthält Art. 12 Abs. 1 IPWSKR

---

and Cultural Rights, in: Krause/Scheinin (Hrsg.) International Protection of Human Rights: A Textbook, S. 129 (132).

443 *Steiner/Alston/Goodman,* International Human Rights in Context, 2008, S. 267. Praktisch ist eine klare Trennung nur schwer zu vollziehen. So kann beispielhaft das Recht auf Bildung sowohl als ein wirtschafltiches, soziales oder kulturelles Recht qualifiziert werden, aber es könnte durchaus auch unter die Kategorie bürgerlich bzw. politisch subsumiert werden.

444 Vgl. hier nur einige, *Kinney,* The International Human Right to Health: What Does This Mean for our Nation and World?, in: Indiana Law Review 2001, S. 1457–1475 (1459 f.); Kinney/Clark, Provisions for Health and Health Care in the Constitutions of the Countries of the World, in: Cornell International Law Journal, 2004, S. 285–355 (286); *Leary,* The Right to Health in International Human Rights Law, in: Health and Human Rights 1994, S. 24–56; *Riedel,* Human Right to Health: Conceptual Foundations, in: Swiss Human Rights Books Vol. 3, Realizing the Right to Health, S. 21–39 (25); *ders.,* New Bearings to the State Reporting Procedure: Practical Ways to Operationalize Economic, Social and Cultural Rights – the Example of the Right to Health, in: von Schorlemer (Hrsg.), Praxis-Handbuch UNO, Die Vereinten Nationen im Lichte globaler Herausforderungen, S. 345–358; *ders.,* Health, Right to, International Protection, in: Wolfrum (Hrsg.), The Max Planck Encyclopedia of Public International Law, 2008, Rn. 29, online edition, [www.mpepil.com], letzter Zugriff am 10.1.2012; CESCR-General Comment Nr. 14 (2000), Abs. 2.

sogar eine Legaldefinition des Rechts auf Gesundheit.[445] In Absatz 2 lit a – d folgt eine Aufzählung der Maßnahmen, die von den Vertragsstaaten umgesetzt werden sollen, um das in Absatz 1 innewohnende Recht zu verwirklichen.

Das Recht auf Gesundheit aus Art. 12 IPWSKR ist mehrdimensional. Zum einen garantiert es bestimmte Freiheiten, zum anderen können bestimmte Ansprüche aus der Norm abgeleitet werden.[446] Jeder ist zunächst frei, über seine eigene Gesundheit und seinen Körper zu verfügen, dies schließt die sexuelle Freiheit sowie die Fortpflanzungsfreiheit ein, umfasst ist zum Beispiel aber auch die Freiheit, nicht gegen seinen Willen medikamentös behandelt zu werden.[447] Die aus der Norm abgeleiteten Ansprüche enthalten zum Beispiel das Recht auf ein funktionierendes Gesundheitssystem, das jeder ohne Diskriminierung in Anspruch nehmen kann.[448] Weiter enthalten ist aber auch ein Anspruch auf Notfallbehandlung und die einem Recht auf Gesundheit zugrunde liegenden Voraussetzungen der Gesundheit wie sanitäre Einrichtungen, Zugang zu sauberem Wasser, geeignete Nahrung und Unterkunft, sichere und gesunde Arbeitsbedingungen und eine gesunde Umwelt, die, wenn sie nicht erfüllt werden, zu keinem ausreichenden Schutz des Rechts auf Gesundheit führen.[449]

Bei genauerer Betrachtung von Art. 12 IPWSKR fällt sehr schnell auf, dass eine Realisierung der enthaltenen Freiheiten und Ansprüche nur sehr schwer ohne einen geeigneten Zugang zu Energie vorstellbar ist.[450] Wegen der recht weit

---

445 CESCR-General Comment Nr. 14 (2000), Abs. 7.

446 CESCR-General Comment Nr. 14 (2000), Abs. 7; *Riedel,* Human Right to Health: Conceptual Foundations, in: Swiss Human Rights Books Vol. 3, Realizing the Right to Health, S. 21–39 (26 f.).

447 CESCR-General Comment Nr. 14 (2000), Abs. 8.

448 CESCR-General Comment Nr. 14 (2000), Abs. 8; *Riedel,* Human Right to Health: Conceptual Foundations, in: Swiss Human Rights Books Vol. 3, Realizing the Right to Health, S. 21–39 (26 f.).

449 *Riedel,* Human Right to Health: Conceptual Foundations, in: Swiss Human Rights Books Vol. 3, Realizing the Right to Health, S. 21–39 (27); *ders.,* Health, Right to, International Protection, in: Wolfrum (Hrsg.), The Max Planck Encyclopedia of Public International Law, 2008, Rn. 31, online edition, [www.mpepil.com], letzter Zugriff am 10.1.2012.

450 *Bradbrook/Gardam,* A Human Dimension to the Energy Debate: Access to Modern Energy Services, in: Jounral of Energy and Natural Resources Law 2008, S. 526–552 (541); Bradbrook/Gardam, Placing Access to Energy Services within a Human Rights Framework, in: Human Rights Quarterly 2006, S. 389–415 (405 f.).

gefassten Formulierung von Art. 12 IPWSKR[451], soll zunächst die Norm selbst dahingehend analysiert werden, inwiefern schon dem Wortlaut nach ein Recht auf Zugang zu Grundversorgung mit Energie vom Artikel umfasst ist. Im Anschluss ist die Frage zu klären, ob auch die in der Völkerrechtslehre vorherrschende Interpretation des Art. 12 IPWSKR einen Zugang zu Energie notwendig erscheinen lässt.

Art. 12 Abs. 2 IPWSKR nennt unter lit. a) ausdrücklich, dass die Vertragsstaaten Maßnahmen ergreifen sollen, um die Zahl der Totgeburten und Kindersterblichkeit zu senken sowie die gesundheitliche Entwicklung von Kindern zu stärken. Effektive Maßnahmen in diesem Bereich sind nur mithilfe moderner medizinischer Apparaturen vorstellbar. Der Betrieb solchen medizinischen Geräts setzt einen geeigneten Zugang zu Energie – meistens in Form von Elektrizität – voraus. In Art. 12 Abs. 2 lit. b) IPWSKR werden weitere Maßnahmen zur Verbesserung aller Aspekte der Umwelt- und Arbeitshygiene gefordert. Um dies zu erreichen, ist zunächst ein Zugang zu Wasser und sanitären Einrichtungen unumgänglich, dies kann wie oben schon dargestellt, nur gewährleistet werden, wenn ein ausreichender Zugang zu Energie vorhanden ist. Dies gilt insbesondere dann, wenn warmes Wasser benötigt wird, was für Aspekte der Hygiene von großer Bedeutung ist. Auch gemäß Art. 12 Abs. 2 lit c) IPWSKR, wonach Maßnahmen zur Vorbeugung, Behandlung und Bekämpfung epidemischer, endemischer, Berufs- und sonstiger Krankheiten ergriffen werden sollen, ist ein Zugang zu Energie Voraussetzung. Zum einen spielen – gerade im Rahmen der Bekämpfung von Epidemien oder Endemien – Aspekte der Hygiene eine wichtige Rolle. Zum anderen schließen präventive Maßnahmen das Sammeln und Speichern von Daten und Informationen in Bezug auf eine bestimmte Krankheit ein und macht den Einsatz von EDV notwendig. Letztlich sollen nach Art. 12 Abs. 1 lit. d) Voraussetzungen geschaffen werden, die für jedermann im Krankheitsfall den Genuss medizinischer Einrichtungen und ärztlicher Betreuung sicherstellen. Krankenhäuser sind Bestandteil eines funktionierenden Gesundheitssystems. Wie soll aber ein Krankenhaus funktionieren, wenn es über keine ausreichende Energieversorgung verfügt? Während einer Operation ist eine ausreichende Beleuchtung zwingend erforderlich. Weiter benötigen elektronische Geräte zur Überwachung von Vitalfunktionen während einer Operation – aber auch darüber hinaus im Rahmen der Intensivmedizin – Strom. Viele Medikamente müssen gekühlt werden, damit sie ihre Wirkung nicht verlieren oder

451 *Riedel,* Human Right to Health: Conceptual Foundations, in: Swiss Human Rights Books Vol. 3, Realizing the Right to Health, S. 21–39 (28).

haltbar bleiben. Dies spielt nicht nur eine Rolle für Krankenhäuser in großen Städten oder Ballungszentren, sondern ist auch für kleine ambulante Praxen auf dem Land von essentieller Bedeutung. Wie oben beschrieben sind auch sanitäre Einrichtungen, Zugang zu sauberem Wasser, geeignete Nahrung und Unterkunft, sichere und gesunde Arbeitsbedingungen und eine gesunde Umwelt von einem Recht auf Gesundheit nach Art. 12 I IPWSKR umfasst, was wiederum auch nur durch einen ausreichenden Zugang zu Energie gewährleistet werden kann. Insofern kann hier auch auf die Ausführungen von Art. 11 Abs. I IPWSKR Bezug genommen werden, da die genannten Elemente auch von Art. 11 Abs. 1 IPWSKR beinhaltet werden.

Es wurde schon darauf hingewiesen, dass viele Krankheiten der Atemwege eine unmittelbare Folge eines fehlenden Zugangs zu Energie sind.[452] Zwar darf das Recht auf Gesundheit gemäß Art. 12 IPWSKR, obwohl es sehr weitgehend formuliert ist, nicht im Sinne eines Rechts auf „gesund zu sein" interpretiert werden[453]. Aber es beinhaltet die Verpflichtung, präventiv potenzielle Krankheitsherde zu eliminieren. Folglich werden gesundheitliche Probleme wie Atembeschwerden, die die Menschen durch das Verbrennen von Feuerholz in ihren Unterkünften erleiden – ausgelöst durch mangelnde Alternativen wie zum Beispiel Elektrizität zum Kochen oder Heizen – von Art. 12 IPWSKR erfasst.

Es wird insgesamt deutlich, dass auch die Realisierung der Verpflichtungen und Freiheiten aus Art. 12 IPWSKR einen Zugang zu einer verlässlichen Energiequelle voraussetzen.

2. *Auslegung von Art. 6 und 7 IPWSKR (Arbeit)*

Weiter sollen auch Art. 6 und 7 IPWSKR daraufhin untersucht werden, ob sie Indikatoren für ein Recht auf Energie enthalten. Art. 6 IPWSKR statuiert ein Recht auf Arbeit. Das in Art. 6 IPWSKR enthaltene Recht auf Arbeit ist sehr allgemein gefasst, erfährt aber im Zusammenhang mit Art. 7 IPWSKR eine individuelle

452 Siehe oben, S. 24 ff.

453 Ein solcher Anspruch wäre rein faktisch nicht durchsetzbar. Viele Faktoren die für die Gesundheit eines Menschen relevant sind, können von selbeigem nicht oder noch nicht beeinflußt werden. Zu denken ist etwa an Erbkrankheiten, Gendefekte oder Krankheiten wie die Multiple Sklerose (MS), die zurzeit noch nicht heilbar sind. Dies hätte zur Folge, dass der Staat jedem seiner Bürger perfekte Gesundheit garantieren müsste. So auch *Riedel*, Health, Right to, International Protection, in: Wolfrum (Hrsg.), The Max Planck Encyclopedia of Public International Law, 2008, Rn. 29, online edition, [www.mpepil.com], letzter Zugriff am 10.1.2012.

Dimension.[454] Gemäß Art. 7 IPWSKR soll jeder in den Genuss von gerechten und günstigen Arbeitsbedingungen kommen, sowie insbesondere sichere Arbeitsbedingungen vorfinden. Zwar haben sowohl Art. 6 als auch Art. 7 IPWSKR eine eigenständige Bedeutung, trotzdem sind beide Normen ineinandergreifend und deshalb sehr eng miteinander verbunden.[455] Aus diesem Grund sollen die beiden Normen gemeinsam analysiert werden. Es stellt sich auch in diesem Zusammenhang die Frage, ob den beiden Normen ein Recht auf Energie immanent ist.[456]

Der Ausschuss für wirtschaftliche, soziale und kulturelle Rechte hat in seinem General Comment Nr. 18 festgestellt,

> *"Work as specified in article 6 of the Covenant must be decent work. This is work that respects the fundamental rights of the human person as well as the rights of workers in terms of conditions of work safety and remuneration."*[457]

Kann ein Arbeitsplatz, der diese Voraussetzungen erfüllen soll, ohne einen angemessenen Zugang zu sauberen Energiequellen auskommen? Dies scheint nur schwer vorstellbar. Gerade in der heutigen Zeit kann ein Arbeitsplatz nur dann effizient und produktiv sein, wenn dieser über einen Elektrizitätsanschluss verfügt. Ein Großteil moderner Arbeitsplätze muss neben sauberem Wasser, modernen und leistungsfähigen Maschinen auch über moderne Kommunikationsmittel wie Telefone und Computer verfügen, die allesamt nur mit Elektrizität funktionieren. Gerade im Zusammenhang mit sicheren beziehungsweise gesunden Arbeitsbedingungen, deren Sicherstellung ausdrücklich durch den Sozialpakt gewährleistet werden sollen (vgl. Art. 7 lit. b IPWSKR), ist ein Zugang zu Energie notwendige Voraussetzung. Ein sicherer und vor allem gesunder Arbeitsplatz sollte als Minimalvoraussetzung über eine funktionierende und ausreichende Frischluftzufuhr verfügen[458], adäquat beleuchtet sein und einen minimalen Hygienestandard aufweisen sowie beheizbar oder klimatisierbar sein. Dies setzt die Ausstattung des Arbeitsplatzes mit einer ausreichenden Energieversorgung voraus.

---

454 Vgl. CESCR-General Comment Nr. 18 (2005), Abs. 2.

455 CESCR-General Comment Nr. 18 (2005), Abs. 8.

456 Bejahend, *Bradbrook/Gardam,* A Human Dimension to the Energy Debate: Access to Modern Energy Services, in: Jounral of Energy and Natural Resources Law 2008, S. 526–552 (541); Bradbrook/Gardam, Placing Access to Energy Services within a Human Rights Framework, in: Human Rights Quarterly 2006, S. 389–415 (406).

457 CESCR-General Comment Nr. 18 (2005), Abs. 7.

458 Beispiel Herstellung von Kleidung (Bangladesch).

Zusammenfassend zeigt sich auch bei einer Analyse der Art. 6 i.V..m. Art. 7 IPWSKR, dass den Normen ein Zugang zu Energie immanent ist beziehungsweise Energie eine notwendige Voraussetzung für eine Realisierung der enthaltenen Rechte darstellt.

3. *Auslegung von Art. 13 IPWSKR (Bildung)*

Inwiefern Art. 13 IPWSKR ein Recht auf Energie immanent sein soll, scheint auf den ersten Blick nicht sofort ersichtlich. Gemäß Art. 13 IPWSKR erkennen alle Vertragsstaaten das Recht auf Bildung eines jeden an. Allgemein gesprochen enthält Art. 13 IPWSKR ein Recht auf Bildung. Dabei herrscht Einigkeit in der Völkerrechtslehre darüber, was Absicht und Ziel des Abkommens ist. Bildung sollte es dem Individuum ermöglichen, frei seine Persönlichkeit und Würde zu entwickeln, an einer freien Gesellschaft teilzunehmen und die Menschenrechte zu respektieren.[459]

Art. 13 IPWSKR stellt die längste und umfangreichste Norm des Sozialpakts dar, wodurch die Signifikanz von Bildung für eine Gesellschaft unterstrichen wird. So hat auch der Ausschuss des Sozialpakts in seinem General Comment Nr. 13 festgestellt, dass die Erkenntnis wächst, die Bildung sei eine der besten Investitionen, die ein Staat machen kann.[460]

Art. 13 IPWSKR unterscheidet verschiedene Stufen der Bildung, namentlich *primary education* (Art. 13 Abs. 2, lit. a IPWSKR), *secondary education* (Art. 13 Abs. 2, lit. b IPWSKR), *higher education* (Art. 13 Abs. 2, lit. c IPWSKR) und *fundamental education* (Art. 13 Abs. 2, lit. d IPWSKR).[461]

Bis zu einem gewissen Level ist es sicherlich möglich, Kinder ohne einen Zugang zu Energie zu unterrichten, beziehungsweise ihnen einen Zugang zu Bildung zu ermöglichen. Dies würde den Bereich der *fundamental education* und *primary education* umfassen, obwohl auch hier unter bestimmten Umständen

---

459 *Kalantry/Getgen/Koh,* Enhancing Enforcement of Economic, Social, and Cultural Rights Using Indicators: A Focus on the Right to Education in the ICESCR, in: Human Rights Quartely 2010, S. 253–310 (262); *Nowak,* The Right to Education, in: Eide/Krause/Rosas (Hrsg.), Economic, Social and Cultural Rights: A Textbook, 2. Aufl. 2001, S. 245–272; CESCR-General Comment Nr. 13 (1999), Abs. 4.

460 CESCR-General Comment Nr. 13 (1999), Abs. 1.

461 In der deutschen Übersetzung des Sozialpakts wird folgende Terminologie benutzt. Dort heißt es für *primary education* Grundschulunterricht, für *secondary education* Formen des höheren Schulwesens, einschließlich des höheren Fach- und Berufsschulwesens, für *higher education* Hochschulunterricht und für *fundamental education* grundegende Bildung.

Energie für die Realisierung des Rechts erforderlich wäre. Zu denken ist etwa daran, dass Schulräume, sofern welche existieren, ausreichend beleuchtet sein müssen und gegebenenfalls über eine adäquate Klimatisierung verfügen müssen. Wird hingegen ein höherer Bildungsabschluss oder ein Studium angestrebt, ist es in der heutigen Zeit nur noch schwer vorstellbar, dies ohne einen Zugang zu Energie zu erreichen. Damit wären die Bereiche der *secondary education* und *higher education* umfasst. Spätestens auf diesem Level ist die Vermittlung von Bildung ohne Computer und einem Internetzugang nur schwer realisierbar.

Im Zusammenhang mit Bildung und einem fehlenden Zugang zu Energie muss auch die schon oben angesprochene Problematik aufgegriffen werden, dass Kinder in Entwicklungsländern ihren Eltern häufig beim Sammeln von Brennstoffen behilflich sein müssen, weil diese Materialien zum Kochen und Heizen benötigt werden.[462] Aus Art. 13 IPWSKR resultiert die Verpflichtung der Vertragsstaaten dafür zu sorgen, dass Bildungseinrichtungen für jeden zugänglich sein müssen.[463] Zudem tragen sie die Verantwortung, das Recht auf Bildung, wenn nötig, durch positive Maßnahmen zu realisieren.[464] Durch die Bereitstellung eines Zugangs zu Energie, um das Kochen und Heizen zu ermöglichen, müssten die Kinder nicht mehr bei der Suche nach Brennmaterialien behilflich sein und könnten in der Zeit Bildungseinrichtungen besuchen. Gleiches gilt in Bezug auf die Tatsache, dass es nach Einbruch der Dunkelheit oft nicht möglich ist zu lernen, weil ein fehlender Zugang zu Energie eine adäquate Beleuchtung vermissen lässt.[465]

Es zeigt sich, dass auch die Umsetzung des in Art. 13 IPWSKR enthaltenen Rechts auf Bildung einen Zugang zu Energie voraussetzt.

4. Auslegung Art. 15 IPWSKR (Kultur)

Fraglich ist, ob auch Art. 15 IPWSKR Anhaltspunkte für ein im Sozialpakt enthaltenes Recht auf Energie enthält. Art. 15 Abs. 1 lit. a IPWSKR[466] normiert ein

---

462 UNDP, Gender & Energy, For Sustainable Development: A Toolkit and Resource Guide, 2004, S. 12.

463 CESCR-General Comment Nr. 13 (1999), Abs. 6.

464 CESCR-General Comment, Nr. 13 (1999), Abs. 47.

465 Department for International Development, Energy fort he Poor: Underpinning the Millennium Development Goals, 2002, S. 7; UNDP, Gender & Energy, For Sustainable Development: A Toolkit and Resource Guide, 2004, S. 12.

466 Umfassend *Gorni*, Das Menschenrecht auf Teilnahme am kulturellen Leben. Inhalt, Grenzen und Justiziabilität von Artikel 15 (1) lit. a) des Internationalen Paktes über wirtschaftliche, soziale und kulturelle Rechte", 2007.

Recht auf Teilhabe am kulturellen Leben. Weiter wird in Art. 15 Abs. 1 lit. b IPWSKR das Recht eines jeden anerkannt, an den Errungenschaften des wissenschaftlichen Fortschritts und seiner Anwendungen teilzuhaben. Außerdem finden sich unter Art. 15 Abs. 1 lit. c IPWSKR Regelungen zum Schutz geistigen Eigentums. Wie schon bei der Analyse von Art. 13 IPWSKR ist auch hier der Zusammenhang zwischen der Norm und einem Recht auf Energie nicht sofort offensichtlich. Eine genauere Analyse der Norm erscheint daher notwendig.

Zunächst eine Analyse von Art. 15 Abs. 1, lit. a IPWSKR: Es gibt eine Vielzahl von Definitionen des Begriffs Kultur, die sich alle darin gleichen, dass sie auf den facettenreichen Inhalt des Konzepts der Kultur verweisen.[467] Ein Konzept von Kultur[468] folgt einem mehr pluralistischen Sinn und umfasst nicht ausschließlich „hohe" und „anspruchsvolle" kulturelle Darbietungen, sondern auch Massenphänomene wie kommerzielles Fernsehen und Radio, die Boulevard Presse, zeitgemäße Musik und Sportveranstaltungen.[469] Gemäß den Ausführungen des wsk-Ausschusses wird Kultur folgendermaßen verstanden

> *"culture is a broad, inclusive concept encompassing all manifestations of human existence. The expression "cultural life" is an explicit reference to culture as a living process, historical, dynamic and evolving, with a past, a present and a future."*[470] Weiter stellt der Ausschuss fest, dass eine Implementierung des Rechts auf Kultur unter anderem folgendes umfasst: *"ways of life, language, oral and written literature, music and song, non-verbal communication, religion or belief systems, rites and ceremonies, sport and games, methods of production or technology, natural and man-made environments, food, clothing and shelter and the arts, customs and traditions through which individuals, groups of individuals and communities express their humanity and the meaning they give to their existence, and build their world view representing their encounter with the external forces affecting their lives."*[471]

---

467 CESCR-General Comment, Nr. 21 (2009), Abs. 10.

468 *O'Keefe*, nennt drei sich unterscheidende aber überschneidende gleich gültige Konzepte von Kultur. Dies ist zum einen Kultur im klassischen, intellektuellen Sinn wie Kunst, Literatur, klassische Musik, Theater und Architektur. Zum anderen aber Kultur im anthropologischen Sinn, die nicht nur die Produkte und Artefakte von Kreativität und Ausdruck umfassen, sondern auch die einer Gesellschaft immanenten charakteristischen Denkschema, aus denen die soziale Manifestation entspringt, beinhalten. Drittens nennt er das Konzept von Kultur im pluralistischen Sinn, auf welches für die Argumentation Bezug genommen werden soll.

469 *O'Keefe*, The „Right to take part in Cultural Life" under Art. 15 of the ICESCR, in: International and Comparative Law Quarterly, 47 (1998), S. 904–923 (905, 912 ff.).

470 CESCR-General Comment, Nr. 21 (2009), Abs. 11.

471 CESCR-General Comment, Nr. 21 (2009), Abs. 13.

Diesem Verständnis von Kultur folgend, entsteht der Eindruck, dass auch der Ausschuss einem Konzept von Kultur im pluralistischen Sinn folgt und insofern auch neue und moderne kulturelle Errungenschaften eingeschlossen sind.[472]

Kommerzielles Fernsehen, Kino und Großveranstaltungen im Bereich Sport, die von diesem Konzept der Kultur umfasst sind, können nur dann realisiert werden, wenn ein ausreichender Zugang zu Energie vorhanden ist. Natürlich ist der Fokus hier auf Partizipation eines jeden am kulturellen Leben gelegt und nicht auf die Schaffung kommerzieller Veranstaltungen. Dennoch zeigt sich auch hier ein Zusammenhang zwischen der Realisierung des normierten Rechts und Energie. Partizipation am kulturellen Leben in all seinen Facetten setzt einen Zugang zu Energie voraus.

Weiter ist zu beachten, dass Art. 15 (1) (b) IPWSKR gewährleistet, dass an den Errungenschaften des wissenschaftlichen Fortschritts und seiner Anwendungen teilzuhaben ist. Elektrizität und erneuerbare Energien im Allgemeinen stellen Errungenschaften des wissenschaftlichen Fortschritts dar.

5. *Zwischenergebnis*

Die Untersuchung der Art. 12, 6 u. 7, 13 und 15 des Sozialpakts hat gezeigt, dass Energie eine notwendige Voraussetzung für die Erfüllung der darin enthaltenen Verpflichtungen darstellt. Die Erfüllung des Rechts auf Gesundheit kann nur dann effektiv umgesetzt werden, wenn ein Zugang zu Elektrizität gegeben ist. Zum einen verursacht der fehlende Zugang zu Energie Erkrankungen, wie beispielsweise der Atemwege[473], wodurch ein Verstoß gegen das Recht auf Gesundheit gegeben ist. Zum anderen kann eine funktionierende medizinische Infrastruktur, die in der Lage ist, den gesundheitlichen Bedürfnissen gerecht zu werden, ohne ausreichende Energie nicht aufgebaut werden. Dem Grundsatz der progressiven Realisierung gemäß Art. 2 Abs. 1 IPWSKR muss die kontinuierliche Verbesserung der Gesundheitsversorgung das langfristige Ziel sein.

Energie ist zudem eine Grundvoraussetzung für die Erfüllung des in Art. 6 und 7 IPWSKR enthaltenen Rechts auf Arbeit. Moderne, die Bedürfnisse des Menschen berücksichtigende und sichere Arbeitsbedingungen können nur durch einen Zugang zu Energie gewährleistet werden. Darüber hinaus führt eine ausreichende Energieversorgung zur Generierung von Arbeitsplätzen. Sei es,

---

472 *O'Keefe,* The „Right to take part in Cultural Life" under Art. 15 of the ICESCR, in: International and Comparative Law Quarterly, 47 (1998), S. 904–923 (913).

473 Vgl. oben, S. 24 ff.

weil sich die Produktivität steigern lässt oder weil durch den Zugang zu Energie neue Beschäftigungsfelder entstehen.

Auch das Recht auf Bildung aus Art. 13 IPWSKR kann nur durch einen Zugang zu Energie erfüllt werden. Denn schon mangelnde Beleuchtung kann das Recht auf Bildung direkt oder indirekt erheblich beschränken.[474]

Eine effektive Erfüllung der weiteren im Sozialpakt enthaltenen Rechte kann somit nur dann gewährleistet sein, wenn ein Zugang zu Energie besteht. Auch in diesen Normen ist ein Recht auf Zugang zu Grundversorgung mit Energie enthalten.

III. Das Recht auf Wasser und sanitäre Einrichtungen und Energie

Wie schon oben ausgeführt, werden aus dem Sozialpakt die Rechte auf Wasser und sanitäre Einrichtungen abgeleitet.[475] Die Rechtsgrundlage bildet Art. 11 Abs. 1 i.V.m. Art. 12 IPWSKR. Wasser und sanitäre Einrichtungen sind notwendige Voraussetzung eines ausreichenden Lebensstandards, aber auch notwendig, um das Recht auf Gesundheit erfüllen zu können. Hierin zeigen sich Parallelen zum Recht auf Grundversorgung mit Energie.

Aber auch die Erfüllung der Rechte auf Wasser und sanitäre Einrichtungen selbst setzt einen Zugang zu Energie voraus.[476] Die Versorgung von entlegenen Gebieten mit Wasser macht es notwendig, dass dies unter Umständen über längere Strecken transportiert oder aber aus Brunnen gewonnen werden muss. Die dazu benötigten Pumpen bedürfen Energie um effektiv arbeiten zu können.[477] Gleiches gilt für das Recht auf sanitäre Einrichtungen. Abwässer müssen oftmals über lange Strecken an Orte geleitet werden, an denen gewährleistet ist, dass für die Bewohner keine gesundheitlichen Gefährdungen von den Abwässern ausgehen.[478] Es zeigt sich somit auch in diesem Fall, dass eine Erfüllung des Rechts nur dann möglich ist, wenn ein ausreichender Zugang zu Energie besteht. Energie ist notwendige Voraussetzung der Rechte auf Wasser und sanitäre Einrichtungen. Ohne einen ausreichenden Zugang zu Energie können die Rechte auf Wasser und sanitäre Einrichtungen nicht erfüllt werden.

---

474 Vgl. oben, S. 20 ff.

475 Vgl. oben, S. 92 ff.

476 *AGECC*, Energy for a Sustainable Future, 2010, S. 7.

477 *AGECC*, Energy for a Sustainable Future, 2010, S. 7; *Komives*, Water, electricity, and the poor: who benefits from utility subsidies?, World Bank (Hrsg.), 2005, S. 154; UNDP et. al., Energy Services for the Millenium Development Goals, 2005.

478 *AGECC*, Energy for a Sustainable Future, 2010, S. 7; UNDP et. al., Energy Services for the Millenium Development Goals, 2005.

E. Zwischenergebnis

Der Sozialpakt enthält ein Recht auf Zugang zu Grundversorgung mit Energie. Das Recht findet keine ausdrückliche Erwähnung, es ist aber in Art. 11 Abs. 1 IPWSKR als Element eines angemessenen Lebensstandards enthalten. Die Vertragsstaaten des Sozialpakts trifft folglich die Verpflichtung zur Umsetzung des Rechts. Dies stellt sich für das Recht auf Zugang zu Grundversorgung mit Energie, mangels einer ausdrücklichen Erwähnung, allerdings als problematisch dar. Es ist daher notwendig, die Bedeutung eines Rechts auf Zugang zu Grundversorgung mit Energie weiter zu bekräftigen. Die Existenz eines Rechts auf Zugang zu Grundversorgung mit Energie ließe sich erhärten, wenn sich über den Sozialpakt hinaus Anhaltspunkte eines solchen Rechts finden ließen. Im Folgenden soll daher analysiert werden, ob und wenn ja, welche weiteren Rechtsquellen die Existenz eines Rechts auf Zugang zu Grundversorgung mit Energie stützen können.

Sechstes Kapitel: Weitere Indizien für die Existenz eines Rechts auf Zugang zu Grundversorgung mit Energie

A. Rechtsquellen im Völkerrecht

Bei der Herleitung eines Rechts auf Zugang zu Grundversorgung mit Energie stellt sich die Frage, ob sich dazu allein auf den Sozialpakt beschränkt werden muss oder ob noch andere menschenrechtliche Verträge und Quellen zur Bestimmung eines solchen Rechts herangezogen werden können. Die traditionellen Rechtsquellen im Völkerrecht finden sich in Art. 38 Abs. 1 lit a-c des Statuts des Internationalen Gerichtshofs (IGH-Statut). Dies sind internationale Abkommen, das Gewohnheitsrecht und die allgemeinen Rechtsgrundsätze. Die in Art. 38 Abs. 1 lit c IGH-Statut genannten gerichtlichen Entscheidungen und Lehren anerkannter Autoren auf dem Gebiet des Völkerrechts stellen keine Rechtsquellen im eigentlichen Sinne dar. Sie sind, wie es in Art. 38 Abs. 1 lit. c IGH-Statut ausdrücklich heißt, „Hilfsmittel zur Feststellung von Rechtsnormen". Sie werden daher auch als Rechtserkenntnisquellen bezeichnet.[479]

Der Sozialpakt fällt unter die Kategorie der internationalen Abkommen, auf die grundsätzlich die Wiener Vertragsrechtskonvention Anwendung findet.[480] Allerdings sind die Modalitäten der Wiener Vertragsrechtskonvention nicht ohne weiteres auf die menschenrechtlichen Verträge übertragbar. Sie kreieren nämlich eher ein Regime und funktionieren nicht wie normale Verträge, in denen Staaten gegenseitige Interessen austauschen.[481] Es mehren sich daher die Stimmen, die neben den im IGH-Staut genannten Rechtsquellen, weitere Rechtsquellen für die Bestimmung der Rechte in menschenrechtlichen Verträgen heranziehen wollen.[482]

---

479 *Vitzthum*, in: Vitzthum (Hrsg.)Völkerrecht, 5. Aufl. 2010, S. 66, Rn. 147.

480 *Riedel*, Standards and Sources: Farwell to the Exclusivity of the Sources Triad in International Law?, in: European Journal of International Law, 1991, 58–84; *Riedel*, Theorie der Menschenrechtsstandards, S. 260; *Riedel/Giacca/Golay*, The Development of Economic, Social and Cultural Reights in International Law, in: Riedel/Giacca/Golay (Hrsg.) Economic, Social and Cultural Rights in International Law: Contemporary Issues and Challanges, 2014, S. 3–48 (21).

481 *Klein*, Statusverträge im Völkerrecht, 1980, S. 234.

482 *Riedel/Giacca/Golay*, The Development of Economic, Social and Cultural Reights in International Law, in: Riedel/Giacca/Golay (Hrsg.) Economic, Social and Cultural Rights in International Law: Contemporary Issues and Challanges, 2014, S. 3–48

Nach einer kurzen Übersicht über die traditionellen Völkerrechtsquellen, erfolgt eine Darstellung der Entwicklung, die für die Interpretation Völkerrechtlicher Verträge nicht mehr nur an den traditionellen Rechtsquellen festhält, sondern diese um weitere Rechtsquellen erweitert, um für die Herausforderungen der heutigen Zeit an das Völkerrecht gewappnet zu sein.

I. Art. 38 des Statut des Internationalen Gerichtshofs

Der Internationale Gerichtshof (IGH) mit Sitz in Den Haag wurde 1945 auf Grundlage der Charta der Vereinten Nationen (VN-Charta) gegründet und ist das Hauptrechtsprechungsorgan der Vereinten Nationen. Der IGH ist aus dem von 1922 bis 1945 bestehenden Ständigen Internationalen Gerichtshof hervorgegangen. Die Hauptaufgaben des Gerichts liegen in der Beilegung von zwischenstaatlichen Streitigkeiten und der Erstellung von Rechtsgutachten (Advisory Opinion), die von der Generalversammlung der Vereinten Nationen eingereicht wurden. Das Statut des Internationalen Gerichtshofs ist integraler Bestandteil der VN-Charter und legt die Errichtung des IGH sowie das Verfahren fest.

Art. 38 Abs. 1 IGH-Statut lautet:

„(1) Der Gerichtshof, dessen Aufgabe es ist, die ihm unterbreiteten Streitigkeiten nach dem Völkerrecht zu entscheiden, wendet an:

a) internationale Übereinkünfte allgemeiner oder besonderer Natur, in denen von den streitenden Staaten ausdrücklich anerkannte Regeln festgelegt sind;

b) das internationale Gewohnheitsrecht als Ausdruck einer allgemeinen, als Recht anerkannten Übung;

c) die von den Kulturvölkern anerkannten allgemeinen Rechtsgrundsätze;

d) vorbehaltlich des Artikels 59 richterliche Entscheidungen und die Lehrmeinung der fähigsten Völkerrechtler der verschiedenen Nationen als Hilfsmittel zur Feststellung von Rechtsnormen. ...“

In Art. 38 Abs. 1 lit a-c IGH-Statut sind die formalisierten Erzeugungsarten und Erscheinungsformen des Völkerrechts genannt, wie die internationalen Abkommen (lit. a), das Gewohnheitsrecht (lit. b) und die allgemeinen Rechtsgrundsätze (lit. c). Dabei besteht über den formellen Rechtsquellencharakter

(20 f.); *Riedel*, Standards and Sources: Farwell to the Exclusivity of the Sources Triad in International Law?, in: European Journal of International Law, 1991, 58–84 (S. 58 f.); *Kennedy*, The Sources of International Law, in: The American University International Law Review, 1987, S. 1–96; *van Hoof*, Rethinking the International Sources of Law, 1983, S. 11 ff.

der in lit. a-c aufgeführten Erzeugungsarten von Völkerrecht nahezu einhellige Übereinstimmung.[483] Ausgenommen sind die in Art. 38 Abs. 1 lit. c genannten richterlichen Entscheidungen und Lehrmeinungen der fähigsten Völkerrechtler der verschiedenen Nationen, die lediglich Rechterkenntnisquellen darstellen.[484]

Umstritten ist allerdings, ob Art. 38 Abs. 1 IGH-Statut eine abschließende Aufzählung der Völkerrechtsquellen enthält oder nicht.[485] Eindeutig kann festgehalten werden, dass die Designer bei dem Entwurf von Art. 38 Abs. 1 IGH-Statut die damals vorherrschenden und akzeptierten Rechtsquellen kodifiziert haben.[486]

1) Internationale Abkommen

Internationale Abkommen oder auch völkerrechtliche Verträge nach Art. 38 Abs. 1 lit. a IGH-Statut, sind als Hauptrechtsquelle das vorherrschende und wichtigste Instrument für die Entwicklung der internationalen Rechtsordnung. In den vergangenen Jahrzehnten ist es zu einer beträchtlichen Ausbreitung von völkerrechtlichen Verträgen gekommen. Die Komplexität und wachsende Regelungsbedürftigkeit der modernen Gesellschaft machen es notwendig, dass Staaten und internationale Organisationen völkerrechtliche Verträge schließen, um den heutigen Herausforderungen gerecht zu werden. Das geschriebene Recht ermöglicht es, im Gegensatz zum Gewohnheitsrecht, detailliertere Regelungen zu schaffen.

Das Recht der völkerrechtlichen Verträge - Abschluss, Geltung und Beendigung - ist nunmehr in verschiedenen Übereinkommen geregelt worden. Hervorzuheben ist dabei das Wiener Übereinkommen über das Recht der Verträge vom 25.3.1969 (Wiener Vertragsrechtskonvention - WVK).[487] Insofern existieren klare Regeln im Umgang mit völkerrechtlichen Verträgen.

2) Gewohnheitsrecht

Werden jetzt völkerrechtliche Verträge als bedeutendste Rechtsquellen im Völkerrecht angesehen, traf dies bis zum Ende des zweiten Weltkrieges auf das

---

483 Ausführlich: *Vitzthum*, in: Vitzthum (Hrsg.)Völkerrecht, 5. Aufl. 2010, S. 66, Rn. 113 ff.

484 *Vitzthum*, in: Vitzthum (Hrsg.)Völkerrecht, 5. Aufl. 2010, S. 66, Rn. 147.

485 *Riedel*, Standards and Sources: Farwell to the Exclusivity of the Sources Triad in International Law?, in: European Journal of International Law, 1991, 58–84 (58 ff.)

486 *Riedel*, Standards and Sources: Farwell to the Exclusivity of the Sources Triad in International Law?, in: European Journal of International Law, 1991, 58–84 (60).

487 BGBl. 1985 II, 926.

Gewohnheitsrecht zu.[488] Wie oben beschrieben führt die wachsende Komplexität der Gesellschaft zu einem gesteigerten Bedürfnis von Normierung. Dennoch hat das Gewohnheitsrecht im Völkerrecht, verglichen mit dem Gewohnheitsrecht in den meisten innerstaatlichen Rechtsordnungen, heute noch immer eine hohe Bedeutung.[489] Gewohnheitsrecht entsteht nicht einfach so. Vielmehr braucht es als konstitutives Element eine internationale Übung der Rechtssubjekte und als subjektives Element eine Rechtsüberzeugung (opinio juris sive necessitaris).[490] Die internationale Übung als konstitutives Element muss von einer gewissen Dauer, Einheitlichkeit und Verbreitung sein, damit Völkergewohnheitsrecht entstehen kann.[491] Wie lange die Zeitspanne für die Entstehung von Völkergewohnheitsrecht genau sein muss, lässt sich nicht abstrakt generell bestimmen, sondern verlangt eine Einzelfallentscheidung. Gerade in der heutigen schnelllebigen Zeit ist es schwierig eine Zeitspanne festzulegen. Die Einheitlichkeit einer Übung ist dann gegeben, wenn sich eine repräsentative Anzahl an Völkerrechtssubjekten konsistent verhält. Schließlich muss für eine Übung auch die Verbreitung gewährleistet sein. Es muss also eine bestimmte Anzahl an Völkerrechtssubjekten diese Übung praktizieren. Nicht erforderlich ist eine allgemeine Übung aller Völkerrechtssubjekte. Auch hier ist eine Entscheidung im Einzelfall erforderlich. Hier spielen auch geografische und soziopolitische Kriterien eine Rolle, sodass sich unter Umständen auch ein regional begrenztes Völkergewohnheitsrecht etablieren kann.[492]

3) Allgemeine Rechtsgrundsätze

Die allgemeinen Rechtsgrundsätze gemäß Art. 38 Abs. 1 lit c IGH-Statut dienen vornehmlich dem Füllen von Lücken sowie als Interpretationshilfe.[493] Grundsätzlich werden die allgemeinen Rechtsgrundsätze als subsidiär gegenüber dem Völkervertragsrecht und dem Völkergewohnheitsrecht angesehen.[494] Zudem nimmt ihre Bedeutung durch die zunehmende Kodifizierung des Völkerrechts stetig ab.[495] Stimmen in der Literatur wollen den allgemeinen Rechtsgrundsätzen ihre eigenständige Völkerrechtsqualität absprechen, weil sie alle zugleich Bestandteile

488 *Heintschel von Heinegg*, in: Ipsen (Hrsg.), Völkerrecht, 6. Aufl. 2014, § 17, Rn. 1.
489 *Heintschel von Heinegg*, in: Ipsen (Hrsg.), Völkerrecht, 6. Aufl. 2014, § 17, Rn. 1.
490 *Heintschel von Heinegg*, in: Ipsen (Hrsg.), Völkerrecht, 6. Aufl. 2014, § 17, Rn. 2.
491 *Heintschel von Heinegg*, in: Ipsen (Hrsg.), Völkerrecht, 6. Aufl. 2014, § 17, Rn. 8.
492 *Heintschel von Heinegg*, in: Ipsen (Hrsg.), Völkerrecht, 6. Aufl. 2014, § 17, Rn. 10 ff.
493 *Vitzthum*, in: Vitzthum/Proelß (Hrsg.), Völkerrecht, 6. Aufl. 2013, S. 54.
494 *Vitzthum*, in: Vitzthum/Proelß (Hrsg.), Völkerrecht, 6. Aufl. 2013, S. 54.
495 *Vitzthum*, in: Vitzthum/Proelß (Hrsg.), Völkerrecht, 6. Aufl. 2013, S. 54.

des Gewohnheitsrechts seien.[496] Dem ist allerdings entgegenzuhalten, dass sie anders als das Gewohnheitsrecht keiner Übung bedürfen, denn sie können auch durch formlose Anerkennung der Staatengemeinschaft entstehen.[497]

II. Weitere Quellen der Normsetzung im Völkerrecht

Es stellt sich die Frage, ob neben der in Art. 38 Abs. 1 IGH-Statut enthaltenen Rechtsquellentrias weitere Rechtsquellen zum Tragen kommen können, welche die Herleitung eines Rechts auf Zugang zu Grundversorgung mit Energie begründen.

Der in Art. 38 Abs. 1 IGH-Statut enthaltene Katalog von Rechtsquellen kann als nicht abschließend betrachtet werden. Der Wortlaut von Art. 38 Abs. 1 IGH-Statut lässt keine Rückschlüsse darauf zu, dass die Aufzählung erschöpfend ist. In Art. 38 Abs. 1 IGH-Statut heißt es:

> *"Der Gerichtshof, dessen Aufgabe es ist, die ihm unterbreiteten Streitigkeiten nach dem Völkerrecht zu entscheiden, wendet an: [...]".*[498]

Aus dieser insoweit neutralen Formulierung ergibt sich nicht, dass ausschließlich die genannten Rechtsquellen Anwendung finden. Sinn und Zweck von Art. 38 IGH-Statut ist es dem Gericht die Rechtsfindung zu erleichtern. Der IGH kann seine Aufgaben nur erfüllen, wenn er nicht am Zugriff auf zusätzliche Rechtsquellen gehindert wird.[499] Zum Beispiel, Völkerrechtsquellen, die sich in einem speziellem regionalen oder sachlichen Bereich etabliert haben. Zudem besteht kein Grund, formalisierte Verfahren der Rechtserzeugung, wie die in Art. 38 IGH-Statut genannten Quellen als alleinige auf Dauer zu fixieren.[500] Das Völkerrecht kennt nämlich keinen *numerus clausus* der verschiedenen Modalitäten der Rechtserzeugung.[501]

---

496 *Vitzthum*, in: Vitzthum/Proelß (Hrsg.), Völkerrecht, 6. Aufl. 2013, S. 54.

497 *Vitzthum*, in: Vitzthum/Proelß (Hrsg.), Völkerrecht, 6. Aufl. 2013, S. 54.

498 Nach dem englischem Wortlaut heißt es: *„The Court, whose function is to decide in accordance with international law such disputes as are submitted to it, shall apply:"*. Auch hier lassen sich der neutralen Formulierung keine Hinweise darauf entnehmen, dass sich auf die genannten Rechtsquellen beschränkt werden muss.

499 *Fastenrath*, Lücken im Völkerrecht, S. 89.

500 *Vitzthum*, in: Vitzthum/Proelß (Hrsg.), Völkerrecht, 6. Aufl. 2013, S. 56.

501 *Riedel*, Standards and Sources: Farwell to the Exclusivity of the Sources Triad in International Law?, in: European Journal of International Law, 1991, 58–84 (63 f.); Verdross/Simma, Universelles Völkerrecht, 3. Aufl. 1984, § 518, S. 323.

Die in Art. 38 Abs. 1 lit a-c enthaltenen traditionellen Völkerrechtsquellen werden zunehmend als zu eng, rückschrittlich und schwerfällig kritisiert, weil sie mit den Anforderungen und Problemen des modernen Völkerrechts nicht mehr kompatibel sind.[502] So berücksichtigen sie aktuelle Entwicklungen nur unzureichend. Auf der Ebene des Völkerrechts gewinnen im zunehmenden Maße andere „Rechtsquellen" an Bedeutung.[503] Zu nennen wären beispielsweise Resolutionen und Deklarationen, quasi gesetzgeberische Akte der Vereinten Nationen oder rechtlich unverbindliche Verhaltensregeln. Zusammenfassen lassen sich diese Akte und Handlungen unter der Terminologie „soft law". Als soft law werden Akte bezeichnet, die zwar als solche keine Völkerrechtsquelle sind, denen aber als Aussage über das geltende Recht, über Rechtsüberzeugungen oder über Tendenzen zur Weiterentwicklung des Rechts zugestimmt worden ist.[504] Ihnen ist gemein, dass die völkerrechtliche Bindungswirkung grundsätzlich zumindest fragwürdig erscheint, dennoch gehen vom soft law oftmals sehr praktische Effekte aus.[505] Es handelt sich beim soft law um Verhaltensregeln, die irgendwo zwischen Recht und Politik angesiedelt sind, die von staatlichen Institutionen und internationalen Organisationen verwendet werden, um Verpflichtungen auszudrücken, die mehr sind als bloße politische Statements, aber weniger als rechtlich verbindliche Regelungen.[506] Im Gegensatz zum „hard law", welches beispielsweise durch rechtsverbindliche völkerrechtliche Verträge kreiert wird, die

502 *Riedel*, Standards and Sources: Farwell to the Exclusivity of the Sources Triad in International Law?, in: European Journal of International Law, 1991, 58–84 (58 f.).

503 *Riedel/Giacca/Golay*, The Development of Economic, Social and Cultural Rights in International Law, in: Riedel/Giacca/Golay (Hrsg.) Economic, Social and Cultural Rights in International Law: Contemporary Issues and Challanges, 2014, S. 3–48 (20 f.); *Riedel*, Standards and Sources: Farwell to the Exclusivity of the Sources Triad in International Law?, in: European Journal of International Law, 1991, 58–84 (S. 58 f.); *Kennedy*, The Sources of International Law, in: The American University International Law Review, 1987, S. 1–96; *van Hoof*, Rethinking the International Sources of Law, 1983, S. 11 ff.

504 *Thürer*, „Soft Law" – ein neue Form von Völkerrecht?, in: ZSchwR, 1985, S. 429–453 (433ff.).

505 *Snyder*, The Effectiveness of European Community Law: Institutions, Processes, Tools and Techniques, in: Modern Law Review, 1993, S. 19–54 (32); *ders.*, Soft Law and Institutional Practice in the European Community, in: S. Martin (Hrsg.), The Construction of Europe: Essays in Honour of Emile Noël, 1994, S. 197–225 (198).

506 *Thürer*, The Role of Soft Law in the Actual Process of European Integration, in: O. Jacot-Guillarmod (Hrsg.), L'avenir du libre-échange en Europe: vers un Espace économique européen?, 1990, S. 131 (131 f.).

auch dem Einzelnen subjektive Rechte verleihen (menschenrechtliche Verträge), leitet sich soft law aus nichtverbindlichen Akten ab, die aber zumindest normative Ansprüche ausdrücken.[507] Soft law kann wohl nicht als Völkerrechtsquelle im engeren Sinn bezeichnet werden. Recht ist Recht, wenn es von einem zur Rechtsetzung befugten Organ gesetzt wird.[508]

Dennoch die Bereiche des Völkerrechts, die durch das sogenannte soft law geregelt werden, werden immer zahlreicher. Auch oder gerade im Bereich der internationalen Menschenrechtsregime erfährt soft law einen enormen Bedeutungszuwachs. Immer mehr internationale Organisationen engagieren sich in der Menschenrechtsarbeit und verabschieden Resolutionen, Deklarationen und Programmsätze um die Verbreitung und Durchsetzung der Menschenrechte zu fördern. Der Vorteil des „soft laws" liegt in der Flexibilität. Es bietet die Möglichkeit kurzfristig auf aktuelle Entwicklungen im Völkerrecht und insbesondere im Bereich der Menschenrechte einzugehen.

Zwar mag soft law die Rechtsquellentrias des Art. 38 Abs. 1 IGH-Statut nicht zu komplementieren, ungeachtet dessen ist das soft law von großer Bedeutung für die Interpretation völkerrechtlicher Verträge. Zum einen kann soft law als Indikator für eine Rechtsüberzeugung dienen. Zum anderen kann soft law stets zur Auslegung der überkommenen Rechtsquellen und ihren Erzeugnissen herangezogen werden.[509] Die Rechtsquellentrias aus Art. 38 Abs. 1 IGH-Statut hat stets Vorrang.[510] Manche Bereiche des Völkerrechts werden aber nicht oder nur teilweise von den genannten Völkerrechtsquellen abgedeckt.[511] Hier kann das soft law Lücken füllen oder Brücken bei der Auslegung von völkerrechtlichen Verträgen bauen. Die Interpretation völkerrechtlicher Verträge direkt am Vertragstext und dessen Wortlaut kann mitunter zu unzulänglichen Lösungen bestimmter Probleme führen. Um dies zu vermeiden, spricht sich Riedel für „zebra codes" aus.[512] Diese vereinen verbindliche und unverbindliche soft law Standards, wobei

---

507 *Riedel*, Standards and Sources: Farwell to the Exclusivity of the Sources Triad in International Law?, in: European Journal of International Law, 1991, 58–84 (S. 66).

508 *Vitzthum*, in: Vitzthum/Proelß (Hrsg.), Völkerrecht, 6. Aufl. 2013, S. 58.

509 *Vitzthum*, in: Vitzthum/Proelß (Hrsg.), Völkerrecht, 6. Aufl. 2013, S. 58.

510 *Riedel*, Standards and Sources: Farwell to the Exclusivity of the Sources Triad in International Law?, in: European Journal of International Law, 1991, 58–84 (S. 84).

511 *Riedel*, Standards and Sources: Farwell to the Exclusivity of the Sources Triad in International Law?, in: European Journal of International Law, 1991, 58–84 (S. 84).

512 *Riedel*, Standards and Sources: Farwell to the Exclusivity of the Sources Triad in International Law?, in: European Journal of International Law, 1991, 58–84 (S. 82); *Riedel/Giacca/Golay*, The Development of Economic, Social and Cultural Rights in

es sich um Erklärungen der Generalversammlung handeln kann, die nahezu universell akzeptiert wurden[513] oder rechtlich nicht verbindliche Dokumente wie der *Report of the World Summit on Sustainable Development 2002.*[514]

III. Zwischenergebnis

Die Frage, ob für die Herleitung eines Rechts auf Zugang zu Grundversorgung mit Energie neben dem Sozialpakt noch andere Dokumente herangezogen werden können, lässt sich wie folgt beantworten:

Auf Grundsätze des Gewohnheitsrechts kann bei der Herleitung eines Rechts auf Zugang zu Grundversorgung mit Energie nicht zurückgegriffen werden. Die Entwicklungen in diesem Bereich sind viel zu jung, als das sich gewohnheitsrechtliche Bestimmungen hätten entwickeln können. Insofern helfen die in Art. 38 Abs. 1 IGH-Statut genannten Rechtsquellen bei der Herleitung eines Rechts auf Zugang zu Grundversorgung mit Energie nur bedingt weiter.

Für die Herleitung eines Rechts auf Zugang zu Grundversorgung mit Energie sollte jedoch auf das soft law zurückgegriffen werden, wie beispielsweise Resolutionen und Deklarationen, quasi gesetzgeberische Akte der Vereinten Nationen oder rechtlich unverbindliche Verhaltensregeln. Ihre rechtliche Verbindlichkeit ist mitunter fraglich, aber sie geben politische Programme vor oder enthalten Absichtserklärungen, die die Rechtssetzung beeinflussen können. Aus Ihnen können auch im Hinblick auf das Recht auf Zugang zu Grundversorgung mit Energie Anhaltspunkte für dessen Existenz entnommen werden. Im Folgenden erfolgt daher eine Analyse inwieweit in weiteren menschenrechtlichen Übereinkommen oder Politikprogrammen Anhaltspunkte auf die Existenz eines solchen Rechts enthalten sind, beziehungsweise inwiefern Akteure auf internationaler Ebene einen Beitrag zur Anerkennung eines Rechts auf Zugang zu Grundversorgung mit Energie leisten können.

International Law, in: Riedel/Giacca/Golay (Hrsg.) Economic, Social and Cultural Rights in International Law: Contemporary Issues and Challanges, 2014, S. 3–48 (22).

513 *Riedel/Giacca/Golay*, The Development of Economic, Social and Cultural Rights in International Law, in: Riedel/Giacca/Golay (Hrsg.) Economic, Social and Cultural Rights in International Law: Contemporary Issues and Challanges, 2014, S. 3–48 (22).

514 U.N. Doc. A/CONF.199/20, erhältlich unter: http://www.unmillenniumproject.org/documents/131302_wssd_report_reissued.pdf, letzter Zugriff am 08.08.2016.

B. Der Ausschuss für wirtschaftliche, soziale und kulturelle Rechte und Energie

Der Ausschuss für wirtschaftliche, soziale und kulturelle Rechte ist als Überwachungsorgan des Sozialpakts auch für die Klarstellung und Auslegung der im Pakt enthaltenen Normen zuständig.[515] Die Erläuterung der Paktrechte stellt dabei eine der Hauptaufgaben des Ausschusses dar.[516] Folglich kommt dem Ausschuss auch bei der Frage, ob in dem Sozialpakt ein Recht auf Grundversorgung mit Energie enthalten ist, eine übergeordnete Bedeutung zu. Wie oben gezeigt hat der Ausschuss die Entwicklung hin zu einem Recht auf Wasser maßgeblich gefördert. Zum einen wurde die Thematik im Rahmen des konstruktiven Gesprächs (*constructive dialogue*) während der Sitzungen des Ausschusses diskutiert. Zum anderen verfasste der Ausschuss einen General Comment hierzu.[517] Einer vergleichbaren Vorgehensweise könnte sich der Ausschuss bei der Frage bedienen, ob dem Sozialpakt ein Recht auf Grundversorgung mit Energie immanent ist. Bis zum heutigen Zeitpunkt ist dies nicht geschehen und es sind keine Anhaltspunkte ersichtlich, aufgrund derer sich der Ausschuss in der näheren Zukunft dieses Themas im Rahmen eines General Comments annehmen wird. Die Diskussion zum Thema eines Rechts auf Grundversorgung mit Energie ist dafür anscheinend noch nicht fortgeschritten genug oder wird in der öffentlichen Diskussion nicht im erforderlichen Maße wahrgenommen. Um letztlich zur Anerkennung eines Rechts auf Grundversorgung mit Energie zu gelangen, ist die Arbeit des Ausschusses unerlässlich. Dem Ausschuss steht dafür nicht nur das Instrument der General Comments zu Verfügung, vielmehr kann er sich einer Reihe möglicher Instrumente bedienen, um seine Aufgaben zu erfüllen. So kann das Thema Energie im Rahmen des konstruktiven Gesprächs, der Staatenberichte oder der Concluding Observations diskutiert werden. Inwieweit dies bereits umgesetzt wurde, soll im Folgenden erläutert werden.

I. Energie im Rahmen der abschließenden Bemerkungen

Obwohl ein Recht auf Zugang zur Grundversorgung mit Energie nicht ausdrücklich im Sozialpakt erwähnt ist, kann sich der Ausschuss im Rahmen seiner Tätigkeit mit der Thematik auseinandergesetzt haben. Im Folgenden soll deshalb

---

515 Vgl. oben, S. 45 ff.

516 Vgl. oben, S. 45 ff.

517 Vgl. *CESCR* General Comment Nr. 15 (2002), The right to water (arts. 11 and 12 of the International Covenant on Economic, Social and Cultural Rights).

dargestellt werden, ob und in welchem Umfang sich der Ausschuss mit dem Thema Energie im Rahmen der Concluding Observations beschäftigt hat. In den Concluding Observations zur Ukraine, verabschiedet auf der 57. Sitzung im Dezember 1995, führt der Ausschuss aus, dass die Ukraine stark von Energielieferungen aus dem Ausland abhängig ist, was zu einem enormen Anstieg der Energiekosten in der Ukraine führt und damit allgemein zu einem Anstieg der Lebenserhaltungskosten.[518] Das Thema Energie wird auch in einer weiteren Concluding Observation zu der Ukraine angeführt. Dabei geht es darum, dass Siedlungen und Camps, in denen Roma wohnen, einen Mangel an grundlegender Infrastruktur aufweisen wie Trinkwasser, Elektrizität und Gas.[519] Gleiches kritisiert der Ausschuss in Bezug auf die Tartaren der Krim.[520] Der Ausschuss fordert in den Concluding Observations zu Äthiopien, dass bei der Umsiedlung von Bevölkerungsgruppen sichergestellt werden soll, dass in den Umsiedlungsgebieten ein Zugang zu einer Versorgung mit den grundlegendsten Mitteln gewährleistet ist, die unter anderem einen Zugang zu Elektrizität umfassen sollen.[521] Zu Kamerun bringt der Ausschuss in den Concluding Observations seine Bedenken darüber zum Ausdruck, dass ein Großteil der ländlichen Bevölkerung über keinen Zugang zu Elektrizität verfügt.[522] In den Concluding Observations zum Jemen fordert der Ausschuss das Land auf, dafür zu sorgen, dass das Volk der Al-Akhdam, neben anderen Maßnahmen, Zugang zu Elektrizität bekommt.[523] Eine interessante Feststellung trifft der Ausschuss im Rahmen der Concluding Observations zu Sri Lanka. Der Ausschuss führt aus, dass viele Schulen über keinen Zugang zu Trinkwasser und sanitäre Einrichtungen verfügen und fordert Sri Lanka auf, dafür Sorge zu tragen, dass Schulen mit einem Zugang zu diesen essentiellen

---

518 *CESCR*, Concluding Observations UN Doc. E/C.12/1995/15 v. 28.12.1995, Abs. 11; Summary record of the 42nd meeting, UN Doc. E/C.12/1995/SR.42 v. 28.11.1995, Abs. 3.

519 *CESCR*, Concluding Observations Ukraine, 39. Sitzung, UN Doc. E/C.12/UKR/CO/5, Abs. 25.

520 *CESCR*, Concluding Observations Ukraine, 39. Sitzung, UN Doc. E/C.12/UKR/CO/5, Abs. 47.

521 *CESCR*, Concluding Observations Ätihopien, 48. Sitzung, UN Doc. E/C.12/ETH/CO/1–3 v. 21.05.2012, Abs. 21.

522 *CESCR*, Concluding Observations Kamerun, 47. Sitzung, UN Doc. E/C.12/CMR/CO/2–3 v. 23.01.2012, Abs. 25.

523 *CESCR*, Concluding Observations Jemen, 46. Sitzung, UN Doc. E/C.12/YEM/CO/2 v. 01.06.2012, Abs. 8.

Grundvoraussetzungen ausgestattet werden.[524] Hier liegen Überschneidungen mit den Verpflichtungen eines Rechts auf Bildung aus Art. 13 IPWSKR. Bezüglich Afghanistans kommt der Ausschuss zu dem Ergebnis, dass ein hoher Prozentsatz der Bevölkerung über keinen Zugang zu Elektrizität verfügt und der Staat Maßnahmen ergreifen soll, dies zu ändern.[525] Einen weiteren interessanten Aspekt spricht der Ausschuss in seinen Feststellungen zu Korea an. Er äußert seine Bedenken über das hohe Niveau der Privatisierung sozialer Dienstleistungen im Gesundheitssystem, der Bildung sowie der Wasser- und Energieversorgung und fordert das Land auf, Maßnahmen zu ergreifen, die eine Grundversorgung in diesem Bereich sicherstellen.[526] Weiter prangert der Ausschuss im Fall von Korea den mangelnden Rechtschutz gegen Zwangsvertreibungen an und fordert die Regierung auf, bei der Bereitstellung neuer Wohnungen dafür Sorge zu tragen, dass diese neben Wasser und sanitären Einrichtungen über einen Zugang zu Elektrizität verfügen.[527] Dieser Fall ist deshalb interessant, weil der Ausschuss das Thema Energie gegenüber einem Industrieland anspricht. Das Thema Elektrizität spielt auch bei den Concluding Observations zu Tschad eine Rolle. Hier äußert der Ausschuss seine Bedenken gegenüber der Tatsache, dass fast die ganze Bevölkerung bis auf einen kleinen Teil, der in den Städten lebt, über keinen Zugang zu solchen Annehmlichkeiten wie Trinkwasser, Müllentsorgung, sanitäre Einrichtungen und Elektrizität verfügt.[528] Der Ausschuss empfiehlt daraufhin, einen Zugang zu Wasser und sanitären Einrichtungen sicherzustellen.[529] Eine Bezugnahme zur fehlenden Elektrizität wird in diesem Zusammenhang nicht mehr vorgenommen. Sehr deutlich positioniert sich der Ausschuss beim Thema Zugang zu Energie im Rahmen der Evaluierung zur Demokratischen Republik Kongo. Der Ausschuss führt aus, dass nur ein Prozent der Bevölkerung Zugang

---

524 *CESCR*, Concluding Observations Sri Lanka, 45. Sitzung, UN Doc. E/C.12/LKA/CO/2-4 v. 9.12.2010, Abs. 36.

525 *CESCR*, Concluding Observations Afghanistan, 44. Sitzung, UN Doc. E/C.12/AFG/CO/2-4 v. 7.06.2010, Abs. 35.

526 *CESCR*, Concluding Observations Korea, 43. Sitzung, UN Doc. E/C.12/KOR/CO/3 v. 17.12.2009, Abs. 22.

527 *CESCR*, Concluding Observations Korea, 43. Sitzung, UN Doc. E/C.12/KOR/CO/3 v. 17.12.2009, Abs. 29 c.

528 *CESCR*, Concluding Observations Tschad, 43. Sitzung, UN Doc. E/C.12/TCD/CO/3 v. 16.12.2009, Abs. 26.

529 *CESCR*, Concluding Observations Tschad, 43. Sitzung, UN Doc. E/C.12/TCD/CO/3 v. 16.12.2009, Abs. 26.

zu Elektrizität hat und 75% der Bevölkerung in extremer Armut lebt.[530] Der Ausschuss empfiehlt, dringend internationale Hilfe in Anspruch zu nehmen, um der Bevölkerung die progressive Realisierung eines angemessenen Lebensstandards zu ermöglichen. Weiter bedauert er die ärmlichen und ungesunden Unterkünfte im ganzen Land und die hohe Anzahl von Zwangsvertreibungen. Der Ausschuss fordert die Regierung auf, Umsiedlungslager mit einer Grundversorgung von Wasser, sanitären Einrichtungen und Elektrizität und ähnlichem auszustatten.[531] Indirekt hat der Ausschuss hier den Zusammenhang zwischen Armut und einem fehlenden Zugang zu Energie festgestellt. In den Concluding Observations zu Australien wird das Thema Energie im Zusammenhang mit Problemen der indigenen Bevölkerung erwähnt.[532] Der Ausschuss äußert seine Bedenken über die hohe Anzahl Kranker unter der indigenen Bevölkerung. Dazu fordert der Ausschuss die Regierung auf, einen menschenrechtlichen Rahmen zu implementieren, der einen Zugang zu sozialen Determinanten der Gesundheit wie Unterkunft, Trinkwasser, Elektrizität und sanitäre Einrichtungen sichert.[533] Die Determinanten von Gesundheit umfassen hiernach auch Elektrizität. Ein weiterer Bezug zur Energie findet sich in den Concluding Observations zu Kambodscha.[534] Auch hier wird das Thema Energie im Zusammenhang mit Zwangsumsiedlungen genannt.[535] Der Ausschuss weist darauf hin, dass Umsiedlungsgebiete neben anderen Elementen der Versorgung über einen Zugang zu Elektrizität verfügen müssen.[536] Gleiches gilt für die Concluding Observations in Bezug auf die Philippinen.[537] Im Fall von Costa Rica hebt der Ausschuss in den Concluding Observations die dichte und qualitativ hochwertige Abdeckung

530 *CESCR*, Concluding Observations Kongo, 43. Sitzung, UN Doc. E/C.12/COD/CO/4 v. 20.11.2009, Abs. 29.

531 *CESCR*, Concluding Observations Kongo, 43. Sitzung, UN Doc. E/C.12/COD/CO/4 v. 20.11.2009, Abs. 31.

532 *CESCR*, Concluding Observations Australien, 42. Sitzung, UN Doc. E/C.12/AUS/CO/4 v. 12.06.2009, Abs. 28.

533 *CESCR*, Concluding Observations Australien, 42. Sitzung, UN Doc. E/C.12/AUS/CO/4 v. 12.6.2009, Abs. 28.

534 *CESCR*, Concluding Observations Kambodscha, 42. Sitzung, UN Doc. E/C.12/KHM/CO/1 v. 12.06.2009, Abs. 30.

535 *CESCR*, Concluding Observations Kambodscha, 42. Sitzung, UN Doc. E/C.12/KHM/CO/1 v. 12.06.2009, Abs. 30.

536 *CESCR*, Concluding Observations Kambodscha, 42. Sitzung, UN Doc. E/C.12/KHM/CO/1 v. 12.06.2009, Abs. 30.

537 *CESCR*, Concluding Observations Phillipinen, 41. Sitzung, UN Doc. E/C.12/PHL/CO/4 v. 01.12.2008, Abs. 30 e.

mit Elektrizität hervor, die zudem zu 98% aus erneuerbaren Quellen stammt.[538] Paraguay fordert der Ausschuss auf, Landwirten aus der indigenen Bevölkerung Elektrizität zur Verfügung zu stellen.[539] Der Ausschuss kritisiert in seinen Concluding Observations zu Marokko, dass es keine ausreichenden Daten über den Zugang zu Energie in dem Land gibt.[540] Im Fall von Serbien werden die Bedingungen gerügt, unter denen viele Roma-Familien leben müssen, insbesondere, dass sie häufig über keinen Zugang zu Elektrizität verfügen.[541]

II. Staatenberichte und der Bezug zu Energie

Neben den Concluding Observations sind auch die periodischen Staatenberichte sehr wichtig für die Arbeit des Ausschusses über wirtschaftliche, soziale und kulturelle Rechte. Die Staatenberichte enthalten Angaben zum Fortschritt der Implementierung der im Sozialpakt enthaltenen Rechte. Im Folgenden soll deshalb analysiert werden, inwiefern die Saatenberichte einen Bezug zum Thema Energie enthalten.

In der 51. Sitzung des Ausschusses nimmt der Staatenbericht Albaniens zum Thema Energie Bezug.[542] Kritisiert werden die mangelnden Neuerungen im Bereich der Wasser-, Transport-, und Energieinfrastruktur. Zudem mangelt es in den Vororten der Städte an funktionierender Infrastruktur im Bereich Energie, Wasser und Abwasser.[543] Österreich erwähnt Energie im Zusammenhang mit dem Bau neuer Wohnflächen. Sie verweisen auf Programme, die darauf abzielen, die Energieeffizienz neuer Gebäude zu erhöhen, sowie auf Unterstützungsmaßnahmen, um die aufzuwendenden Kosten für Energie zu reduzieren.[544]

Im Rahmen des Initialberichts von Moldawien wurde die Frage gestellt, ob das Land immer noch von Energieknappheit betroffen sei.[545] Im zweiten periodischen Staatenbericht von Iran wird auf die Fortschritte bei der Optimierung

538 *CESCR*, Concluding Observations Costa Rica, 39. Sitzung, UN Doc. E/C.12/CRI/CO/4 v. 04.01.2008, Abs. 6.

539 *CESCR*, Concluding Observations Costa Rica, 39. Sitzung, UN Doc. E/C.12/PRY/CO/3 v. 04.01.2008, Abs. 23b.

540 *CESCR*, Concluding Observations Marokko, 36. Sitzung, UN Doc. E/C.12/MAR/CO/3 v. 04.09.2006, Abs. 13 a.

541 *CESCR*, Concluding Observations Serbien, 34. Sitzung, UN Doc. E/C.12/1/Add.108 v. 23.06.2005, Abs. 30.

542 State Report, Albanien, UN Doc. E/C.12/ALB/2–3, v. 25.7.2011, S. 49 f.

543 State Report, Albanien, UN Doc. E/C.12/ALB/2–3, v. 25.7.2011, S. 50.

544 State Report, Österreich, UN Doc. E/C.12/AUT/4, S. 43.

545 *List of Issues*, Republic of Moldova E/C.12/Q/MOL/1, 17.12.2001, Abs. 4.

des Energieverbrauchs von Gebäuden verwiesen.[546] Belgien gibt in seinem Staatenbericht an, einen „Anti-Armutsplan" bestehend aus 59 Maßnahmen verabschiedet zu haben, wobei eine der Maßnahmen dem Bereich Energie zuzuordnen ist.[547] Außerdem erwähnt Belgien in dem Bericht, ein Gesetz verabschiedet zu haben, wonach Sozialhilfestellen verpflichtet sind, den ärmsten Leuten Anleitungen zur Energieversorgung bereit zu stellen.[548] Auch Dschibuti nimmt in seinem Staatenbericht Bezug zur Energie, indem unter der Rubrik „soziale Grundleistungen" Maßnahmen verabschiedet wurden, mit dem Ziel die Rechte auf Bildung, Arbeit, Gesundheit, Wasser und Energie ausüben zu können.[549] Im Staatenbericht Ägyptens wird Energie in einem interessanten Zusammenhang erwähnt: Es wird ausgeführt, dass es ein Programm gibt, welches Bürgern mit geringem Einkommen die grundlegenden Notwendigkeiten des Lebens zugänglich machen will, die auch einen Zugang zu Energie umfassen.[550] Auch Litauen geht in seinem Staatenbericht auf Energieeffizienzmaßnahmen im Bereich von Gebäuden ein, äußert aber auch zu den steigenden Energiepreisen Bedenken.[551] Nach Aussage des Staatenberichts Irans hat die Regierung Programme aufgenommen, um in ländlichen Gegenden die Infrastruktur in Bezug auf die Elektrizitätsversorgung zu verbessern.[552] Unter der Rubrik „Zugang zu physikalischen Annehmlichkeiten" weist Jamaika darauf hin, dass elektrische Energie die Hauptquelle zur Beleuchtung ist und dass die Haushalte mit Zugang zu Elektrizität, auch in ländlichen Gebieten, stetig steigen.[553] Ruanda gibt in seinem Staatenbericht an, dass in ländlichen Gegenden Infrastrukturmaßnahmen zur Energieversorgung implementiert werden.[554] Ecuador kündigt in seinem Staatenbericht an, einen Infrastrukturplan aufzulegen, der das Energienetz verbessern will.[555] Im Staatenbericht von Äthiopien wird unter dem Punkt „Lebensbedingungen" darauf hingewiesen, dass Elektrizität fast ausschließlich in urbanen Gebieten vorhanden ist und dass nur 0,4% der Landbevölkerung,

546 Second periodic report, Iran, Un Doc. E/C.12/IRN/2 v. 16.05.2012, Abs. 211.
547 State Report, Belgien, UN Doc. E/C.12/BEL/4, v. 18.6.2012, S. 49.
548 State Report, Belgien, UN Doc. E/C.12/BEL/4, v. 18.6.2012, S. 52.
549 State Report, Djibuti, UN Doc. S HRI/CORE/DJI/2010, v. 21.7.2010, S. 10.
550 State Report, Ägypten, UN Doc. E/C.12/EGY/2–4, v. 11.5.2010, S. 55.
551 State Report, Lithauen, UN Doc. E/C.12/LTU/2, v. 1.2.2010, S. 190 f.
552 State Report, Iran, UN Doc. E/C.12/IRN/2, v. 3.11.2009, S. 14.
553 State Report, Jamaika, UN Doc. E/C.12/JAM/3–4, v. 6.1.2010, S. 29.
554 State Report Ruanda, UN Doc. E/C.12/RWA/2–4, v. 20.1.2010, S. 17.
555 State Report Ecuador, UN Doc. E/C.12/ECU/3, v. 8.9.2009, S. 28.

im Vergleich zu 75% der urbanen Bevölkerung, Elektrizität nutzen.[556] Auch Neuseeland nimmt in dem Staatenbericht im Zusammenhang mit Programmen und Maßnahmen zur Energieeffizienz Bezug zum Thema Energie.[557] Wie schon zuvor Neuseeland, hat auch Spanien Programme und Maßnahmen aufgelegt, die die Energieeffizienz neuer Gebäude steigern sollen.[558]

Es zeigt sich, dass Energie auch in den Staatenberichten eine Rolle spielt. Allerdings muss berücksichtigt werden, dass die Berichte der Staaten Angaben zu Programmen und Maßnahmen im Hinblick auf das Thema Energie wiedergeben und nicht auf einer objektiven Evaluierung beruhen. Ausgangspunkt ist die „*List of Issues*“, die der Ausschuss im Vorfeld an die Vertragsstaaten des Pakts übermittelt. Nichtdestotrotz lässt sich eine Tendenz erkennen, dass das Thema Berücksichtigung findet.

III. „*List of Issues*“ des Ausschusses und der Bezug zu Energie

Vor der Abfassung der Staatenberichte übermittelt der Ausschuss die *list of issues* an die Vertragsstaaten. Diese enthält Fragen zum Stand der Implementierung der im Pakt enthaltenen Rechte. Nach Ansicht des Ausschusses sollten diese Fragen mit Priorität beantwortet werden, denn es bestehen noch Defizite bei der Implementierung. Um substantiierte Rückschlüsse ziehen zu können, inwieweit der Ausschuss das Thema Energie in seiner Arbeit berücksichtigt, ist es interessant zu wissen, wie häufig der Ausschuss das Thema in der *list of issues* zur Sprache bringt. Die Fragen an die Staaten in der *list of issues* nehmen direkt Bezug auf die Normen des Sozialpakts. Beziehen sich die Fragen aus dem Bereich Energie auf ein konkretes Recht des Sozialpakts, können daraus Rückschlüsse gezogen werden, inwieweit ein Recht auf Grundversorgung mit Energie aus dieser Norm abgeleitet werden kann. Insofern steht dem Ausschuss damit ein effektives Instrument zur Verfügung, um auf diesem Weg die Anerkennung eines Rechts auf Energie indirekt zu fördern. In den Sitzungen des Ausschusses in Genf von 2004 bis heute forderte der Ausschuss sechs Vertragsstaaten auf, in den Staatenberichten zum Thema Energie im weitesten Sinne Stellung zu nehmen.[559] In vier

---

556 State Report Äthiopien, UN Doc. E/C.12/ETH/1-3, v. 28.7.2009, S. 35.

557 State Report Neuseeland, UN Doc. E/C.12/NZL/3, v. 17.1.2011, S. 8, 66 f.

558 State Report Spanien, UN Doc. E/C.12/ESP/5, v. 30.6.2009, S. 91.

559 Peru, UN Doc. E/C.12/PER/Q2-4 v. 27.5.2011, Abs. 24; Kamerun, UN Doc. E/C.12/CMR/Q2-3, v. 9.12.2010, Abs. 25; Russland, UN Doc. E/C.12/RUS/Q/5, v. 14.6.2010, Abs. 30; Jemen, UN Doc. E/C.12/YEM/Q/2, v. 14.6.2010, Abs. 6, 9 u. 35; Zypern, UN Doc. E/C.12/CYP/Q/5, v. 10.12.2008, Abs. 34; Paraguay, UN Doc. E/C.12/PRY/Q/3, v.14.9.2007, Abs. 5.

Fällen wurden die Fragen im Zusammenhang mit Art. 11 IPWSKR und dem daraus resultierenden Recht auf einen angemessenen Lebensstandard gestellt.[560] Dies stützt die Argumentation[561], wonach dem Recht auf einen angemessenen Lebensstandard das Recht auf Energie immanent ist. Im Fall von Peru wurde die Frage nach Energie im Zusammenhang mit Art. 12 IPWSKR, dem Recht auf Gesundheit, relevant. Peru wurde vom Ausschuss gebeten, Informationen darüber zu präsentieren, inwieweit die Bevölkerung, insbesondere in den ländlichen und sehr entlegenen Gebieten, über Zugang zu Wasser, sanitären Einrichtungen und Elektrizität verfügt.[562] Auch insoweit wird deutlich, dass ein Zugang zu Energie für die Realisierung des Rechts auf Gesundheit gemäß Art. 12 IPWSKR eine nicht zu unterschätzende Bedeutung besitzt. Insgesamt aber muss festgestellt werden, dass das Thema Energie zum jetzigen Zeitpunkt nicht im Fokus der Arbeit des Ausschusses liegt, obwohl ihm durch die Staatenberichte ein Instrument an die Hand gegeben wird, das es ihm ermöglicht, das Recht auf einen Zugang zu Grundversorgung mit Energie zu fördern. Es lässt sich aber zumindest eine leichte Tendenz erkennen, dass das Thema Energie auch für die Arbeit des Ausschusses an Bedeutung gewinnt.

IV. Zwischenergebnis

Dem Ausschuss für wirtschaftliche, soziale und kulturelle Rechte kommt bei der Weiterentwicklung des Sozialpakts eine übergeordnete Rolle zu. Durch die Arbeit des Ausschusses kann die Entwicklung hin zu einem Recht auf Zugang zu Grundversorgung mit Energie entscheidend gefördert werden.

Die Analyse zeigt, dass sich der Ausschuss für wirtschaftliche, soziale und kulturelle Rechte bei der Erfüllung seiner Aufgaben mit Problemen, die im Zusammenhang mit einem Zugang zu Energie auftreten können, auseinandergesetzt hat. Neben den *concluding observations* ist vor allem die *list of issues* für die Beurteilung, welchen Stellenwert das Thema Energie für den Ausschuss besitzt, von Bedeutung. Die Staatenberichte sollen nicht außer Acht gelassen werden, nur kommt ihnen im Vergleich zu den *concluding observations* und der *list of issues* nicht die gleiche Bedeutung bei der Bestimmung des Inhalts der Norm zu, da sie die Sicht der Staaten wiedergeben. Dennoch zeigt die Behandlung der

560 Kamerun, UN Doc. E/C.12/CMR/Q2–3, v. 9.12.2010, Abs. 25; Russland, UN Doc. E/C.12/RUS/Q/5, v. 14.6.2010, Abs. 30; Jemen, UN Doc. E/C.12/YEM/Q/2, v. 14.6.2010, Abs. 6, 9 u. 35; Zypern, UN Doc. E/C.12/CYP/Q/5, v. 10.12.2008, Abs. 34.

561 Vgl. oben S. 106 ff.

562 Peru, UN Doc. E/C.12/PER/Q2–4 v. 27.5.2011, Abs. 24.

Fragen, die einen energierechtlichen Bezug aufweisen, dass die Staaten sich auf die Vorgaben des Ausschusses einlassen und somit indirekt die Förderung eines Rechts forcieren. Entwicklungsländer gehen auf das Thema Energie überwiegend im Zusammenhang mit Infrastrukturprojekten ein, die Bevölkerungsteilen in ländlichen Gegenden Zugang zu Energie und anderen Einrichtungen der Daseinsfürsorge verschaffen sollen. Insgesamt können diese Maßnahmen unter der Gewährleistung eines angemessenen Lebensstandards subsumiert werden. Darüber hinaus werden Daten von den Staaten präsentiert, die Aufschluss über Elektrifizierungsraten in bestimmten Teilen des Landes geben.

Innerhalb der *concluding observations* wird Energie in einer Vielzahl von Aspekten angesprochen. Dazu lassen sich im Wesentlichen drei Kategorien bilden, in denen Energie und Paktrechte erwähnt werden. Diese sind ein angemessener Lebensstandard, Gesundheit und indigene Bevölkerung. Die Kategorien verlaufen in keinen strikten Grenzen, sondern überschneiden sich partiell. Im Rahmen der *concluding observations* wird Energie mit der Verwirklichung eines angemessenen Lebensstandards in Zusammenhang gebracht. Es lässt sich folglich ableiten, dass auch der Ausschuss der Meinung ist, dass die Verwirklichung eines angemessenen Lebensstandards einen Zugang zu Energie voraussetzt. Dabei wird insbesondere auf die Situation von Minderheiten, wie indigene Bevölkerungsgruppen, verwiesen. Sie sind häufig überproportional den Hürden, die mit einem mangelnden Zugang zu Energie verbunden sind, ausgesetzt und können deshalb das Recht auf einen angemessenen Lebensstandard nicht voll in Anspruch nehmen. Den *concluding observations* lässt sich weiter entnehmen, dass auch die Probleme, die aus einem mangelnden Zugang zu Energie im Gesundheitssektor entstehen, vom Ausschuss erkannt wurden. So zeigt sich auch hier eine Tendenz, wonach ein funktionierendes Gesundheitssystem, und damit die Erfüllung der aus Art. 12 IPWSKR resultierenden Verpflichtungen, einen Zugang zu Energie voraussetzt. Anders lässt sich nicht begründen, dass der Ausschuss im Fall Australiens darauf hinweist, dass die hohe Anzahl an Kranken unter der indigenen Bevölkerung auf ein nicht funktionierendes Gesundheitssystem zurückzuführen sei, das unter anderem an einer mangelnden Versorgung mit Energie leide.[563] Auch hier fällt auf, dass dieses Problem überwiegend indigene Bevölkerungsgruppen betrifft. Insgesamt lässt sich erkennen, dass Minderheiten häufiger von einem mangelndem Zugang zu Energie betroffen sind, was der Ausschuss dadurch deutlich macht, indem er in

563 *CESCR*, Concluding Observations Australien, 42. Sitzung, UN Doc. E/C.12/AUS/CO/4 v. 12.6.2009, Abs. 28.

den *concluding observations* ausführt, diese Bevölkerungsgruppen bei geplanten Infrastrukturmaßnahmen stärker zu involvieren.

Wie oben schon thematisiert besteht eine enge Konnexität zwischen einem mangelnden Zugang zu Energie und der weltweiten Armut. Auch der Ausschuss hat dies erkannt und den mangelnden Zugang zu modernen Energiequellen als einen Grund für die weitverbreitete Armut identifiziert.[564] Der Ausschuss hebt aber auch positive Aspekte wie im Fall von Costa Rica hervor, das es geschafft hat eine hohe Elektrifizierungsrate zu erreichen, die auch die indigene Bevölkerung in abgelegenen Landesteilen umfasst.[565]

Die *list of issues* weist Parallelen zu den *concluding observations* auf. Das Thema Energie wird in der *list of issues* auch im Kontext angemessener Lebensstandard, Gesundheit und Minderheiten diskutiert, die sich teilweise überschneiden. Grundsätzlich zielen die Fragen in der *list of issues* darauf ab, inwieweit Minderheiten in bestimmten Gegenden oder Situationen über einen Zugang zu Energie verfügen, um ihr Recht auf einen angemessenen Lebensstandard zu verwirklichen.

Die Analyse zeigt, dass sich der Ausschuss im Rahmen seiner Arbeit zumindest indirekt mit der Frage auseinandergesetzt hat, ob den Normen des Pakts über wirtschaftliche, soziale und kulturelle Rechte ein Recht auf Grundversorgung mit Energie entnommen werden könnte. Die Thematik steht zurzeit nicht im Mittelpunkt der Arbeit des Ausschusses, zudem lässt sich noch keine klare und einheitliche Linie erkennen, wann der Ausschuss Energie bei der Beurteilung der Umsetzung der Verpflichtungen des Pakts berücksichtigt. Durch die Instrumente, die ihm zur Verfügung stehen, wäre es ihm durchaus möglich, die Anerkennung eines Rechts auf Energie zu fördern. Trotzdem lässt sich der Darstellung im Ergebnis entnehmen, dass auch der Ausschuss davon ausgeht, dass die Realisierung der Rechte des Sozialpakts hier insbesondere das Recht auf Bildung, angemessenen Lebensstandard und Gesundheit, einen Zugang zu Energie voraussetzen. Dies lässt den Rückschluss zu, dass auch der Ausschuss für wirtschaftliche, soziale und kulturelle Rechte Anhaltspunkte dafür sieht, dass dem Internationalem Pakt über wirtschaftliche, soziale und kulturelle Rechte ein Recht auf Grundversorgung mit Energie immanent ist.

---

564 *CESCR*, Concluding Observations Kongo, 43. Sitzung, UN Doc. E/C.12/COD/CO/4 v. 20.11.2009, Abs. 31.

565 *CESCR*, Concluding Observations Costa Rica, 39. Sitzung, UN Doc. E/C.12/PRY/CO/3 v. 04.01.2008, Abs. 23b.

C. Indizien für ein Recht auf Grundversorgung mit Energie in anderen Menschenrechtsübereinkommen

Es geht in dieser Arbeit um die Frage, ob dem Sozialpakt ein Recht auf Zugang zu Grundversorgung mit Energie zu entnehmen ist. Aufgrund der spezifisch formulierten Frage resultiert daraus grundsätzlich eine Beschränkung auf die im Sozialpakt enthaltenen Normen. Es existiert aber eine Vielzahl völkerrechtlicher Verträge, denen ein Recht auf Zugang zu Grundversorgung mit Energie entnommen werden kann. Wie oben gezeigt, stellen völkerrechtliche Verträge nach Art. 38 Abs. 1 lit. a IGH-Statut die Hauptrechtsquelle und somit das vorherrschende und wichtigste Instrument für die Entwicklung der internationalen Rechtsordnung dar.

Auch wenn verschiedene Menschenrechtspakte existieren, sind die Menschenrechte universell, untrennbar, voneinander abhängig und zusammenhängend.[566] Fraglich ist folglich, ob in anderen menschenrechtlichen Verträgen Hinweise auf ein Recht auf Grundversorgung mit Energie gegeben sind. Sollte dies der Fall sein, müsste in einem nächsten Schritt analysiert werden, inwiefern sie für die Herleitung eines Rechts auf Zugang zu Grundversorgung mit Energie im Rahmen des Sozialpakts berücksichtigt werden müssen.

I. Übereinkommen zur Beseitigung jeder Form von Diskriminierung der Frau

Das Übereinkommen zur Beseitigung jeder Form von Diskriminierung der Frau vom 18. Dezember 1979[567] (kurz: Frauenrechtskonvention) könnte ein Recht auf Grundversorgung mit Energie auf internationaler Ebene enthalten. Das Übereinkommen hat die Beseitigung jeglicher Form der Diskriminierung der Frau zum Ziel.

Für die Fragen, ob dem Übereinkommen ein Recht auf Grundversorgung mit Energie immanent ist, soll ein Blick auf Art. 14 der Frauenrechtskonvention geworfen werden. In Art. 14 Abs. 2 lit. h heißt es:

566 Vienna Declaration and Programme of Action, adopted by the World Conference on Human Rights in 1993, A/CONF./157/23, 12. Juli 1993, I Abs. 5.

567 The Convention on the Elimination of all Forms of Discrimination against Women (CEDAW), verabschiedet durch die GA Res. 34/180 (1979), in Kraft getreten am 3. September. 1981. Zum 28.10.2012 umfasst der Vertrag 99 Unterzeichner und 187 Vertragsparteien. Auf Grund der hohen Zahl an Vertragsstaaten kann man von einer universellen Gültigkeit des Übereinkommens ausgehen.

„Die Vertragsstaaten treffen alle geeigneten Maßnahmen zur Beseitigung der Diskriminierung der Frau in ländlichen Gebieten, […], und gewährleisten ihr insbesondere das Recht auf […]angemessene Lebensbedingungen, insbesondere im Hinblick auf Wohnung, sanitäre Einrichtungen, Elektrizitäts- und Wasserversorgung sowie Verkehrs- und Nachrichtenverbindungen."[568]

Die Norm nimmt somit eindeutig Bezug auf Energie in Form der Elektrizität. Gemäß Art. 14 Abs. 2 der Frauenrechtkonvention verpflichten sich die Vertragsstaaten, Frauen das Recht auf angemessene Lebensbedingungen, insbesondere im Hinblick auf Elektrizitätsversorgung zu gewährleisten. Entsprechend der Norm soll Frauen zuvörderst das Recht auf angemessene Lebensbedingungen gewährleistet werden. Inhalt und Bedeutung angemessener Lebensbedingungen werden mit der Einleitung des Worts *„particularly"*, das im Deutschen mit „insbesondere" übersetzt werden kann, definiert. Die angemessenen Lebensbedingungen umfassen folglich einen Zugang zur Elektrizitätsversorgung. Die Norm weist große Parallelen zu Art. 11 Abs. 1 IPWSKR auf. So spricht Art. 11 zwar von einem angemessenen Lebensstandard *(adequate living conditions)* und nicht von angemessenen Lebensbedingungen *(adequate standard of living)*, inhaltlich bestehen zwischen den Formulierungen aber keine Unterschiede. Denn Art. 14 der Frauenrechtskonvention weist zunächst im Vergleich zum gesamten Übereinkommen die meisten Bezüge zu wsk-Rechten auf.[569] Zu nennen sind beispielhaft das Recht auf Gesundheit und soziale Sicherung. Weiter sind die in der jeweiligen Norm folgenden Konkretisierungen, also von dem, was unter angemessenem Lebensstandard oder angemessenen Lebensbedingungen zu verstehen ist, im Sozialpakt und der Frauenrechtskonvention vergleichbar. Gemäß Art. 11 Abs. 1 IPWSKR umfasst der angemessene Lebensstandard *de lege lata* Nahrung, Bekleidung und Unterkunft und eine kontinuierliche Verbesserung der Lebensbedingungen. Art. 14 der Frauenrechtskonvention spricht von Unterkunft, sanitären Einrichtungen, Elektrizitäts- und Wasserversorgung sowie Transport und Kommunikation. Auch wenn die Formulierungen nicht identisch sind, so stimmen die Normen insofern überein, als dass sie auf typische Grundbedürfnisse verweisen, die einen angemessenen Lebensstandard oder -bedingungen beschreiben.

---

568 BGBl. II 1985, S. 647 ff.; Die englische Fassung lautet wie folgt: *„State Parties […], shall ensure to such women the right: To enjoy adequate living conditions, particularly in relation to housing, sanitation, electricity and water supply, transport and communications."*

569 *Pruitt*, Deconstructing CEDWA's Article 14: Naming and Explaining Rural Difference, in: William & Marry Journal of Women and Law, Vol. 17, 2011, S. 347–394 (359 f.).

Hinzu kommt, dass die Frauenrechtskonvention zeitlich viel später als der Sozialpakt verabschiedet wurde. Während bei den Verhandlungen zum Sozialpakt die Frage der Notwendigkeit von Elektrizitätsversorgung keine hohe Priorität besessen hat, hat sich das Bewusstsein diesbezüglich bei den Verhandlungen zur Frauenrechtskonvention geändert. Ein Zugang zur Elektrizitätsversorgung wurde nunmehr als notwendige Voraussetzung für angemessene Lebensbedingungen erachtet. Es ist also davon auszugehen, dass dies auch in den Sozialpakt aufgenommen worden wäre, wenn schon damals die Wichtigkeit von Elektrizität für einen angemessenen Lebensstandard im Bewusstsein der damaligen Verhandlungsführer gewesen wäre.

Die Normen der beiden Übereinkommen sind darüber hinaus auch deshalb gut vergleichbar, weil sie sich der gleichen Systematik bedienen. Beide Pakte nennen zunächst eine Verpflichtung, die von den Vertragsstaaten gewährleistet werden soll, um dann in der gleichen Norm eine Definition zu geben, was Inhalt dieser Verpflichtung ist.

Art. 11 Abs. 1 IPWSKR kann nur dann umgesetzt werden, wenn ein Zugang zur Grundversorgung mit Energie gegeben ist. Die vorliegend gewonnene Erkenntnis im Rahmen von Art 14 der Frauenrechtskonvention unterstützt diese Ansicht. Hier wird ein Recht auf Elektrizität ausdrücklich erwähnt. Eine solche ausdrückliche Erwähnung findet sich sonst in keinem anderen menschenrechtlichen Vertrag. Es ist notwendiger Bestandteil angemessener Lebensbedingungen. Somit liegt der Schluss nahe, dass Elektrizität auch ein notwendiger Bestandteil eines angemessenen Lebensstandards darstellt und dass insofern dem Pakt über wirtschaftliche, soziale und kulturelle Rechte die Verpflichtung auf Grundversorgung mit Energie ebenfalls immanent ist.

II. UN-Konvention über die Rechte von Menschen mit Behinderungen

Die UN-Konvention über die Rechte von Menschen mit Behinderung[570] ist ein relativ junges Menschenrechtsabkommen aus dem Jahr 2006. Trotzdem haben schon 157 Staaten den Vertrag ratifiziert.[571] Deshalb lässt sich schon jetzt auf ein hohes Maß an Anerkennung schließen. Sinn und Zweck der Behindertenrechtskonvention werden in Art. 1 definiert. Demnach ist der Zweck dieses Übereinkommens, Menschenrechte und Grundfreiheiten für alle Menschen mit Behinderungen zu fördern. Anspruchsberechtigt sind folglich Menschen mit

570 *Convention on the Rights of Persons with Disabilities (CRPD)* vom 13. Dezember 2006.
571 Stand: 11.August 2015.

Behinderung. Wer unter Menschen mit Behinderung subsumiert werden kann, ist in Art. 1 Abs. 2 des Übereinkommens legal definiert.

Interessant ist die Systematik der Behindertenrechtskonvention. Die Art. 1 bis 9 der Konvention legen allgemeine Prinzipien fest. Danach folgt in den Art. 10 bis 30 der Behindertenrechtskonvention eine Aufzählung diverser Rechte aus dem Bereich der bürgerlichen und politischen Rechte sowie aus dem Bereich der wirtschaftlichen, sozialen und kulturellen Rechte.[572] Anders als bei den beiden Menschrechtspakten wird keine Unterscheidung zwischen bürgerlichen und politischen sowie wirtschaftlichen und sozialen Rechten vorgenommen, was die Unteilbarkeit, die gegenseitige Abhängigkeit und den Zusammenhang der Menschenrechte verdeutlicht. Aus dem Bereich der wirtschaftlichen und sozialen Rechte enthält das Übereinkommen für Menschen mit Behinderung zum Beispiel das Recht auf Bildung, Gesundheit, Arbeit und einen angemessenen Lebensstandard.[573] Sie sind inhaltlich und strukturell sehr mit den Verpflichtungen aus dem Sozialpakt vergleichbar. Wie oben bereits dargestellt, lassen sich diese Rechte nur dann vollumfänglich realisieren, wenn ein Zugang zur Grundversorgung mit Energie vorhanden ist. Diese These lässt sich somit auf die Normen der Behindertenrechtskonvention übertragen. Zwangsläufig kann eine effektive Umsetzung der in der Konvention enthaltenen Verpflichtungen nur dann gewährleistet werden, wenn zugleich ein Mindestmaß an Energie zur Verfügung steht. Zwar richtet sich die Konvention an Menschen mit Behinderung, weshalb die Allgemeingültigkeit etwas eingeschränkt ist, dennoch lassen sich Erkenntnisse im Zusammenhang mit diesem Abkommen auch auf andere menschenrechtliche Verträge übertragen. Insgesamt lässt sich festhalten, dass aufgrund der vergleichbaren Formulierung der Verpflichtungen in der Behindertenrechtskonvention mit dem Sozialpakt auch hier für eine effektive Erfüllung ein Zugang zu Energie vorhanden sein muss.

III. Der Internationale Pakt über bürgerliche und politische Rechte

Neben dem Internationalen Pakt über wirtschaftliche, soziale und kulturelle Rechte könnte auch seinem Pedant, dem Internationalen Pakt über bürgerliche und politische Rechte, ein Recht auf Grundversorgung mit Energie immanent sein. Im Rahmen der oben dargestellten Genese eines Rechts auf Wasser hat sich gezeigt, dass auch zur Begründung eines solchen Rechts auf die Normen des

572 Dieses vorgehen verdeutlicht die

573 Vgl. Art. 24–25 u. 26–27 der Behindertenrechtskonvention.

Zivilpakts Bezug genommen wurde.[574] Insbesondere Art. 6 IPBPR (Recht auf Leben) wurde in diesem Zusammenhang genannt.

Es besteht daher auch die Möglichkeit, dass ein Recht auf Grundversorgung mit Energie aus dem Übereinkommen abgeleitet werden kann. Die Verpflichtungen des Pakts gewährleisten im Wesentlichen Freiheitsrechte, deren Garantie die Einrichtung einer effektiven Verwaltung und Justiz zur Voraussetzung hat. Eine funktionsfähige Verwaltung oder Justiz kann nur dann errichtet und unterhalten werden, wenn diese über Zugang zu Energie verfügt. Wie sonst sollen beispielweise Computer, Drucker oder andere technische Geräte betrieben werden. Diese Argumentation kann aber nicht überzeugen, beziehungsweise könnte dieses Argument in fast jedem beliebigen Fall genannt werden. Einen direkten Anspruch auf ein Recht auf Grundversorgung mit Energie lässt sich dem Zivilpakt somit nicht entnehmen. Allerdings bietet auch in diesem Zusammenhang Art. 6 IPBPR eine Möglichkeit, einen solchen Anspruch indirekt zu begründen.

Das in Art. 6 IPBPR enthaltene Recht auf Leben steht im engen Zusammenhang mit einem Recht auf Gesundheit. Der Ausschuss für wirtschaftliche und soziale Rechte führt in General Comment Nr. 14 aus,

> *"The right to health is closely related to and dependent upon the realization of other human rights, [...], including the right to life."*[575]

Wie oben schon ausgeführt kann das Recht auf Gesundheit nur dann vollumfänglich erfüllt werden, wenn zumindest eine Grundversorgung mit Energie, beispielsweise in Form von Elektrizität, sichergestellt ist. Darüber hinaus hat der Ausschuss für zivile und politische Rechte in General Comment Nr. 6 die überragende Bedeutung des Rechts auf Leben hervorgehoben, von der unter keinen Umständen Ausnahmen zulässig sind.[576] Man kann nun folgendermaßen argumentieren: Die Erfüllung des Rechts auf Leben kann nur dann voll und ganz realisiert werden, wenn zudem das Recht auf Gesundheit erfüllt wird. Dies ist wiederum nur dann möglich, wenn ein Minimum an Energie zur Verfügung steht. Folglich kann das aus dem Internationalen Pakt über bürgerliche und politische Rechte resultierende Recht auf Leben, nur dann vollumfänglich erfüllt werden, wenn ein Zugang zur Grundversorgung mit Energie besteht.

---

574 Siehe oben, S. 92 ff.

575 CESCR-General Comment Nr. 14 (2000), Abs. 3.

576 CCPR-Genral Comment Nr. 16 (1982), Abs. 1.

IV. Zwischenergebnis

Die Universelle Erklärung der Menschenrechte und die beiden Menschenrechtspakte sind ohne Zweifel die bedeutendsten Verträge im Bereich der Menschenrechte. Auch wenn die Universelle Erklärung der Menschenrechte für sich allein genommen nach noch verbreiteter Ansicht keine Rechtsverbindlichkeit entfaltet.

Neben den hier analysierten völkerrechtlichen Verträgen gibt es aber noch eine Vielzahl weiterer Verträge mit menschenrechtlichem Bezug.[577] Erwähnenswert sind noch das Internationale Übereinkommen zur Beseitigung jeder Form von Rassendiskriminierung[578], die UN-Antifolterkonvention[579] und die Kinderrechtskonvention[580]. Die Verträge haben gemein, dass sie von einer großen Anzahl von Staaten ratifiziert worden sind und damit einen hohen Grad an universeller Anerkennung besitzen.[581]

Wie obige Analyse gezeigt hat, enthält das Übereinkommen zur Beseitigung jeder Form von Diskriminierung der Frau die ausdrückliche Verpflichtung eines Rechts auf Zugang zu Elektrizität. Damit ist dies das einzige Menschenrechtsabkommen auf internationaler Ebene, dass das Problem im Zusammenhang mit einem fehlenden Zugang zu Energie erkannt und zur Lösung eine dementsprechende Verpflichtung geschaffen hat. Die Behindertenrechtskonvention weist inhaltlich große Übereinstimmung mit dem Internationalen Pakt über wirtschaftliche, soziale und politische Rechte auf, weshalb mit gleicher Argumentation auch diesem Übereinkommen wie dem Sozialpakt Anhaltspunkte für ein Recht auf Energie – zumindest indirekt – zu entnehmen sind. Auch dem Internationalen Pakt über bürgerliche und politische Rechte lässt sich im Ergebnis indirekt ein Hinweis auf ein Recht auf Grundversorgung mit Energie entnehmen. Allerdings ist die Herleitung nicht so eindeutig, wie dies für den Sozialpakt der Fall ist. Aus der Kinderrechtskonvention ließe sich mit einer ähnlichen Begründung auch ein Hinweis auf einen Anspruch auf Grundversorgung mit Energie herleiten, insbesondere weil Art. 24 ein Recht auf Gesundheit enthält

577 Eine Liste der internationalen Verträge aus dem Bereich der Menschenrechte findet sich unter: http://www.ohchr.org/EN/ProfessionalInterest/Pages/InternationalLaw.aspx letzter Zugriff am 08.08.2016.

578 *International Convention on the Elimination of All Forms of Racial Discrimination (ICERD)* vom 21. Dezember 1965.

579 *Convention against Torture and Other Cruel, Inhuman or Degrading Treatment or Punishment (CAT)* vom 10. Dezember 1984.

580 *Convention on the Rights of the Child (CRC)* vom 20. November 1989.

581 Vgl. zum Stand der Ratifikation http://treaties.un.org/Pages/Treaties.aspx?id=4&subid=A&lang=en, letzter Zugriff am 08.08.2016.

und sich insoweit die Argumentation übertragen ließe. Eine genauere Analyse erübrigt sich somit.

Als Ergebnis lässt sich festhalten, dass nicht nur dem Internationalem Pakt über wirtschaftliche, soziale und kulturelle Rechte Anhaltspunkte auf ein Recht auf Grundversorgung mit Energie zu entnehmen sind, sondern Energie für viele Menschenrechtsabkommen notwendige Voraussetzung für eine effektive Realisierung ist.

D. Anhaltspunkte für ein Recht auf Grundversorgung mit Energie in internationalen Übereinkommen, Absichtserklärungen und Konferenzen

I. Ein Recht auf Energie und der Vertrag über die Energiecharta

Auf Grund der Ansätze in der Rechtswissenschaft, die klassischen Völkerrechtsquellen zu erweitern, ist es notwendig nicht nur diese auf Anhaltspunkte eines Rechts auf Zugang zur Grundversorgung zu analysieren, sondern auch andere Regime auf internationaler Ebene in die Betrachtung einzubeziehen. So existiert auf internationaler Ebene ein Vertrag, der sich ausdrücklich mit dem Thema Energie auseinandersetzt, namentlich der Vertrag über die Energiecharta. Inwiefern dieses Instrument von Relevanz für die Bestimmung eines Rechts auf Zugang zu Grundversorgung mit Energie ist, soll im Folgenden dargestellt werden.

Grundlage des Vertrags über die Energiecharta[582] *(Energy Charta Treaty)* ist die Europäische Energiecharta, eine politische Absichtserklärung, beziehungsweise ausgearbeitete Prinzipien aus dem Jahre 1991. Diese verfolgt das Ziel, auf Grundlage internationaler Kooperation im Bereich Energie, nachhaltige wirtschaftliche Entwicklung und Energiesicherheit zu gewährleisten.[583] Nach dem Ende des Kalten Krieges sahen vornehmlich die Europäischen Staaten die Möglichkeit, sich von der Abhängigkeit von Energielieferungen aus dem Nahen- und Mittleren Osten zu befreien.[584] Die Europäische Energiecharta entfaltet als bloße Absichtserklärung jedoch keine Rechtsverbindlichkeit. Im Dezember 1994 kam es zur Unterzeichnung des Energiechartavertrags, einem multilateralen Vertrag, mit dem Ziel, ein besonderes

---

582 Für eine ausführliche Darstellung des Inhalts des Vertrages über die Energiecharta siehe *Pritzkow*, Das völkerrechtliche Verhältnis zwischen der EU und Russland im Energiesektor, 2011, S. 38 ff.

583 *Pritzkow*, Das völkerrechtliche Verhältnis zwischen der EU und Russland im Energiesektor, 2011, S. 38.

584 Zur Historie der Europäischen Energiecharta, *Lukes*, Die Europäische Energiecharta, in: EuZW 1992, S. 401–406.

und völkerrechtlich verbindliches Investitionsschutz- und Handelsabkommen im Energiesektor zu schaffen, der am 16. April 1998 in Kraft getreten ist.[585]

Neben der Europäischen Union sind auch die Mitgliedsstaaten Vertragspartner, die USA und Kanada haben den Energie-Charteavertrag, im Gegensatz zur Europäischen Energiecharta, nicht unterzeichnet. Zwar hat Russland den Vertrag unterzeichnet, verweigert aber seit Jahren die Ratifikation und kündigte 2009 an, nicht mehr Partei des Energiechartavertrags werden zu wollen.[586]

Sinn und Zweck des Energiechartavertrages sind im Wesentlichen der Schutz und die Förderung von Auslandsinvestitionen im Energiesektor, die Förderung freien Handels von Energieprodukten auf Grundlage von Regelungen der WTO, freier Transit von Energie durch Pipelines, die Reduzierung von negativen Umwelteinflüssen durch Förderung der Energieeffizienz und die Schaffung von Mechanismen zur Lösung von Disputen zwischen Staaten oder Investoren und Staaten. Zusammenfassend geht es in dem Vertrag um Investitionen, Handel und Transit von Energie. Der Energiechartavertrag fällt in die Kategorie der Investitionsschutzabkommen. Es handelt sich bei dem Vertrag um ein Handelsabkommen, in dem sich keine Normen finden, die dem Individuum ein Recht auf Energie gewährleisten. Der Vertrag bindet zunächst die Vertragsstaaten und schafft Rahmenbedingungen für Unternehmen zum Schutz von Investitionen im Energiesektor. Er richtet sich somit nicht an Einzelpersonen. Gleiches gilt für das durch das Übereinkommen geschaffene Streitbeilegungsverfahren. In diesem werden nur Streitigkeiten zwischen einem vom Vertrag geschützten Investor und einer Vertragspartei oder Streitigkeiten zwischen zwei Vertragsparteien geschlichtet.

Obwohl der Vertrag zeigt, dass Investitionen, Handel und Transit im Bereich der Energiewirtschaft eine hohe Bedeutung besitzen und dass internationale Kooperation in diesem Sektor enorm wichtig ist, kann dem Energiechartavertrag ein Recht auf Zugang zu Grundversorgung mit Energie nicht entnommen werden. Allerdings kann ein solches Investitionsschutzabkommen die rechtlichen Rahmenbedingungen schaffen, um langfristige Investitionen in die Energieinfrastruktur zu fördern. Diese sind notwendig, um dem Recht auf Zugang zu Energie Geltung zu verschaffen. Die Umsetzung eines Rechts auf Zugang zu

585 *Pritzkow*, Das völkerrechtliche Verhältnis zwischen der EU und Russland im Energiesektor, 2011, S. 38 f.; *Scholten*, Die Energiecharta – Bedeutung, aktuelle Herausforderungen und gemeinsame Handlungsoptionen mit ihren Partnern, in: Recht der Energiewirtschaft 2004, S. 85–92.

586 *Pritzkow*, Das völkerrechtliche Verhältnis zwischen der EU und Russland im Energiesektor, 2011, S. 39.

Energie erfordert Investitionen. Viele Staaten, die nur über eine unzureichende Energieinfrastruktur verfügen, sind oftmals nicht in der Lage die finanziellen Mittel aufzubringen, um aus eigener Kraft eine verlässliche und stetige Energieversorgung zu gewährleisten. Private Unternehmen aus der Energiewirtschaft verfügen über die Technik und finanziellen Mittel, Staaten mit einer defizitären Energieversorgung zu unterstützen. Da dies für die Unternehmen mit einem hohen wirtschaftlichen Risiko verbunden ist, muss gewährleistet sein, dass ihre Investitionen geschützt sind. Insofern können Investitionsschutzabkommen, auch wenn sie keinen Individualanspruch auf Zugang zu Grundversorgung mit Energie enthalten, die Implementierung dieses Rechts nachhaltig fördern.

II. Nachhaltige Entwicklung und das Recht auf Grundversorgung mit Energie

1. Millennium Development Goals und Energie

Die Notwendigkeit eines Zugangs zu Energie oder einer Grundversorgung mit Energie wird auch im Zusammenhang mit den Millennium Development Goals diskutiert.[587] Bei den Millennium Development Goals (MDGs)[588] handelt es sich um acht Entwicklungsziele, die im Jahr 2000 von Vertretern der UNO, der Weltbank, der OECD und mehreren NGOs verabschiedet wurden. Die in den Millennium Development Goals formulierten Entwicklungsziele sollen bis zum Jahr 2015 verwirklicht sein. Das Hauptanliegen hinter den MDGs ist die Reduzierung der weltweiten Armut. Im Detail beinhalten die acht Ziele die Beendigung von Armut und Hunger, die Gewährleistung von Bildung, Gleichberechtigung, die Bekämpfung von Kindersterblichkeit, eine Verbesserung der gesundheitlichen Versorgung von Müttern, die Bekämpfung von HIV/Aids und anderen gefährlichen Krankheiten, ökologische Nachhaltigkeit und die Förderung des Aufbaus einer globalen Partnerschaft für Entwicklung. Allerdings haben die acht formulierten Ziele keinerlei verbindliche Wirkung für die Staaten, sondern sind lediglich als Absichtserklärungen zu verstehen. Ein Zugang zu Energie als Voraussetzung zur Verwirklichung der Ziele wird in keinem der Millennium Development Goals explizit erwähnt. Es hat sich aber die Ansicht durchgesetzt,

587 *United Nations,* The Energy Challenge for Achieving the Millenium Development Goals, 2005, S. 1 ff., erhältlich unter: http://www.un-energy.org/sites/default/files/share/une/un-enrg_paper.pdf, letzter Zugriff am 03.11.2016.

588 UN Resolution vom 18. September 2000, UN Doc. A/RES/55/2 (2000).

dass die Realisierung der Millennium Development Goals nur dann möglich ist, wenn ein adäquater Zugang zu Energie gegeben ist.[589]

Wie bereits erläutert[590] wird ein Grund für die weltweite Armut darin gesehen, dass ein großer Teil der betroffenen Menschen über keinen Zugang zu modernen Energiequellen verfügt. Das alles überragende Ziel der MDGs, namentlich die Reduzierung der weltweiten Armut bis zum Jahr 2015, kann deshalb nur dann effektiv umgesetzt werden, wenn für die Betroffenen ein Zugang zu modernen Energiequellen gewährleistet ist.

Das UN Millennium Project hat diese These unterstützt. Dabei handelt es sich um ein unabhängiges Beratungsorgan für Fragen in Bezug auf die Realisierung der MDGs. Diese wurde im Jahr 2002 vom damaligen Generalsekretär der Vereinten Nationen Kofi Annan damit beauftragt, einen Aktionsplan zu entwickeln, wie die Ziele der MDGs erfüllt werden können.[591] Im Jahr 2005 hat das UN Millennium Development Project einen Abschlussbericht vorgestellt, der den Zugang zu Energie als notwendige Voraussetzung für die Realisierung der MDGs identifiziert.[592] Der Abschlussbericht enthält konkrete Vorschläge, welche Maßnahmen in Bezug auf Energieförderung von den Ländern ergriffen werden müssen. Diese umfassen[593]:

- Die Anzahl der Bevölkerung ohne Zugang zu modernen Brennstoffen zum Kochen um 50% reduzieren.
- Schulen, Einrichtungen der Gesundheitsfürsorge und andere öffentliche Einrichtungen müssen über einen Zugang zu Elektrizität verfügen.
- Jede Gemeinde muss über ausreichende Transportmittel verfügen.
- Die armen ländlichen Gebiete müssen mit Elektrizität versorgt werden.

---

589 *United Nations,* The Energy Challenge for Achieving the Millenium Development Goals, 2005, S. 7, erhältlich unter: http://www.un-energy.org/sites/default/files/share/une/un-enrg_paper.pdf, letzter Zugriff am 03.11.2016; UN Res. vom 19. Oktober 2010, UN DOC A/RES/65/1, Abs. 45.

590 Vgl. oben, S. 21 ff.

591 Vgl. Millennium Project, http://www.unmillenniumproject.org/who/index.htm, letzter Zugriff am 08.08.2016.

592 *Millennium Project*, Investing in Development: A Practical Plan to Achieve the Millennium Development Goals, 2005, S. 30, erhältlich unter: http://www.unmillenniumproject.org/who/index.htm, letzter Zugriff am 08.08.2016.

593 *Millennium Project*, Investing in Development: A Practical Plan to Achieve the Millennium Development Goals, 2005, S. 30, erhältlich unter: http://www.unmillenniumproject.org/who/index.htm, letzter Zugriff am 08.08.2016.

Den Abschlussbericht aufgreifend haben ESMAP[594], UNDP und die Weltbank ein Strategiepapier mit Empfehlungen zur praktischen Umsetzung zur Verbesserung der Energieinfrastruktur erarbeitet.[595] Die Regierungen sollen das Problem eines fehlenden Zugangs zu Energie im Zusammenhang mit den MDGs diskutieren, mit dem Ziel, die Verantwortlichen für das Problem zu sensibilisieren.[596] Darüber hinaus sollen rechtliche Rahmenbedingungen geschaffen werden, die Anreize für eine intensive Zusammenarbeit zwischen Regierungsorganisationen und privaten Unternehmen des Energiesektors schaffen.[597] Weiter kommt die Studie zu dem Ergebnis, dass die Energiegrundversorgung, die zum Beispiel zum Kochen benötigt wird, bezahlbar gemacht werden muss.[598] Eine andere Maßnahme betrifft die Verabschiedung strategischer, institutioneller und finanzieller Maßnahmen, um Haushalten und kleinen Gewerbebetrieben eine grundlegende Energieversorgung zu gewährleisten. Die Maßnahmen sollten auch darauf abzielen, zu einer zuverlässigen Energieversorgung zu führen. Bei der Entwicklung von Infrastruktur und Institutionen der Energiegewinnung sollen die Belange von Frauen und mittellosen Menschen berücksichtigt werden. Um eine Energieinfrastruktur zu entwickeln und die Energieversorgung zu steigern, soll die Bevölkerung im Energiesektor ausgebildet und die Forschung in diesem Bereich vorangetrieben werden. Es ist weiter notwendig, die für die genannten Maßnahmen erforderlichen Kosten in alle nationalen MDG-Strategien aufzunehmen.[599]

Die Empfehlungen des UN-Development Project zeigen, dass Energie bei der Verwirklichung der MDGs eine wichtige Rolle spielt. Man kann sogar soweit gehen und feststellen, dass die Ziele ohne einen Zugang zur Grundversorgung mit Energie nicht erfüllt werden können. Die Anerkennung eines Rechts auf Energie würde die Erfüllung der Millennium Development Goals erleichtern und beschleunigen.

2. World Summit on Sustainable Development 2002

Auf dem Weltgipfel für nachhaltige Entwicklung (*World Summit on Sustainable Development*) 2002 in Johannesburg wurde das Thema Energie als Voraussetzung

594 Energy Sector Management Assistance Programme.
595 UNDP et. al., Energy Services for the Millenium Development Goals, 2005.
596 UNDP et. al., Energy Services for the Millenium Development Goals, 2005, S. 2 ff.
597 UNDP et. al., Energy Services for the Millenium Development Goals, 2005, S. 2 ff.
598 UNDP et. al., Energy Services for the Millenium Development Goals, 2005, S. 2 ff.
599 UNDP et. al., Energy Services for the Millenium Development Goals, 2005, S. 2 ff.

einer nachhaltigen Entwicklung erkannt und diskutiert.[600] Vom 26. August bis zum 4. September 2002 trafen sich fast 20.000 Delegierte, bestehend aus Vertretern der Wirtschaft, den Regierungen und Nichtregierungsorganisationen, in Südafrika, um über Fragen der nachhaltigen Entwicklung zu debattieren. Als Ergebnis der Konferenz verabschiedeten die beteiligten Staats- und Regierungschefs die *Johannesburg Declaration on Sustainable Development (JDSD)* zusammen mit einem *Johannesburg Plan on Implementation (JPOI).* Es handelt sich dabei um eine politische Erklärung zur Erreichung einer nachhaltigen Entwicklungspolitik, die keine Rechtsverbindlichkeit entfaltet. Der daneben verabschiedete Johannesburg Plan on Implementation enthält Empfehlungen, wie die in der Erklärung formulierten Ziele effektiv umgesetzt werden können.

Die JDSD nimmt in Absatz 18 explizit Bezug zu der Notwendigkeit eines Zugangs zu Energie. In Absatz 18 JDSD wird zunächst die Menschenwürde erwähnt, um daran anschließend die Absicht zu formulieren, durch geeignete Maßnahmen zügig Zugang zu solchen Grundvoraussetzungen wie sauberem Wasser, sanitären Einrichtungen, angemessener Unterkunft und Energie zu schaffen.[601] Dadurch wird auch in diesem Zusammenhang die enorme Wichtigkeit eines Zugangs zu Energie hervorgehoben. Es wird darüber hinaus deutlich, dass die Ziele einer nachhaltigen Entwicklungspolitik nur dann erreicht werden können, wenn die Grundversorgung mit Energie gewährleistet ist. Auch liegt der Schluss nahe, dass eine nachhaltige Entwicklungspolitik die Förderung eines Lebens in Würde zum Ziel hat, das nur dann verwirklicht werden kann, wenn ein Mindestmaß an Energie zur Verfügung steht.

Auch der sogenannte Umsetzungsplan von Johannesburg (*Plan of Implementation/JPOI)* greift das Thema Energie auf. Der JPOI identifiziert die Bekämpfung der weltweiten Armut als eine der größten Herausforderungen unserer heutigen Zeit, die aber eine unabdingbare Voraussetzung für eine nachhaltige Entwicklungspolitik darstellt.[602] Um dieses Ziel zu erreichen, enthält Abs. 9 des JPOI die

---

600 Report of the World Summit on Sustainable Development 2002, U.N. Doc. A/CONF.199/20, erhältlich unter: http://www.unmillenniumproject.org/documents/131302_wssd_report_reissued.pdf, letzter Zugriff am 08.08.2016; *Bradbrook/Wahnschafft,* The contribution on international law to achieving global sustainable energy production and consumption, Energy Law and Sustainable Development, S. 153 ff.

601 Report of the World Summit on Sustainable Development 2002, S. 3.

602 Plan of Implementation of the World Summit on Sustainable Development, 2002, Abs. 7, S. 3, erhältlich unter: http://www.un.org/esa/sustdev/documents/WSSD_POI_PD/English/WSSD_PlanImpl.pdf. letzter Zugriff am 08.08.2016.

Aufforderung, gemeinsame Anstrengungen vorzunehmen sowie die Bemühungen zu steigern, auf allen Ebenen zusammen zu arbeiten, um den Zugang zu verlässlichen und bezahlbaren Energieleistungen zu verbessern.[603] Weiter wird ausgeführt, dass die verfügbare Energie ausreichend sein muss, um die Millennium Development Goals zu verwirklichen und die Anzahl der Menschen, die in Armut leben, bis zum Jahr 2015 zu halbieren, in dem Bewusstsein, dass Zugang zu Energie die Bekämpfung der weltweiten Armut fördert.[604] Sodann folgt ein Katalog von Maßnahmen zur Realisierung. Diese reichen von der Entwicklung von Politikstrategien und Rahmenbedingungen zur gesetzlichen Umsetzung der Strategien bis hin zu Maßnahmen des Technologietransfers, um neue Entwicklungen im Hinblick auf erneuerbare Energien und Technologien in diesem Zusammenhang zu fördern.[605]

Erkennbar ist deutlich die Bezugnahme zu den Millennium Development Goals. Die Ausführungen haben gemeinsam, dass die geforderten Maßnahmen der Bekämpfung der weltweiten Armut dienen, was nur dann verwirklicht werden kann, wenn die Grundversorgung mit Energie sichergestellt ist. Die JPOI verdeutlichen die Signifikanz eines Zugangs zu Energie im Rahmen von Programmen und Maßnahmen für eine nachhaltige Entwicklungspolitik.

3. *Zwischenergebnis*

Die Ausführungen zeigen, dass eine nachhaltige Entwicklung und damit die Bekämpfung der weltweiten Armut nur dann effektiv umgesetzt werden kann, wenn der Rückgriff auf eine verlässliche, nachhaltige und bezahlbare Energiequelle besteht. Die Millennium Development Goals und die darauf aufbauenden Ergebnisse des World Summit on sustainable Development unterstreichen die enorme Wichtigkeit eines Zugangs zu Energie in unserer heutigen Zeit. Auch wenn die MDGs und die Ergebnisse des World Summit on Sustainable Development keine Rechtsverbindlichkeit entfalten, so geht doch eine nicht zu unterschätzende Signalwirkung von ihnen aus. Die Folge ist, dass der Zusammenhang zwischen einem fehlenden Zugang zu Energie und der weltweiten Armut in das Bewusstsein der

---

603 Plan of Implementation of the World Summit on Sustainable Development, 2002, Abs. 7, S. 5, erhältlich unter: http://www.un.org/esa/sustdev/documents/WSSD_POI_PD/English/WSSD_PlanImpl.pdf. letzter Zugriff am 08.08.2016.

604 Plan of Implementation of the World Summit on Sustainable Development, 2002, Abs. 9, S. 5, erhältlich unter: http://www.un.org/esa/sustdev/documents/WSSD_POI_PD/English/WSSD_PlanImpl.pdf. letzter Zugriff am 08.08.2016.

605 Plan of Implementation of the World Summit on Sustainable Development, 2002, Abs. 9, S. 5 ff., erhältlich unter: http://www.un.org/esa/sustdev/documents/WSSD_POI_PD/English/WSSD_PlanImpl.pdf. letzter Zugriff am 08.08.2016.

Menschen dringt und insofern Anreize geschaffen werden, die jetzige Situation zu ändern. Ein Menschenrecht auf Grundversorgung mit Energie, würde dieses Vorhaben fördern. Ein Zugang zu einer Grundversorgung mit Energie stellt somit eine notwendige Voraussetzung für die Bekämpfung von Armut und einer damit verbundenen nachhaltigen Entwicklungspolitik dar. Sie erfüllen nicht das Kriterium einer Rechtsquelle des Völkerrechts, aber sie können als Interpretationshilfe für die Herleitung eines Rechts auf Zugang zu Grundversorgung mit Energie herangezogen werden.[606]

III. Institutionen und Organisationen auf internationaler Ebene im Zusammenhang mit Energie

1. UNDP

UNDP steht für United Nation Development Programm, also das Entwicklungsprogramm der Vereinten Nationen.[607] Das UNDP wurde als Programm der Vereinten Nationen ins Leben gerufen und ist ein untergeordnetes Organ der Generalversammlung der Vereinten Nationen auf Grundlage der Kapitel IX und X der Charta der Vereinten Nationen.[608] Das allumfassende Ziel des Programms ist die Förderung nachhaltiger Entwicklung. Um dieses Ziel zu erreichen, unterstützt UNDP nationale Prozesse, um den Fortschritt menschlicher Entwicklung zu beschleunigen. Ein besonderes Augenmerk liegt dabei auf der Bekämpfung von Armut durch Entwicklung, gerechtem und nachhaltigem wirtschaftlichen Wachstum und *Capacity Development*.[609] Der Vorsitz des UNDP wird durch den sogenannten Administrator ausgeübt, der für alle Aktivitäten des UNDP gegenüber dem Executive Board verantwortlich ist. Das Executive Board wiederum ist das Leitungsorgan des UNDP, welches mit 36 von der ECOSOS für die Dauer von drei Jahren gewählten Regierungsvertretern nach einem geografischen Verteilungsschlüssel besetzt ist.[610]

---

606 Vgl. insgesamt *Riedel*, Standards and Sources: Farwell to the Exclusivity of the Sources Triad in International Law?, in: European Journal of International Law, 1991, 58–84.

607 Vgl. http://www.undp.org/content/undp/en/home.html, letzter Zugriff am 08.08.2016.

608 *Schoiswohl*, United Nations Development Programm, in: Wolfrum (Hrsg.), The Max Planck Encyclopedia of Public International Law, Oxford University Press, 2008, online edition, [www.mpepil.com], letzter Zugriff am 11.07.2014.

609 *Schoiswohl*, United Nations Development Programm, in: Wolfrum (Hrsg.), The Max Planck Encyclopedia of Public International Law, Oxford University Press, 2008, online edition, [www.mpepil.com], letzter Zugriff am 11.07.2014.

610 *Schoiswohl*, United Nations Development Programm, in: Wolfrum (Hrsg.), The Max Planck Encyclopedia of Public International Law, Oxford University Press, 2008,

Ein Hauptanliegen der UNDP ist die Bekämpfung der Armut und die Förderung einer nachhaltigen Entwicklungspolitik, die sich häufig mit Themen wie Menschenrechten, Gleichberechtigung und dergleichen überschneiden. Um das Ziel einer nachhaltigen Entwicklung zu erreichen, unterstützt das UNDP unter anderem zahlreiche Programme aus dem Bereich Umwelt und Energie. Somit ist auch hier der Zusammenhang zwischen Zugang zu Energieversorgung und Entwicklung anerkannt.

Aus diesem Grund arbeitet UNDP daran, universellen Zugang zu bezahlbaren, sauberen und modernen Energiedienstleistungen zu fördern. Nach Angaben von UNDP haben in dem letzten Jahrzehnt über 10 Millionen Menschen in überwiegend ländlichen und armen Gegenden einen Zugang zu modernen Energiequellen durch von UNDP geförderte Projekte erhalten.[611] UNDP ist der Ansicht, dass ein Zugang zu Energie eine notwendige Voraussetzung für nachhaltige Entwicklung ist. Die Arbeit des UNDP leistet damit einen wichtigen Beitrag zur Förderung der Anerkennung eines Rechts auf Energie.

2. UN-Energy

UN-Energy wurde im Jahr 2004 als Reaktion auf den Weltgipfel für nachhaltige Entwicklung in Johannesburg gegründet und bildet einen Mechanismus der Vereinten Nationen zur regierungsübergreifenden Zusammenarbeit im Bereich von Energie, um Ländern beim Übergang zu nachhaltiger Energie zu unterstützen.[612] Mangels einer Einheit im Organisationsgefüge der Vereinten Nationen, die ausschließlich für das Thema Energie verantwortlich ist, kommt der UN-Energy die Aufgabe zu, die verschiedenen Einheiten und Akteure, die auf Ebene der Vereinten Nationen aber auch außerhalb im Bereich Energie tätig sind, zu koordinieren. Dies geschieht durch die Weitergabe von Informationen, Ermunterung und Förderung der Durchführung gemeinsamer Programme und aktionsorientierte Herangehensweisen an die Koordinierung. Im Gefüge der Vereinten Nationen ist UN-Energy eine sehr kleine Einheit und unterhalb eines Programms angesiedelt. Das Hauptziel von UN-Energy ist natürlich die

online edition, [www.mpepil.com], letzter Zugriff am 11.07.2014; vgl. zum Aufbau das Organisationschart http://www.undp.org/content/undp/en/home/operations/about_us/organisational_chart/ letzter Zugriff am 08.08.2016.

611 UNDP, Fast Facts, 2012, erhältlich unter: http://www.undp.org/content/dam/undp/library/corporate/fast-facts/english/FF-Environment-and-Energy.pdf, letzter Zugriff am 08.08.2016.

612 Vgl. http://www.un-energy.org/about/overview, letzter Zugriff am 08.08.2016.

Förderung des Zugangs zu modernen Energiequellen, ihre primäre Aufgabe besteht jedoch darin, die verschieden Programme der Mitglieder der UN-Energy zu koordinieren.

3. Die Welthandelsorganisation und Energie

Fragen in Bezug auf Energie spielen auch im Rahmen der Welthandelsorganisation (WTO)[613] eine immer wichtiger werdende Rolle. Als die GATT-Regelungen vor gut 60 Jahren verhandelt wurden, hatten Fragen in Bezug auf Energie bei weitem nicht den Stellenwert, den sie heute einnehmen. Die Energiepreise steigen und der Handel mit Energie zum Beispiel in Form von Elektrizität oder Gas hat ebenfalls einen sprunghaften Anstieg erfahren. Insofern sind die Regelungen des GATT und der WTO im Allgemeinen grundsätzlich nicht auf den Handel im Energiesektor zugeschnitten. Dennoch finden diese Regelungen nunmehr Anwendung auf alle Formen des Handels, der auch den Handel mit Waren und Dienstleistungen aus dem Energiesektor umfasst.[614] Im Vergleich zu UNDP oder UN-Energy ist die Interessenlage der WTO anders gelagert.

Das Ziel der WTO ist die Liberalisierung des Welthandels. Dies schließt in der heutigen Zeit den Handel mit Waren und Dienstleistungen ein. Dienstleistungen im Energiesektor sind ein essentieller Bestandteil des Energiemarkts, weshalb ein großes Interesse an der Liberalisierung dieses Bereichs durch die WTO besteht. Die Zielrichtung des oben erläuterten ECT, ist eher mit den Vorhaben der WTO vergleichbar. Es finden zurzeit in der WTO Diskussionen statt, ein Rahmenabkommen mit Bezug auf das Thema Energie im Gefüge der WTO zu etablieren.[615] Die WTO hat erkannt, dass die Regulierung von Energie auf der internationalen Ebene sehr stark fragmentiert und inkohärent ist.[616]

Insgesamt zeigt sich, dass auch im Rahmen der WTO Probleme im Zusammenhang mit Energie immer signifikanter werden. Insofern bleiben die Entwicklungen diesbezüglich abzuwarten. Damit das Thema Energie im Rahmen der WTO nicht ins Abseits gerät und der grenzüberschreitende Handel mit Energie liberalisiert

---

613 Ausführlich zur WTO vgl. *Macrory et al.*, The World Trade Organization: Legal Economic and Political Analysis, 2005; *Stoll/Schorkopf*, WTO: World Economic Order, World Trade Law, 2006; *van Hamel*, World Trade Organization, 1997.

614 *Cottier et al.*, Energy in WTO law and policy, in: Cottier/Delimatsis (Hrsg.), The Prospects of International Trade Regulation, 2011, S. 211 ff.

615 *Cottier et al.*, Energy in WTO law and policy, in: Cottier/Delimatsis (Hrsg.), The Prospects of International Trade Regulation, 2011, S. 221 f.

616 *Cottier et al.*, Energy in WTO law and policy, in: Cottier/Delimatsis (Hrsg.), The Prospects of International Trade Regulation, 2011, S. 211 ff.

sowie die Regelungen in diesem Bereich auf internationaler Ebene angeglichen werden können, wäre ein spezielles Abkommen notwendig.[617]

4. *Die Weltbankgruppe und Energie*

Die Weltbankgruppe bezeichnet eine Gruppe von fünf rechtlich unabhängigen, aber miteinander verbundenen Instituten. Diese umfassen die Internationale Bank für Wiederaufbau und Entwicklung *(International Bank for Reconstruction and Development, IBRD auch World Bank)*, die Internationale Entwicklungsorganisation *(International Development Association, IDA)*, Internationale Finanz-Corporation *(International Finance Corporation, IFC)*, Multilaterale Investitions-Garantie-Agentur *(Multilateral Investment Guarantee Agency, MIGA)* und das Internationale Zentrum für die Beilegung von Investitionsstreitigkeiten *(International Centre for Settlement of Investment Disputes, ICSID)*.[618]

Der ursprüngliche Zweck der Weltbank bestand darin, nach dem Zweiten Weltkrieg den Wiederaufbau der zerstörten Staaten zu finanzieren.[619] Heute versteht sich die Weltbank als eine Art Handelsgesellschaft mit dem Ziel, die weltweite Armut zu reduzieren und Entwicklung zu fördern.[620] Damit bildet die Weltbank die Quelle, aus der die finanzielle und technische Unterstützung für Entwicklungsländer entspringt. Wie UNDP und die Millenium Development Goals verfolgt sie das Ziel der Armutsbekämpfung.

Auch die Weltbank hat den Zusammenhang zwischen Armut und Unterversorgung mit Energie erkannt und fördert daher Maßnahmen, die auf die Reduzierung von Armut abzielen. Um den Zugang zu modernen Energiequellen zu steigern, mit dem Ziel die universelle Versorgung mit Energie im Jahr 2030 zu erreichen, werden jährlich zusätzliche Investitionen in Höhe von 35 bis 40 Milliarden USD benötigt. Die Weltbank fördert daher im hohen Maße Projekte im Energiesektor.[621] Ein besonderer Fokus im Rahmen der Projekte der Weltbank wird auf die Bereiche Zugang zu Elektrizität, erneuerbare Energie und Energieeffizienz sowie

---

617 *Selivanova*, The WTO and Energie: WTO Rules and Agreements of Relevance to the Energy Sector, ICTSD, 2007, S. 34.

618 *Ragazzi*, World Bank Group, in: Wolfrum (Hrsg.), The Max Planck Encyclopedia of Public International Law, Oxford University Press, 2008, online edition, [www.mpepil.com], letzter Zugriff am 11.11.2011.

619 *Kruber*, Internationaler Währungsfond und Weltbankgruppe, 2012, S. 7.

620 *Kruber*, Internationaler Währungsfond und Weltbankgruppe, 2012, S. 7.

621 Eine ausführliche Übersicht von geplanten, laufenden und abgeschlossenen Projekten im Bereich Energie bietet die folgende Seite: http://www.worldbank.org/en/topic/energy/projects, letzter Zugriff am 08.08.2016.

saubere Energie und Klimawandel gelegt. Um die Ziele zu fördern und am Ende zu erreichen, stellt die Weltbank den Entwicklungsländern Darlehen mit niedrigen Zinsen, zinsfreie Kredite oder andere Zuschüsse finanzieller Art zur Verfügung. Darüber hinaus unterstützt die Weltbank Finanzierungsvorhaben durch Treuhandfonds und Partnerschaften von bilateralen und multilateralen Geldgebern. Weitere Maßnahmen betreffen den Austausch und die zur Verfügungstellung von Informationen zu Technologien im Energiesektor.[622]

Die Bereitstellung von Energie ist mit kostenintensiven Investitionen verknüpft. Die Weltbank als Institution, die die finanziellen Mittel zu einem bestimmten Anteil bereitstellen kann, ist daher unverzichtbar bei der Verwirklichung eines Rechts auf Energie.

5. *Zwischenergebnis*

Die hier vorgestellten Institutionen haben zunächst den Zusammenhang zwischen Armut und einem fehlenden Zugang zu Energie identifiziert. Es ist folglich auch hier anerkannt, dass eine effektive Bekämpfung der Armut nur dann erreicht werden kann, wenn die Voraussetzungen für eine funktionierende Versorgung mit Energie geschaffen werden. Um solche Maßnahmen zu initiieren und durchzuführen, ist ein hohes Maß an Know-how sowie eine ausreichende finanzielle Grundlage notwendig. Durch die Projekte von UNDP und der Weltbankgruppe können diese Voraussetzungen geschaffen werden. Im Ergebnis ist ein Zugang zu Grundversorgung mit Energie Voraussetzung, um die Armut zu bekämpfen, und damit notwendig, um ein Leben in Würde zu gewährleisten. Die Projekte zeigen zudem, welchen Stellenwert Fragen und Probleme im Zusammenhang mit Energie heute eingenommen haben. Unterstrichen wird dies auch durch die Tatsache, dass die WTO sich zunehmend mit Fragen aus dem Energiesektor beschäftigt. Zwar geht es dabei um die Liberalisierung des Handels mit Energie und Energiedienstleistungen, aber auch dies zeigt, wie wichtig das Thema Energie ist.

E. Zwischenergebnis

Die Analyse zeigt, dass ein Recht auf Grundversorgung mit Energie aus dem Sozialpakt nur im Wege der Interpretation konstruiert werden kann. Ähnlich gestaltete sich die Entwicklung hin zu dem Recht auf Wasser und dem Recht auf sanitäre Einrichtungen. Auch in diesem Zusammenhang mussten die Menschenrechte

622 Siehe ingesamt *World Bank/International Energy Agency*, Sustainable Energy for All 2015: Progress Toward Sustainable Energy, S. 4 ff.

mangels ausdrücklicher Kodifizierung auf diese Art und Weise hergeleitet werden. Heute kann davon ausgegangen werden, dass sie auf der internationalen Ebene als Menschenrechte anerkannt sind.

Ein Recht auf Grundversorgung mit Energie lässt sich, wie gezeigt, aus Art. 11 Abs. 1 IPWSKR ableiten. Der Wortlaut von Art. 11 Abs. 1 IPWSKR lässt viel Raum für Interpretationen. Die Aufzählung dessen in Art. 11 Abs. 1, was einen allgemeinen Lebensstandard definiert, ist nicht abschließend.[623] Zudem ergibt sich aus den *Travaux Préparatoires*, dass die Verfasser des Pakts davon ausgegangen sind, dass die genannten Rechte bezüglich Ernährung, Bekleidung und Unterbringung später erweitert werden sollten.[624] Als die beiden Menschenrechtspakte in den 1960er Jahren des letzten Jahrhunderts verabschiedet wurden, waren viele der weltweiten Probleme von heute noch nicht so akut, beziehungsweise wurden sie noch nicht als solche identifiziert. Niemand konnte damals ahnen, dass Energie in der Zukunft eine so überaus wichtige Rolle spielen werde. Wäre es den Verfassern bewusst gewesen, wäre mit Sicherheit Energie in die Aufzählung aufgenommen worden. Diese These wird unter anderem dadurch gestützt, dass das Übereinkommen zur Beseitigung jeder Form von Diskriminierung der Frau in Art. 14 Energie in einem vergleichbaren Zusammenhang ausdrücklich erwähnt.[625]

Aber auch die anderen Rechte des Pakts wie das Recht auf Gesundheit oder Bildung, um nur zwei zu nennen, haben für eine effektive Realisierung einen Zugang zu Energie als Voraussetzung. Anders kann eine Verwirklichung der Rechte nicht erfolgen. Wie sollte zum Beispiel ein effektives Gesundheitssystem etabliert werden, wenn dieses über keinen oder nur unzureichenden Zugang zu Energie verfügt? Insofern ist auch dem Art. 12 IPWSKR ein Recht auf Grundversorgung mit Energie immanent. Dennoch muss Art. 11 Abs. 1 IPWSKR als zentrale Norm für die Herleitung eines Rechts auf Energie gesehen werden.

Die Analyse zeigt weiter, dass nicht nur dem Internationalen Pakt über wirtschaftliche, soziale und kulturelle Rechte ein Recht auf Energie immanent ist. Die UN-Konvention über die Rechte von Menschen mit Behinderung, der Internationale Pakt über bürgerliche und politische Rechte und das Übereinkommen zur Beseitigung jeder Form von Diskriminierung der Frau setzten für die Realisierung einiger der in den Pakten gewährleisteten Verpflichtungen einen Zugang zu Energie voraus. Das Übereinkommen zur Beseitigung jeder Form

623 E/CN.4/SR.222, S. 19 (Bowie UK).

624 E/CN.4/SR.222, S. 19 (Bowie UK).

625 Vgl. oben, S. 140 ff.

von Diskriminierung der Frau nimmt in Art. 14 sogar ausdrücklich Bezug auf Energie. Energie ist somit nicht nur Voraussetzung für die Verwirklichung von wsk-Rechten, sondern auch für bürgerliche und politische Rechte, für die Menschenrechte insgesamt. Das Recht auf Grundversorgung mit Energie ist eine essentielle Voraussetzung für die Verwirklichung der Menschenrechte.

Ein weiterer Aspekt, der im Rahmen der Untersuchung deutlich wurde, ist der Zusammenhang von Energie und nachhaltiger Entwicklung. Die verschiedenen Ansätze, die im Rahmen einer nachhaltigen Entwicklungspolitik verfolgt werden, haben alle das Ziel, die weltweite Armut zu reduzieren, beziehungsweise ganz zu eliminieren. Es ist mittlerweile anerkannt, dass ein Grund für die weltweite Armut darin gesehen wird, dass immer noch große Teile der Weltbevölkerung über keinen oder einen unzureichenden Zugang zu Energie verfügen. Diesen Mangel versuchen verschiedene Institutionen und Organisationen innerhalb und außerhalb der Vereinten Nationen zu beseitigen. UNDP und die Weltbankgruppe tragen durch ihre Strategien, Entwicklungskonzepte und Finanzierung verschiedener Projekte im Energiesektor dazu bei, dieses Ziel in hoffentlich naher Zukunft zu verwirklichen. Wie aber kann das Handeln dieser Institutionen dahingehend interpretiert werden, dass es für das Vorhandensein eines Rechts auf Energie spricht?

Das Ziel der Förderung einer nachhaltigen Entwicklung und damit die Bekämpfung der Armut, welches von UNDP, den Millennium Development Goals und der Weltbankgruppe verfolgt wird, korreliert mit den Zielen, die die Menschenrechte im Allgemeinen und der Internationale Pakt über wirtschaftliche, soziale und kulturelle Rechte im Besonderen verfolgt. Letztendlich geht es darum, es den Menschen zu ermöglichen ein Leben in Würde zu führen. Allen Menschenrechten ist das Prinzip der Menschenwürde immanent. Wenn man so will, bildet dieses Prinzip unter anderem den Kerngehalt eines Menschenrechts. Soll das Recht auf Nahrung, Gesundheit oder Unterkunft erfüllt werden, stehen natürlich zunächst die Bekämpfung von Hunger, Krankheit und Obdachlosigkeit im Vordergrund. Es geht aber in allen Fällen auch darum, den von diesen Mängeln betroffenen Menschen ein würdevolles Leben zu ermöglichen. Ein Leben in Würde ist nur möglich, wenn der Mensch keinen Hunger leidet, gesund ist und sich in einer Unterkunft frei entfalten kann. Auch diejenigen, die eine nachhaltige Entwicklung zur Bekämpfung von Armut befürworten, wollen damit ein würdevolles Leben ermöglichen. Menschen in Armut können kein Leben in Würde führen. Um die Menschen aus der Armut herauszuführen, bildet, wie die obige Untersuchung gezeigt hat, ein Zugang zu Grundversorgung mit Energie eine unabdingbare Voraussetzung.

Als Ergebnis lässt sich somit festhalten, dass ein Recht auf Grundversorgung mit Energie als Element des angemessenen Lebensstandards gemäß Art. 11 Abs. 1 IPWSKR in Verbindung mit dem Prinzip der Menschenwürde im Sozialpakt enthalten ist. Es ist zudem eine notwendige Voraussetzung für die Verwirklichung der Menschenrechte. Die Vertragsstaaten des Sozialpakts sind an die Verpflichtungen eines Rechts auf Zugang zu Grundversorgung mit Energie gebunden. Für Nichtvertragsstaaten ist dies schwieriger zu beantworten. Es setzt sich immer mehr die Ansicht durch, dass zumindest einige der Kernverpflichtungen des Sozialpakts als Völkergewohnheitsrecht beziehungsweise allgemeine Rechtsgrundsätze angesehen werden, die auch für Nichtvertragsstaaten eine universelle Anwendung finden.[626] Für ein Recht auf Zugang zu Grundversorgung mit Energie kann eine gewohnheitsrechtliche Geltung zum jetzigen Zeitpunkt nicht angenommen werden. Die im Vergleich zum Zivilpakt viel indirektere Sprache des Sozialpakts lässt vermuten, dass es sich bei den wsk-Rechten lediglich um Programmsätze und Absichtserklärungen handelt, deren Realisierung lediglich in der Hand der Vertragsstaaten liegen.[627] Dabei wird allerdings übersehen, dass einige Normen des Sozialpakts eine internationale Reichweite aufweisen. Beispielhaft sei Art. 11 Abs. 2 IPWSKR im Zusammenhang mit der Verbesserung der Lebensmittelproduktion und deren Verteilung genannt, wonach die Vertragsstaaten einzeln und im Wege internationaler Zusammenarbeit die erforderlichen Maßnahmen, einschließlich besonderer Programme, durchführen werden.[628] Auch Art. 22 und Art. 23 IPWSKR unterstreichen die Wichtigkeit der verschiedenen Formen internationaler Zusammenarbeit.[629] Ähnlich äußert sich auch der Ausschuss, indem er in seinen allgemeinen Bemerkungen auf sogenannte Internationale Verpflichtungen

---

626 vgl. *Simma/Alston*, The Sources of Human Rights Law: Custom, Jus Cogens, and General Principles, in: Australian Yearbook of International Law, 1992, S. 82–108.

627 *Riedel/Giacca/Golay*, The Development of Economic, Social and Cultural Reights in International Law, in: Riedel/Giacca/Golay (Hrsg.) Economic, Social and Cultural Rights in International Law: Contemporary Issues and Challanges, 2014, S. 3–48 (12).

628 *Coomans*, Application of the International Covenant on Economic, Social and Cultural Rights in the Framework of International Organisations, in: von Bogdandy/ Wolfrum (Hrsg.), Max Planck Yearbook of United Nations Law, Vol. 11, 2007, S. 359–390 (364).

629 *Coomans*, Application of the International Covenant on Economic, Social and Cultural Rights in the Framework of International Organisations, in: von Bogdandy/ Wolfrum (Hrsg.), Max Planck Yearbook of United Nations Law, Vol. 11, 2007, S. 359–390 (364).

(*international obligations*) verweist.[630] So führt er in den allgemeinen Bemerkungen zum Recht auf Wasser aus, dass die Staaten Maßnahmen treffen sollten, um zu verhindern, dass die eigenen Bürger oder Unternehmen das Recht auf Wasser in anderen Staaten verletzen.[631] Insofern enthalten die Rechte des Sozialpakts in einem gewissen Maß Verpflichtungen, die auch Nichtvertragsstaaten betreffen.

Nachdem der Sozialpakt ein Recht auf Zugang zu Grundversorgung mit Energie enthält, muss in einem nächsten Schritt der Inhalt und Umfang eines solchen Rechts bestimmt werden.

630 Vgl. z. B., General Comment Nr. 12 on the Right to Food, Doc. E/C.12/1999/5, Abs. 36–41; General Comment Nr. 14 on the Right to Health, Doc. E/C.12/2000/4, Abs. 38–42 and General Comment Nr. 15 on the Right to Water, Doc. E/C.12/2002/11, Abs. 30–36.

631 CESCR-General Comment Nr. 15 (2002), Abs. 33.

Siebtes Kapitel: Geltungsumfang eines Rechts auf Grundversorgung mit Energie

Die oben gemachten Ausführungen zeigen, dass dem Sozialpakt Elemente beziehungsweise Anhaltspunkte für ein Recht auf Energie zu entnehmen sind. Obwohl ein solches Recht nicht ausdrücklich enthalten ist, sprechen einige Argumente dafür, dass ein Menschenrecht auf Energie auf dem Wege der Interpretation konstruiert werden kann. Ein Zugang zu einer Grundversorgung mit Energie ist eine Grundvoraussetzung für die Verwirklichung der Menschenrechte. Dem Sozialpakt ist ein solches Recht immanent. Im Folgenden muss daher der Inhalt und Umfang eines Rechts auf Grundversorgung mit Energie bestimmt werden.

Der Ausschuss für wirtschaftliche, soziale und kulturelle Rechte hat in der Vergangenheit schon häufiger Inhalt und Umfang von Paktrechten bestimmt.[632] Dabei hat sich im Lauf der Zeit eine allgemeingültige Struktur und Systematik entwickelt. Grob soll die Definition zunächst in vier Schritten erfolgen. Im ersten Schritt soll der normative Gehalt eines Rechts auf Energie bestimmt werden. Sodann werden in Schritt zwei die sich aus diesem Recht ergebenden Verpflichtungen der Staaten aufgezeigt. Im dritten Schritt werden Möglichkeiten genannt, die zu einer Verletzung des Rechts führen, und der vierte und letzte Schritt zeigt, wie eine Implementierung des Rechts in den nationalen Rechtsordnungen auszusehen hat. Die vier Schritte sollen im Folgenden auf ein Recht auf Energie angewandt werden.

---

632 Vgl. General Comment Nr. 4 (1991), „The right to adequate housing"; General Comment Nr. 7 (1997), „The right to adequate housing: forced evictions (Art. 11 (1))"; General Comment Nr. 12 (1999), „The right to adequate food (art. 11)"; General Comment Nr. 13 (1999), „The right to education (art. 13)"; General Comment Nr. 14 (2000), „The right to the highest attainable standard of health (art. 12)"; General Comment Nr. 15 (2002), „The right to water (arts. 11 and 12)"; General Comment Nr. 16 (2005), „The equal right of men and women to the enjoyment of all economic, social and cultural rights (art. 3)"; General Comment Nr. 17 (2005), „The right of everyone to benefit from the protection of the moral and material interests resulting from any scientific, literary or artistic production of which he is the author (art. 15 (1) (c))"; General Comment Nr. 18 (2005), „The Right to work (art. 6)"; General Comment Nr. 19 (2008), „The right to social security"; General Comment Nr. 21 (2009), „The right of everyone to take part in cultural life".

A. Der normative Gehalt eines Rechts auf Energie

Die Annahme der Existenz eines Rechts auf Energie führt zwangsläufig zu der Frage, wie ein solches Recht ausgestaltet würde. *Bradbrook und Gardam* haben den Inhalt folgendermaßen zusammengefasst,

> *"the basic right would be designed to ensure access on the basis of equality and non-discrimination to a sufficient, regular, reliable, efficient, safe, and affordable supply of (ideally clean and sustainable) energy.".*[633]

Diese Aussage kann als zutreffend bezeichnet werden, sie erfasst aber nicht den Inhalt eines Rechts auf Zugang zu Grundversorgung mit Energie in seinem vollen Umfang. Erforderlich ist daher eine detailliertere Bestimmung des normativen Gehalts. Wie die Rechte auf Wasser oder Gesundheit wäre auch ein Recht auf Energie zweidimensional:[634]

Menschenrechte oder Grundrechte wenden sich in ihrer objektiv-rechtlichen Dimension an den Staat. Ihm werden folglich Eingriffe in die Rechte des Bürgers verboten oder zumindest erschwert. Darüber hinaus ist der Staat zum Schutz bestimmter Rechte und Interessen seiner Bürger verpflichtet. Die zweite Seite der Menschenrechte bildet die subjektiv-rechtliche Dimension.[635] Diese richtet sich an den Bürger und ermöglicht diesem, gestützt auf ein Menschenrecht, ein bestimmtes Verhalten einzufordern und Eingriffe des Staates in seine Freiheiten abzuwehren. Aus den Menschenrechten lassen sich somit zum einen bestimmte Freiheiten entnehmen, zum anderen können Ansprüche aus dem Recht abgeleitet werden.

Übertragen auf ein Recht auf Energie ergäbe sich daraus folgende Situation: Die Freiheitsebene umfasst das Recht eines jeden, einen bereits vorhandenen Zugang zu Energie behalten zu dürfen. Weiter besitzt jeder Bürger das Recht, frei von Beeinträchtigungen der vorhandenen Energieversorgung zu sein, und das Recht, nicht willkürlich von der Energieversorgung abgeschnitten zu werden. Die Anspruchsebene dagegen würde das Recht auf eine Energieversorgung umfassen. Ein Staat wäre somit verpflichtet, Infrastrukturprojekte zu fördern, die den Aufbau einer zuverlässigen Energieversorgung zum Ziel haben. Was dies

---

633 *Bradbrook/Gardam*, Placing Access to Energy Services within a Human Rights Framework, in: Human Rights Quarterly 28 (2006), S. 389–415 (409).

634 Vgl. CESCR-General Comment Nr. 15 (2002), Abs. 10; CESCR-General Comment Nr. 14 (2000), Abs. 8.

635 *Epping*, Grundrechte, 5. Aufl. 2012, Rn. 11 ff.; CESCR-General Comment Nr. 15 (2002), Abs. 10; CESCR-General Comment Nr. 14 (2000), Abs. 8.

aber im Detail bedeutet, soll im Weiteren erörtert werden und orientiert sich an der vom Ausschuss in den General Comments verwendeten Systematik.

I. Verfügbarkeit von Energie

Um die Verfügbarkeit von Energie zu gewährleisten, ist es zunächst notwendig, eine funktionierende Energieversorgung aufzubauen und zu unterhalten. Eine funktionierende Energieinfrastruktur umfasst Möglichkeiten der Energiegewinnung sowie ein verlässliches Versorgungsnetz, das es ermöglicht, die gewonnene Energie effizient und zuverlässig an die Abnehmer zu transportieren.

Es muss weiter gewährleistet sein, dass die gewonnene Energie ausreichend ist, um die persönlichen Bedürfnisse jedes Menschen zu befriedigen sowie den Ansprüchen im häuslichen Bereich zu genügen. Hinsichtlich der Quantität an verfügbarer Energie können keine genauen Werte angegeben werden. Diese sind von den unterschiedlichsten Faktoren abhängig und können nicht pauschal bestimmt werden. Das Recht auf Zugang zu Grundversorgung mit Energie ist gemäß Art. 11 Abs. 1 IPWSKR eine Grundvoraussetzung für einen angemessenen Lebensstandard.[636] Aus diesem Grund muss zumindest gewährleistet sein, dass im Haushaltsbereich gekocht und ein kleiner Kühlschrank betrieben werden kann, eine Möglichkeit zum Heizen besteht und für die Abendstunden das Haus oder ein Zimmer beleuchtet werden kann.[637] Die Herleitung eines Rechts auf Energie zeigte die Kohärenz zwischen einem Recht auf Energie und Gesundheit sowie auf ein Recht auf Bildung. Folglich muss die verfügbare Energie ausreichend sein, um die Grundanforderungen an Energie im Bereich des Gesundheits- und Bildungssektor zu befriedigen.[638]

Die genaue Ausgestaltung und Leistungsfähigkeit der Energieinfrastruktur unterliegt weiter der Prämisse, dass die Belange der Vertragsstaaten berücksichtigt werden, insbesondere ist dabei der Entwicklungsstand der jeweils betroffenen Vertragsstaaten zu betrachten. Hier muss insofern an die Voraussetzungen von Art. 2 Abs. 1 IPWSKR angeknüpft werden. Zudem sollte darauf hingewirkt werden, dass Energie als soziales und kulturelles und nicht primär als ein wirtschaftliches Gut betrachtet wird.

---

636 Vgl. oben S. 106 ff.

637 *Bradbrook/Gardam*, Placing Access to Energy Services within a Human Rights Framework, in: Human Rights Quarterly 28 (2006), S. 389–415 (409 f.).

638 *Bradbrook/Gardam*, Placing Access to Energy Services within a Human Rights Framework, in: Human Rights Quarterly 28 (2006), S. 389–415 (410).

II. Zugänglichkeit eines Rechts auf Energie

Ein Recht auf Grundversorgung mit Energie müsste zudem auch verfügbar sein. Dies bedeutet, dass ein Zugang zu Grundversorgung mit Energie für jedermann ohne Diskriminierung gewährleistet sein muss. Der Ausschuss hat dazu in seinen General Comments vier Voraussetzungen entwickelt, die erfüllt sein müssen, damit ein diskriminierungsfreier Zugang für jedermann zu einem bestimmten Recht gegeben ist.[639] Der Ausschuss spricht dabei von vier Dimensionen, aus denen sich die Zugänglichkeit zusammensetzt.[640] Diese vier Dimensionen umfassen Nichtdiskriminierung, physische Zugänglichkeit, wirtschaftliche Zugänglichkeit (Erschwinglichkeit) und der Zugang zu Informationen. Bei der Bestimmung der vier Dimensionen ist zu beachten, dass diese nicht klar voneinander getrennt werden können, sondern dass Überschneidungen zwischen den vier Dimensionen bestehen. Weiter sind sie zudem nicht als abschließend zu verstehen. So können in bestimmten Fällen weitere Dimensionen hinzukommen oder weggelassen werden.

1. Physische Zugänglichkeit

Im Rahmen eines Rechts auf Wasser oder Gesundheit ist die Bedeutung physischer Zugänglichkeit recht schnell erschlossen. Physische Zugänglichkeit in diesem Zusammenhang meint zum Beispiel, dass die Einrichtungen der Wasserversorgung oder gesundheitlichen Versorgung physisch sicher zugänglich sein müssen. Es dürfen den betroffenen Personen folglich keine physischen Hindernisse den Weg, beispielsweise zu einer Wasserquelle, versperren. Kann ein Zugang zu Wasser nicht bis zu einem Haus gelegt werden, dann ist es zumindest möglich, Wasser von einer Quelle zu einem bestimmten Ziel zu transportieren. Insofern ist auch eine physische Zugänglichkeit zu bejahen, wenn dies ohne Hindernisse möglich ist. Ähnlich ist es im Hinblick auf Einrichtungen der Gesundheitsvorsorge. Auch hier muss demjenigen, der Hilfe benötigt, nur die Möglichkeit geschaffen werden, an den Ort zu gelangen, wo er die Hilfe in Anspruch nehmen kann.

Im Rahmen eines Rechts auf Energie ist es allerdings schwieriger zu definieren, was unter physischer Zugänglichkeit zu verstehen ist, denn Energie, sei es in Form der Elektrizität oder Gas, lässt sich nicht ohne Weiteres transportieren.

---

639 Vgl. CESCR-General Comment Nr. 13 (1999); CESCR-General Comment Nr. 14 (2002), Abs. 12; CESCR-General Comment Nr. 15 (2002); CESCR-General Comment Nr. 18 (2005), Abs. 12.

640 Vgl. CESCR-General Comment Nr. 13 (1999); CESCR-General Comment Nr. 14 (2002), Abs. 12; CESCR-General Comment Nr. 15 (2002); CESCR-General Comment Nr. 18 (2005), Abs. 12.

Vielmehr ist dafür eine Infrastruktur notwendig, die es ermöglicht, Elektrizität oder Gas von ihrer Quelle an den Endverbraucher zu transportieren. Es müssen folglich Hochspannungsleitungen, Kabel oder Pipelines und Rohre verlegt werden.

Im Zusammenhang mit einem Recht auf Energie muss physische Zugänglichkeit folglich anders verstanden werden.

Energie in Form von Elektrizität oder Gas ist für den Menschen nicht physisch zugänglich. Im Gegenteil, der physische Kontakt mit Elektrizität kann unter Umständen sogar tödlich sein. Physische Zugänglichkeit im Rahmen eines Rechts auf Energie kann folglich nur so verstanden werden, dass ein Anschluss an die Energieversorgung gegeben ist und dieser ohne Einschränkungen und Hindernisse genutzt werden kann. Physische Zugänglichkeit in diesem Sinne bedeutet mehr als im Rahmen eines Rechts auf Wasser oder des Zugangs zu sanitären Einrichtungen. Es muss nämlich neben der generellen Möglichkeit des Zugriffs auf das Energienetzwerk darüber hinaus gewährleistet werden, dass im Privatsektor Unterkünfte und Häuser über einen Anschluss an die Energieversorgung verfügen. Die Bereitstellung an einem zentralen Ort innerhalb eines Viertels oder Dorfs ist hiernach nicht ausreichend. Im Ergebnis ergäben sich für ländliche Gegenden größere Herausforderungen in infrastruktureller Hinsicht als für Städte.

Die oben schon angesprochenen Gefahren, die vor allem im Zusammenhang mit Elektrizität einhergehen, führen zum Aspekt der Sicherheit, der hier eine herausragende Rolle spielt und im Rahmen der physischen Zugänglichkeit erörtert werden sollte. Die Energieversorgung muss sicher sein. Es muss folglich ein hoher Sicherheitsstandard in Bezug auf Elektroinstallationen gewährleistet sein. Darüber hinaus müssen diese ständig adäquat gewartet werden.

2. Nichtdiskriminierung

Das Erfordernis der Nichtdiskriminierung ist ein wichtiges Element der wsk-Rechte, welches zudem in Art. 2 Abs. 2 IPWSKR eine Normierung erfahren hat. Verstärkt wird dies durch den in Art. 3 IPWSKR enthaltenen Grundsatz der Gleichberechtigung. Nichtdiskriminierung in diesem Zusammenhang bedeutet, dass der Zugang zur Energieversorgung jedem gewährt werden müsste, ohne Diskriminierung hinsichtlich der Rasse, der Hautfarbe, des Geschlechts, der Sprache, der Religion, der politischen oder sonstigen Anschauung, der nationalen oder sozialen Herkunft, des Vermögens, der Geburt oder des sonstigen Status. Insofern muss insbesondere den gefährdetsten und marginalisierten Bevölkerungsgruppen ein umfassender Schutz zukommen. Sollen Investitionen in die Infrastruktur getätigt werden, dürfen oben genannte Erwägungen bei der Entscheidung keine Rolle spielen. Auch darf aufgrund der oben genannten Gründe niemand von der Energieversorgung abgeschnitten werden. Die Grundversorgung mit Energie ist gerade in ländlichen Gegenden nicht ausreichend gewährleistet. Eine Diskriminierung wäre folglich auch dann gegeben, wenn aufgrund von wirtschaftlichen Erwägungen im Rahmen einer Kosten-Nutzen-Analyse Projekte zur Versorgung ländlicher Gegenden mit Energie nicht umgesetzt würden. Die Anbindung weit abgelegener Siedlungen mit im Verhältnis geringen Bevölkerungszahlen an die Energieinfrastruktur wäre mit hohen Kosten verbunden. Diese Kosten könnten nicht ohne weiteres kompensiert werden. Es müssen nicht nur Diskriminierungen aus persönlichen Gründen unterlassen werden, sondern auch Diskriminierungen, denen wirtschaftliche Erwägungen zugrunde liegen.

Im Rahmen der Nichtdiskriminierung ist weiter ein besonderes Augenmerk auf Frauen zu richten. Wie oben erörtert, ist diese Bevölkerungsgruppe überproportional von den Auswirkungen eines fehlenden Zugangs zu sauberen Energiequellen betroffen. Sie sind gerade in ländlichen Gegenden den Immissionen bei der Verbrennung fossiler Brennstoffe ausgesetzt oder müssen häufig selbst dafür sorgen, dass die fossilen Brennstoffe herbeigebracht werden.[641] Insofern sind deren Belange bei der Umsetzung besonders zu berücksichtigen.[642]

3. Wirtschaftliche Zugänglichkeit (Erschwinglichkeit)

Ein weiterer, sehr wichtiger Punkt im Rahmen der Zugänglichkeit eines Rechts auf Energie ist die Frage der Erschwinglichkeit oder wirtschaftlichen Zugänglichkeit von Energie. Ein Zugang zu Energie kann auch indirekt verwehrt werden, indem die Kosten von einem Großteil der Bevölkerung nicht getragen werden können. Um das Merkmal der wirtschaftlichen Zugänglichkeit erfüllen zu können, muss Energie in Form von Elektrizität oder Gas für jeden erschwinglich sein. Die Betonung liegt in diesem Zusammenhang auf „jeden". Schutzwürdig in diesem Sinne sind vor allem die Personen am Rande der Gesellschaft mit keinem oder nur geringem Einkommen. Folglich muss im Rahmen der wirtschaftlichenZugänglichkeit darauf geachtet werden, dass Frauen, ältere Menschen und Kinder nicht aus wirtschaftlichen Erwägungen von der Versorgung mit Energie ausgeschlossen werden. Auch hier spielen die wirtschaftlichen Aspekte eine Rolle, die schon

641 UNDP, Gender and Energy For Sustainable Development: A Toolkit and Resource Guide, (2004), S. 12.

642 *Bradbrook/Gardam*, Placing Access to Energy Services within a Human Rights Framework, in: Human Rights Quarterly 28 (2006), S. 389–415 (411).

oben im Zusammenhang mit der Nichtdiskriminierung genannt wurden. Vor allem die Erschließung von abgelegenen ländlichen Gegenden mit einer funktionierenden Energieversorgung ist mit immensen Kosten verbunden. Diese Kosten dürfen nicht dadurch kompensiert werden, dass sie von den Personen getragen werden müssen, die von den Infrastrukturmaßnahmen betroffen sind. Zumindest nicht in dem Maße, dass für diese Personen ein Zugang zu Grundversorgung mit Energie unbezahlbar ist und er ihnen dadurch faktisch verweigert wird. Es besteht insofern eine enge Verbindung zum Erfordernis der Nichtdiskriminierung. Hier zeigt sich zudem ganz deutlich, dass die einzelnen Voraussetzungen mitunter in einer starken Wechselbeziehung zueinander stehen.

Welche Konsequenzen die Bedingung der wirtschaftlichen Zugänglichkeit insbesondere auf der Verpflichtungsebene hat, wird unten eingehend erläutert.

4. *Informationelle Zugänglichkeit*

Informationelle Zugänglichkeit muss jedem die Möglichkeit bieten, sich Informationen in Bezug auf ein Recht auf Energie zu beschaffen, zu empfangen und weiterzugeben. Informationelle Zugänglichkeit ist im Zusammenhang mit Art. 19 Abs. 2 IPBPR zu sehen, der die Freiheit eines jeden garantiert, sich ohne Rücksicht auf Staatsgrenzen Informationen und Gedankengut jeder Art in Wort, Schrift oder Druck, durch Kunstwerke oder andere Mittel eigener Wahl zu beschaffen, zu empfangen und weiterzugeben. Die informationelle Zugänglichkeit spielt im Zusammenhang mit einem Zugang zur Grundversorgung mit Energie eine nicht zu unterschätzende Rolle. Wie schon mehrfach betont, setzt die Umsetzung eines Rechts auf Energie Infrastrukturmaßnahmen voraus. Diese sind zum einen mit hohen Kosten verbunden, zum anderen erfordern sie bauliche Maßnahmen, die Auswirkungen auf die Bevölkerung haben können. Die Bevölkerung muss deshalb in der Lage sein, sich über den Stand und Verlauf solcher Maßnahmen informieren zu können. Die Kosten müssen transparent sein und es müssen Mechanismen und Prozesse eingerichtet werden, die einen Missbrauch durch Korruption verhindern. Ist die Bevölkerung direkt von baulichen Maßnahmen betroffen, müssen sie im Vorfeld darüber informiert werden. Im Idealfall sollten sie schon im Vorfeld in den Planungsprozess einbezogen werden.[643]

Ein weiterer wichtiger Aspekt in der Beziehung Zugang zu Energie und informationelle Zugänglichkeit sind die Aufklärungspflichten, die entstehen. Energie

643 In Deutschland geschieht dies insbesondere bei Großprojekten durch das Planfeststellungsverfahren. Hier erhalten die Bürger ein gewisses Mitspracherecht bei der Planung und können ggfl. rechtlich gegen einzelne Vorhaben vorgehen.

in Form von Elektrizität oder Gas birgt immer ein gewisses Gefahrenpotential. Die Bevölkerung muss über diese Gefahren aufgeklärt werden und gegebenenfalls im Umgang mit modernen Energiequellen geschult werden. Auch müssen Grundlagen in Energieeffizienz der Bevölkerung vermittelt werden, damit sie einen verantwortungsvollen Umgang mit modernen Energiequellen lernen und auch umsetzen.

III. Qualität/Nachhaltigkeit

Neben den Kriterien der Verfügbarkeit und Zugänglichkeit eines Rechts auf Energie existiert auch das normative Kriterium der Qualität. Die zur Verfügung gestellte Energie muss von ausreichender Qualität sein. In Bezug auf ein Recht auf Energie lässt sich dies nur schwer definieren. Besteht zum Beispiel ein Zugang zu einem Stromnetz, dann verändert sich die Qualität des elektrischen Stroms zunächst nicht. Elektrizität ist, wie oben schon gezeigt, physisch nicht greifbar, es ist geschmacks- und geruchslos und lässt sich auch visuell nicht wahrnehmen. Das Merkmal Qualität muss folglich, im Vergleich zu einem Recht auf Wasser oder Gesundheit, eine andere Definition erfahren, beziehungsweise anhand anderer Kriterien bestimmt werden. Für die Qualität eines Rechts auf Energie bedeutet dies, dass es verlässlich sein muss, dass es bestimmte Sicherheitsstandards einhalten muss, dass es sauber und nachhaltig ist.

Ein Zugang zu Energie ist demzufolge dann von guter Qualität, wenn die Versorgung mit Elektrizität oder Gas verlässlich ist. Dies bedeutet eine kontinuierliche Zufuhr von Energie ohne Unterbrechungen, die dem Abnehmer zukommen muss. Gerade im Hinblick auf eine Grundversorgung mit Strom im Gesundheitssektor, hat das Kriterium der Kontinuität der Stromversorgung äußerste Priorität. Ein plötzlicher Stromausfall kann hier schwerwiegende Konsequenzen haben. Ein weiterer Aspekt in Bezug auf Energie und Qualität ist die Sicherheit. Die Versorgung mit Elektrizität oder Gas ist unter Umständen mit erheblichen Gefahren verbunden. Eine unsachgemäße Handhabung einer elektrischen Leitung kann Personen verletzen oder sogar töten oder Brände verursachen. Ein Zugang zu Energie kann deshalb nur dann qualitativ angemessen sein, wenn dieser sicher ist. Es muss ausgeschlossen werden, dass die Abnehmer des Stroms oder Gases den damit einhergehenden Gefahren ausgesetzt sind. Ein Zugang zu Energie ist zudem nur dann von guter Qualität, wenn die Energie sauber ist. Dies bedeutet, dass die bereitgestellte Energie aus umweltfreundlichen Energiequellen stammen muss. Ferner sollte die Energie aus schadstoffarmen Quellen gewonnen werden. Traditionelle Energiequellen wie Holz oder Tierdung erfüllen folglich nicht das Kriterium der Sauberkeit und können insofern nicht dem

Qualitätsmerkmal genügen.[644] Des Weitern sind sie nicht sehr sicher, weswegen sie auch aus diesem Grund den geforderten Qualitätsanforderungen nicht genügen würden.[645] Letztlich ist es wichtig, dass die zur Verfügung gestellte Energie aus nachhaltigen Energiequellen gewonnen wird. Gerade in der heutigen Zeit gewinnt das Kriterium der Nachhaltigkeit mehr und mehr an Bedeutung. Die Anerkennung und die daraus folgende Umsetzung eines Rechts auf Energie würden zwangsläufig zu einem Anstieg des weltweiten Energieverbrauchs führen. Schon heute werden durch den Verbrauch von Energie eine Menge Ressourcen verschwendet. Deshalb ist der Aspekt, dass die Energie aus nachhaltigen Energiequellen gewonnen wird, sehr wichtig für das Merkmal der Qualität. Energie und Nachhaltigkeit standen auch auf der Agenda des World Summit on Sustainable Development in Johannesburg 2002.[646] In der dort als politische Erklärung verabschiedeten Resolution, der Johannesburg Declaration on Sustaianable Development, wurde das Ziel ausgegeben, schleunigst den Zugang zu grundlegenden Bedürfnissen wie Energie zu erfüllen.[647]

B. Verpflichtungen der Staaten

Nachdem der normative Gehalt eines Rechts auf Energie bestimmt wurde, soll im Folgenden untersucht werden, welche Verpflichtungen sich daraus für die Vertragsstaaten ergeben. Alle Menschenrechte legen den Vertragsstaaten bestimmte Pflichten auf. Diese teilen sich nach nun überkommener Ansicht in der Völkerrechtslehre in drei Ebenen auf.[648] Ursprünglich von *Shue* entwickelt, der im wesentlichen drei Typen der Verpflichtung nennt, nämlich *duties to avoid*

644 Vgl. zu den Auswirkungen bei der Verwendung traditioneller Energiequellen oben S. 24 ff.

645 Bei der Verbrennung von Holz, insbesondere in geschlossenen Räumen, werden eine Menge Schadstoffe freigesetzt. Für den Fall, dass aber keine anderen Energiequellen zur Verfügung stehen, können auch traditionelle Energiequellen verwendet werden und diese erfüllen dann das Kriterium Qualität.

646 Report of the World Summit on Sustainable Development, Johannesburg, South Africa, 26. August - 4. September 2002, S. 10 ff.; vgl. zu der Thematik ausführlich oben, S. 149 ff.

647 Report of the World Summit on Sustainable Development, Johannesburg, South Africa, 26. August - 4. September 2002, S. 3.

648 Vgl. umfassend zur Entwicklung der Typologien von Entwicklungen *Sepúlveda,* The Nature of the Obligations under the International Covenant of Economic, Social and Cultural Rights, S. 157 ff.; *Riedel,* New Bearings to the State Reporting Procedure, in: v. Schorlemer (Hrsg.) Praxis Handbuch UNO 2003, S. 345–358 (348); The Maastricht

depriving, duties to protect from depriviation und *duties to aid the deprived*[649], wurde diese Dreiteilung von *Eide* und anderen weiterentwickelt und verfeinert.[650] Dieser Theorie liegt die Annahme zugrunde, dass einem Recht[651] nicht nur eine einzige entsprechende Pflicht gegenüber steht, sondern vielmehr drei Typen von Verpflichtungen gegenüber stehen, die zur Verwirklichung des Rechts allesamt erfüllt werden müssen, wenn auch nicht zwangsläufig von derselben Person oder Institution.[652] Der Ausschuss hat diese Dreiteilung der Verpflichtungsebene für das Anfertigen von General Comments übernommen und sich somit dieser Ansicht angeschlossen.[653] Erstmals angewendet hat der Ausschuss die Unterteilung in seinem General Comment Nr. 12.[654] Es lässt sich somit folgern, dass die wsk-Rechte den Staaten dreigeteilte Verpflichtungen auflegen. Man spricht dabei von Achtungs-, Schutz- und Erfüllungspflichten (*obligation to respect, protect and to fulfil*). Dabei erfährt die Ebene der Erfüllungspflicht teilweise eine weitere Unterteilung in Erleichterungspflichten (*obligation to faciliate*), Gewährleistungspflichten (*obligations to ensure*) und Unterstützungspflichten (*obligation to provide*).[655] Ob eine solche Unterteilung sinnvoll ist und welche Konsequenzen dies in Bezug auf die konkrete Anwendung hat, wird weiter unten

---

Guidelines on Violations of Economic, Social and Cultural Rights, veröffentlicht in: Human Rights Quarterly 20 (1998), S. 691 (692 f.).

649 *Shue*, Basic Rights Subsistence, Affluence, and U.S. Forgein Policy, 2. Aufl. 1996, S. 52 ff.

650 *Eide*, Economic, Social and Cultural Rights as Human Rights, in: Eide/Krause/Rosas (Hrsg.), Economic, Social and Cultural Rights: A Textbook, 2. Aufl. 2001, S. 9–28; *ders.*, Report on the right to adequate food as a human right, UN Doc.E/CN.4/Sub.2/1987/23; Für eine detaillierte Darstellung der Entwicklung siehe *Sepúlveda*, The Nature oft he Obligation under the International Covenant on Economic, Social and Cultural Rights, 2002, S. 157 ff.

651 *Shue* verwendet den Begriff *basic right*, führt aber aus, dass diese Annahme für viele andere Rechte Gültigkeit beansprucht.

652 *Shue*, Basic Rights Subsistence, Affluence, and U.S. Forgein Policy, 2. Aufl. 1996, S. 52.

653 CESCR, Report on the Twentieth and Twenty-First Sessions (26 April-14 May 1999, 15 November-3 December 1999), Annex IX, Outline for drafting general comments on specific rights of the International Covenant on Economic, Social and Cultural Rights E/2000/22, E/C.12/1999/11, S. 135.

654 *Engbruch*, Das Menschenrecht auf einen angemessenen Lebensstandard, S. 111, sie weist darauf hin, dass der Ausschuss die Erfüllungspflichten in Förderungs- und Unterstützungsverpflichtungen aufteilt. Dazu unten sogleich mehr.

655 Umfassend siehe, *Engbruch*, Das Menschenrecht auf einen angemessenen Lebensstandard, S. 109; siehe schon CESCR-General Comment Nr. 12 (1999), Abs. 14; CESCR-General Comment Nr. 13 (1999), Abs. 50; CESCR-General Comment Nr. 14 (2000), Abs. 33.

näher erläutert werden. Im Folgenden sollen zunächst die drei Ebenen der Verpflichtung im Hinblick auf das konkrete Recht – hier ein Recht auf Zugang zu Grundversorgung mit Energie – analysiert werden.

I. Achtungspflicht *(Obligation to respect)*

Die erste Verpflichtungsebene umfasst die Achtungspflicht oder *obligation to respect*. Die Achtungspflicht verlangt von den Vertragsstaaten, dass dem Einzelnen die Ausübung und Wahrnehmung des konkreten Rechts weder direkt noch indirekt untersagt wird.[656] Die Vertragsstaaten sind folglich verpflichtet, davon Abstand zu nehmen, Gesetze oder Maßnahmen zu erlassen, die den Inhalt des betroffenen Rechts verletzen oder beeinträchtigen.[657] Komponenten der Achtungspflichten finden durch bereits existierende Gesetze der Vertragsstaaten ihren Ausdruck.[658] Notwendige Voraussetzung ist, dass das Individuum das betreffende Recht bereits ausübt.[659]

Achtungspflichten erfordern häufig keine ressourcenverbrauchenden Maßnahmen, sondern beschränken sich auf Unterlassungen. Insbesondere ressourcenunabhängige Normen des Pakts entfalten somit unter Umständen eine unmittelbare Anwendbarkeit.[660] Da auch die Achtungspflicht zunächst als ressourcenunabhängige Verpflichtung verstanden werden kann, muss diese

656 *Eide*, Economic, Social and Cultural Rights as Human Rights, in: Eide/Krause/Rosas (Hrsg.), Economic, Social and Cultural Rights: A Textbook, 2. Aufl. 2001, S. 9–28 (23); *Engbruch*, Das Menschenrecht auf einen angemessenen Lebensstandard, S. 107; *Lohse*, Das Recht auf Wasser als Verpflichtung für Staaten und nichtstaatliche Akteure. S. 101; *Riedel*, "The Human Right to Health: Conceptual Foundations", in: Clapham/Robinson (Hrsg.) Swiss Human Rights Book Vol. 3 Realizing the Right to Health (2009), S. 30.

657 *Engbruch*, Das Menschenrecht auf einen angemessenen Lebensstandard, S. 107; *Lohse*, Das Recht auf Wasser als Verpflichtung für Staaten und nichtstaatliche Akteure. S. 101; *Riedel*, "The Human Right to Health: Conceptual Foundations", in: Clapham/Robinson (Hrsg.) Swiss Human Rights Book Vol. 3 Realizing the Right to Health (2009), S. 30.

658 *Eide*, Economic, Social and Cultural Rights as Human Rights, in: Eide/Krause/Rosas (Hrsg.), Economic, Social and Cultural Rights: A Textbook, 2. Aufl. 2001, S. 9–28 (23).

659 *Koch*, The Justiciability of Indivisible Rights, in: Nordic Journal of International Law 72 (2003), S. 3–39 (12).

660 *Klee*, Die progessive Verwirklichung wirtschaftlicher, sozialer und kultureller Menschenrechte, S. 172; weiter geht wohl *Riedel*, der eine generelle unmittelbare Anwendbarkeit benennt und sie damit den bürgerlichen und politischen Rechten als gleichgestellt betrachtet. *Riedel*, New Bearings to the State Reporting Procedure, in: v. Schorlemer (Hrsg.) Praxis Handbuch UNO 2003, S. 345–358 (348).

unmittelbar umgesetzt werden. Eine progressive Verwirklichung kann nur unter sehr eng begrenzten Voraussetzungen gerechtfertigt werden.

Bezogen auf ein Recht mit Grundversorgung von Energie folgt hieraus zunächst, dass der Staat seinen Staatsbürgern die Versorgung mit Energie nicht unterbinden darf. Auf der untersten Ebene bedeutet dies, dass die individuelle Versorgung des Einzelnen mit Energie, sei es in Form von fossilen Brennstoffen oder zum Beispiel durch den eigenen Betrieb von Generatoren zur Stromerzeugung, nicht unterbrochen werden darf. Dies gilt auch, wenn wie im letzteren Fall durch Abgase und Lärmbelästigung Rechtsgüter anderer verletzt werden könnten und der Staat ein berechtigtes Interesse daran hat, dies zu unterbinden. Auf einer höheren Ebene folgt aus der Achtungspflicht, dass ein bereits vorhandener Zugang zu Energie – bestimmte Gruppen sind bereits an ein Elektrizitätsnetz angeschlossen – nicht getrennt werden darf. Beispielhaft sei hier die Trennung oder Unterbrechung der Stromversorgung für säumige Verbraucher in der Bundesrepublik Deutschland genannt. Dort wurde im Jahr 2013 ca. 300.000 Haushalten der Strom abgeschaltet. Häufig trifft dies auch alleinerziehende Mütter mit kleinen Kindern, die in besonders hohem Maße auf Elektrizität angewiesen sind.[661] Der Vertragsstaat muss es folglich unterlassen, Maßnahmen einzuleiten, die dies zur Folge haben könnten. Die Vertragsstaaten müssen dazu zunächst keine Ressourcen aufwenden. Deutlich wird hierbei, dass das Individuum ein Recht zunächst ausüben muss. Es müsste folglich schon ein Zugang zu Energie bestehen, der nicht getrennt werden dürfte.

II. Schutzpflicht *(Obligation to protect)*

Die *obligation to protect* verpflichtet die Staaten, dafür Sorge zu tragen, dass die Ausübung des Rechts auf Grundversorgung mit Energie nicht durch Dritte behindert, eingeschränkt oder anderweitig verletzt wird.[662] Die *obligation to protect* geht einen Schritt weiter als die *obligation to respect*, indem die Staaten aktiv

661 Ausführlich zu der Problematik unten, S. 211 ff.

662 *Welling*, International Indicators and Economic, Social, and Cultural Rights, in: Human Rights Quaterly 2008, Vol. 30, S. 933–958 (952); Richtlinien von Maastricht, Abs.6; United Nations: Right to Adequate Food as a Human Right, S. 14; Koch, The Justiciability of Indivisible Rights, Nordic Journal of International Law 72 (2003), S. 9; Eide, Economic, Social and Cultural Rights as Human Rights, in Eide/ Krause/ Rosas: Economic, Social and Cultural Rights, S. 24; Riedel, New Bearings to the State Reporting Procedure, in Schorlemer: Praxishandbuch UNO, S. 348.

werden müssen, um ihre diesbezüglichen Verpflichtungen zu erfüllen.[663] Wie bei den Achtungspflichten geht es auch im Rahmen der Schutzpflichten darum, eine bestehende Position zu sichern, die aber im Gegensatz zu der im vorherigen Absatz geschilderten Situation nicht durch den Staat selbst, sondern durch Dritte bedroht ist.[664] Dritte in diesem Sinne sind Individuen, Gruppen, private Unternehmen und andere Rechtsträger.

Im Rahmen der Achtungspflichten ist ein Unterlassen der Vertragsstaaten ausreichend, um den aus dem Vertrag resultierenden Verpflichtungen nachzukommen. Die Schutzpflichten gehen einen Schritt weiter und verlangen ein Tätigwerden der Vertragsstaaten. Die Staaten müssen ein Fundament schaffen, das es ihnen ermöglicht, ihre Verpflichtungen zu erfüllen. Dies können die Vertragsstaaten erreichen, indem sie eine Rechtsordnung kreieren. Das heißt, die Vertragsstaaten müssen Gesetze, Richtlinien oder Verordnungen erlassen, die eine effektive Gewähr dafür bieten, dass Dritte nicht die Ausübung eines Rechts auf Grundversorgung mit Energie beeinträchtigen. Der Energiemarkt ist ein hochkomplexes Gebilde, weshalb komplexe und detaillierte Regelungen unerlässlich sind.

In der Bundesrepublik Deutschland existiert beispielsweise das Energiewirtschaftsgesetz (EnWG)[665], welches den Zweck verfolgt, eine möglichst sichere, preisgünstige, verbraucherfreundliche, effiziente und umweltverträgliche leitungsgebundene Versorgung der Allgemeinheit mit Elektrizität und Gas, die zunehmend auf erneuerbaren Energien beruht, sicherzustellen.[666] Daneben gibt es die Stromgrundversorgungsverordnung – (StromGVV)[667], wonach die allgemeinen Bedingungen geregelt werden, zu denen Elektrizitätsversorgungsunternehmen Haushaltskunden in Niederspannung im Rahmen der Grundversorgung nach § 36 Abs. 1 des Energiewirtschaftsgesetzes zu Allgemeinen Preisen mit Elektrizität zu beliefern haben. Zu erwähnen ist zudem das Eneuerbare-Energien-Gesetz

663 *Sepúlveda*, The Nature oft he Obligation under the International Covenant on Economic, Social and Cultural Rights, 2002, S. 161.

664 *Engbruch*, Das Menschenrecht auf einen angemessenen Lebensstandard, (2007), S. 107.

665 Gesetz über die Elektrizitäts- und Gasversorgung vom vom 7. Juli 2005 (BGBl. I S. 1970,3621).

666 Vgl. § 1 EnWG.

667 Verordnung über Allgemeine Bedingungen für die Grundversorgung von Haushaltskunden und die Ersatzversorgung mit Elektrizität aus dem Niederspannungsnetz vom 26. Oktober 2006 (BGBl. I S. 2391).

(EEG)[668]. Dieses verfolgt gem. § 1 EEG den Zweck, im Interesse des Klima- und Umweltschutzes eine nachhaltige Entwicklung der Energieversorgung zu ermöglichen, die volkswirtschaftlichen Kosten der Energieversorgung auch durch die Einbeziehung langfristiger externer Effekte zu verringern, fossile Energieressourcen zu schonen und die Weiterentwicklung von Technologien zur Erzeugung von Strom aus erneuerbaren Energien zu fördern. Durch diese Vorschriften wird der Energiemarkt in Deutschland reguliert und eine Versorgung der Bevölkerung sichergestellt.

Im Zusammenhang mit einem Recht auf Zugang zu Grundversorgung mit Energie ist die Beteiligung privater Unternehmen bei der Erfüllung der Schutzpflichten gesondert zu berücksichtigen. Energieversorger sind häufig privat geführte Unternehmen und damit Dritte im oben genannten Sinn. Aufgrund der hohen Kosten, die mit dem Aufbau benötigter Infrastruktur verbunden sind, wird das Engagement privater Unternehmen aus dem Energiesektor zwingend notwendig sein. Der Staat muss also geeignete Maßnahmen treffen, in diesem Fall also die rechtlichen Rahmenbedingungen schaffen, damit Energieunternehmen in einem vorgegebenen Rahmen handeln können. Dazu kann sich ein Staat auch Investitionsschutzverträgen, wie beispielsweise der Energiecharta bedienen, weil Investitionen in die Energieinfrastruktur dadurch ein gewisses Schutzniveau erreichen.[669] Natürlich sollte keine Regulierung des nationalen Energiemarkts in der Weise erfolgen, dass Unternehmen von Investition abgeschreckt werden oder zu stark in marktwirtschaftliche Abläufe eingegriffen wird. Dennoch muss der Staat gerade bei einem Recht auf Zugang zu Grundversorgung mit Energie ein gesteigertes Interesse daran haben, dass Dritte nicht die Ausübung des Rechts unterbinden.

III. Erfüllungspflicht *(Obligation to fulfil)*

Die Erfüllungspflicht oder *Obligation to fulfil* verlangt von den Vertragsstaaten Maßnahmen, die sicher stellen, dass die Rechte von denjenigen in Anspruch genommen werden können, die unter der Jurisdiktion des Staates residieren.[670] Der Staat ist

---

668 Gesetz für den Ausbau erneuerbarer Energien vom vom 21. Juli 2014 (BGBl. I S. 1066).

669 Vgl oben S. 145 f.

670 *Eide*, Economic, Social and Cultural Rights as Human Rights, in: Eide/Krause/Rosas (Hrsg.) Economic, Social and Cultural Rights, 2001, S. 24; *ders.*, Economic and Social Rights, in: Symonides (Hrsg.) Human Rights: Concepts and Standards, 2000, S. 129 f.; *ders.*, UN Special Rapporteur for the Right to Food, The Right to Adequate Food as a Human Right: Final Report submitted by Asbjørn Eide, UN Doc E/CN.4/Sub.2/1987/23 (1987), S. 67–69; *Koch*, The Justiciability of Indivisible Rights,

verpflichtet, aktiv tätig zu werden, es reicht im Rahmen der Erfüllungspflicht nicht mehr aus, sich passiv zu verhalten, indem zum Beispiel nicht in die Ausübung eines Rechts eingegriffen wird. Die erforderlichen Maßnahmen, die der Staat unter der Erfüllungspflicht ergreifen muss, sind legislativer und verwaltungstechnischer Natur.[671] Zudem werden die Gerichte eingebunden und es müssen die benötigten Mittel im Haushalt bereitgestellt werden.[672]

Die Erfüllungspflicht unterscheidet sich auch insoweit von der Achtungs- und Schutzpflicht, als dass in den beiden letztgenannten Fällen eine Rechtsposition existiert, die beachtet oder geschützt werden kann.[673] Im ersten Fall muss eine Rechtsposition zunächst aufgebaut werden, es müssen also Maßnahmen ergriffen werden, die es dem Individuum ermöglichen, das garantierte Recht in Anspruch nehmen zu können.[674]

Um den aus einem Recht auf Grundversorgung mit Energie resultierenden Erfüllungspflichten nachzukommen, ist es beispielsweise erforderlich, die benötigte Infrastruktur für ein Energienetz zu schaffen. Menschen, die keinen Zugang zu einem Energienetz haben, muss dies ermöglicht werden. Solche Maßnahmen sind gerade in ländlichen und dünn besiedelten Gegenden mit enormen Kosten verbunden. Dies kann aber nicht als Argument herangezogen werden, eine Erschließung solcher Gebiete zu unterlassen. Kann der Staat die finanziellen Mittel für ein solches Vorhaben nicht selbst aufbringen, besteht zum Beispiel die Möglichkeit mit privaten Unternehmen aus dem Energiesektor Kooperationen einzugehen. Der Staat kann die Aufgabe auch ganz auf private Unternehmen übertragen, muss dann allerdings die rechtlichen Rahmenbedingungen dafür schaffen, dass bestimmte Bevölkerungsgruppen oder -schichten aus wirtschaftlichen Erwägungen nicht von einem Zugang zu Energie ausgenommen werden. Die Verwirklichung der Erfüllungspflicht korreliert mit dem normativen Gehalt

---

in: Nordic Journal of International Law 72 (2003), S. 9; *Sepúlveda,* The Nature oft he Obligation under the International Covennant on Economic, Social and Cultural Rights, 2002, S. 162

671 *Koch,* The Justiciability of Indivisible Rights, in: Nordic Journal of International Law 72 (2003), S. 9; Maastricht Guidelines, Abs. 6.

672 *Koch,* The Justiciability of Indivisible Rights, in: Nordic Journal of International Law 72 (2003), S. 9. Maastrciht Guidelines, Abs. 6.

673 *Engbruch,* Das Menschenrecht auf einen angemessenen Lebensstandard, (2007), S. 108; *Koch,* The Justiciability of Indivisible Rights, in: Nordic Journal of International Law 72 (2003), S. 15.

674 So auch, *Engbruch,* Das Menschenrecht auf einen angemessenen Lebensstandard, (2007), S. 108.

eines Rechts auf Grundversorgung mit Energie. Der normative Gehalt bildet den Inhalt der Erfüllungspflicht. Der Staat muss im Rahmen der Erfüllungspflicht aktiv dafür sorgen, dass Energie verfügbar und zugänglich ist. Sie geht aber nicht so weit, dass derjenige, der unwillig ist, für sich selbst zu sorgen, kostenlos einen Zugang zu Energie zur Verfügung gestellt bekommt, sondern es müssen lediglich die Voraussetzungen geschaffen werden, das Recht in Anspruch nehmen zu können.[675]

IV. Die Kernverpflichtungen eines Rechts auf Grundversorgung mit Energie

Die Menschenrechte und damit auch die wirtschaftlichen, sozialen und kulturellen Rechte enthalten einen sogenannten Kerngehalt.[676] Schon in General Comment Nr. 3 hat der Ausschuss dargestellt, dass jedes der im Pakt enthaltenen Rechte eine Kernverpflichtung besitzt.[677] Danach obliegt es jedem Vertragsstaat die Befriedigung eines Kerngehalts, also ein Mindestmaß des wesentlichsten Inhalts eines Rechts zu gewährleisten. Darüber, dass den Menschenrechten ein solcher Kerngehalt immanent ist, besteht weitestgehend Konsens. Die Kernverpflichtungen eines Rechts sind nicht vom Prinzip der progressiven Realisierung gemäß Art. 2 Abs. 1 IPWSKR umfasst. Mit der Konsequenz, dass die Kernverpflichtungen in Verbindung zum Recht auf Zugang zur Grundversorgung mit Energie unmittelbar implementiert werden müssen.[678] Zudem folgt aus der Kernverpflichtung, dass die Vertragsstaaten auch in Zeiten schwieriger Bedingungen das Recht auf Zugang zu Grundversorgung mit Energie zu erfüllen.[679] Schwierigkeiten bereitet allerdings die genaue Bestimmung des Kerngehalts der einzelnen im Pakt enthaltenen Rechte.

---

675 So auch *Koch*, The Justiciability of Indivisible Rights, in: Nordic Journal of International Law 72 (2003), S. 16.

676 Ausführlich *Engbruch*, Das Menschenrecht auf einen angemessenen Lebensstandard, (2007), S. 117 ff.

677 *CESCR*-General Comment Nr. 3 (1990), Abs. 10.

678 *Alston*, Out of the Abyss: The Challenges Confronting the New UN Committee on Economic, Social and Cultural Rights, in: Human Rights Quarterly Bd. 9 (1987), S. 332 ff., S. 352; so auch *Chapman/Russell*, Introduction, in: Chapman/ Russell (Hrsg.) Core Obligations: Building a Framework for Economic, Social and Cultural Rights (2002), S. 9

679 *Engbruch*, Das Menschenrecht auf einen angemessenen Lebensstandard, (2007), S. 127; CESCR-General Comment Nr. 8 (1997), Abs. 7; CESCR-General Comment Nr. 3 (1990), Abs. 10.

Was die Kernverpflichtung eines Rechts auf Zugang zur Grundversorgung mit Energie beinhaltet, soll im Folgenden dargestellt werden.

1. *Die Bestimmung des Kerngehalts anderer Rechte des Sozialpakts*

Der Ausschuss für wirtschaftliche, soziale und kulturelle Rechte hat den Kerngehalt einiger Rechte aus dem Sozialpakt in den *General Comments* konkretisiert. Gerade in den letzten verabschiedeten *General Comments* wurden die Ausführungen dazu immer detaillierter. Auf Grund der Vergleichbarkeit der Situation sollen zunächst die Ausführungen des Ausschusses aus dem General Comment Nr. 15 zum Recht auf Wasser herangezogen werden. Auch in diesem Kontext wird zunächst auf General Comment Nr. 3 (1990) Bezug genommen, sodann folgt ein Katalog mit Kernverpflichtungen, die aus den Rechten auf Wasser und sanitäre Einrichtungen folgen und die unverzüglich effektiv werden. Der Kerngehalt des Rechts auf Wasser umfasst die Verfügbarkeit von Wasser in einer Menge, die ausreichend für den persönlichen Verbrauch im Haushalt ist und die Entstehung von Krankheiten verhindert.[680] Zudem muss der Zugang diskriminierungsfrei sein[681], die Wasserquellen müssen in einer angemessenen Entfernung von den Haushalten gelegen sein, die auf diese Quelle angewiesen sind, sowie eine ausreichende Menge an Wasser bereit halten.[682] Die persönliche Sicherheit der Menschen, die an die Quelle herantreten, muss gewährleistet sein und die Wasserquellen müssen gerecht in einem bestimmten Gebiet verteilt sein.[683] Ein weiteres Resultat des Kerngehalts ist die Verpflichtung der Staaten, Wasserstrategiepläne zu verabschieden, die an die gesamte Bevölkerung gerichtet sind[684], sowie die Überwachung der Einhaltung oder Nichteinhaltung des Rechts zu gewährleisten[685] und die Verabschiedung von Programmen in Bezug auf Wasser durchzuführen, die den gefährdetsten und den am Rand der Gesellschaft befindlichen Personen zugutekommen.[686] Schlussendlich umfasst die Kernverpflichtung Maßnahmen, die Krankheiten in Zusammenhang mit Wasser verhindern, insbesondere bei der Errichtung sanitärer Einrichtungen.[687] Der Ausschuss führt zudem aus, dass die Vertragsstaaten und die anderen Akteure, die sich in der Position befinden,

---

680 CESCR-General Comment Nr. 15 (2002), Abs. 37 a.
681 CESCR-General Comment Nr. 15 (2002), Abs. 37 b.
682 CESCR-General Comment Nr. 15 (2002), Abs. 37 c.
683 CESCR-General Comment Nr. 15 (2002), Abs. 37 d, e.
684 CESCR-General Comment Nr. 15 (2002), Abs. 37 f.
685 CESCR-General Comment Nr. 15 (2002), Abs. 37 g.
686 CESCR-General Comment Nr. 15 (2002), Abs. 37 h.
687 CESCR-General Comment Nr. 15 (2002), Abs. 37 i.

Unterstützung in Form von wirtschaftlicher und technischer Kooperation und Zusammenarbeit leisten müssen, um ihrerseits die Kernverpflichtungen eines Rechts auf Wasser und sanitäre Einrichtungen zu erfüllen.[688] Die Bestimmung des Kerngehalts fällt insgesamt sehr detailliert und umfangreich aus, was auf die steigende Bedeutung des Konzepts der Kernverpflichtung bei der Bestimmung des Inhalts der Paktrechte hindeutet.[689]

In den darauf folgenden *General Comments* ist eine ähnliche Entwicklung bei der Festlegung der Kernverpflichtungen zu verzeichnen. Die *General Comments* Nr. 17[690], Nr. 18[691], Nr. 19[692] und Nr. 21[693] enthalten ebenfalls einen Katalog, der die Kernverpflichtungen umfangreich darstellt, wobei die Aufzählungen in ihrem Umfang variieren. Auch die Systematik ist jeweils vergleichbar.

Eine solche umfangreiche Bestimmung der Kernverpflichtungen trifft der Ausschuss seit dem *General Comment* Nr. 14.[694] Mit *General Comment* Nr. 14 wurde die Systematik eingeführt, nach der unter der Überschrift „*core obligation*" eine katalogartige Aufzählung dessen folgt, was nach Ansicht des Ausschusses die Kernverpflichtung ausmacht. Aber auch schon in vorherigen *General Comments* finden sich mehr oder weniger umfangreiche Ausführungen zu den Kernverpflichtungen der Rechte. Auffallend ist allerdings, dass die Terminologie nicht einheitlich ist. So wird in *General Comment Nr. 12 (1999)* noch die Formulierung *Core Content*, die mit Kerngehalt übersetzt werden könnte, verwendet.

2. Probleme bei der Bestimmung der Kernverpflichtung eines Rechts

Die Bestimmung der Kernverpflichtungen eines Rechts stößt in der Praxis auf verschiedene Probleme. Der Kerngehalt eines Rechts bildet das absolute Minimum dessen, unter das die Verwirklichung eines Menschenrechts nicht fallen darf. Die Kernverpflichtungen zielen darauf ab, die rudimentärsten Bedürfnisse des Menschen zu befriedigen und ihm damit, im Einklang mit der Zielrichtung aller Menschenrechte insbesondere aber den wsk-Rechten, ein Leben in Würde zu gewährleisten. Die Erfüllung der Kernverpflichtung fällt nicht unter den Anwendungsbereich des Prinzips der progressiven Realisierung aus Art. 2 Abs. 1

---

688 CESCR-General Comment Nr. 15 (2002), Abs. 38.

689 *Engbruch,* Das Menschenrecht auf einen angemessenen Lebensstandard, (2007), S. 128.

690 CESCR-General Comment Nr. 17 (2005), Abs. 39.

691 CESCR-General Comment Nr. 18 (2005), Abs. 31.

692 CESCR-General Comment Nr. 19 (2008), Abs. 59.

693 CESCR-General Comment Nr. 21 (2009), Abs. 55.

694 CESCR-General Comment Nr. 14 (2000), Abs. 43.

IPWSKR. Dies bedeutet, dass diese Verpflichtungen nicht erst Schritt für Schritt umgesetzt werden dürfen, vielmehr müssen die aus den einzelnen Paktrechten resultierenden Kernverpflichtungen unmittelbar implementiert werden.[695] Damit die Implementierung effektiv umgesetzt werden kann, ist es notwendig, die Kernverpflichtungen so konkret wie möglich zu bestimmen. Daraus ergeben sich Vorgaben und Leitlinien, wie die Realisierung der Kernverpflichtungen durch die Vertragsstaaten erreicht werden kann. Die Bestimmung dessen ist in der Praxis nicht immer einfach. Die Vertragsstaaten des Pakts sind keine homogene Masse, sondern eine Vielzahl von Staaten, die einen unterschiedlichen Stand der Entwicklung aufweisen – einige sind arm, andere sind reich –, sie haben unterschiedliche kulturelle Hintergründe, sind geografisch über die gesamte Bandbreite der verschiedenen Klimazonen verteilt, gehören unterschiedlichen politischen Systemen an und verfolgen unterschiedliche Wirtschaftsordnungen. Es stellt daher eine große Herausforderung dar, für alle Staaten gemeinsame Maßstäbe zu definieren. Es ist sogar fraglich, ob es überhaupt möglich ist, gemeinsame Maßstäbe zu definieren. Das Recht auf Wasser begründet in einem hochentwickelten Land wie Deutschland andere Erwartungen als in einem Land wie beispielweise dem Tschad. Ein Einwohner Deutschlands würde sich nicht damit zufrieden geben, wenn in der näheren Umgebung seiner Wohnung eine Stelle eingerichtet würde, an der er sich Wasser abfüllen kann. Es kann sich für ihn aber zu einem Problem entwickeln, wenn er das Wasser nicht mehr bezahlen kann und er daraufhin von der Wasserversorgung abgeschnitten wird. Die Bestimmung des Kerngehalts eines Rechts aus den Verpflichtungen des Pakts muss deshalb auf einen gemeinsamen Nenner reduziert werden.[696] Die Kernverpflichtung muss auf der einen Seite so konkret bestimmt sein, dass diese umgesetzt werden können, und auf der anderen Seite so abstrakt bleiben, dass die grundlegend verschiedenen Lebensverhältnisse berücksichtigt werden können. Was dies für einen Zugang auf Grundversorgung mit Energie bedeutet, wird im folgenden Abschnitt erläutert.

---

695 *Engbruch,* Das Menschenrecht auf einen angemessenen Lebensstandard, (2007), S. 137; *Reimann,* Ernährnährungssicherung im Völkerrecht: Der Menschenrechtsansatz und seine Ergänzungsmöglcihkeiten angesichts der Welthungerproblematik, 2000, S. 197.

696 *Engbruch,* Das Menschenrecht auf einen angemessenen Lebensstandard, (2007), S. 136.

3. *Bestimmung der Kernverpflichtung eines Rechts auf Zugang zur Grundversorgung mit Energie*

Die Kernverpflichtung eines Rechts auf Grundversorgung mit Energie muss konkret genug definiert werden, um eine effektive Umsetzung zu gewährleisten, aber abstrakt genug bleiben, um den unterschiedlichen Anforderungen der Lebenswirklichkeit gerecht zu werden. Es geht um die Befriedigung der grundlegendsten menschlichen Bedürfnisse, die es ihm ermöglichen, ein Leben in Würde zu führen. Die Kernverpflichtung eines Rechts auf Grundversorgung mit Energie bedeutet zunächst, wie die Formulierung schon andeutet, dass die Menge der verfügbaren Energie ausreichend ist, um die rudimentärsten Grundbedürfnisse zu erfüllen. Es muss also eine in quantitativer Hinsicht ausreichende Versorgung mit Energie sichergestellt werden. Diese Menge muss ausreichend sein, um kochen und die vorhandene Unterkunft beleuchten zu können. Außerdem muss es gegebenenfalls möglich sein, die Wohnung zu kühlen oder zu heizen. Im Hinblick auf ein Menschenrecht auf Wasser hat der Ausschuss die benötigte Menge Wasser eines Menschen auf 15 bis 20 Liter am Tag festgelegt.[697] Für das Recht auf Zugang zu Grundversorgung mit Energie ist die Bestimmung einer Menge z. B. an Strom nicht sinnvoll.[698] Wie schon zu Anfang dieser Arbeit dargestellt, gibt es eine Menge unterschiedlicher Formen von Energie, und jede Gesellschaft nutzt andere Formen der Energie, um ihre Bedürfnisse zu erfüllen. So werden in vielen Entwicklungsländern fossile Brennstoffe, wie Holz und Tierdung zum Kochen verwendet. Im Rahmen der Bestimmung der Kernverpflichtung wäre es deshalb nicht zielführend, wenn diese Vorgaben zur Art der Energiequelle enthielten. So ist eine weitere Kernverpflichtung des Rechts auf Grundversorgung mit Energie, dass die zur Verfügung gestellte Energie aus nachhaltigen

---

697 *Howard/Bartram*, 'Domestic Water Quantity, Service Level and Health', World Health Organisation 2003, WHO/SDE/WSH/03.02; *Riedel*, 'The Human Right to Water', in Klaus Dicke 'et al' (Hrsg.), *Weltinnenrecht Liber Amicorum Jost Delbrück*, (2005) S. 586; *Gleick*, 'Basic Water Requirements for Human Activities: Meeting Basic Needs', in: Water International, 21 (1996) S. 88.

698 Die Bestimmung einer genauen Menge in Kilowattstunden Strom ist vorliegend sehr schwierig. Die benötigte Menge an Energie unterscheidet sich gravierend von Land zu Land. Die benötigte Menge hängt davon ab, wieviel die in Benutzung befindlichen Endgeräte verbrauchen. Ein zwei Personen Haushalt verbraucht in Deutschland im Durchschnitt 4100 kWh Strom pro Jahr. Der Primärenergieverbrauch eines Deutschen liegt im Durchschnitt bei 60.000 kWh pro Jahr. Darin ist der gesamte Verbrauch enthalten, also die privaten Haushalte, Industrie, Handel, Gewerbe, Infrastruktur.

Energiequellen stammt. Dies ist eine gedanklich notwendige Voraussetzung. Die Anerkennung eines Rechts auf Zugang zu Grundversorgung mit Energie und die daraus folgende Umsetzung hätte zur Folge, dass der weltweite Energieverbrauch stark ansteigen würde. Schon der heutige Energieverbrauch ist nicht sehr ressourcenschonend. Ein weiteres Element der Kernverpflichtung ist der Aspekt der Sicherheit der zur Verfügung gestellten Energie. Sicherheit spielt im Kontext von Energie eine übergeordnete Rolle, denn Energie, sei es in Form von Elektrizität oder Gas, birgt beim falschen Umgang eine Menge Gefahren. So muss zum einen der Zugang an das Energienetz im Haus sicher sein. Zum anderen muss das gesamte Energienetz insgesamt sicher sein. Aber auch die Quelle selbst muss bestimmten Sicherheitsstandards genügen.

Über allen anderen Kernverpflichtungen steht das Prinzip der Nichtdiskriminierung. Das Recht auf Grundversorgung mit Energie muss jedem zur Verfügung stehen, unabhängig von der Rasse, der Hautfarbe, des Geschlechts, der Sprache, der Religion, der politischen oder sonstigen Anschauung, der nationalen oder sozialen Herkunft, des Vermögens, der Geburt oder des sonstigen Status.[699] Dabei ist der Fokus insbesondere auf die Menschen am Rand der Gesellschaft zu legen sowie auf Frauen und Kinder Rücksicht zu nehmen. Diesbezüglich müssen Programme aufgelegt und Maßnahmen eingeleitet werden, die die finanziellen Kosten für benachteiligte Personen abfedern oder kompensieren.

Im Ergebnis enthält das Recht auf einen Zugang mit Grundversorgung mit Energie die Kernverpflichtung auf Grundlage des Prinzips der Nichtdiskriminierung, eine Menge an Energie zur Verfügung zu stellen, die ausreicht, die rudimentärsten Bedürfnisse zu befriedigen, den Anforderungen an die Sicherheit gerecht wird und aus nachhaltigen Energiequellen stammt, die die Umwelt im geringsten Maß belastet. Die Menge an Energie muss ausreichend sein, um im Haushalt kochen zu können, eine Lichtquelle zu erzeugen und gegebenenfalls die Unterkunft zu heizen.

699 Vgl. Art. 2 Abs. 2 IPWSKR.

Teil III

Achtes Kapitel: Verwirklichung eines Menschenrechts auf Energiegrundversorgung (de lege ferenda) Implementierung auf nationaler Ebene

Die Analyse hat gezeigt, dass dem Sozialpakt ein Menschenrecht auf Energiegrundversorgung immanent ist. Unter Berücksichtigung des Umstands, dass Prozesse im Völkerrecht langwierig sind, wird wohl noch einige Zeit vergehen, bis es zu einer endgültigen und universellen Anerkennung dieses Rechts kommen wird.

Die Umsetzung eines Menschenrechts auf Energiegrundversorgung muss deshalb aus dem Blickwinkel „de lege ferenda" betrachtet werden.

Die Implementierung eines Rechts auf Grundversorgung mit Energie zieht eine Reihe von Schwierigkeiten nach sich, die bei der Umsetzung berücksichtigt werden müssen. Die volle Realisierung des Rechts ist mit hohen Kosten verbunden. Je nach Situation müssen große Infrastrukturprojekte initiiert werden, deren Fertigstellung Zeit in Anspruch nimmt.

A. Generelle Aspekte der Umsetzung der aus dem Pakt resultierenden Verpflichtungen

Der Pakt über wirtschaftliche, soziale und kulturelle Rechte ist ein multilateraler völkerrechtlicher Vertrag. Isoliert betrachtet ist das Völkerrecht eine in sich geschlossene Rechtsordnung, die zunächst unabhängig von den nationalen Rechtsordnungen ist.[700] Das Verhältnis von Völkerrecht und innerstaatlichem Recht muss deshalb klar gestellt werden. Losgelöst von den spezifischen Besonderheiten des Sozialpakts werden in der Völkerrechtslehre ganz allgemein zwei Theorien vertreten, wie völkerrechtliche Verträge in innerstaatliches Recht umgesetzt werden. So gibt es die Theorie des Monismus, die der Theorie des Dualismus gegenüber steht.[701] Grundlage der Unterscheidung in Monismus und Dualismus

700 So *Hobe/Kiminich*, Einführung in das Völkerrecht, 9. Aufl. 2008, S. 331; einführend zum Verhältnis von Völkerrecht und innerstaatlichem Recht Verdross/Simma, Universelles Völkerrecht, 3. Aufl. 1984, S. 538 ff.

701 *Schweitzer*, Staatsrecht III, 10. Aufl. 2010, S. 10; auch schon *Starke*, Monism and Dualism in the Theory of International Law, in: Brit. Y.B. Int'l L. 66, 1936, S. 66–81.

ist das unterschiedliche Verständnis über die Beziehung von Völkerrecht und innerstaatlichem Recht.[702] Obwohl es Autoren gibt, die der Dichotomie des Monismus und Dualismus eine Absage erteilen wollen, wird an der grundsätzlichen Unterscheidung festgehalten.[703]

Die monistische Lehre geht im Grundsatz davon aus, dass das Völkerrecht und das nationale Recht eine Einheit bilden.[704] Die Begründung der monistischen Theorie basiert auf der Annahme, dass aus naturrechtlichen, rechtstheoretischen oder logischen Gründen, das Völkerrecht und nationales Recht nur als Einheit gesehen werden kann.[705]

Gemäß der Theorie des Monismus bilden Verpflichtungen aus völkerrechtlichen Verträgen direkte rechtliche Rahmenbedingungen für die Anwendbarkeit auf das Individuum. Sobald der Staat selbst an die Bestimmungen eines völkerrechtlichen Vertrags gebunden ist, der Vertrag wurde ratifiziert und ist in Kraft getreten, sind die Regelungen in dem Moment direkt durch die staatlichen Institutionen anwendbar. Nur das innerstaatliche Recht wird als Grundlage der Rechtsverpflichtung anerkannt.[706] Da die monistische Theorie keinen Akt der Transformation völkerrechtlicher Regelungen bedarf, ist in diesem Zusammenhang das Verhältnis zwischen dem Vertrag und dem gegebenenfalls dazu im Konflikt stehenden nationalen Recht nicht immer eindeutig, was letztlich die Anwendbarkeit in der Praxis erschwert.[707] Innerhalb der Lehre des Monismus wird eine weitere Unterscheidung vorgenommen. Eine Lehre verfolgt eine monistische Theorie mit Primat des innerstaatlichen Rechts, die andere Strömung sind Anhänger einer monistischen Theorie mit Primat des Völkerrechts. Das Spannungsverhältnis zwischen völkerrechtlichen und innerstaatlichen Regelungen lösen die beiden Strömungen unterschiedlich auf. Die monistische Theorie mit Primat des innerstaatlichen Rechts gibt im Konfliktfall der innerstaatlichen Rechtsordnung den Vorrang, denn das Völkerrecht ist nach dieser Ansicht aus den vielen innerstaatlichen Rechtsordnungen abgeleitet.[708] Anders sehen dies die Vertreter einer monistischen Theorie mit Primat des Völkerrechts.

---

702 Vgl. allg. *Jackson,* Status of Treaties in Domestic Legal Systems. A Policy Analysis, in: *American Journal of Law,* Vol. 86, 1992, S. 310–340.

703 *Brownlie,* Principles of Public International Law, 7. Aufl. 2008, S. 33.

704 *Schweitzer*, Staatsrecht III, 10. Aufl. 2010, S. 10; *Hobe/Kiminich*, Einführung in das Völkerrecht, 9. Aufl. 2008, S. 331.

705 *Schweitzer*, Staatsrecht III, 10. Aufl. 2010, S. 10.

706 *Hobe/Kiminich*, Einführung in das Völkerrecht, 9. Aufl. 2008, S. 331.

707 *Schweitzer*, Staatsrecht III, 10. Aufl. 2010, S. 11 f.

708 *Hobe/Kiminich*, Einführung in das Völkerrecht, 9. Aufl. 2008, S. 331 f.

Das innerstaatliche Recht wird aus den Regelungen des Völkerrechts abgeleitet, Kollisionen der Rechtsordnungen werden deshalb zugunsten des Völkerrechts entschieden.[709]

Die dualistische Theorie steht im kompletten Gegensatz zum Monismus. Nach der dualistischen Theorie bildet das Völkerrecht und damit auch die völkerrechtlichen Verträge eine von der nationalen Rechtsordnung unabhängige Ebene.[710] Das Völkerrecht und die nationale Rechtsordnung bilden metaphorisch gesprochen zwei Kreise, die zunächst unabhängig voneinander sind. Es ist aber nicht möglich, ein theoretisches Über- und Unterordnungsverhältnis zu konstruieren.[711] Dennoch kann es zu Kollisionen kommen, die durch die juristische Theorie und Praxis vermieden werden müssen. Aus der dualistischen Theorie folgt, dass ein völkerrechtlicher Vertrag danach nicht direkt in der nationalen Rechtsordnung anwendbar ist, sondern unabhängig davon auf einer zweiten Ebene angesiedelt ist.[712] Als Argument dafür wird angebracht, dass durch völkerrechtliche Verträge einerseits und durch die nationalen Rechtsordnungen andererseits unterschiedliche Bereiche Gegenstand der Regelungen sind.[713] Das Völkerrecht betrifft nämlich Regelungen im Bereich der zwischenstaatlichen Beziehungen. Im Gegensatz dazu regeln die nationalen Rechtsordnungen die Beziehungen von natürlichen und juristischen Personen innerhalb eines Staates. Die Konsequenz dieser Ansicht ist, dass ein völkerrechtlicher Vertrag, der in der nationalen Rechtsordnung anwendbar sein soll, der Transformation bedarf. Der Staat muss den völkerrechtlichen Vertrag in ein auf nationaler Ebene anwendbares Gesetz umwandeln.[714] Bei der Transformation handelt es sich nicht nur um eine Verschiebung der Rechtsnorm von der völkerrechtlichen auf die innerstaatliche Ebene, sondern um eine Verwandlung.[715] Dieser Akt besteht meistens darin, dass das Parlament ein Gesetz verabschiedet, das im Wortlaut ganz oder teilweise den Regelungen des Vertrages entspricht.[716]

---

709 *Hobe/Kiminich*, Einführung in das Völkerrecht, 9. Aufl. 2008, S. 332.

710 *Jackson,* Status of Treaties in Domestic Legal Systems. A Policy Analysis, in: *American Journal of Law,* Vol. 86, 1992, S. 314.

711 *Hobe/Kiminich*, Einführung in das Völkerrecht, 9. Aufl. 2008, S. 332.

712 *Hobe/Kiminich*, Einführung in das Völkerrecht, 9. Aufl. 2008, S. 332.

713 *Brownlie,* Principles of Public International Law, 7. Aufl. 2008 S. 32.

714 *Jackson,* Status of Treaties in Domestic Legal Systems. A Policy Analysis, in: *American Journal of Law*, Vol. 86, 1992, S. 315.

715 *Hobe/Kiminich*, Einführung in das Völkerrecht, 9. Aufl. 2008, S. 333.

716 *Jackson,* Status of Treaties in Domestic Legal Systems. A Policy Analysis, in: *American Journal of Law*, Vol. 86, 1992, S. 315.

Ob die Regelungen eines völkerrechtlichen Vertrags direkt in einem Staat zur Anwendung kommen oder ob es für die Anwendung der völkerrechtlichen Regelung eines Akts der Transformation bedarf, hängt davon ab, wie der Staat das Verhältnis von Völkerrecht und innerstaatlichem Recht ausgestaltet hat, denn das Völkerrecht selbst enthält keine Regelungen, in welchem Verhältnis es zum innerstaatlichen Recht steht. Die meisten Verfassungen enthalten aus diesem Grund Normen zum Verhältnis von innerstaatlichem Recht und Völkerrecht. Aus Art. 27 der Wiener Vertragsrechtskonvention ergibt sich jedoch, dass sich kein Staat seiner völkerrechtlichen Verpflichtungen mit dem Hinweis auf widersprechendes innerstaatliches Recht entziehen darf. Wenn die Erfüllung der völkerrechtlichen Verpflichtung den Erlass von Gesetzen oder die Änderung von bereits existierendem innerstaatlichem Recht bedarf, dann ist der Staat dazu verpflichtet, dementsprechend zu handeln.[717]

B. Akteure der innerstaatlichen Umsetzung

Das Recht auf Grundversorgung mit Energie erfordert die Beteiligung vieler Akteure. Auf nationaler Ebene sind dies natürlich zunächst die Parlamente sowie die Institutionen der Justiz. Sofern nicht vorhanden müssen die Parlamente die notwendigen Gesetze verabschieden, die der Realisierung des Rechts dienlich sind. Im Idealfall sollte dann die Justiz die Gesetze unter der Berücksichtigung von Sinn und Zweck wirtschaftlicher, sozialer und kultureller Rechte anwenden und ausfüllen.

Die Umsetzung des Rechts auf Grundversorgung mit Energie stellt darüber hinaus ein Vorhaben dar, welches auf Grund seiner Komplexität und der damit verbundenen hohen Kosten von vielen Staaten nur schwerlich allein umgesetzt werden kann. Die in Art. 2 Abs. 1 IPWSKR enthaltene Verpflichtung zur internationalen Kooperation und Unterstützung ist im Zusammenhang mit einem Recht auf Zugang zu Grundversorgung mit Energie von übergeordneter Bedeutung. Die Akteure des Umsetzungsprozesses und die jeweilige Rolle, die ihnen in diesem Prozess zugutekommt, werden im Folgenden dargestellt.

I. Die Rolle der Parlamente

Bei der Umsetzung der Verpflichtungen des Sozialpakts kommt den nationalen Parlamenten hohe Bedeutung zu. Um die aus dem Sozialpakt resultierenden Verpflichtungen erfüllen zu können, müssen oftmals die gesetzlichen Rahmenbedingungen geschaffen werden. Die nationalen Rechtsordnungen müssen

717 *Hobe/Kiminich*, Einführung in das Völkerrecht, 9. Aufl. 2008, S. 333.

angepasst werden, indem bestehende Gesetze geändert oder ergänzt werden. Darüber hinaus ist es in manchen Situationen unerlässlich auch neue Gesetze zu verabschieden. Wie die Analyse gezeigt hat, ist die Umsetzung eines Rechts auf Zugang zu Grundversorgung mit Energie mit hohen Kosten und umfangreichen Investitionen in die Infrastruktur verbunden. In vielen Ländern der Erde ist der Staat allein nicht in der Lage, solche Infrastrukturprojekte zu realisieren, weil oftmals die finanziellen Mittel dazu fehlen, aber auch das erforderliche Know-how nicht vorhanden ist. Insofern ist zunächst die Staatengemeinschaft in der Pflicht, auf dem Wege der internationalen Unterstützung und Kooperation, Infrastrukturmaßnahmen von Projekten, die den Zugang zu modernen Energiequellen steigern, zu fördern. Dies können sie zum einen dadurch erreichen, dass sie die finanziellen Mittel zumindest anteilig zur Verfügung stellen oder aber im Rahmen des Technologietransfers logistische und technische Unterstützung leisten. Gerade im Bereich der Energieinfrastruktur sind aber auch private Geldgeber gefordert. Insbesondere Unternehmen aus dem Energiesektor, die über genügend finanzielle Mittel und technisches Know-how verfügen, um die erforderlichen Infrastrukturmaßnahmen durchführen zu können. Investitionen privater Unternehmen in die Energieinfrastruktur werden private Unternehmen aber nur dann durchführen, wenn die rechtlichen Rahmenbedingungen existieren. Ihre getätigten Investitionen müssen sicher sein.

Beteiligen sich aber private Unternehmen an Investitionen in Infrastrukturprojekte, verfolgen sie natürlich auch ein wirtschaftliches Interesse. Ihre Investition muss sich in der Zukunft auszahlen. Dies birgt zum einen die Gefahr, dass die Kosten der Investitionen auf die Verbraucher abgewälzt werden und viele vielleicht nicht in der Lage sind, dies zu finanzieren, zum anderen werden private Unternehmen zurückhaltend reagieren, wenn es um Investitionen geht, die in Gegenden getätigt werden müssen, die von Armut betroffen sind.

Die Regierungen sind deshalb in der Pflicht, gesetzliche Rahmenbedingungen zu schaffen, um die gegenläufigen Interessen zum Ausgleich zu bringen.

II. Die Rolle der nationalen Gerichte

Bei der Umsetzung der Verpflichtungen des Sozialpakts müssen zudem die nationalen Gerichte eine entscheidende Rolle übernehmen.[718] In der Praxis muss die Beteiligung der nationalen Gerichte allerdings als gering angesehen werden. So gibt es nur wenige Entscheidungen nationaler Gerichte, die auf den

---

718 Umfassend zur Justiziabilität von Menschenrechten vor nationalen Gerichten *Conforti/Francioni*, Enforcing International Human Rights in Domestic Courts, 1997.

Sozialpakt Bezug nehmen.[719] Die Gründe dafür sind vielfältig. Sie können darin gesehen werden, dass ganz einfach bei vielen Richtern das Wissen über das Völkerrecht fehlt und insbesondere keine Kenntnis von der Existenz des Sozialpakts besteht.[720] Zum anderen ist auf Grund der vagen Formulierung unklar, wie die Normen mit Inhalt gefüllt werden.

In der Bundesrepublik Deutschland hat der Internationale Pakt über wirtschaftliche, soziale und kulturelle Rechte den Rang eines einfachen Bundesgesetzes, steht hierarchisch unter den Normen der Verfassung, aber über dem Landesrecht.[721] Die nationalen Gerichte können den Sozialpakt daher für ihre Entscheidungen heranziehen. Dies haben sie immer wieder in ihren Entscheidungen betont, wenn auf den Sozialpakt Bezug genommen wurde.[722]

Die Einführung der Studiengebühren in Deutschland nahm das Bundesverwaltungsgericht[723] zum Anlass, in einer Entscheidung auf die Normen des Sozialpakts Bezug zu nehmen. Im Jahr 2007 hat das Land Baden-Württemberg Studiengebühren in Höhe von 500 Euro pro Semester eingeführt. Bis dahin musste lediglich eine Verwaltungsgebühr im geringen Umfang gezahlt werden. Das Gericht hatte sich mit der Frage zu befassen, ob die Einführung von Studiengebühren ein Verstoß gegen Art. 13 IPWSKR darstellen würde. Es wurde argumentiert, dass durch die Einführung allgemeiner Studiengebühren ein nach Art. 2 i. V. m. Art. 13 Abs. 2 c) IPWSKR unzulässiger Rückschritt hinter den Status quo zu sehen wäre. Denn der Wortlaut von Art. 13 Abs. 2 c) IPWSKR sieht die allmähliche Einführung eines kostenfreien Hochschulstudiums vor, die Einführung von allgemeinen Studiengebühren steht dem jedoch entgegen.[724] Hierin

---

719 *Conforti*, National Courts and the International Law of Human Rights, in: Conforti/ Francioni (Hrsg.) Enforcing International Human Rights in Domestic Courts, 1997, S. 3–14 (7).

720 *Conforti*, National Courts and the International Law of Human Rights, in: Conforti/ Francioni (Hrsg.) Enforcing International Human Rights in Domestic Courts, 1997, S. 3–14 (7).

721 Unterzeichnet durch die Bunderegierung am 9.10.1968, in Kraft getreten am 03.01.1976, BGBl II 1976, S. 428.

722 BVerfG, 1 BvL 10/10 v. 18.7.2012, Absatz-Nr. (1–140), http://www.bverfg.de/entscheidungen/ls20120718_1bvl001010.html; BSG, Urteil v. 06.03.2012 – Az. B 1 KR 10/11 R, Rn. 25 ff.; BVerwGE 134, 1–27 = BVerwG, NVwZ 2009, 1562 (1568); OVG Berlin-Brandenburg, Urteil v. 08.09.2011 – Az. OVG 3 B 24.09, Rn. 47; VG Köln, Urteil v. 25.11.2010 – Az. 6 K 2405/07, Rn. 51; BGHst 39, 1–36 = BGH NJW 1993, 141 (146).

723 BVerwG, Az. 6 C 9.09 v. 15.12.2010.

724 Umfassend zu der Frage, ob die Einführung von allgemeinen Studiengebühren gegen den Internationalen Pakt über wirtschaftliche, soziale und kulturelle Rechte

wäre eine regressive Entwicklung zu sehen, die dem Sozialpakt widerspräche. Das Bundesverwaltungsgericht führte jedoch aus, dass der Landesgesetzgeber durch Art. 13 Abs. 2 c) IPWSKR nicht an der Einführung allgemeiner Studiengebühren gehindert war. Nach Ansicht des Bundesverwaltungsgerichts hat der Landesgesetzgeber durch die Einführung der allgemeinen Studiengebühren das System einer von finanziellen Ausgrenzungen freien Hochschulbildung nicht verlassen.[725]

Auch das Bundesverfassungsgericht hat kürzlich in einer Entscheidung auf den Sozialpakt Bezug genommen.[726] Das Gericht musste sich mit der Frage auseinandersetzen, ob die seit 1993 nicht mehr erhöhten Geldleistungen nach § 3 des Asylbewerberleistungsgesetzes, trotz Steigerung der Lebenserhaltungskosten, noch mit dem Grundgesetz vereinbar sind. Der für Asylbewerber gewährte Leistungsumfang widerspreche den Anforderungen im Rahmen des Sozialpakts, da aufgrund der niedrigen Zahlungen eine Teilhabe am kulturellen Leben gemäß Art. 15 Abs. 1 a) nicht mehr erfüllt werden kann, zudem ist danach ein Verstoß gegen Art. 9 IPWSKR zu befürchten. Das Bundesverfassungsgericht führt aus, das die Bundesrepublik Deutschland neben dem Sozialstaatsgebot aus Art. 20 GG auch aus völkerrechtlichen Übereinkommen verpflichtet ist. Zu den Regeln über das Existenzminimum, die in Deutschland gelten, gehört auch der Internationale Pakt über wirtschaftliche, soziale und kulturelle Rechte.[727] Der Sozialpakt statuiert in Art. 9 ein Recht auf soziale Sicherheit und in Art. 15 Abs. 1 a das Menschenrecht auf Teilnahme am kulturellen Leben.[728]

Die inhaltliche Auseinandersetzung mit den Normen des Sozialpakts geht in beiden Entscheidungen nicht sehr in die Tiefe. Zudem ist zu berücksichtigen, dass auf die Normen des Sozialpakts nur subsidiär zurückgegriffen wird. So führt das Bundesverwaltungsgericht an, dass aus Art. 13 Abs. 2 c) selbst im Fall ihrer

---

verstößt, *Riedel/Söllner*, Studiengebühren im Lichte des UN-Sozialpakts, in: JZ 2006, S. 270–277.

725 BVerwG, Az. 6 C 9.09 v. 15.12.2010, Rn. 32; Die Frage, ob der Sozialpakt unmittelbar anwendbar ist, lässt das Bundesverwaltungsgericht offen. A.A. *Simma/Khan/Zöckler/Geiger*, The Role of German Courts in the Enforcement of International Human Rights, in: Conforti/Francioni (Hrsg.) Enforcing International Human Rights in Domestic Courts, 1997, S. 71–110.

726 BVerfG, 1 BvL 10/10 v. 18.7.2012, Absatz-Nr. (1 – 140),http://www.bverfg.de/entscheidungen/ls20120718_1bvl001010.html.

727 BVerfG, 1 BvL 10/10 v. 18.7.2012, Absatz-Nr. (1–140), 94, http://www.bverfg.de/entscheidungen/ls20120718_1bvl001010.html.

728 BVerfG, 1 BvL 10/10 v. 18.7.2012, Absatz-Nr. (1–140), 94, http://www.bverfg.de/entscheidungen/ls20120718_1bvl001010.html.

unmittelbaren Anwendbarkeit keine Rechte hergeleitet werden, die nicht bereits auf der Ebene des nationalen Verfassungsrechts durch das – hier gewahrte – Recht auf Teilhabe an den staatlichen Ausbildungsressourcen gewährleistet sind.[729]

Die nationalen Gerichte sind in der Lage, menschenrechtliche Verpflichtungen auch auf internationaler Ebene zu stärken. Sie verhalten sich in diesen Fragen eher zurückhaltend und schöpfen ihr volles Potential nicht aus.

III. Die Rolle der nationalen Institute für Menschenrechte

Die Entwicklung der nationalen Institute für Menschenrechte setzte in den 1990er Jahren ein.[730] Institute für Menschenrechte existieren in vielen verschiedenen Ländern. Sie sind seit 2008 im *International Coordination Committee of National Institutions for the Promotion and Protection of Human Rights* (ICC) international organisiert.[731] Die Aufgabe des ICC besteht darin, die Gründung und den Ausbau nationaler Institute für Menschenrechte nach Maßgabe der Pariser Prinzipien zu unterstützen.[732] Am 20. Dezember 1993 verabschiedete die Generalversammlung der Vereinten Nationen als Anhang zur Resolution 48/134 die „Pariser Prinzipien".[733] Dabei handelt es sich um „Grundsätze betreffend die Stellung von nationalen Institutionen".[734] Sie dienen den Staaten als Orientierungshilfe für den Aufbau oder die Umstrukturierung eines nationalen Instituts für Menschenrechte. Eine der Hauptaufgaben der Institute für Menschenrechte besteht darin, die Implementierung völkerrechtlicher Normen, insbesondere im Bereich der Menschenrechte auf nationaler Ebene zu fördern.[735]

Die Struktur und Organisation der verschiedenen nationalen Institute für Menschenrechte ist nicht einheitlich. Eine Untersuchung von *Aichele* ergab, dass weltweit vier Typen von nationalen Menschenrechtsinstitutionen existieren,

---

729 BVerwG, Az. 6 C 9.09 v. 15.12.2010, Rn. 32.

730 *Aichele*, Die nationale Menschenrechtsinstitution: Eine Einführung, 2. Aufl. 2009, S. 9.

731 Die ICC ist als Verband mit Sitz in Genf organisiert und zählte im März 2009 82 Mitglieder; UN Doc. A/HRC/10/54 v. 26.01.2009.

732 *Aichele*, Die nationale Menschenrechtsinstitution: Eine Einführung, 2. Aufl. 2009, S. 12.

733 GA Resolution, 48/134 v. 20.12.1993 UN Doc. A/RES/48/134.

734 *Aichele*, Die nationale Menschenrechtsinstitution: Eine Einführung, 2. Aufl. 2009, S. 9.

735 *United Nations/Centre for Human Rights*, National human rights institutions: a handbook on the establishment and strengthening of national human rights institutions for the promotion and protection of human rights, Professional Training Series No. 4, New York, Geneva 1995, Zif. 207 ff.

nämlich der Ausschusstyp[736], Institutstyp[737], Ombudstyp[738] und der Kommissionstyp[739].[740] Sie unterscheiden sich nicht nur in ihrer Organisation, sondern auch in ihrer Arbeitsweise und den Befugnissen und Aufgaben, die ihnen übertragen sind.

Der Ausschusstyp ist üblicherweise mit mehreren Mitgliedern besetzt, fungiert als eine Art Berater der Regierung[741] und verfügt häufig über das Mandat, Menschenrechtsverletzungen zu untersuchen.[742] Neben der allgemeinen Aufgabe, die Menschenrechte zu fördern und über sie aufzuklären, sind sie darüber hinaus oftmals befugt, an Gerichtsverhandlungen mit einem menschenrechtlichen Bezug teilzunehmen oder Gesetzte zu bewerten.[743] Der Aufgabenschwerpunkt des Institutstyps – hierunter fällt auch das Deutsche Institut für Menschenrechte – liegt in der Forschung im Bereich der Menschenrechte, Aufklärung und Dokumentation und berät zudem auch die Regierung in Menschenrechtsfragen.[744] Institute verfügen üblicherweise, im Gegensatz zum Ausschusstyp, nicht über die Befugnis, Ermittlungen durchzuführen oder über die Möglichkeit Individualbeschwerden zu behandeln.[745] Er verfügt somit über keinerlei staatliche Funktionen. Der Ombudstyp legt seinen Fokus noch mehr auf den individuellen Rechtschutz.[746] Die Aufgaben werden meistens von einer Person wahrgenommen, weshalb Kritiker

736 Beispielsweise in Frankreich, Griechenland und Luxemburg.

737 Beispielsweise in Deutschland, Dänemark und Norwegen.

738 Beispielsweise in Spanien, Portugal und Polen.

739 Beispielsweise in Großbritannien, Nordirland und Irland.

740 *Aichele*, Nationale Menschenrechtsinstitutionen. Ein Beitrag zur nationalen Implementierung von Menschenrechten 2003, S. 102, 110 ff.; vgl. auch *European Fundamental Rights Agency (FRA),* Comparative thematic legal study on National Human Rights Institutions and human rights organisations in the member states, 2010, S. 24.

741 *Aichele*, Die nationale Menschenrechtsinstitution: Eine Einführung, 2. Aufl. 2009, S. 12.

742 *European Fundamental Rights Agency (FRA),* Comparative thematic legal study on National Human Rights Institutions and human rights organisations in the member states, 2010, S. 26.

743 *European Fundamental Rights Agency (FRA),* Comparative thematic legal study on National Human Rights Institutions and human rights organisations in the member states, 2010, S. 26.

744 *European Fundamental Rights Agency (FRA),* Comparative thematic legal study on National Human Rights Institutions and human rights organisations in the member states, 2010, S. 28.

745 *European Fundamental Rights Agency (FRA),* Comparative thematic legal study on National Human Rights Institutions and human rights organisations in the member states, 2010, S. 28.

746 *Aichele*, Die nationale Menschenrechtsinstitution: Eine Einführung, 2. Aufl. 2009, S. 12.

Defizite der demokratischen Legitimität bemängeln, dies aber dadurch ausgeglichen wird, dass die „Ombudspersonen“ von pluralistisch besetzten Gremien gewählt werden.[747] Der Kommissionstyp ist grundsätzlich auch mit der Untersuchung von Menschenrechtsverletzungen befasst, ist aber auch in der Aufklärung, sowie Bildungs- und Öffentlichkeitsarbeit engagiert.[748]

Die Pariser Prinzipien legen fest, dass die nationalen Menschenrechtsinstitute ein umfassendes Mandat von ihren jeweiligen Gründerstaaten erhalten sollen.[749] Das Mandat soll klar in einem rechtlich verbindlichen Dokument festgelegt sein, welches die Struktur der Institutionen, sowie Wirkbereich und Kompetenzen bestimmt, unter Berücksichtigung des Ziels, zur Förderung und dem Schutz der Menschenrechte beizutragen.[750] Auch wenn die Pariser Prinzipien nicht ausdrücklich die Unabhängigkeit der Menschenrechtsinstitute bestimmen, so wird die Unabhängigkeit in den Prinzipien vorausgesetzt. Sie legen nämlich fest, dass sie finanziell nicht von der Regierung abhängig sein sollen[751], auch sollen die Mitglieder der Menschenrechtsinstitute über ein klar definiertes Mandat verfügen, welches zum Beispiel die Amtszeit festlegt und Aussagen dazu trifft, ob und unter welchen Voraussetzungen Mitglieder wiedergewählt werden können.[752]

Die Pariser Prinzipien enthalten einen Aufgabenkatalog, der von den Menschenrechtsinstituten wahrgenommen werden soll.[753] Diese umfassen Beratung der Regierung und anderer staatlicher Stellen (Politikberatung); Kontrolle der Verwaltung; Untersuchung von Menschenrechtsverletzungen; Durchführung von thematischen Untersuchungen; Verbreitung von Informationen; Bildungs- und Öffentlichkeitsarbeit, insbesondere zur Verhütung von Diskriminierung; Behandlung von Beschwerden; internationale Aktivitäten.[754]

Der Ausschuss für wirtschaftliche, soziale und kulturelle Rechte hat einen General Comment über die Rolle der nationalen Menschenrechtsinstitute beim

---

747 *European Fundamental Rights Agency (FRA),* Comparative thematic legal study on National Human Rights Institutions and human rights organisations in the member states, 2010, S. 28.

748 *Aichele,* Die nationale Menschenrechtsinstitution: Eine Einführung, 2. Aufl. 2009, S. 16.

749 GA Res. 48/134 v. 20.12.1993, Zif. 2.

750 GA Res. 48/134 v. 20.12.1993, Zif. 2.

751 GA Res. 48/134 v. 20.12.1993, Abschn. 2, Zif. 2.

752 GA Res. 48/134 v. 20.12.1993, Abschn. 2, Zif. 3.

753 GA Res. 48/134 v. 20.12.1993, Zif. 3.

754 *Aichele,* Die nationale Menschenrechtsinstitution: Eine Einführung, 2. Aufl. 2009, S. 19.

Schutz wirtschaftlicher, sozialer und kultureller Rechte erarbeitet.[755] Die in Art. 2 Abs. 1 IPWSKR enthaltene Verpflichtung „unter Ausschöpfung aller seiner Möglichkeiten Maßnahmen zu treffen, um nach und nach mit allen geeigneten Mitteln, vor allem durch gesetzgeberische Maßnahmen, die volle Verwirklichung der in diesem Pakt anerkannten Rechte zu erreichen“[756], kann unter anderem durch die Arbeit eines nationalen Instituts für Menschenrechte erfüllt werden.[757] Der Ausschuss hebt hervor, dass nationale Institute für Menschenrechte einen enorm wichtigen Beitrag für die Förderung und den Schutz der Menschenrechte leisten können.[758] Die nationalen Institute für Menschenrechte sollen bei ihren Tätigkeiten einen Schwerpunkt auf die wirtschaftlichen, sozialen und kulturellen Rechte legen. [759]

Auch der Ausschuss für die Rechte des Kindes hat in General Comment Nr. 2 (2002) die Einrichtung von nationalen Menschenrechtsinstituten gefordert und unterstrichen, dass ihnen eine wichtige Rolle bei Förderung und dem Schutz der Menschenrechte zukommt.[760]

Unabhängig vom Aufbau oder der Organisation der nationalen Institute für Menschenrechte ist es das gemeinsame Ziel, die Menschenrechte zu fördern und zu schützen sowie die Umsetzung der Menschenrechte auf nationaler Ebene zu überwachen. Sie fungieren als eine Art unabhängige Kontrollinstanz der Exekutive, Legislative und Judikative. Auch wenn ihnen im Einzelfall keine hoheitlichen Befugnisse eingeräumt sind, können sie durch Forschung, Aufklärung und Öffentlichkeitsarbeit die Beachtung der Menschenrechte fördern. Im Rahmen ihrer Tätigkeit als Berater für die Regierung können sie bei Fragen der Implementierung einen wesentlichen Beitrag leisten, indem sie beispielweise den Inhalt und Umfang bestimmter Normen festlegen, ohne dass dies Rechtsverbindlichkeit entfalten würde. Aufklärung und Öffentlichkeitsarbeit im Rahmen der Menschenrechte sollten darauf zielen, auch die Justiz und die Verwaltung für die Menschenrechtsproblematik zu sensibilisieren. Nur so kann gewährleistet werden, dass die Gerichte bei ihren Entscheidungen die internationalen Menschenrechtspakte berücksichtigen. Die nationalen Menschenrechtsinstitute fungieren hierbei als eine Art Bindeglied zwischen der internationalen und nationalen Ebene der Menschenrechte. Ihnen kommt bis zu einem gewissen Grad eine Steuerungsfunktion zu, die Staaten zu

755 CESCR-General Comment Nr. 10 (1998). UN Doc. E/C.12/1998/25.
756 BGBGl. II 1976, S. 426 ff.
757 CESCR-General Comment Nr. 10 (1998), Abs. 1.
758 CESCR-General Comment Nr. 10 (1998), Abs. 3.
759 CESCR-General Comment Nr. 10 (1998), Abs. 3.
760 CRC-General Comment Nr. 2 (2002), UN Doc. CRC/GC/2002/2, Abs. 1.

einer effektiven Umsetzung der Menschenrechte zu bewegen. Zudem koordinieren sie hierbei die Exekutive, Legislative und Judikative.

In Bezug auf ein Recht auf Grundversorgung mit Energie ist es die Aufgabe der nationalen Menschenrechtsinstitute, die Anerkennung dieses Rechts zu fördern, indem sie im Rahmen ihrer Tätigkeiten die im Zusammenhang mit einem Recht auf Energie auftretenden Themen einbeziehen. Bei der Beratung von Regierungen sollte darauf hingewirkt werden, dass sich das Bewusstsein durchsetzt, dass Energie eine notwendige Voraussetzung für die Verwirklichung der Menschenrechte darstellt und selbst ein Menschenrecht ist. Die Menschenrechtsinstitute können so einen wichtigen Beitrag für die Umsetzung eines Rechts auf Grundversorgung mit Energie leisten.

C. Projekte zur Verbesserung des Zugangs zu modernen Energiequellen

Wie die Umsetzung eines Rechts auf Zugang zu Grundversorgung mit Energie in der Praxis aussehen kann, wird im Folgenden an verschiedenen Programmen aufgezeigt.[761] Das gemeinsame Ziel dieser verschiedenen Programme ist es, die Anzahl der Menschen, die über einen Zugang zu modernen Energiequellen verfügen, deutlich zu erhöhen. Langfristig soll das von den Vereinten Nationen ausgerufene Ziel erfüllt werden, bis zum Jahr 2030 weltweit jedem Menschen einen Zugang zu modernen Energiequellen zur Verfügung zu stellen.[762] Die vorgestellten Projekte sind sehr vielseitig und auf die Bedürfnisse der einzelnen Staaten, in denen sie durchgeführt werden, zugeschnitten. Sie reichen von Elektrifizierungsprogrammen bis zu Programmen, die zunächst die Verbesserung von Kochmöglichkeiten zum Ziel haben, um nicht mehr auf Brennholz oder andere traditionelle Brennstoffe angewiesen zu sein. Auch die Umsetzung ist sehr vielschichtig, dennoch sind alle Programme darauf ausgerichtet, Energiequellen zur Verfügung zu stellen, die kostengünstig, verlässlich und vor allem nachhaltig sind. Nach der Vorstellung der verschiedenen Programme erfolgt eine Evaluation im Hinblick darauf, wie die Projekte die Anerkennung eines Rechts auf Grundversorgung mit Energie fördern können. Weiter soll festgestellt werden, ob die vorgestellten Projekte eine Hilfestellung für die Umsetzung eines Menschenrechts auf Zugang zu Grundversorgung mit Energie sein können.

---

761 *Bazilian* et al., Improving Access to Modern Energy Services: Insights from Case Studies, in: The Electricity Journal 2012, S. 93–114.

762 *AGECC*, Energy for a Sustainable Future, 2010, S. 9.

I. Global Rural Electrification Program – Marokko

Marokko verfügt über ein zentralisiertes Elektrizitätsnetz, weshalb die Ausweitung der Elektrizitätsversorgung sehr kostenintensiv und technisch schwierig umzusetzen ist.[763] Schon seit den 1990er Jahren versuchte die Regierung in Marokko, auch abgelegene Gebiete an das Elektrizitätsnetz anzuschließen, allerdings wenig erfolgreich. Das Land verfügt aber im Durchschnitt über rund 3.000 Stunden Sonne im Jahr und ist deshalb für den Aufbau von Solarenergie prädestiniert.[764] Dies konnte durch eine Public-Private-Partnership (PPP) Maßnahme zwischen dem marokkanischen Energieversorger *Morocco's Office National de l'Electricite´ (ONE)* und TEMASOL[765], die den Ausbau alternativer Energiequellen insbesondere im Bereich der Solarenergie in ländlichen Gegenden verfolgt, realisiert werden. Dabei übernimmt TEMASOL die Installation und Wartung der Solaranlagen und erhebt die Gebühren von den Endverbrauchern. Der Versorgungsvertrag mit den Verbrauchern wird aber über die staatliche Agentur ONE geschlossen. Die Kunden zahlen eine monatliche Gebühr, die sich danach richtet, welche Dienstleistungen sie in Anspruch nehmen. Durch Subventionen seitens ONE ist es möglich, einen Elektrizitätszugang zu moderaten Kosten anzubieten, weil dadurch die hohen Investitionen in den Aufbau der Solaranlagen und deren Unterhaltung gesenkt werden. Der Preis für Strom in ländlichen Gebieten ist damit im Vergleich nur geringfügig höher als in den urbanen Zentren. Zwischen 2002 und 2008 konnten somit 106.200 Kunden neu mit Elektrizität versorgt werden, mit positiven Auswirkungen insbesondere auf die weibliche Bevölkerung, eine höhere Teilnahme am Schulunterricht und einem Anstieg der lokalen wirtschaftlichen Betätigungen, unter anderem durch die Schaffung von Arbeitsplätzen.[766] Das Projekt ist ein Beispiel dafür, wie durch Public-Private

---

763 Für eine umfassende Darstellung des Programms siehe, *Allali*, "TEMASOL: Providing Energy Access to Remote Rural Households in Morocco." GIM Case Study No. B093. New York: United Nations Development Programme, 2011. Erhältlich unter http://www.growinginclusivemarkets.org/media/cases/Morocco_Temasol_2011.pdf, letzter Zugriff am 08.08.2016.

764 *Allali*, "TEMASOL: Providing Energy Access to Remote Rural Households in Morocco." GIM Case Study No. B093. New York: United Nations Development Programme, 2011, S. 5.

765 TEMASOL ist ein Joint Venture zwischen dem französischen Mineralölkonzern TOTAL und dem französischem Stromversorger EDF, das 2002 in Leben gerufen wurde.

766 *Allali*, "TEMASOL: Providing Energy Access to Remote Rural Households in Morocco." GIM Case Study No. B093. New York: United Nations Development Programme, 2011, S. 5.

Partnership, Direktinvestitionen und internationale Kooperation der Zugang zu Grundversorgung mit Energie gefördert werden kann.

II. Energy Service Delivery – Sri Lanka

Ein weiteres Projekt ist in Sri Lanka angesiedelt.[767] Das Energy Service Delivery (ESD) Projekt wurde ursprünglich aufgelegt, um die Lücke zu schließen, die durch mangelnde Investitionen in den Elektrizitäts- und Energiesektor Sri Lankas verursacht wurden. Zunächst als kleines Projekt konzipiert, wurde es auf Grund seines Erfolges von der Weltbank als „Model" für Energieentwicklungsprogramme auf der ganzen Welt bezeichnet. Innerhalb eines Zeitraums von sechs Jahren wurden durch das ESD Programm 21.000 Solaranlagen für den Hausgebrauch und andere Techniken aus dem Bereich Wasserkraft für die Energieerzeugung installiert. Durch diese Maßnahmen verfügen Menschen in ländlichen Gegenden Sri Lankas nun über eine Grundversorgung mit Elektrizität. Zudem hat sich die gesundheitliche Situation vieler Menschen verbessert, da nicht mehr auf fossile Brennstoffe als Energiequelle zurückgegriffen werden muss.[768] Da die Solaranlagen autark betrieben werden, haben die Menschen keine monatlichen Ausgaben für etwaige Stromrechnungen. Die Bewohner vieler Dörfer wurden ausgebildet, die Anlagen selbstständig zu warten, weshalb sie auch in der Hinsicht weitestgehend unabhängig sind. Durch das Projekt konnten bei vielen Menschen Kapazitäten frei gesetzt werden, wodurch sie nun an produktiven lokalen Aktivitäten teilnehmen können.[769]

III. Integrated National Electrification Programme (INEP) – Südafrika

In Südafrika konnten im Zeitraum zwischen 1990 und 2007 über sechs Millionen Haushalte mit einem Zugang zu Elektrizität ausgestattet werden.[770] Im Jahre 1990

767 *Drupady/Sovacool*, Harvesting the Elements: The Achievements of Sri Lanka's Energy Services Delivery Project, Lee Kuan Yew School of public Policy energy governance case Study Nr. 10, Singapore, 2011.

768 *Drupady/Sovacool*, Harvesting the Elements: The Achievements of Sri Lanka's Energy Services Delivery Project, Lee Kuan Yew School of public Policy energy governance case Study Nr. 10, Singapore, 2011.

769 *Drupady/Sovacool*, Harvesting the Elements: The Achievements of Sri Lanka's Energy Services Delivery Project, Lee Kuan Yew School of public Policy energy governance case Study Nr. 10, Singapore, 2011.

770 *Bekker/Eberhard/Gaunt/Marquard,* South Africa's rapid electrification programme: Policy, institutional, planning, financing and technical innovations, in: Energy Policy 2008, S. 3115–3127.

verfügten weniger als ein Drittel der Bevölkerung über einen Zugang zu Elektrizität.[771] Im Jahre 1994 hat der *African National Congress* ein *Reconstruction and Development Programme (RDP)* verabschiedet, auf dessen Grundlage 1998 ein sogenanntes *White Paper on Energy Policy* veröffentlicht wurde, das die sozioökonomischen Ziele durch die Elektrifizierung bestätigt hat. Es wurde dadurch nochmals die enorme Wichtigkeit eines wachsenden Zugangs zu Energiedienstleistungen bestätigt. Der Erfolg dieses Elektrifizierungsprogramms liegt in den Anstrengungen, die die Regierung unternommen hat, ihre Rolle neu zu definieren, indem private Unternehmen aus dem Energiebereich und die Zivilgesellschaft in den Prozess mit einbezogen wurden. Durch das Elektrifizierungsprogramm sind weniger Frauen darauf angewiesen, fossile Brennstoffe zu organisieren, zudem konnte die Luftverschmutzung in den Wohnungen verringert werden, was zu einer Verbesserung der Gesundheit vieler Betroffener geführt hat.[772] Insgesamt führte das *Integrated National Electrification Programme* dazu, dass 80% der urbanen und 50% der ländlichen Bevölkerung Südafrikas über einen Zugang zu Elektrizität verfügen.

IV. Upesi Rural Stoves Project – Kenia

Das Upesi Rural Stove Project verfolgt eine ganz andere Zielrichtung, als die gerade genannten Projekte.[773] Unter Federführung des kenianischen Energieministeriums wurde der sogenannte *Kenya Ceramic Jiko Stove* entwickelt. Es handelt sich dabei um einen aus Keramik gefertigten Ofen, der relativ einfach und kostengünstig hergestellt werden kann, zudem um 35–40% weniger fossile Brennstoffe benötigt, als die in der Region sonst üblicherweise verwendeten Öfen.[774] Die *Kenya Energy and Environment Organization (KENGO)* in Zusammenarbeit mit einigen kenianischen Ministerien, sorgte dafür, dass die Technik unter den lokalen Herstellern von Öfen verbreitet wurde. Die innovative Technik der Öfen, die mit relativ geringem Aufwand hergestellt werden konnten, ließ insbesondere Frauen davon profitieren. Der Lebensstandard der Frauen hat

771 *Bekker/Eberhard/Gaunt/Marquard,* South Africa's rapid electrification programme: Policy, institutional, planning, financing and technical innovations, in: Energy Policy 2008, S. 3115–3127 (3115).

772 *Bazilian* et al., Improving Access to Modern Energy Services: Insights from Case Studies, in: The Electricity Journal 2012, S. 93–114 (105).

773 *Njenga,* Upesi Rural Stoves Project – Kenya, in: Karlson (Hrsg.) Generating Opportunities: Case Studies on Energy and Women 2001, S. 44–51.

774 *Njenga,* Upesi Rural Stoves Project – Kenya, in: Karlson (Hrsg.) Generating Opportunities: Case Studies on Energy and Women 2001, S. 44–51 (50).

sich dadurch stark verbessert, da sie mehr Zeit gewonnen haben, aber auch ihr Einkommen steigern konnten.

V. Renewable Energy Development Project – China

Vom Jahr 2002 bis zum Jahr 2007 wurde im Rahmen des *Renewable Energy Development Project* im Nordosten von China 400.000 Solarsysteme für den Hausgebrauch installiert und durch die Weltbank finanziert.[775] Gerade in den entlegenen Provinzen waren viele Bewohner ohne Zugang zu modernen Energiequellen, zudem wurde die Elektrizität zum Großteil mit Kohle generiert, was sehr schädlich für die Umwelt ist.[776] Um das Bewusstsein für erneuerbare Energien zu fördern, wurden sogar Filme produziert, die die Vorteile solcher Energiequellen anpreisen. Im Fokus des Programms standen die Provinzen Innere Mongolei, Gansu, Qinghai, West Sichuan, Tibet und Xinjiang, später kamen noch Shanxi, Ningxia, und Yunnan hinzu. 1995 verfügten mehr als neun Millionen Menschen in diesen Provinzen über keinen Zugang zu Elektrizität. Diese Zahl hat sich bis heute drastisch reduziert. Auch konnte die Qualität der Energie erhöht und die Produktionskosten gesenkt werden.

VI. Renewable Energy for Rural Markets Project (PERMER) – Argentinien

Im Jahre 1995 verfügten in Argentinien bereits 99% der Bevölkerung über einen Zugang zu Elektrizität, dennoch sind ca. 25% der ländlichen Bevölkerung ohne eine ausreichende Stromversorgung.[777] PREMER ein von der Weltbank und Global Environment Facility (GEF) finanziertes Projekt, verfolgte die Elektrifizierung von 35.000 abgelegenen Haushalten, 1.700 öffentlichen Einrichtungen, wie Schulen und Krankenhäuser und ca. 500 Unternehmer durch sogenannte „off-grid concessions", also unabhängig vom nationalen Stromnetz errichtete Energieversorgungseinheiten, für die Konzessionen zum Betrieb erworben

775 Umfassend *D'Agostino/Sovacool*, Summining the Sun: Evaluating China's Renewable Energy Development Project (REDP), Lee Kuan Yew School of public Policy energy governance case Study Nr. 6, Singapore, 2011.

776 *D'Agostino/Sovacool*, Summining the Sun: Evaluating China's Renewable Energy Development Project (REDP), Lee Kuan Yew School of public Policy energy governance case Study Nr. 6, Singapore, 2011.

777 *Bazilian* et al., Improving Access to Modern Energy Services: Insights from Case Studies, in: The Electricity Journal 2012, S. 93–114.

werden können.[778] Wie die Elektrifizierung erfolgen sollte, ob durch Solar-, Windenenergie, oder Wasserkraft, wurde nicht vorgegeben. Die Technologie konnte von den Konzessionären frei gewählt werden. Die anfänglichen Investitionskosten wurden zu 30–40% von den Konzessionären und zu 10% von den Endverbrauchern übernommen. Zusätzlich wurden 40–50% der Kosten subventioniert. Dabei wurde die eine Hälfte mit Baubeginn und die andere Hälfte nach erfolgreicher Inbetriebnahme ausgezahlt. In regelmäßigen Abständen wurden die Installation, die Kundezufriedenheit und die Servicequalität evaluiert. Der größte Konzessionär in diesem Projekt begann im Jahr 1996 und konnte innerhalb von 5 Jahren 4.000 Haushalte über unabhängige Versorgungssysteme mit Elektrizität versorgen.[779]

VII. Rural Electrification Program - Vietnam

Das Vietnam Rural Electrification Program profitiert von mehreren Faktoren und konnte innerhalb einer kurzen Zeitspanne effektive Ergebnisse erzielen.[780] Zum einen wurden verschiedene Finanzierungsquellen bereitgestellt, zum anderen verfügt Vietnam über natürliche Ressourcen wie Wasser, die für Wasserkraftwerke nutzbar gemacht werden können. Zudem hat sich die vietnamesische Regierung verschrieben die Elektrifizierungsrate im Land zu erhöhen. Die Elektrifizierung wurde zunächst für die wirtschaftlichen Bereiche priorisiert, die Einkommen generierten, wodurch eine stabile Grundlage für Steuereinnahmen geschaffen wurden, die wiederum als Quelle zur Finanzierung des landesweiten Netzausbaus verwendet werden konnten.[781] Die Regierung erkannte zudem, dass die Bevölkerung Zugang zu modernen Energiequellen benötigt, um die wirtschaftliche Leiter nach oben steigen zu können. Deswegen wurde der Anschluss ländlicher Gebiete an das Elektrizitätsnetz gefördert.

VIII. Luz para Todos - Light for All (LPT) - Brasilien

Das Programm Luz para Todos wurde von der brasilianischen Regierung im Jahr 2003 initiiert, mit dem Ziel jedem im Land Zugang zu Elektrizität zu verschaffen,

---

778 http://energia.mecon.ar/permer/abstract.html letzter Zugriff am 12.11.2012.

779 *Bazilian* et al., Improving Access to Modern Energy Services: Insights from Case Studies, in: The Electricity Journal 2012, S. 93–114.

780 Energy for All: Vietnam's Success in Increasing Access to Energy through Rural Electrification, Asian Development Bank 2011.

781 *Bazilian* et al., Improving Access to Modern Energy Services: Insights from Case Studies, in: The Electricity Journal 2012, S. 93–114.

um die soziökonomische Entwicklung des Landes zu fördern.[782] Bis zum Jahr 2009 haben bereits 11 Millionen Menschen in Brasilien von diesem Programm profitiert. Die Koordinierung des Programms erfolgte durch das brasilianische Energieministerium, unterstützt durch verschiedene staatliche und private Unternehmen. Das Ziel des Programms ist es, bis zu 12 Millionen Brasilianer, darunter 10 Millionen in abgelegenen Gebieten, mit einem Zugang zu Elektrizität auszustatten. In Regionen mit anfänglich sehr geringen Elektrifizierungsraten, subventioniert die Regierung die Investitionen von Energieunternehmen, mit bis zu 90%, wobei Endverbraucher finanziell nicht für die Ausweitung des Energienetzes aufkommen müssen.[783] In den abgelegenen Gebieten um den Amazonas kommen unabhängige Energieversorgungseinheiten zum Einsatz, die mit Biomasse oder Sonnenenergie betrieben werden.[784]

IX. Butanization (Liquefied Petroleum Gas) Program - Senegal

Der Großteil der Bevölkerung war und ist für die Zubereitung von Speisen auf Holzkohle angewiesen.[785] Auf Grund der Abhängigkeit von Holzkohle war es notwendig große Waldgebiete abzuholzen was die Regierung Senegals dazu veranlasste Maßnahmen zu ergreifen, um den Verbrauch von Holzkohle in ländlichen Gebieten um 50% zu reduzieren. Die Maßnahmen waren darauf gerichtet *liquefied petroleum gas* (LPG) den Haushalten in ländlichen Gebieten zugänglich und bezahlbar zu machen, um langfristig die Benutzung von Holzkohle zum Kochen durch LPG zu ersetzen. Um dieses Ziel zu erreichen wurden Geräte und Anlagen die im Zusammenhang mit der Herstellung und Verbreitung von LPG verwendet wurden, zollfrei gestellt. Zudem wurde LPG immer stärker durch die Regierung subventioniert, sodass der Verkaufspreis für Gasflaschen, die mit LPG gefüllt sind, um bis zu 38% gesenkt werden konnte.[786] Folglich sanken auch die Kosten für die Nachfüllung der Gasflaschen, was schließlich zu einer hohen Verbreitungsrate von LPG in ländlichen Gebieten führte.

---

782 *Bazilian* et al., Improving Access to Modern Energy Services: Insights from Case Studies, in: The Electricity Journal 2012, S. 93–114.

783 *Bazilian* et al., Improving Access to Modern Energy Services: Insights from Case Studies, in: The Electricity Journal 2012, S. 93–114.

784 *Bazilian* et al., Improving Access to Modern Energy Services: Insights from Case Studies, in: The Electricity Journal 2012, S. 93–114.

785 Vgl. *Brew-Hammond/Kemausuor*, Energy for all in Africa – to be or not tob e?!, in: Current Opinion in Environmental Sustainability 2009, S. 83–88.

786 *Bazilian* et al., Improving Access to Modern Energy Services: Insights from Case Studies, in: The Electricity Journal 2012, S. 93–114.

X. Clean Energy Business (SELCO India and SEWA Bank) – Indien

Ein weiteres interessantes Projekt aus dem Bereich Energie läuft in Indien.[787] Seit den 1990er Jahren konnte SELCO Solar Light Ltd. (SELCO) 500.000 Menschen und 80.000 Haushalten einen Zugang zu Elektrizität bereitstellen, indem sie Photovoltaik Technologie installierten. Die *Self-Employed Women's Association* (SEWA Bank) wurde im Jahre 1971 gegründet und richtet sich mit ihren Finanzdienstleistungen speziell an Frauen. Sie bietet ihren gut 400.000 Kunden, zumeist Frauen aus ländlichen Gegenden, Kredite und Versicherungen an, die oftmals über keinen Zugang zu modernen Energiequellen verfügten und deshalb Programme zur Elektrifizierung in ihr Portfolie aufnahm. SELCO und die SEWA Bank gingen daraufhin eine Partnerschaft ein, um weiblichen Unternehmern Energielösungen anzubieten. Das Geschäftsmodel funktioniert folgendermaßen. Eine Unternehmerin kauft SELCO ein solarbetriebenes Batterieladesystem mit einem Mikrokredit von SELCO ab. Diese gründet dann ein Unternehmen, das solarbetriebene Lampen an Straßenverkäufer vermietet. Die Unternehmerin kann Gewinne erzielen und die Straßenhändler sparen Kosten, weil sie nicht auf das teure Petroleum zum Betreiben ihrer Lampen angewiesen sind. Bis jetzt werden über 200 Straßenhändler von 50 Frauen mit elektrischen Lampen bedient.[788]

XI. Electrification Program – Laos

In Laos verfügen heute mehr als Zweidrittel aller Haushalte über einen Zugang zu zuverlässiger Elektrizität. Bis zum Jahr 2020 soll die Abdeckung mit Elektrizität bei 90% liegen.[789] Diese Erfolge sind verschiedenen Maßnahmen geschuldet. Die laotische Regierung hat der Elektrifizierung ländlicher Gebiete zunächst eine übergeordnete Priorität im Rahmen einer nationalen Wachstums- und Armutsbekämpfungsstrategie[790] zugewiesen. In einem zweiten Schritt wurden sektorenübergreifend Reformen verabschiedet, Institutionen gestärkt und Kapazitäten

---

787 *Hansen*, SELCO India and SEWA Bank: Innovations in Linking Sustainable Energy and Development Finance 2007.

788 *Bazilian* et al., Improving Access to Modern Energy Services: Insights from Case Studies, in: The Electricity Journal 2012, S. 93–114.

789 *Lao People's Democratic Republic*, National Growth and Poverty Reduction Strategy (2006–2010), erhältlich unter: http://www.la.undp.org/content/lao_pdr/en/home/library/poverty/NGPES.html, letzter Zugriff: 25.08.2016.

790 *Lao People's Democratic Republic*, National Growth and Poverty Reduction Strategy (2006–2010), erhältlich unter: http://www.la.undp.org/content/lao_pdr/en/home/library/poverty/NGPES.html, letzter Zugriff: 25.08.2016.

geschaffen, die letztlich dazu führten, dass das Energieverteilungsnetz erweitert, Kapazitäten zur Erzeugung von Energie erhöht, die Operation der Anlagen effizienter gestaltet und der Service verbessert wurden.[791] Weitere Maßnahmen zielten direkt auf die Verbraucher. So wurde es ihnen durch Subventionen ermöglicht, Elektrizität zu vernünftigen Preisen zu beziehen. Darüber hinaus wurden landesweit Ortschaften erfasst und bewertet, um die Dörfer beim Anschluss an das Versorgungsnetz priorisieren zu können, die über Kliniken, Schulen und wirtschaftliches Entwicklungspotenzial verfügen.

Die laotische Regierung initiierte ein *Power to the Poor Programm* (P2P), das einkommensschwachen Haushalten zinsfreie Darlehen gewährte, um die im Vorfeld fälligen Anschlusskosten zahlen zu können.[792] Auch in schon elektrifizierten Orten wurde P2P angeboten, mit der Folge, dass die Abdeckung mit Elektrizität von 80 auf 98% angestiegen ist. Um auch die abgelegenen Gegenden mit Energie versorgen zu können, wurden Systeme installiert, die unabhängig vom Versorgungsnetz, zum Beispiel durch Solarenergie, Elektrizität erzeugen. Hierzu wurden sodann Finanzierungsmöglichkeiten angeboten, die den armen Bevölkerungsschichten den Erwerb solcher Anlagen ermöglichen.[793]

Das Beispiel zeigt, dass innovative und auf die Bedürfnisse des Einzelfalls zugeschnittene Lösungen notwendig sind, um einkommensschwachen Bevölkerungsschichten eine Zugang zu Energie zu ermöglichen.

XII. Sector-Wide Approach for Electrification – Ruanda

Im Jahr 2004 verfügten nur ca. 6% der Bevölkerung in Ruanda über einen Zugang zu Elektrizität und unter der ländlichen Bevölkerung war es sogar unter 1%. Anfang 2009 verabschiedete die Regierung in Ruanda ein Programm mit dem Ziel, innerhalb der nächsten 5 Jahre 16% der Bevölkerung mit Elektrizität versorgen zu können.[794] Es ist dabei eines der ersten Länder, das sich eines *Sector-Wide*

---

791 *Bazilian* et al., Improving Access to Modern Energy Services: Insights from Case Studies, in: The Electricity Journal 2012, S. 93–114; vgl. ferner *World Bank*, One Goal Two Paths: Achieving Universal Access to Modern Energy in East Asia and the Pacific, 2011, S. 60.

792 *Lao People's Democratic Republic*, National Growth and Poverty Reduction Strategy (2006–2010), erhältlich unter: http://www.la.undp.org/content/lao_pdr/en/home/library/poverty/NGPES.html, letzter Zugriff: 25.08.2016.

793 *World Bank*, One Goal Two Paths: Achieving Universal Access to Modern Energy in East Asia and the Pacific, 2011, S. 60.

794 *Bazilian* et al., Improving Access to Modern Energy Services: Insights from Case Studies, in: The Electricity Journal 2012, S. 93–114; World Bank. 2013. Rwanda – Extending

Approach (SWAp) zur Implementierung der Maßnahmen bedient und die Projekte nicht im Rahmen der traditionellen Entwicklungshilfe realisiert. Die Maßnahme wird von der Weltbank finanziell unterstützt. Eine von der Regierung gegründete Arbeitsgruppe entwickelte konkrete Maßnahmen und legte fest, welche Rolle die Regierung und private Geldgeber spielen sollten. Außerdem wurde eine Bewertung vorgenommen, welche Ressourcen zu Energiegewinnung zur Verfügung stehen. Auf der Seite der Empfänger wurde analysiert, wie für sie ein Zugang zu Elektrizität bezahlbar gemacht werden kann. Die Implementierung des Programms wurde im Jahr 2010 gestartet, der Zugang der Bevölkerung zu Energie konnte auf 10% erhöht werden. Zudem sieht es zurzeit so aus, als würde das Ziel von 16% im Jahr 2013 erreicht werden. Aufgrund des Erfolgs des Programms, planen auch Kenia und Äthiopien vergleichbare Maßnahmen.[795]

XIII. Der Ertrag der Projekte für die Begründung eines Menschenrechts auf Zugang zu Grundversorgung mit Energie

Die vorgestellten Projekte demonstrieren praktische Lösungsansätze, wie das Recht auf Grundversorgung mit Energie realisiert werden kann. Gleichzeitig zeigen sie, welche vielseitigen Möglichkeiten zur Förderung eines Zugangs zu Energie zur Verfügung stehen. So variieren nicht nur die technischen Systeme, die zum Einsatz kommen, sondern auch die alternativen zur Verfügung stehenden Modelle zur Finanzierung und Durchführung der Projekte. Sie sind den jeweiligen Bedürfnissen der Staaten angepasst, abhängig vom Stand der Entwicklung, den geografischen Gegebenheiten und gesellschaftlichen Hintergründen.

Bei allen Unterschieden lassen sich dennoch einige Prinzipien identifizieren, die allen hier vorgestellten Projekten gemeinsam sind. So ist die aktive Teilhabe der Interessensgruppen und derjenigen, die von den Maßnahmen profitieren, eine Grundvoraussetzung. Kundenservice und Instandhaltungsarbeiten werden auf lokale Unternehmen und/oder die Gemeinschaft übertragen. Die angebotenen Dienstleistungen und Technologien werden nicht gratis abgegeben, sondern es muss zumindest ein Unkostenbeitrag geleistet werden. Dennoch werden die Kosten subventioniert und die Finanzierung durch Partnerschaften gesichert.

---

access to energy: lessons from a sector wide-approach. Energy Sector Management assistance Program (ESMAP); knowledge series 013/12. Washington DC ; World Bank Group, http://documents.worldbank.org/curated/en/2013/01/17570435/rwanda-extending-access-energy-lessons-sector-wide-approach.

795 *Bazilian* et al., Improving Access to Modern Energy Services: Insights from Case Studies, in: The Electricity Journal 2012, S. 93–114.

Auch sind Konsumenten nicht nur passive Empfänger, vielmehr werden sie als aktive Partner in die Maßnahmen einbezogen.[796] Alle Projekte basieren zudem auf dem Prinzip der Kooperation unter der Beteiligung verschiedener Interessenvertreter. Auch die ärmsten Länder, wie beispielsweise Ruanda, sind dadurch in der Lage, die Elektrifizierungsraten zu erhöhen und jedem einen Zugang zu Grundversorgung mit Energie zu ermöglichen. Hierin ist auch der Erfolg der einzelnen Programme zu sehen.

Ausfällig ist, dass ein Großteil der vorgestellten Programme schwerpunktmäßig in ländlichen Gebieten abgewickelt wird. Dies macht die gravierenden Unterschiede deutlich, die in Bezug auf einen Zugang zu Grundversorgung mit Energie zwischen urbanisierten Regionen und ländlichen Gebieten herrschen. Zudem unterstreicht es den, wie auch oben beschriebenen[797] engen Zusammenhang, der zwischen Armut und einem mangelnden Zugang zu Energiegrundversorgung besteht. Vor allem die ländlichen Gebiete sind von Armut betroffen. Die Verwirklichung der Programme zeigt, dass die Verantwortlichen diese Beziehung erkannt haben und somit die bestehende Diskrepanz beheben.

Aus den vorgestellten Projekten können zudem Anhaltspunkte für die Begründung eines Menschenrechts auf Grundversorgung mit Energie gezogen werden.

Insgesamt können alle Projekte als Erfolg gewertet werden. Es ist nun aber weiter zu evaluieren, ob und inwieweit diese Projekte die Achtung eines Menschenrechts auf Energiegrundversorgung stützen.

D. Evaluierung der Energieinfrastrukturprojekte und das Verhältnis zu einem Menschenrecht auf Grundversorgung mit Energie

Die vorgestellten Energieinfrastrukturprojekte sorgen dafür, dass große Teile der ländlichen Bevölkerung in Gebieten, in denen eine Unterversorgung beziehungsweise Nichtversorgung mit Energie herrscht, an das Energieversorgungsnetz angeschlossen werden. Die Evaluierung der verschiedenen Projekte muss zwei Fragen beantworten. Erstens, welche Erfahrungen lassen sich aus diesen Projekten im Hinblick auf die Implementierung eines Rechts auf Zugang zu Grundversorgung mit Energie ziehen? Zweitens, inwieweit bieten die Projekte

---

796 *Bazilian* et al., Improving Access to Modern Energy Services: Insights from Case Studies, in: The Electricity Journal 2012, S. 93–114 (102).

797 Vgl. S. 47 ff.

auch einen praktischen Lösungsansatz zur Implementierung eines Rechts auf Energie?

Es muss festgehalten werden, dass eine Anerkennung des Rechts auf Grundversorgung mit Energie als Element des Sozialpakts durch die Staatengemeinschaft, zum jetzigen Zeitpunkt, noch nicht erfolgt ist. Alle vorgestellten Projekte sind initiiert und realisiert worden, ohne dass eine ausdrückliche menschenrechtliche Verpflichtung dazu bestanden hat. Es sind aber Anhaltspunkte zu erkennen, dass die einzelnen Projekte ins Leben gerufen wurden, um notwendige Grundbedürfnisse der betroffenen Menschen zu befriedigen. Es könnte eventuell aus einer bestehenden Praxis, nämlich die Bereitstellung eines Zugangs zu Grundversorgung mit Energie, auf die Existenz eines solchen Rechts geschlossen werden, zumindest könnte die Praxis aber die Notwendigkeit eines solchen Rechts implizieren.

Bei der nachfolgenden Evaluierung der einzelnen Projekte, soll ein besonderes Augenmerk darauf gerichtet werden, inwieweit der oben definierte Geltungsumfang eines Rechts auf Grundversorgung mit Energie[798] berücksichtigt wurde. Dies wäre dann positiv zu beantworten, wenn sich die Projekte an der entwickelten Definition orientiert haben, beziehungsweise sich einzelne Elemente wiederfinden lassen. Wie oben beschrieben basiert das Recht auf Zugang zu Grundversorgung mit Energie auf dem Prinzip der Gleichheit und Nichtdiskriminierung. Energie muss zudem in einer ausreichenden Menge, regelmäßig, verlässlich, sicher und zu angemessenen Kosten geliefert werden.[799] Im nächsten Abschnitt werden die einzelnen Energieinfrastrukturprojekte nach Maßgabe des in Teil II, 7. Kapitel festgelegten Umfangs eines Rechts auf Grundversorgung mit Energie und der festgelegten Kriterien betrachtet. Erfüllen die Projekte die Kriterien Disponibilität, Zugänglichkeit und Qualität beziehungsweise Nachhaltigkeit? Und welche Rückschlüsse können für die Verpflichtungsebene entnommen werden.

I. Verfügbarkeit

Um das Kriterium der Disponibilität erfüllen zu können, ist eine funktionierende Energieinfrastruktur notwendig. Eine funktionierende Energieinfrastruktur umfasst Möglichkeiten der Energiegewinnung sowie ein verlässliches Versorgungsnetz, das es ermöglicht, die gewonnene Energie effizient und zuverlässig an die Abnehmer zu transportieren. Das *Global Rural Electrification Programm* in Marokko hat hier

---

798 Siehe S. 191 ff.

799 *Bradbrook/Gardam*, Placing Access to Energy Services within a Human Rights Framework, in: Human Rights Quarterly 28 (2006), S. 389–415 (409).

angesetzt. Marokko verfügt über ein zentralisiertes Elektrizitätsnetz, es ist weitläufig und gebirgig. Es ist deshalb schwierig und kostenintensiv, ländliche Gebiete an das vorhandene Elektrizitätsnetz anzuschließen.[800] Mangels einer Energieinfrastruktur, die bis in diese ländlichen Gebiete reicht, wurde dort in den Auf- und Ausbau der Solarenergie investiert, um den dort lebenden Menschen ein Zugang zu Elektrizität zur Verfügung zu stellen. Die benötigte Energie wird regional generiert und muss nicht über ein weit verzweigtes System von Überlandleitungen an den Verbraucher gebracht werden. Einen vergleichbaren Ansatz verfolgt das *Projekt Energie Service Delivery* in Sri Lanka.[801] Da die Regierung es über Jahre versäumt hat in die Energieinfrastruktur zu investierten, wurden auch hier autark arbeitende Solaranlagen in den Haushalten verschiedener, in ländlichen Gebieten liegenden Dörfern installiert. Das Renewable Energy Development Project in China erreichte ebenfalls eine höhere Elektrifizierungsrate des Nordostens des Landes durch die Installation von Solarsystemen.[802]

Gute Erfahrungen mit der Installation von unabhängig vom nationalen Stromnetz errichteten Energieversorgungseinheiten wurde auch in Argentinien gemacht. Das *Renewable Energy for Rural Markets Project* stützt sich allerdings nicht nur auf die Energiegewinnung durch die Sonne, sondern greift auch auf Wind- und Wasserkraft zurück.[803] Das Prinzip ist aber vergleichbar zu den vorgenannten Projekten. Aus Mangel an einer ausreichenden Energieinfrastruktur wird die Energie vor Ort gewonnen. So werden teure Investitionen in den Ausbau von Überlandleitungen gespart, womit die Versorgung entlegener Gebiete mit Elektrizität ökonomischer wird.

Aber auch die anderen oben genannten Projekte haben gezeigt, dass eine funktionstüchtige Energieinfrastruktur eine notwendige Voraussetzung für die Versorgung mit Energie ist und dass der Ausbau eine hohe Priorität besitzt, wie

---

800 Für eine umfassende Darstellung des Programms siehe, *Allali*, "TEMASOL: Providing Energy Access to Remote Rural Households in Morocco." GIM Case Study No. B093. New York: United Nations Development Programme, 2011. Erhältlich unter http://cases.growinginclusivemarkets.org/documents/61, letzter Zugriff am 15.05.2014.

801 *Drupady/Sovacool*, Harvesting the Elements: The Achievements of Sri Lanka's Energy Services Delivery Project, Lee Kuan Yew School of public Policy energy governance case Study Nr. 10, Singapore, 2011.

802 *D'Agostino/Sovacool*, Summining the Sun: Evaluating China's Renewable Energy Development Project (REDP), Lee Kuan Yew School of public Policy energy governance case Study Nr. 6, Singapore, 2011.

803 *Bazilian* et al., Improving Access to Modern Energy Services: Insights from Case Studies, in: The Electricity Journal 2012, S. 93–114.

das *Vietnam Rural Electrification Program*, *Luz Para Todos* in Brasilien und das Laos' Electrification Program zeigen.[804]

Die genannten Projekte machen deutlich, wie wichtig eine funktionierende Infrastruktur ist. Alle Projekte setzen deshalb auch hier an. Sie zielen darauf ab, den Menschen die Energie verfügbar zu machen. Auch dann, wenn sie in entlegenen ländlichen Gebieten leben und ein Anschluss an die bestehende Infrastruktur mit einem hohen technischem Aufwand und hohen finanziellen Mitteln verbunden ist.

II. Zugänglichkeit

Das Kriterium der Zugänglichkeit gliedert sich in eine physische, wirtschaftliche und informationelle Zugänglichkeit. Zudem ist die Verpflichtung zur Nichtdiskriminierung zu beachten. Inwieweit also erfüllen die vorgestellten Projekte diese Kriterien? Physische Zugänglichkeit bedeutet, einen Zugriff auf beziehungsweise einen Anschluss an das bestehende Energieinfrastrukturnetz zu besitzen. Wird die Energiegewinnung in die Nähe der Abnehmer verlagert, wird der Anschluss an das Netz erleichtert. Diese Herangehensweise wurde beim *Global Rural Electrification Programm* in Marokko, dem *Energie Service Delivery* in Sri Lanka, dem *Renewable Energy Development Project* in China und dem Renewable *Energy for Rural Markets Project* in Argentinien gewählt.[805]

Das Vietnam *Rural Electrification Program* und das Laos *Electrification Program* setzen im Gegensatz dazu auf den Ausbau der vorhandenen Energieinfrastruktur.[806]

---

804 Energy for All: Vietnam's Success in Increasing Access to Energy through Rural Electrification, Asian Development Bank 2011; *Bazilian* et al., Improving Access to Modern Energy Services: Insights from Case Studies, in: The Electricity Journal 2012, S. 93–114; National Growth and Poverty Eradication Strategy (2006–2010).

805 *Allali*, "TEMASOL: Providing Energy Access to Remote Rural Households in Morocco." GIM Case Study No. B093. New York: United Nations Development Programme, 2011. Erhältlich unter http://cases.growinginclusivemarkets.org/documents/61, letzter Zugriff am 15.05.2014; *D'Agostino/Sovacool*, Summining the Sun: Evaluating China's Renewable Energy Development Project (REDP), Lee Kuan Yew School of public Policy energy governance case Study Nr. 6, Singapore, 2011; *Bazilian* et al., Improving Access to Modern Energy Services: Insights from Case Studies, in: The Electricity Journal 2012, S. 93–114.

806 Energy for All: Vietnam's Success in Increasing Access to Energy through Rural Electrification, Asian Development Bank 2011; National Growth and Poverty Eradication Strategy (2006–2010).

Interessant zu beobachten ist, wie das Kriterium der wirtschaftlichen Zugänglichkeit in den verschiedenen Projekten umgesetzt wurde. Wirtschaftlichkeit in diesem Sinne bedeutet, dass die Versorgung mit Energie für den Endverbraucher bezahlbar sein muss. Ein Dilemma entsteht in diesem Zusammenhang deshalb, weil die Investitionen in die Infrastruktur sehr kostenintensiv sind. Um diesem Dilemma zu entgehen, kommen in den verschiedenen Projekten unterschiedliche Finanzierungsmöglichkeiten beziehungsweise finanzielle Anreize zur Anwendung, die von Public-Private-Partnership über Mikrokredite bis hin zu Steuererleichterungen reichen. Dabei werden häufig verschiedene Modelle der Finanzierung miteinander kombiniert.

Für das *Renewable Energy for Rural Markets Project* in Argentinien wurden unabhängig vom nationalen Stromnetz Energieversorgungseinheiten errichtet, für die Konzessionen zum Betrieb erworben werden können. Die anfänglichen Kosten für die Infrastrukturmaßnahmen wurden zu 30–40% von den Konzessionären und zu 10% von den Endverbrauchern aufgebracht. Der Rest wurde durch staatliche Subventionen finanziert. Der Strom für die Haushalte kann somit zu einem angemessenen Preis angeboten werden.

Das *Global Rural Electrification Program* in Marokko bedient sich der Public-Private-Partnership. Der staatliche marokkanische Energieversorger Morocco's Office National de l'Electricite (ONE) kooperiert mit TEMASOL. Letzteres ist ein Joint Venture zwischen dem französischen Mineralölkonzern TOTAL und dem französischen Stromversorger EDF. TEMASOL übernimmt die Installation und Wartung der Anlagen zur Energieerzeugung und ONE tritt als Vertragspartner gegenüber den Endverbrauchern auf.[807] Um die Gebühren und Kosten so gering wie möglich zu halten, subventioniert ONE die verschiedenen Projekte. Dadurch ist es möglich Elektrizität in entlegenen Gebieten, zu nur geringfügig höheren Kosten wie sie im Vergleich zu urbanen Regionen herrschen, anzubieten. Außerdem wird für TEMASOL so das wirtschaftliche Risiko verringert, in den Ausbau des Elektrizitätsnetzes zu investieren. Ein Zugang zu Elektrizität wird somit auch für Randgruppen erschwinglich.

Staatliche Subventionen sind generell ein adäquates Mittel, die wirtschaftliche Zugänglichkeit zu einem Zugang zu Grundversorgung mit Energie zu ermöglichen. Dies zeigt auch das Butanization (Liquefied Petroleum Gas) Programm in Senegal. Ziel des Programms ist es, die Verwendung von Liquefied Petroleum

807 *Allali,* "TEMASOL: Providing Energy Access to Remote Rural Households in Morocco." GIM Case Study No. B093. New York: United Nations Development Programme, 2011.

Gas im Haushaltsgebrauch zu erhöhen, indem dies für einen größeren Teil der Bevölkerung bezahlbar gemacht wird. Dies geschieht zum einen durch die Abschaffung von Zöllen für Liquefied Petroleum Gas sowie durch staatliche Subventionen. Dadurch konnte der Verkaufspreis um bis zu 38% gesenkt werden.

Die Regierung in Vietnam ist einen sehr nachhaltigen Weg gegangen, um das marode Energieinfrastrukturnetz auszubauen und auch entlegene Gegenden mit Elektrizität zu versorgen. Zunächst wurde die Energieinfrastruktur für wirtschaftlich starke Regionen ausgebaut. Dadurch wurden in diesen Gebieten Einkommen generiert, mit der Folge, dass dem Staat höhere Steuereinnahmen zur Verfügung stehen. Diese Steuermehreinnahmen werden dann zur Finanzierung des landesweiten Netzausbaus verwendet, sodass auch der Bevölkerung in abgelegenen Regionen des Landes ein Zugang zur Grundversorgung mit Energie bereitgestellt werden kann.

Um die Elektrifizierungsrate in Laos zu erhöhen, hat die laotische Regierung neben anderen Maßnahmen das *Power to the Poor Programm* ins Leben gerufen. Durch zinslose Darlehen, die einkommensschwachen Haushalten gewährt werden, wird ihnen die Möglichkeit eingeräumt, die im Vorfeld fälligen Anschlusskosten an das Elektrizitätsnetz zu zahlen.

Kosten werden auch dadurch gesenkt, dass gerade bei technisch einfach zu unterhaltenden und autark arbeitenden Systemen zur Energieerzeugung, die Instandhaltung dieser Anlagen von den dortigen Verbrauchern selbst übernommen wird. Als Beispiel hierfür kann das Energy Service Delivery Projekt in Sri Lanka genannt werden.[808] Dies spart Kosten und schult die Menschen zudem gleichzeitig im Umgang mit der Technik, wodurch sich für sie neue Möglichkeiten der Beschäftigung auftun.

Insgesamt zeigen alle genannten Projekte, dass das Kriterium der wirtschaftlichen Zugänglichkeit bei den Verantwortlichen im Fokus steht. Sie zeigen ein Bewusstsein dafür, dass ein Zugang zur Grundversorgung mit Energie bezahlbar sein muss. Darüber hinaus erkennen sie aber auch die ökonomischen Potenziale und Vorteile, die die landesweite Versorgung mit Energie bietet. Auf lange Sicht zahlen sich die Investitionen aus und beide Seiten profitieren davon. Durch einen Zugang zu Grundversorgung mit Energie können bei vielen Menschen Kapazitäten freigesetzt werden, die sie dann für produktivere Aktivitäten einsetzen werden, wodurch wiederum im Idealfall Wirtschaftswachstum generiert wird.

---

808 *Drupady/Sovacool*, Harvesting the Elements: The Achievements of Sri Lanka's Energy Services Delivery Project, Lee Kuan Yew School of public Policy energy governance case Study Nr. 10, Singapore, 2011.

Das Kriterium der wirtschaftlichen Zugänglichkeit hängt sehr eng mit dem Kriterium der Nichtdiskriminierung zusammen. Wie oben gezeigt umfasst Zugänglichkeit zu Grundversorgung mit Energie auch, dass diese auf Basis der Nichtdiskriminierung erfolgt. Einkommensschwache Haushalte werden unter anderem bei der Versorgung mit Energie dann diskriminiert, wenn sie sich einen Anschluss an das vorhandene Netz nicht leisten können und zudem keine Hilfestellung angeboten wird, um dieses Hindernis zu überwinden. Die genannten Beispiele zeigen sehr deutlich, wie durch verschiedene Formen der Kooperation einkommensschwache Haushalte an den Vorteilen einer Grundversorgung mit Energie teilhaben können. Die Durchführung der Projekte zeigt, dass sie aktiv die Diskriminierung von bestimmten Bevölkerungsgruppen bekämpfen. Denn die Intention eines Großteils der Projekte liegt darin, Menschen, die keinen Zugang zu Grundversorgung mit Energie haben, weil eine Erschließung mit technischen Schwierigkeiten und mitunter hohen Kosten verbunden ist, einen solchen zu verschaffen. Es kann sogar die Behauptung aufgestellt werden, dass die genannten Projekte gerade darauf abzielen, Bevölkerungsgruppen, die abseits der höher entwickelten urbanen Zentren wohnen, nicht weiter zu diskriminieren. Jedenfalls bleibt festzuhalten, dass das Kriterium der Nichtdiskriminierung beim Ausbau der Energieinfrastruktur eine wesentliche Rolle spielt. Zudem schließt sich hier der Kreis zum Kriterium der wirtschaftlichen Zugänglichkeit. Verfügten bestimmte Bevölkerungsgruppen über keinen Zugang zu Grundversorgung mit Energie, so können nun vormals diskriminierte Bevölkerungsgruppen an den Vorteilen eines Zugangs zu Grundversorgung mit Energie partizipieren und aktiv zum Wirtschaftswachstum beitragen.

III. Qualität/Nachhaltigkeit

Bei der Umsetzung eines Rechts auf Grundversorgung mit Energie ist als weiteres Kriterium die Qualität der Energie und deren Nachhaltigkeit zu beachten. Die Versorgung mit Energie muss zunächst einmal verlässlich sein. Unterbrechungen der Versorgung sollten, wenn es nicht zu vermeiden ist, stets die Ausnahme, denn die Regel sein. Dies wird in den dargestellten Projekten überwiegend dadurch erreicht, dass die installierten Systeme der Energieerzeugung zumeist autonom arbeiten und somit unabhängig von der häufig überlasteten zentralen Energieinfrastruktur sind. Natürlich lässt sich auch vorliegend nicht immer eine stetige und ununterbrochene Versorgung mit Energie gewährleisten, es werden jedoch Maßnahmen getroffen um das Risiko von langen Unterbrechungen zu minimieren. Die Verbraucher werden im Umgang mit den Systemen und deren Wartung ausgebildet. Fehler oder Störungen können so schnell und unkompliziert selbst behoben werden.

Ein weiterer Aspekt des Kriteriums der Qualität ist die Sicherheit der Versorgung. Energie ist, wie oben schon erläutert[809] dann von guter Qualität, wenn die Distribution niemanden in Lebensgefahr bringt oder sonst in der Gesundheit gefährdet. Ein Zugang zu Energie birgt dann ein hohes Gefahrenpotential, wenn die Technik veraltet ist oder die Systeme nicht mit der gebotenen Sorgfalt gewartet und unterhalten werden. Auch hier zeigt sich, dass die Ausbildung der Verbraucher im Umgang und Wartung der Technik einen entscheidenden Vorteil in dieser Hinsicht hat.[810] Zum einen entwickeln sie dadurch ein Bewusstsein für die mit der Technik verbundenen Gefahren, zum anderen kann die Wartung der Systeme regelmäßig stattfinden. Der Sicherheitsaspekt hat bei allen genannten Projekten einen hohen Stellenwert.

Ein weiterer wichtiger Aspekt ist das Kriterium der Nachhaltigkeit. Die Anerkennung eines Menschenrechts auf Grundversorgung mit Energie hätte zwangsläufig einen Anstieg des weltweiten Energieverbrauchs zur Folge. Die Umsetzung kann deshalb nur dann erfolgreich sein, wenn überwiegend auf regenerative Energiequellen zurückgegriffen wird. Andererseits stiege der Kohlenstoffdioxid (CO2) Ausstoß, der als Ursache für den Klimawandel gilt, weiter an. Dies kann aber nicht Sinn und Zweck beziehungsweise Ziel einer Umsetzung des Rechts sein.

Die vorgestellten Projekte machen dies deutlich. So greift der überwiegende Teil auf Regenerative Energiequellen zurück. So wird die benötigte Elektrizität durch Solaranlagen, Windturbinen oder Wasserkraftwerke erzeugt. Angepasst an die örtlichen Gegebenheiten der betroffenen Region. Dieses Vorgehen bietet gleich mehrere Vorteile. So kann nicht nur der schädliche CO2-Ausstoß minimiert werden, sondern die benötigte Endenergie in der Nähe zum Verbraucher erzeugt werden. Es ist umweltfreundlich und zugleich viel wirtschaftlicher und mit einem geringeren technischen Risiko verbunden. Denn hohe Investitionen in den Ausbau der vorhandenen Energieinfrastruktur, um auch abgelegene Regionen mit Energie zu versorgen, können so auf einem niedrigen Niveau gehalten werden.

Die Kriterien der Qualität und Nachhaltigkeit finden bei allen Projekten Berücksichtigung. Den Verbrauchern steht somit eine ausreichende Menge an Energie zur Verfügung, die auf einer verlässlichen Basis geliefert wird und modernen Ansprüchen an Sicherheit genügt.

---

809 Vgl. S. 198.

810 *Bazilian* et al., Improving Access to Modern Energy Services: Insights from Case Studies, in: The Electricity Journal 2012, S. 93–114.

IV. Verpflichtungsebene

Das Menschenrecht auf einen Zugang zu Grundversorgung mit Energie bringt vor allem auf der Verpflichtungsebene verschiedene Probleme mit sich. Ein häufig genannter Kritikpunkt und ein Argument dafür, warum die wsk-Rechte nicht den gleichen Stellenwert besitzen wie die Rechte des Internationalen Pakts über bürgerliche und politische Rechte, ist in der Tatsache begründet, dass die wsk-Rechte im Gegensatz zu den Rechten des Zivilpakts angeblich sehr kostenintensiv sind.[811] Für ein Menschenrecht auf Zugang zu Grundversorgung mit Energie kann ein solches Argument nicht bestritten werden. Insbesondere die dem Recht immanente Erfüllungspflicht beinhaltet die Bereitstellung von finanziellen Ressourcen, denn hier werden Investitionen in die Energieinfrastruktur notwendig.[812] Deshalb werden insbesondere die ärmeren Staaten hier sehr zurückhaltend agieren und ein mögliches Scheitern der Erfüllung der Paktverpflichtungen auf den Mangel an finanziellen Mitteln schieben.

Die vorgestellten Projekte zeigen jedoch verschiedene Möglichkeiten, wie ein Staat seinen Erfüllungspflichten nachkommen kann.

Nicht immer sind kostspielige Investitionen in die vorhandene Energieinfrastruktur notwendig um die Energie in entlegene Landstriche zu transportieren. Gerade im Bereich Strom für den Haushaltsgebrauch kann dieser in der Nähe der Endverbraucher durch die Installation von Solaranlagen oder mittels Windenergie gewonnen werden. Die Kosten werden dadurch gering gehalten, die erzeugte Energie ist aber ausreichend, um seinen Kernverpflichtungen nachzukommen. Durch Public-Private-Partnership besteht die Möglichkeit, private Unternehmen für die Finanzierung der Projekte zu akquirieren, wodurch auch das Kostenargument weiter neutralisiert werden kann.

Die Projekte verdeutlichen insgesamt, wie ein Staat den Erfüllungspflichten eines Rechts auf Grundversorgung mit Energie nachkommen kann und bieten insofern praktische Lösungsansätze für die Erfüllung des Rechts.

E. Auswirkungen eines Rechts auf Zugang zu Grundversorgung mit Energie in der Bundesrepublik Deutschland

Die vorgestellten Projekte zur Verbesserung des Zugangs zu modernen Energiequellen sind alle in Entwicklungsländern beziehungsweise Schwellenländern

---

811 Vgl. die Darstellung ab S. 56 ff.

812 Vgl. oben S. 174 ff.

angesiedelt. In diesen Ländern verfügen große Teile der Bevölkerung über keinen oder nur einen unzureichenden Zugang zu modernen Energiequellen wie Elektrizität. Das gemeinsame Ziel der Projekte ist es, durch Infrastrukturmaßnahmen den Zugang der Bevölkerung zu modernen Energiequellen zu erhöhen. Ein Menschenrecht auf Zugang zu Grundversorgung mit Energie gewährleistet nicht nur die Bereitstellung. Wie sieht es nämlich in einer hochentwickelten Industrienation, wie beispielsweise der Bundesrepublik Deutschland, aus, in der fast 100% der Haushalte über einen Zugang zu Elektrizität verfügen? Wäre damit die Verpflichtung erfüllt? Die Antwort lautet nein, wie das folgende Beispiel verdeutlichen soll.

In der Bundesrepublik Deutschland wird jährlich über 300.000 Haushalten der Strom abgestellt, weil die Stromrechnungen nicht mehr bezahlt werden können.[813] Dies ist unter anderem auf die Tatsache zurückzuführen, dass der Preis für die Kilowattstunde Strom in den letzten Jahren enorm angestiegen ist.[814] Allein von 2012 bis zum Jahr 2013 ist der Durchschnittspreis für Haushaltskunden in der Grundversorgung um 13,2%auf 30,11 ct/kWh angestiegen.[815] Der Anstieg der Strompreise belastet insbesondere einkommensschwache Haushalte und Bezieher von Sozialleistungen wie Arbeitslosengeld und Hartz-IV. Nach § 19 Abs. 2 Stromgrundversorgungsverordnung (StromGVV) ist eine Unterbrechung der Versorgung bereits ab einem Zahlungsrückstand von 100 Euro möglich. Es ist daher eine gängige Praxis der Stromkonzerne, den Strom bereits dann abzuschalten, wenn der Bezieher mit im Durchschnitt 114 Euro im Rückstand ist, was nach zwei bis drei Monaten der Fall sein kann.[816] Die Abschaltung des Stroms geschieht unterschiedslos, ohne dass Familien mit Kindern, alleinerziehende Mütter oder Väter

---

813 Bundesnetzagentur/Bundeskartellamt, Monitoringbericht 2014, S. 134, erhältlich unter: http://www.bundesnetzagentur.de/SharedDocs/Downloads/DE/Allgemeines/Bundesnetzagentur/Publikationen/Berichte/2013/131217_Monitoringbericht2013.pdf?__blob=publicationFile&v=15, letzter Zugriff am 08.08.2016.

814 Bundesnetzagentur, Jahresbericht 2013, S. 38 f., erhältlich unter: http://www.bundesnetzagentur.de/SharedDocs/Downloads/DE/Allgemeines/Bundesnetzagentur/Publikationen/Berichte/2014/140506Jahresbericht2013NichtBarrierefrei.pdf?__blob=publicationFile&v=2, letzter Zugriff am 08.08.2016.

815 Bundesnetzagentur, Jahresbericht 2013, S. 38, erhältlich unter: http://www.bundesnetzagentur.de/SharedDocs/Downloads/DE/Allgemeines/Bundesnetzagentur/Publikationen/Berichte/2014/140506Jahresbericht2013NichtBarrierefrei.pdf?__blob=publicationFile&v=2, letzter Zugriff am 08.08.2016.

816 Bundesnetzagentur/Bundeskartellamt, Monitoringbericht 2014, S. 134, erhältlich unter: http://www.bundesnetzagentur.de/SharedDocs/Downloads/DE/Allgemeines/Bundesnetzagentur/Publikationen/Berichte/2013/131217_Monitoringbericht2013.pdf?__blob=publicationFile&v=15, letzter Zugriff am 08.08.2016.

oder ältere Menschen, die im besonderen Maße auf Elektrizität angewiesen sind, geschützt würden. Zudem erfolgt die Abschaltung des Stroms das ganze Jahr, also auch im Winter, wenn die Betroffenen am dringendsten auf Elektrizität angewiesen sind. Zusätzlich berechnen die Lieferanten ihren Kunden für die Sperrung durchschnittlich 31 Euro, wobei die Spannbreite der tatsächlich berechneten Kosten zwischen 0 und 155 Euro lag, abhängig vom Anbieter.[817]

Diese Praxis könnte eine eklatante Verletzung des Rechts auf einen Zugang zu Grundversorgung mit Energie darstellen, weshalb die Regelung des § 19 Abs. 2 Strom-GVV in ihrer jetzigen Ausgestaltung gegen Art. 11 Abs. 1 IPWSKR verstoßen würde und Deutschland damit gegen den IPWSKR verstößt.

Das Recht auf Zugang zu Grundversorgung mit Energie verlangt zunächst die Verfügbarkeit von Energie. Diese umfasst die Errichtung und Aufrechterhaltung einer funktionierenden Energieinfrastruktur.[818] Dieses Erfordernis hat die Bundesrepublik Deutschland erfüllt, indem grundsätzlich jeder Haushalt über einen Zugang zu Energie in Form von Elektrizität verfügt.

Die Abschaltung der Stromversorgung könnte aber das Kriterium der Zugänglichkeit zu Grundversorgung mit Energie gemäß Art. 11 Abs. 1 IPWSKR verletzten. Im Rahmen der Zugänglichkeit wird unterschieden zwischen der physischen und wirtschaftlichen Zugänglichkeit. Darüber hinaus darf der Zugang nicht diskriminierend verwehrt werden.[819] Die Abschaltung des Stroms stellt zunächst keine Verletzung des Kriteriums der physischen Zugänglichkeit dar, denn ein Anschluss an die Energieinfrastruktur bleibt trotz der Abschaltung bestehen und damit die generelle Zugriffsmöglichkeit auf das Energienetz.

Allerdings könnte die vorliegende Praxis ein Verstoß gegen das Kriterium der wirtschaftlichen Zugänglichkeit (Erschwinglichkeit) darstellen. Danach muss Energie in Form von Elektrizität für jedermann bezahlbar sein.

Wenn auf Grund steigender Energiepreise immer mehr Menschen nicht mehr in der Lage sind, die Energiekosten zu bezahlen, dann ist die wirtschaftliche Zugänglichkeit zu Grundversorgung mit Energie nicht mehr gewährleistet. Darüber hinaus findet eine Diskriminierung von bestimmten Bevölkerungsgruppen statt. Insbesondere einkommensschwache Haushalte und Bezieher von Sozialleistungen sind von steigenden Energiepreisen verhältnismäßig stärker betroffen.

817 Bundesnetzagentur/Bundeskartellamt, Monitoringbericht 2014, S. 134, erhältlich unter: http://www.bundesnetzagentur.de/SharedDocs/Downloads/DE/Allgemeines/Bundesnetzagentur/Publikationen/Berichte/2013/131217_Monitoringbericht2013.pdf?__blob=publicationFile&v=15, letzter Zugriff am 08.08.2016.

818 Vgl. oben S. 192 ff.

819 Vgl. oben S. 192 ff.

In diesen Fällen kommt die Bundesrepublik ihren Verpflichtungen aus dem Sozialpakt nicht nach. Die Unterbrechung der Stromversorgung ist nicht per se unzulässig, es ergeben sich aber, wie auch oben schon erläutert, Schutzpflichten.

Die Praxis der unterschiedslosen Abschaltung der Stromversorgung, verstößt nämlich gegen die Achtungs-, Schutz-, und Erfüllungspflicht.[820]

Die Staaten sind verpflichtet, dafür Sorge zu tragen, dass die Ausübung des Rechts auf Grundversorgung mit Energie nicht durch Dritte behindert, eingeschränkt oder anderweitig verletzt wird.[821] Deutschland wäre in der Pflicht, durch gesetzliche Maßnahmen Vorkehrungen zu schaffen, die Auswirkung der Unterbrechung der Stromversorgung abzumindern, zum Beispiel durch die Einführung von Härtefallregelungen, die Familien und Kinder besonders schützen Darüber hinaus sollte in zeitlicher Hinsicht die Unterbrechung der Stromversorgung in den Wintermonaten unzulässig ist. Die Verhältnismäßigkeit der Versorgungsunterbrechung müsste im höheren Maße gewährleistet werden.

Im Rahmen seiner Erfüllungspflicht muss Deutschland Regelungen einführen, wodurch die oben genannten Randgruppen durch die steigenden Energiepreise weniger stark belastet werden. Dies könnte beispielsweise durch Subventionen der Energiekosten für einkommensschwache Haushalte erfolgen. Aber auch Aufklärungskampagnen zum Energiesparen könnten einen Beitrag leisten, die monatlichen Energiekosten zu senken.

Das Beispiel verdeutlicht, dass Verletzungen eines Menschenrechts auf Zugang zu Grundversorgung mit Energie nicht nur in Entwicklungsländern vorkommen. Auch Industrienationen haben in diesem Bereich Nachholbedarf. Sollte die Bundesrepublik Deutschland die vorhandenen gesetzlichen Rahmenbedingungen, insbesondere § 19 Abs. 2 StromGVV nicht ändern, würde Deutschland seinen Verpflichtungen aus Art. 11 Abs. 1 IPWSKR nicht nachkommen.

F. Zwischenergebnis

Die vorgestellten Projekte zeigen sehr deutlich, wie die Umsetzung eines Menschrechts auf Zugang zu Grundversorgung mit Energie in der Praxis aussehen kann. Die Analyse hat gezeigt, dass auch Länder, die sich nicht auf dem technischem Entwicklungsstand einer Industrienation befinden, in der Lage wären, mit relativ geringem Aufwand ihren Erfüllungspflichten nachzukommen. In Bezug auf ein Menschenrecht auf Grundversorgung mit Energie bedeutet die Erfüllungspflicht,

---

820 Vgl oben S. 199 ff.

821 *Welling,* International Indicators and Economic, Social, and Cultural Rights, in: Human Rights Quaterly 2008,Vol. 30, S. 933–958 (952).

dass aktiv in den Ausbau der Energieinfrastruktur investiert werden muss. Durch die verschiedenen Finanzierungsmöglichkeiten sind auch die vermeintlich armen Länder in der Lage, die finanziellen Mittel für solche Projekte aufzubringen. Diese reichen zumindest aus, um die Kernverpflichtung des Rechts auf Zugang zu Grundversorgung mit Energie zu erfüllen. Die Implementierung eines Menschenrechts auf Energie sollte also nicht mit dem Argument verweigert werden, dass die damit verbundenen Kosten nicht aufgebracht werden können. Die Projekte dienen als Blaupause für die Realisierung des Menschenrechts in der Praxis.

Obwohl eine Anerkennung eines Menschenrechts auf Grundversorgung mit Energie von der Staatengemeinschaft zum jetzigen Zeitpunkt noch nicht erfolgt ist, machen die Vorhaben deutlich, wie wichtig ein solches Recht zur Befriedigung der Grundbedürfnisse jedes einzelnen Menschen ist und leisten insoweit einen Beitrag auf dem Weg zur Anerkennung als Menschenrecht. Die Initiatoren der verschiedenen Projekte haben erkannt, was ein mangelnder Zugang zur Energieversorgung befördern beziehungsweise herbeiführen kann. Ein mangelnder Zugang zu einer ausreichenden und verlässlichen Energieversorgung ist der Grund für Armut, er begünstigt eine mangelnde Gesundheitsversorgung und ist damit auch Krankheitsverursachend und er führt im Ergebnis zur Diskriminierung ganzer Bevölkerungsgruppen, vornehmlich von Frauen und Kindern.

Neuntes Kapitel: Implementierung eines Rechts auf Grundversorgung mit Energie auf internationaler Ebene

Aus der Analyse hat sich ergeben, dass dem Internationalem Pakt über wirtschaftliche, soziale und kulturelle Rechte ein Recht auf Grundversorgung mit Energie immanent ist. Dies hat zur Folge, dass die Vertragsstaaten die Verpflichtung trifft, dieses Recht umzusetzen und zu implementieren. Die praktische Umsetzung ist dennoch problematisch. So wird das Recht auf Grundversorgung mit Energie nicht ausdrücklich erwähnt, sondern wird im Wege der Interpretation aus dem Sozialpakt abgeleitet. Es besteht Grund zur Annahme, dass auch der Ausschuss für wirtschaftliche, soziale und kulturelle Rechte davon ausgeht, dass ein Recht auf Grundversorgung mit Energie dem Internationalem Pakt über wirtschaftliche, soziale und kulturelle Rechte immanent ist, dennoch ist eine ausdrückliche Positionierung des Ausschusses dazu bis zum heutigen Zeitpunkt nicht erfolgt. Um dem Recht auf Grundversorgung mit Energie auf internationaler Ebene als Menschenrecht Geltung zu verschaffen, muss die Legitimation dieses Rechts vorgenommen werden.

Ein Gericht, das mit der Überwachung der Einhaltung menschenrechtlicher Verpflichtungen beauftragt wäre, könnte diese Aufgabe wahrnehmen. Viele nationale Rechtsordnungen haben solche Möglichkeiten geschaffen. In der Bundesrepublik Deutschland müssen Gerichte jeder Instanz bei ihren Entscheidungen die Grundrechte berücksichtigen, zudem besteht die Möglichkeit, durch das Bundesverfassungsgericht spezifische Grundrechtsverletzungen überprüfen zu lassen. Das Bundesverfassungsgericht legt regelmäßig die Normen der Verfassung und auch die darin enthaltenen Grundrechte aus. Auf internationaler Ebene existiert keine autorisierte Institution, die befugt und legitimiert ist, Normen des Pakts rechtsverbindlich zu interpretieren. Es fehlt auf internationaler Ebene ein Gericht, das die Einhaltung von menschenrechtlichen Verpflichtungen überwacht und befugt ist, rechtsverbindlich Normen in menschenrechtlichen Verträgen auszulegen. Der Ausschuss für wirtschaftliche, soziale und kulturelle Rechte kann diese Aufgabe nur in eingeschränktem Maße ausüben.[822]

822 Die *General Comments* des Ausschusses stellen keine rechtsverbindlichen Aussagen zum Inhalt der Paktverpflichtungen dar. Vielmehr dienen sie als Interpretationshilfen, die

Anders sieht dies jedoch auf regionaler Ebene aus. So existiert in Europa der Europäische Gerichtshof für Menschenrechte (EGMR). Der EGMR wurde auf Grundlage der Europäischen Menschenrechtskonvention (EMRK)[823] als ständiges Gericht errichtet und ist gemäß Art. 19 EMRK damit betraut, die Einhaltung der Verpflichtungen sicherzustellen, welche die Hohen Vertragsparteien in der EMRK und den Protokollen dazu übernommen haben. Inhalt der EMRK sind eine Vielzahl von Grund- und Menschenrechten wie zum Beispiel das Recht auf Leben (Art. 2 EMRK), das Verbot der Folter, Sklaverei und Zwangsarbeit (Art. 3, 4 EMRK), Meinungsfreiheit (Art. 10 EMRK) und verschiedene Verfahrensgrundrechte (Art. 6, 13 EMRK), um nur einige zu nennen. Die Vertragsstaaten der Konvention haben sich in Art. 46 EMRK dazu verpflichtet, das endgültige Urteil des EGMR zu befolgen.[824] Folglich sind die Urteile des EGMR für die Vertragsstaaten bindend. Die EMRK wurde von 47 Staaten in Europa ratifiziert.[825] In der Bundesrepublik Deutschland haben die Regelungen der EMRK den Rang eines

---

unter Umständen von den Vertragsstaaten als Hilfe zur Umsetzung der Verpflchtungen herangezogen werden können. So auch *Riedel*, The Development of International Law: Alternatives to Treaty-Making? International Organizations and Non-State Actors, in: *Wolfrum/Röden* (Hrsg.) Developments of International Law in Treaty Making, 2005, S. 301–318 (314 ff.).

823 Die EMRK ist ein multilateraler völkerrechtlicher Vertrag, der 1950 im Rahmen des Europarates enstanden ist. Die völkerrechtliche Rechtsnatur hat zur Folge, dass es sich zunächst um Recht zwischen den vertragsschließenden Staaten handelt, sie verpflichten sich aber in Art. 1 EMRK dazu, allen ihrer Hoheitsgewalt unterstehenden Personen, die in der EMRK enthaltenen Rechte und Freiheiten zuzusichern. Vgl. *Epping*, Grundrechte, 5. Aufl. 2012, Rn. 1032 ff.; umfassend *van Dijk et al.* (Hrsg.) Theorie and Practice of the European Convention on Human Rights, 4. Aufl. 2006; *Frowein*, European Convention for the Protection of Human Rights and Fundamental Freedoms (1950), in: Wolfrum (Hrsg.), The Max Planck Encyclopedia of Public International Law, Oxford University Press, 2008, online edition, [www.mpepil.com], letzter Zugriff am 10.11.2012; *Oetheimer/Palomares*, Euopean Court of Human Rights (ECtHR), in: Wolfrum (Hrsg.), The Max Planck Encyclopedia of Public International Law, Oxford University Press, 2008, online edition, [www.mpepil.com], letzter Zugriff am 10.11.2012.

824 *Hoffmann*, Die Europäische Menschenrechtskonvention und nationales Recht, 2010, S. 11.

825 Dies sind Albanien, Andorra, Armenien, Aserbaidschan, Belgien, Bosnien und Herzegowina, Bulgarien, Deutschland, Kroatien, Dänemark, Estland, Finnland, Frankreich, Georgien, Griechenland, Island, Irland, Italien, Lettland, Liechtenstein, Litauen, Luxemburg, Malta, Mazedonien, Moldawien, Monaco, Montenegro, Niederlande, Norwegen, Österreich, Polen, Portugal, Rumänien, Russland, San Marino, Serbien,

einfachen Bundesrechts.[826] Das europäische Menschenrechtsregime hat sich als sehr erfolgreich erwiesen, sodass *Buergenthal* für den EGMR das Potential sieht, zu einem Verfassungsgericht für Europa zu werden.[827]

Auf regionaler Ebene existieren noch zwei weitere Regimes zum Schutz der Menschenrechte. Dies sind die Amerikanische Menschenrechtskonvention[828] und die Afrikanische Charta der Menschenrechte und der Rechte der Völker[829]. Beide Regimes haben die Möglichkeit geschaffen, Verletzungen der aus den Konventionen resultierenden Verpflichtungen gerichtlich überprüfen zu lassen.[830] Jedoch erreichen beide Systeme zum jetzigen Zeitpunkt nicht die Bedeutung oder einen vergleichbaren Schutzstandard, wie sie dem EGMR in Europa zukommt.[831]

Slowakei, Slowenien, Spanien, Schweden, Schweiz, Tschechische Republik, Türkei, Ukraine, Ungarn, Vereinigtes Königreich, Zypern.

826 *Epping*, Grundrechte, 5. Aufl. 2012, Rn. 1033; vgl. auch BVerfGE 74, 358 (370); 111, 307 (324); NJW 2011, 1931 (1935).

827 *Buergenthal*, The Normative and Institutional Evolution of International Human Rights, in: Human Rights Quarterly, 1997, S. 703–723 (716).

828 American Convetion on Human Rights vom 22. November 1962, in Kraft getreten am 18. Juli 1971.

829 African Charter on Human and Peoples' Rights vom 27. Juni 1981, in Kraft getreten am 21. Oktober 1986, auch „Banjul-Charta" genannt.

830 Auf Grundlage der Amerikanischen Menschenrechtskonvention wurde der Ineramerikanische Gerichtshof für Menschenrechte geschaffen; im Jahr 2004 wurde der Afrikanische Gerichtshof für Menschenrechte gegündet. Vgl. *Neumann,* American Convention on Human Rights, in: Wolfrum (Hrsg.), The Max Planck Encyclopedia of Public International Law, Oxford University Press, 2008, online edition, [www.mpepil.com], letzter Zugriff am 10.11.2012; *Vilijoen*, African Court on Human and Peoples' Rights (ACtHPR), in: Wolfrum (Hrsg.), The Max Planck Encyclopedia of Public International Law, Oxford University Press, 2008, online edition, [www.mpe pil.com], letzter Zugriff am 10.11.2012.

831 Für die Amerikanische Menschenrechtskonvention siehe, *Frowein*, The European and American Convention on Human Rights: A Comparison, in: Human Rights Law Review 1980, S. 44–65; *Neumann,* American Convention on Human Rights, in: Wolfrum (Hrsg.), The Max Planck Encyclopedia of Public International Law, Oxford University Press, 2008, online edition, [www.mpepil.com], Abs. 33 ff., letzter Zugriff am 10.11.2012; *ders.*, Inter-American Court of Human Rights, in: Wolfrum (Hrsg.), The Max Planck Encyclopedia of Public International Law, Oxford University Press, 2008, online edition, [www.mpepil.com], letzter Zugriff am 10.11.2012; *Harris/ Livingstone (Hrsg.),* The Inter-American System of Human Rights, 1998. Für das afrikanische Regime siehe *Ouguergouz,* African Charter on Human and Peoples' Rights (1981) in: Wolfrum (Hrsg.), The Max Planck Encyclopedia of Public International Law, Oxford University Press, 2008, online edition, [www.mpepil.com], letzter Zugriff

In der Völkerrechtslehre wird zurzeit die Erforderlichkeit eines *World Court of Human Rights* diskutiert.[832] Ein solches Instrument könnte die Lücke schließen, die die mangelnden Durchsetzungsmechanismen im Rahmen der internationalen Menschenrechtspakte hinterlassen. Im Moment ist jedoch noch nicht abzusehen, ob überhaupt und wann es zu einem *World Court of Human Rights* kommen wird. Auch der aktuelle wissenschaftliche Disput stellt die Notwendigkeit und Realisierbarkeit eines solchen Gerichts in Frage, weshalb diese Entwicklung nicht abgewartet werden kann.[833]

Die Legitimierung eines Rechts auf Grundversorgung mit Energie muss somit durch die zur Verfügung stehenden Mittel erreicht werden. Die Entwicklungen im Zusammenhang mit einem Recht auf Wasser und sanitäre Einrichtungen können diesbezüglich als Modell dienen. Die Situation in Bezug auf ein Recht auf Grundversorgung mit Energie ist mit den damaligen Begebenheiten eines Rechts auf Wasser vergleichbar. Es sollen nun verschiedene Möglichkeiten und Szenarien vorgestellt werden, die zur Anerkennung eines Rechts auf Grundversorgung mit Energie führen, um dann deren Erfolgsaussichten zu analysieren.

A. De lege lata

I. Der Ausschuss über wirtschaftliche, soziale und kulturelle Rechte

Der Ausschuss für wirtschaftliche, soziale und kulturelle Rechte ist, wie bereits beschrieben, das Überwachungsorgan des Sozialpakts. Um diese Aufgabe effektiv erfüllen zu können, greift der Ausschuss auf verschiedene Instrumente

---

am 10.11.2012, *ders.*, The Establishment of an African Court of Human and Peoples' Rights: A Judicial Premiere for the African Union, in: African Yearbook of International Law 2003, S. 79–141; *Vilijoen*, International Human Rights Law in Africa, 2007; *ders./Baimu*, Courts for Africa: Considering the Coexistence of the African Court on Human and People's Rights and the Court of Justice, in: Netherlands Quarterly of Human Rights 2004, S. 241–267.

832 *Nowak*, The Need for a World Court of Human Rights, in: Human Rights Law Review 2007, S. 251–259; Eine sehr kritische Auseinandersetzung mit der Thematik liefert *Alston*, Against a World Court of Human Rights, in: Ethics and International Affairs 2014, S. S. 197–212.

833 Vgl. *Alston*, Against a World Court of Human Rights, in: Ethics and International Affairs 2014, S. 197–212 kritisch, wenn auch nicht gänzlich ablehnend *Riedel*, Rethinking Human Rights – Real Reforms in Procedure and Substance, in: Festschrift 100 years of the Walther-Schücking Institute of International Law, University of Kiel, Berlin 2014, S. 421–446.

zurück.[834] Er führt das „konstruktive Gespräch", verabschiedet die „Concluding Observations", diskutiert die Staatenberichte und verfasst in unregelmäßigen Abständen „General Comments" zu spezifischen Verpflichtungen aus dem Sozialpakt oder zu allgemeinen Fragen im Zusammenhang mit wirtschaftlichen, sozialen und kulturellen Rechten. Diese genannten Instrumente kann der Ausschuss einsetzen, um das Recht auf Grundversorgung mit Energie zur Anerkennung zu bringen. Dabei liegt der Fokus zunächst auf den General Comments, aber auch die anderen Instrumente sollen nicht außer Acht gelassen werden.

Den General Comments wird im Ergebnis eine rechtliche Verbindlichkeit abgesprochen.[835] Dies bedeutet aber nicht, dass General Comments keinerlei Wirkung entfalten. Sie dienen als Interpretationshilfen und unterstützen dadurch die Vertragsstaaten, ihre Staatenberichte anzufertigen, ermöglichen es den Mitgliedern des Ausschusses, die teilweise sehr allgemein und vage formulierten Regelungen des Sozialpakts in ihrer gesamten Bedeutung zu erfassen, und unterstützen Individuen, den Inhalt der Normen zu verstehen.[836] General Comments, zumindest einige von ihnen, geben zum Beispiel aus dem Gewohnheitsrecht folgende rechtliche Verpflichtungen wieder.[837]

Die interessanteste Folge der General Comments ergibt sich aber aus der Tatsache, dass sie von den Vertragsstaaten in der Praxis in ihren Staatenberichten zitiert werden, teilweise für Entscheidungen nationaler Gerichte herangezogen[838] und zudem häufig von den Vertragsstaaten widerspruchslos hingenommen werden.[839] Dadurch enthalten die General Comments das Potenzial, einen Beitrag zur Schaffung gewohnheitsrechtliche Regelungen zu leisten. Vorausgesetzt ihnen wird nicht durch einen Staat widersprochen, drücken sie eine etablierte *opinio iuris* aus und können später als Beweis für diese etablierte Staatenpraxis herangezogen werden.[840]

---

834 Vgl. oben, S. 70 ff.

835 Vgl. oben, S. 70 ff.

836 *Riedel*, Scope of NGO Participation in Human Rights Treaty Bodies, in: Wolfrum/Röben (Hrsg.) Developments of International Law in Treaty Making, S. 311–318 (314 f.).

837 *Riedel*, Scope of NGO Participation in Human Rights Treaty Bodies, in: Wolfrum/Röben (Hrsg.) Developments of International Law in Treaty Making, S. 311–318 (315).

838 Für Deutschland: BSG, Urteil v. 06.03.2012 – Az. B 1 KR 10/11 R, Rn. 25 ff.; BVerwGE 134, 1–27 = BVerwG, NVwZ 2009, 1562 (1568); OVG Berlin-Brandenburg, Urteil v. 08.09.2011 – Az. OVG 3 B 24.09, Rn. 47; VG Köln, Urteil v. 25.11.2010 – Az. 6 K 2405/07, Rn. 51; BGHst 39, 1–36 = BGH NJW 1993, 141 (146).

839 *Riedel*, Scope of NGO Participation in Human Rights Treaty Bodies, in: Wolfrum/Röben (Hrsg.) Developments of International Law in Treaty Making, 2005, S. 311–318 (315).

840 *Riedel*, Scope of NGO Participation in Human Rights Treaty Bodies, in: Wolfrum/Röben (Hrsg.) Developments of International Law in Treaty Making, 2005, S. 311–318 (315).

Das in den General Comments enthaltene Potenzial sollte der Ausschuss nutzen. Um dem Recht auf Zugang zur Grundversorgung mit Energie Geltung und Anerkennung zu verschaffen, sollte der Ausschuss einen General Comment verfassen, in dem Umfang und Inhalt des angemessenen Lebensstandards aus Art. 11 Abs. 1 IPWSKR definiert werden. Der angemessene Lebensstandard kann nur dann erreicht werden, wenn ein Zugang zu einer Grundversorgung mit Energie gewährleistet ist. Dies müsste der Ausschuss in einem General Comment ausdrücklich festhalten. Im Vergleich zu einer Änderung des Wortlauts oder der Schaffung eines Fakultativprotokolls wäre dies mit weitaus geringerem Aufwand verbunden. Denn letztendlich wären nur die Mitglieder des Ausschusses an einem Entwurf federführend beteiligt, was die Komplexität des Verfahrens insofern verringern würde.[841]

Dennoch müssen auch für den Entwurf eines General Comments Vorarbeiten geleistet werden. Soll ein General Comment am Ende gar eine gewohnheitsrechtliche Verpflichtung etablieren, muss eine *opinio iuris* zum Ausdruck gebracht werden. Diese kann der Ausschuss erreichen, indem er die ihm zur Erfüllung seiner Aufgaben zur Verfügung stehenden Instrumente einsetzt.

Bevor ein Vertragsstaat während der Sitzung des Ausschusses über den Stand der Implementierungen der Verpflichtungen aus dem Sozialpakt berichten muss, wird im Vorfeld die „List of Issues“ übermittelt. Diese stellen einen Katalog mit Fragen dar, die sich auf spezifische Probleme bei der Umsetzung der Verpflichtungen aus dem Sozialpakt eines Vertragsstaats beziehen. Wie die obige Analyse gezeigt hat, wurde ein Zugang zu Energie nur am Rande thematisiert.[842] Damit das Recht auf Zugang zu Grundversorgung mit Energie Anerkennung findet, sollte der Ausschuss standardmäßig Fragen bezüglich des Zugangs und der Distribution von Energie im Kontext von Art. 11 Abs. 1 IPWSKR integrieren. So würden die Vertragsstaaten indirekt für die Thematik sensibilisiert und wären aufgefordert, sich mit der Situation in ihrem Land auseinander zu setzen. Die Ergebnisse dazu müssten in die Staatenberichte einfließen. Eine weitere Maßnahme, die der Ausschuss zur Förderung des Rechts auf Zugang zu Energie wahrnehmen kann, ist die Erörterung des Themas im Rahmen des „konstruktiven Dialogs“. Der Ausschuss sollte jeden Vertragsstaat während der Verhandlungen Fragen hinsichtlich der Situation

841 Es darf natürlich nicht außer Acht gelassen werden, dass auch hier andere Gremien und Organe davon unterrichtet werden müssten. Auch NGOs werden Einfluss auf den Entwurfsprozess nehmen. Vgl. *Riedel*, Scope of NGO Participation in Human Rights Treaty Bodies, in: Wolfrum/Röben (Hrsg.) Developments of International Law in Treaty Making, 2005, S. 311–318 (314 f.).

842 Siehe oben, S. 165 ff.

in Bezug auf einen Zugang zur Grundversorgung mit Energie stellen. Konkret sollten die Fragen die Bereiche der physischen und wirtschaftlichen Zugänglichkeit umfassen sowie die Situation der Diskriminierung aufnehmen. Die Erläuterungen der Vertragsstaaten dazu müssen in die Concluding Observations einfließen. Auch wenn keine Aussagen zu dem Themenkomplex gefallen sind, ist dies in den Concluding Observations zu erwähnen. Dadurch bringt der Ausschuss die Wichtigkeit der Thematik zum Ausdruck und kann im Wege des *„naming and shaming"* die Vertragsstaaten zum Umdenken bewegen. Wird dies im Ausschuss über einen längeren Zeitraum kontinuierlich umgesetzt, fördert dies zunächst das Bewusstsein für diese Problematik, festigt zugleich aber auch die Rechtsüberzeugung, dass dem Internationalem Pakt über wirtschaftliche, soziale und kulturelle Rechte ein Recht auf Grundversorgung mit Energie immanent ist. Dies ist insbesondere dann anzunehmen, wenn die Vertragsstaaten sich diesem Procedere nicht widersetzen, beziehungsweise vorbehaltlos auf die Fragen des Ausschusses eingehen und die benötigten Informationen liefern. Sodann kann der Ausschuss dem Recht auf Zugang zu Grundversorgung mit Energie einen General Comment widmen. Ähnlich gestaltete sich die Entwicklung zur Anerkennung eines Rechts auf Wasser, das ebenfalls aus der Verpflichtung der Gewährleistung eines angemessenen Lebensstandards entnommen werden kann. Wird ein General Comment hinsichtlich des Rechts auf Zugang zu Energie verabschiedet, besteht die Möglichkeit, dass sich die Entwicklung fortsetzt und damit die Grundlage für eine Resolution der Generalversammlung der Vereinten Nationen geschaffen werden kann. Im Ergebnis sollte der Ausschuss zur Förderung eines Rechts auf Grundversorgung mit Energie

- ein Recht auf Zugang zu Grundversorgung mit Energie in der „list of issues" thematisieren;
- das Thema Zugang zu Grundversorgung mit Energie in den Staatenberichten verankern lassen;
- im Rahmen des „konstruktiven Dialogs" das Thema aufnehmen;
- die Situation in den Vertragsstaaten hinsichtlich eines Zugangs zu Grundversorgung mit Energie, Erfolge oder Misserfolge bei der Förderung des Zugangs in den Concluding Observations erwähnen;
- der Ausschuss sollte letztlich einen General Comment hierzu verfassen.

II. UPR und Menschenrechtsrat

Eine wichtige Rolle bei der Anerkennung eines Menschenrechts auf Grundversorgung mit Energie kann auch dem Menschenrechtsrat zusammen mit dem UPR zukommen. Wie oben bereits dargestellt ist das UPR ein Verfahren, indem regelmäßig in einem Intervall von vier Jahren die Menschenrechtssituation in allen 193 Mitgliedstaaten der Vereinten Nationen bewertet wird, unabhängig davon, ob der betreffende Staat einen der Menschenrechtspakte ratifiziert hat oder nicht.[843] Eine Evaluation der Menschenrechtssituation in einem Staat wird folglich auch an den aus dem Sozialpakt resultierenden Verpflichtungen vorgenommen. Nachdem der betreffende Staat seinen Bericht vorgetragen hat, spricht der Menschenrechtsrat Empfehlungen dahingehend aus, wie er seine Menschrechtsverpflichtungen zu erfüllen hat.[844] Ähnlich wie der Ausschuss für wirtschaftliche, soziale und kulturelle Rechte kann der Menschenrechtsrat einen wesentlichen Beitrag zur Anerkennung eines Menschenrechts auf Energie im Rahmen des UPR leisten. Der Menschenrechtsrat kann die Legitimation eines Menschenrechts auf Zugang zu Grundversorgung mit Energie dadurch fördern, dass die von ihm ausgesprochenen Empfehlungen diese Verpflichtung umfassen. Der Menschenrechtsrat könnte beispielsweise aussprechen, dass die Realisierung eines angemessenen Lebensstandards nach Art. 11 Abs. 1 IPWSKR nur dann erfüllt werden kann, wenn die Grundversorgung des Individuums mit Energie gesichert ist.

Ob ein solches Vorgehen der Anerkennung eines Rechts auf Grundversorgung mit Energie als Menschenrecht dienlich ist, bliebe jedoch abzuwarten. Die Empfehlungen des Menschenrechtsrats entfalten keine Rechtsverbindlichkeit. Vielmehr bleibt es den Staaten überlassen, wie sie mit den Empfehlungen verfahren. Sie können sie annehmen, ablehnen oder sich ein Urteil darüber vorbehalten.[845] Lehnen die Staaten Empfehlungen im Hinblick auf ein solches Recht konsequent ab, dann wird die Anerkennung als Menschenrecht nicht gefördert, sondern sogar eine gegenteilige Überzeugung durchgesetzt. Zudem besteht die Gefahr, dass der Menschenrechtsrat und der Ausschuss für wirtschaftliche, soziale und kulturelle Rechte unterschiedliche Maßstäbe bei Inhalt und Umfang eines Rechts auf

---

843 Siehe oben S. 82 f.

844 Siehe oben, S. 82 ff.

845 *Riedel*, „Rethinking Human Rights – Real Reforms in Procedure and Substance?", in: Festschrift 100 years of the Walther-Schücking Institute of International Law, University of Kiel, Berlin 2014, S. 421–446 *ders.*, Global Human Rights Protection at the Crossroads: Strengthening or Reforming the System, in Marten Breuer et al. (Hrsg.), Der Staat im Recht, Festschrift für Eckart Klein zum 70.Geburtstag, Berlin 2013, 1289–1306 (1292); *Clapham*, United Nations Charter-Based Protection of Human Rights, in Catarina Krause/ Martin Scheinin (Hrsg.), International Protection of Human Rights: A Textbook, 2nd ed., Turku/Abo 2012, 79–103 (88). Siehe auch oben, S. 57 ff. Dieses Vorgehen wird allgemein kritisiert, denn letztendlich besteht dadurch die Gefahr, dass des UPR zum „zahnlosen Tiger" wird.

Grundversorgung mit Energie setzen. Allerdings greift der Menschenrechtsrat die Fragen grundsätzlich erst dann auf, wenn der Ausschuss einen General Comment zu dem betroffenen Thema verfasst hat. Zumindest ist dies die gängige Praxis. Dies wird auch durch das Gründungsdokument des UPR bestätigt, wonach die Arbeit der bestehenden Vertragsorgane, wie z. B. des Ausschusses für wirtschaftliche und soziale Rechte oder des Ausschusses für bürgerliche und politische Rechte, nicht kopiert, sondern komplementiert werden sollen.[846]

Auch wenn zum jetzigen Zeitpunkt noch nicht abzuschätzen ist, wie erfolgsversprechend ein solches Vorgehen für die Anerkennung eines Menschenrechts auf Grundversorgung mit Energie ist, so würde es zumindest einen Beitrag zur Bewusstseinsbildung der Öffentlichkeit für die Thematik leisten.

Bewusstseinsbildung und Sensibilisierung der Öffentlichkeit für ein Menschenrecht auf Zugang zu Grundversorgung mit Energie kann in diesem Forum auch mit Hilfe der Zivilgesellschaft erreicht werden. Damit bietet das UPR einen weiteren Vorteil, um einem solchen Recht zur Anerkennung zu verhelfen. Obwohl der UPR ein von den Mitgliedsstaaten der Vereinten Nationen betriebener Prozess ist, leistet die Zivilgesellschaft dabei einen relativ großen Einfluss. Wie anfangs schon erläutert, findet eine Bewertung der Menschenrechtssituation im Wesentlichen auf Grundlage von drei Dokumenten statt.[847] Danach kann die Zivilgesellschaft über zwei Wege in den Bewertungsprozess einbezogen werden und sich Gehör verschaffen. Nach einer Empfehlung des Menschenrechtsrates sollen die Mitgliedsstaaten die Berichte zum Stand der Menschenrechtssituation auf Grundlage einer umfassenden Konsultation aller Interessenvertreter auf nationaler Ebene durchführen.[848] Damit wird im Idealfall die Zivilgesellschaft schon auf den Berichtentwurf Einfluss nehmen können und so die Möglichkeit erhalten, aktiv in den Prozess einzugreifen. Weiter besteht die Möglichkeit, die Informationen über die Menschenrechtssituation eines Staates zu sammeln und dem OHCHR zur Verfügung zu stellen. Dieser fasst die Informationen zusammen, die dann im Rahmen des UPR bei der Bewertung berücksichtigt werden. So kann gezielt auf bestehende Defizite beim Menschenrechtsschutz oder der Implementierung hingewiesen werden. Diese Mechanismen sorgen dafür, dass der Einfluss der Zivilgesellschaft im UPR, z. B. im Vergleich zu den Überwachungsorganen der Menschenrechtspakte, größer ist. Sie können insofern aktiv einen Beitrag zur Anerkennung eines Menschenrechts auf Grundversorgung mit

---

846 UN GA Res. 60/251 v. 15.03.2006, Abs. 4 e.

847 Siehe oben, S. 82 f.

848 Siehe oben, S. 82 f.

Energie leisten, indem sie dem Menschenrechtsrat diesbezüglich Informationen zur Verfügung stellen und insofern zumindest einen wesentlichen Beitrag zur Bewusstseinsbildung leisten. Aber auch hier bleibt die Entwicklung zunächst abzuwarten.

III. Verantwortung der Zivilgesellschaft und sonstiger nichtstaatlicher Akteure

Bei der Implementierung eines Rechts auf Grundversorgung mit Energie hat auch die Zivilgesellschaft Verantwortung zu übernehmen. Auch wenn den Nichtregierungsorganisationen noch keine Völkerrechtssubjektivität im klassischen Sinne zugesprochen wird, hat ihr Einfluss auf die Entwicklung des Völkerrechts, insbesondere der Menschenrechte, enorm zugenommen.[849] Zur Zeit ist sogar eine Entwicklung zu beobachten, die bestimmten Organisationen je nach Grad ihrer Einbeziehung durch völkerrechtliche Normen, insbesondere auf dem Gebiet der Menschenrechte und dem Umweltvölkerrecht eine partielle Völkerrechtssubjektivität zusprechen.[850] Schon die Anerkennung eines Rechts auf Wasser wurde ganz wesentlich durch das Engagement von Nichtregierungsorganisationen realisiert. Neben den sogenannten Nichtregierungsorganisationen tragen heutzutage die sogenannten *Transnational Corporations (TNC)* eine immer höhere menschenrechtliche Verantwortlichkeit. Viele einzelne TNCs besitzen einen größeren wirtschaftlichen Einfluss und üben mehr wirtschaftliche Macht aus als einige Staaten dieser Welt.[851] Sie sind in der Lage den Handel mit Entwicklungsländern zu bestimmen. Wenn Unternehmen ihre Produktion aus ihren Heimatländern verlagern, sind sie in einem hohen Maße auf eine verlässliche Versorgung mit Energie angewiesen. Sie können bei der Implementierung eines solchen Rechts mitwirken, aber auch selbst davon profitieren. Wie oben schon beschrieben beschränkt sich die Arbeit aber auf einen Zugang zu Grundversorgung mit Energie im Haushaltsgebrauch, weshalb die Verantwortlichkeit von TNCs hier zunächst nicht tiefer erörtert werden soll.[852]

Für die Förderung der Anerkennung eines Rechts auf Grundversorgung mit Energie stehen der Zivilgesellschaft und anderen nichtstaatlicher Akteuren

---

849 *Ipsen,* in: Ipsen (Hrsg.) Völkerrecht, 6. Aufl. 2014, § 6, Rn. 21.

850 *Ipsen,* in: Ipsen (Hrsg.) Völkerrecht, 6. Aufl. 2014, § 6, Rn. 22.

851 *Riedel,* Rethinking Human Rights – Real Reforms in Procedure and Substance, in: Festschrift 100 years of the Walther-Schücking Institute of International Law, University of Kiel, Berlin 2014, S. 421–446.

852 Vgl. oben S. 90f.

mehrere Alternativen zur Verfügung. Wie im vorherigen Abschnitt gezeigt sind die Übergänge dabei fließend und eine enge Zusammenarbeit mit den staatlichen Organen erforderlich.

Die Sitzungen des Ausschusses für wirtschaftliche, soziale und kulturelle Rechte werden unter reger Beteiligung der Zivilgesellschaft abgehalten. Zwar sind sie nicht aktiv in den Bewertungsprozess involviert, ihnen kommt aber mehr als eine reine Statistenrolle zu. Nichtregierungsorganisationen haben die Möglichkeit, einen Bericht zur Situation der wsk-Rechte in dem betreffenden Land und zu bestehenden Problemen in diesem Zusammenhang beim Ausschuss einzureichen. Im Rahmen des „constructive dialogue" können die Mitglieder des Ausschusses in der Sitzung auf diese Defizite hinweisen oder direkt nachfragen, welche Maßnahmen zu den Problemen getroffen werden.[853] Weiter besteht die Möglichkeit, am Sitzungstag die Mitglieder des Ausschusses auf bestehende Defizite bei der Umsetzung der wsk-Rechte verbal hinzuweisen. Diese Hinweise können dann durch die unabhängigen Experten an die Vertreter des betreffenden Staates im Rahmen des „konstruktiven Dialogs" herangetragen werden.

Die Aufgabe der Zivilgesellschaft bestünde darin, die Mitglieder des Ausschusses für die Notwendigkeit der Anerkennung eines Rechts auf Grundversorgung mit Energie zu sensibilisieren. Dies kann erreicht werden, indem darauf verwiesen wird, dass die Realisierung eines angemessenen Lebensstandards nach Art. 11 Abs. 1 IPWSKR nur dann erreicht werden kann, wenn für das Individuum die Grundversorgung mit Energie gesichert ist und der Sozialpakt somit ein Menschenrecht auf Grundversorgung mit Energie enthält. Zudem sollte auf die negativen Folgen eines mangelnden Zugangs zu Grundversorgung mit Energie hingewiesen werden und auch dafür das Bewusstsein geschärft werden.

Im vorherigen Abschnitt wurden die Möglichkeiten aufgezeigt, die das UPR für die Implementierung eines Rechts auf Grundversorgung mit Energie bietet. Zudem wurde hervorgehoben, wie intensiv die Zivilgesellschaft in den Bewertungsprozess einbezogen ist. Auch im Rahmen des UPR sollte somit aktiv darauf hingewiesen werden, dass der Sozialpakt ein Recht auf Grundversorgung mit Energie enthält und die Vertragsstaaten der Vereinten Nationen die Verpflichtung haben, dieses Recht zu implementieren.

Weiter muss die Zivilgesellschaft Kampagnen zum Recht auf Grundversorgung mit Energie starten, mit dem Ziel, das Bewusstsein der Öffentlichkeit für das Thema zu sensibilisieren. Dadurch kann sich eine Dynamik entwickeln, die die Regierungen in Zugzwang bringt, mehr in die Sicherstellung der Grundversorgung mit Energie

853 Vgl. oben, S. 77 f.

zu investieren. Die Förderung und Initiierung von Energieinfrastrukturprojekten kann dazu ein wirksamer und praktischer Ansatz sein. Wie oben erläutert ist dies ein probates Mittel, die Anerkennung eines Rechts auf Grundversorgung mit Energie durch eine praktische Herangehensweise zu erreichen.[854] Generell sollte die Zivilgesellschaft durch verschiedene Maßnahmen und Kampagnen das Bewusstsein der Öffentlichkeit für das Bestehen eines Rechts auf Grundversorgung mit Energie fördern. Dies gilt insbesondere für Menschen, die von einem fehlenden Zugang zu Energie betroffen sind.

IV. Individualbeschwerdeverfahren

Seit dem 5. Mai 2013 ist das Fakultativprotokoll zum Internationalen Pakt über wirtschaftliche, soziale und kulturelle Rechte in Kraft. Eine definitive Aussage, wie das Individualbeschwerdeverfahren die Entwicklung der wirtschaftlichen, sozialen und kulturellen Rechte voran bringt, kann zum jetzigen Zeitpunkt noch nicht getroffen werden.[855] Es stellt sich die Frage, welche Auswirkungen das Verfahren auf die Anerkennung und Implementierung eines Rechts auf Grundversorgung mit Energie haben kann.

Das Individualbeschwerdeverfahren bietet dem Einzelnen die Möglichkeit, die Verletzung von Verpflichtungen aus dem Sozialpakt in Form sogenannter „*communications*" zu rügen, soweit die formalen Voraussetzungen erfüllt sind.[856] Die Ansprüche aus dem Sozialpakt können somit vor dem Ausschuss für wirtschaftliche, soziale und kulturelle Rechte geltend gemacht werden. Eine Verletzung des Rechts auf Grundversorgung mit Energie aus Art. 11 Abs. 1 IPWSKR könnte folglich durch den Einzelnen oder eine Gruppe von Individuen im Wege des Individualbeschwerdeverfahrens geltend gemacht werden.

Eine Verletzung des Rechts auf Grundversorgung mit Energie ist dann anzunehmen, wenn die Vertragsstaaten ihren Achtungspflichten, Schutzpflichten und/oder ihren Erfüllungspflichten nicht nachkommen. Ein vorhandener Zugang zu Energie darf nicht unterbunden werden, bei einer möglichen Privatisierung der Energieversorgung müssen die Bedürfnisse der Verbraucher berücksichtigt werden und wenn Teile der Bevölkerung über keine adäquate Grundversorgung mit Energie verfügen, werden Investitionen in die Energieinfrastruktur notwendig, um diesen Mangel zu beheben.

854 Vgl. oben, S. 226 ff.
855 Vgl. oben, S. 79 f.
856 Vgl. oben, S. 79 f.

Das Individualbeschwerdeverfahren birgt jedenfalls das Potenzial, die Bedeutung der wsk-Rechte insgesamt weiter zu stärken, indem die Umsetzung der im Sozialpakt enthaltenen Rechte gefördert wird. Wenn der Ausschuss über eine Beschwerde entscheidet, kann er Regierungen Hilfestellungen und Hinweise geben, wie die Umsetzung der wsk-Rechte zu erfolgen hat und gegebenenfalls mit ihnen in einen Dialog treten.

Logischerweise wäre auch das im Pakt enthaltene Recht auf Grundversorgung mit Energie erfasst und könnte auf dem Wege einer Individualbeschwerde geltend gemacht werden. Wie sich das Individualbeschwerdeverfahren auf ein Recht auf Zugang zu Grundversorgung mit Energie auswirkt, kann zum jetzigen Zeitpunkt nicht abschließend festgestellt werden. Zunächst sollte auch der Ausgang der bereits anhängigen Verfahren abgewartet werden.

V. Zwischenergebnis

Die obigen Ausführungen haben gezeigt, dass verschiedene Institutionen und Organe zur Verfügung stehen, die die Implementierung eines Menschenrechts auf Grundversorgung mit Energie entscheidend voran bringen können. Die tatsächliche Entwicklung bleibt jedoch abzuwarten.

B. De lege ferenda

I. Änderung/Erweiterung des Sozialpakts

Ein Recht auf Grundversorgung mit Energie wird nicht ausdrücklich im Internationalen Pakt über wirtschaftliche, soziale und kulturelle Rechte erwähnt. Durch eine Änderung oder Ergänzung des Sozialpakts könnte eine solche Verpflichtung normiert werden.[857] Zu denken wäre zum Beispiel daran, den Wortlaut von Art. 11 Abs. 1 IPWSKR dahingehend zu erweitern, dass Energie mit in die Aufzählung der verschiedenen Bestandteile des angemessenen Lebensstandards aufgenommen wird. Gleichzeitig könnten so auch die Rechte auf Wasser und auf sanitäre Einrichtungen eine Normierung erfahren. Der Text von Art. 11 Abs. 1 IPWSKR könnte dann wie folgt lauten:

---

857 Einen ähnlichen Ansatz verfolgt *Riedel* bezogen auf Art. 15 Abs. 1 b IPWSKR, *Riedel*, Sleeping Beauty or Let Sleeping Dogs Lie? The Right of Everyone to Enjoy the Benefits of Scientific Progress and its Applications (REBSPA), in: Hestermeyer et. al. (Hrsg.) Coexistence, Coexistence, Cooperation and Solidarity (2 vols.) Liber Amicorum Rüdiger Wolfrum, S. 503–519.

"The States Parties to the present Covenant recognize the right of everyone to an adequate standard of living for himself and his family, including access to adequate food, clothing, housing, water, sanitation, and basic energy provision, such as electricity and to the continuous improvement of living conditions."

Als Argument für eine Änderung des Sozialpakts könnte die Tatsache angeführt werden, dass der Sozialpakt schon im Jahre 1966 verabschiedet wurde und die Verhandlungen sogar schon im Jahre 1949 begonnen haben. Seit dieser Zeit haben viele Veränderungen stattgefunden, insbesondere auf dem Gebiet der Wissenschaft und Technologie, deren Eintritt zur Zeit der Vertragsverhandlungen nicht absehbar war. Eine Änderung oder Erweiterung des Sozialpakts wurde noch nicht vollzogen. Für eine Änderung des Wortlauts von Art. 11 Abs. 1 IPWSKR sprechen auch die *Travaux Préparatoires* zum Sozialpakt. Dort wurde angeführt, dass die aufgezählten Rechte Ernährung, Bekleidung und Unterbringung im Lauf der Zeit geändert werden können.[858] Die Verfasser sind folglich schon damals davon ausgegangen, dass in der Zukunft andere Aspekte an Bedeutung gewinnen würden und der Sozialpakt dadurch bedingt im Laufe der Jahre Änderungen erfährt.

1. Änderungen des Wortlauts des Sozialpakts

Der Internationale Pakt über wirtschaftliche, soziale und kulturelle Rechte ist ein multilateraler völkerrechtlicher Vertrag. Die Änderung völkerrechtlicher Verträge ist häufig ein kompliziertes und langwieriges Procedere. Ob eine Änderung des Wortlauts von Art. 11 Abs. 1 IPWSKR praktikabel erscheint, soll nun dargestellt werden.

Mit Unterzeichnung und Ratifikation eines völkerrechtlichen Vertrages sind die Vertragsstaaten zunächst an den Vertrag gebunden. Es gilt insoweit der Grundsatz *pacta sunt servanda.*[859] Es ist aber grundsätzlich möglich, den Inhalt eines völkerrechtlichen Vertrags zu ändern. Die Wiener Vertragsrechtskonvention (WVK), die, wie oben schon dargestellt, zu einem Großteil das Gewohnheitsrecht kodifiziert[860], ist aus diesem Grund auch auf den Sozialpakt anwendbar. Im Teil IV der WVK finden sich Regelungen zur Änderung und Modifikation von Verträgen. Art. 39

858 UN Doc. E/CN.4/SR.222, S. 19 (Bowie UK).

859 Vgl. Art. 26 Wiener Vertragsrechtskonvention (WVK).

860 *Aust*, Vienna Convention on the Law of Treaties (1969), in: Wolfrum (Hrsg.), The Max Planck Encyclopedia of Public International Law, Oxford University Press, 2008, online edition, [www.mpepil.com], letzter Zugriff am 10.11.2012.

WVK legt fest, dass die Verträge durch Übereinkunft zwischen den Vertragsparteien geändert werden können. Der folgende Art. 40 WVK trifft sodann spezielle Regelungen für die Änderung mehrseitiger Verträge. Art. 40 Abs. 1 WVK legt fest, dass, sofern der Vertrag nichts anderes vorsieht, sich die Änderung mehrseitiger Verträge nach den folgenden Absätzen richtet. In den folgenden Absätzen 2 bis 5 ist die Verfahrensweise von Vertragsänderungen normiert.

Der Internationale Pakt über wirtschaftliche, soziale und kulturelle Rechte enthält in Art. 29 eine Bestimmung zur Änderung des Pakts. Gemäß Art. 29 Abs. 1 IPWSKR kann jeder Vertragsstaat eine Änderung des Pakts vorschlagen. Die Änderungsvorschläge des Wortlauts müssen dem Generalsekretär der Vereinten Nationen überreicht werden. Der Generalsekretär leitet daraufhin den nächsten Schritt ein, indem er sodann alle Änderungsvorschläge den Vertragsstaaten mit der Aufforderung übermittelt, ihm mitzuteilen, ob sie eine Konferenz der Vertragsstaaten zur Beratung und Abstimmung über die Vorschläge befürworten. Damit der Generalsekretär befugt ist, eine solche Konferenz unter der Schirmherrschaft der Vereinten Nationen einzuberufen, müssen wenigstens ein Drittel der Vertragsstaaten die Änderungen befürworten.[861] Werden auf der Konferenz Änderungen des Vertrages beschlossen, muss jede dieser Änderung der Generalversammlung der Vereinten Nationen zur Genehmigung vorgelegt werden. Änderungsvorschläge gelten bei der Konferenz dann als beschlossen, wenn sie von der Mehrheit der auf der Konferenz anwesenden und abstimmenden Vertragsstaaten angenommen wird.[862] Die beschlossenen Änderungsvorschläge müssen im Anschluss zur Genehmigung der Generalversammlung der Vereinten Nationen vorgelegt werden, erst nach der Genehmigung können die Änderungen in Kraft treten. Dies ist gemäß Art. 29 Abs. 2 IPWSKR dann der Fall, wenn die Änderungen von der Generalversammlung genehmigt wurden und von einer Zweidrittelmehrheit der Vertragsstaaten nach Maßgabe der in ihrer Verfassung vorgesehenen Verfahren angenommen worden sind.[863] Auch wenn die Änderungen nach der benötigten Mehrheit in Kraft getreten ist, sind sie gemäß Art. 29 Abs. 3 IPWSKR nur für die Vertragsstaaten verbindlich, die sie angenommen haben, während für die anderen Vertragsstaaten weiterhin die Bestimmungen dieses Paktes und alle früher von ihnen angenommenen Änderungen gelten.

---

861 Bei derzeit 164 Vertragsstaaten müssen mindestens 55 Staaten eine solche Konferenz befürworten.

862 Vgl. Art. 29 Abs. 1 S. 4 IPWSKR.

863 Eine Zweidrittelmehrheit der Vertragsstaaten ist bei 108 Staaten erreicht.

Die Änderung des Wortlauts von Art. 11 Abs. 1 IPWSKR wäre in der Theorie durchaus ein gangbares und probates Mittel, um das Recht auf Zugang zu Grundversorgung mit Energie ausdrücklich im Sozialpakt zu kodifizieren. Die Umsetzung in der Praxis scheint jedoch problematisch. Zum einen scheint es fraglich, ob sich überhaupt die erforderlichen Mehrheiten für eine solche Änderung finden ließen. Dazu müssten die Staaten, die eine solche Änderung befürworten, viel Überzeugungsarbeit leisten, gegebenenfalls müssten sie sich dazu der Expertise von Experten wie zum Beispiel NGOs bedienen. Zum anderen könnte sich ein solcher Prozess über Jahre oder sogar Jahrzehnte hinziehen. So sind von den ersten Verhandlungen zum Sozialpakt bis zum endgültigen Inkrafttreten ca. 26 Jahre vergangen. Die Aufnahme einer recht kostenintensiven Verpflichtung, wie es das Recht auf Grundversorgung mit Energie darstellen würde, stieße bei den Vertragsstaaten des Pakts mit hoher Wahrscheinlichkeit auf großen Widerstand. In der Folge ließen sich die erforderlichen Mehrheiten für eine Änderung des Pakts nur sehr schwer gewinnen.

Eine Änderung des Wortlauts des Sozialpakts erscheint zum jetzigen Zeitpunkt unrealistisch.

2. *Fakultativprotokoll zum Sozialpakt*

Gerade im Bereich der Menschenrechte ist es gebräuchlich, um den verschiedenen Zielen der Vertragsstaaten Rechnung zu tragen, sogenannte Fakultativprotokolle (*optional protocols*) zu bereits bestehenden Verträgen hinzuzufügen.[864] Durch ein Fakultativprotokoll wird den Vertragsstaaten die Möglichkeit eröffnet, bestimmte Vorschriften anzuwenden, die den Inhalt des eigentlichen Vertrags erweitern.[865] Am 10. Dezember 2008 wurde das erste Fakultativprotokoll zum Internationalen Pakt über wirtschaftliche, soziale und kulturelle Rechte verabschiedet, welches die Möglichkeit eines Individualbeschwerdeverfahrens eröffnet.[866]

864 *Fuchs*, Optional Provision, in: Wolfrum (Hrsg.), The Max Planck Encyclopedia of Public International Law, Oxford University Press, 2008, online edition, [www.mpepil.com], letzter Zugriff am 10.11.2012.

865 *Fuchs*, Optional Provision, in: Wolfrum (Hrsg.), The Max Planck Encyclopedia of Public International Law, Oxford University Press, 2008, online edition, [www.mpepil.com], letzter Zugriff am 10.11.2012.

866 *Langford*, Closing the Gap? An Introduction to the Optional Protocol to the International Covenant on Economic, Social and Cultural Rights, in: Nordic Journal of Human Rights, Volume 27, No. 1 (2009), S. 1–28; *Riedel*, New Bearings to Social Rights? The Communications Procedure under the ICESCR, in: Fastenrath (Hrsg.),

Die Idee ist nun, ein Fakultativprotokoll zu verabschieden, welches Bezug auf ein Recht auf Grundversorgung mit Energie nimmt und aus dem sich die Verpflichtung der Staaten ergibt, ein solches Recht anzuerkennen, ähnlich dem zweiten Fakultativprotokoll zum Internationalen Pakt über bürgerliche und politische Rechte zur Abschaffung der Todesstrafe.[867] Art. 2 des zweiten Fakultativprotokolls legt fest, dass niemand unter der Rechtsordnung eines Vertragsstaats des Fakultativprotokolls exekutiert werden darf. Das Protokoll zielt somit auf die Abschaffung der Todesstrafe.[868]

Die enorme Bedeutung der Notwendigkeit eines Rechts auf Zugang zur Grundversorgung mit Energie würde durch eine solche Maßnahme unterstrichen, zudem würde es als Menschenrecht Anerkennung erfahren. Aber auch in diesem Fall ist die praktische Umsetzung ein langwieriger Prozess. Deutlich wird dies bei einem Vergleich zum bereits verabschiedeten Fakultativprotokoll zur Errichtung eines Individualbeschwerdeverfahrens. Der Grundstein für die Verhandlungen zu diesem Fakultativprotokoll wurde bereits Anfang der 1990er Jahre gelegt. Der Ausschuss für wirtschaftliche, soziale und kulturelle Rechte initiierte eine erste Diskussion zum Entwurf eines Fakultativprotokolls im Jahre 1990.[869] Im Anschluss daran errichtete die damals noch existente *UN Commission on Human Rights* (UNCHR) eine *Working Group*, die sich mit dem Entwurf eines Fakultativprotokolls befasste und im Jahre 1996 einen Bericht inklusive eines Entwurfs der UNCHR vorlegte.[870] Im Jahre 2003 kreierte die UNCHR eine Arbeitsgruppe mit dem Titel *Open-Ended Working Group* (OEWG), welche die Möglichkeit eines solchen Protokolls analysieren sollte.[871] Die OEWG traf 2004 zum ersten Mal zusammen und wurde 2006

From Bilateralism to Community Interest: Essays in Honour of Judge Brunno Simma, 2011, S. 574–584.

867 BGBl. II 1992, 391.

868 Es umfasst derzeit 75 Vertragsstaaten.

869 UN Doc. E/C.12/1991/Wp.2; *Langford*, Closing the Gap? An Introduction to the Optional Protocol to the International Covenant on Economic, Social and Cultural Rights, in: Nordic Journal of Human Rights, Volume 27, No. 1 (2009), S. 1–28 (6); *Riedel*, New Bearings to Social Rights? The Communications Procedure under the ICESCR, in: Fastenrath (Hrsg.), From Bilateralism to Community Interest: Essays in Honour of Judge Brunno Simma, 2011, S. 574–589 (576).

870 UN Doc. E/C.12/1996/CRP.2/Add.1; UN Doc E/CN.4/1998/84.; UN Doc. A/CONF.157/PC/62/Add.5 v. März 1993.

871 *Langford*, Closing the Gap? An Introduction to the Optional Protocol to the International Covenant on Economic, Social and Cultural Rights, in: Nordic Journal of Human Rights, Volume 27, No. 1 (2009), S. 1–28 (7); *Riedel*, New Bearings to Social Rights? The Communications Procedure under the ICESCR, in: Fastenrath (Hrsg.),

mandatiert, mit Arbeiten zum Entwurf eines Fakultativprotokolls zu beginnen.[872] Insgesamt dauerte der Prozess von 2003 bis zum 10. Dezember 2005, also weitere fünf Sitzungen über fünf Jahre, bis die Generalversammlung der Vereinten Nationen schließlich das Fakultativprotokoll verabschieden konnte.[873]

Nach der Verabschiedung des Fakultativprotokolls muss dies gemäß Art. 18 Abs. 1 von mindestens zehn Vertragsstaaten ratifiziert werden, damit es in Kraft treten kann.[874] Am 05. Februar 2013 hat Uruguay als zehnter Vertragsstaat das Fakultativprotokoll ratifiziert, weshalb es nunmehr am 05. Mai 2013 in Kraft getreten ist. Zusammenfassend kann festgehalten werden, dass der gesamte Prozess von der Initiierung 1990 bis zur Verabschiedung des Fakultativprotokolls durch die Generalversammlung gut 18 Jahre gedauert hat und viele verschiedene Akteure zäh darüber verhandelt haben. Auch wenn das Fakultativprotokoll in Kraft ist, bleibt abzuwarten, wann die erste Beschwerde vor dem Ausschuss behandelt wird.[875] Auch jetzt wird es noch geraume Zeit dauern, bis ein Großteil der Vertragsstaaten das Fakultativprotokoll ratifiziert hat.

Ein Fakultativprotokoll, welches Bezug zu einem Recht auf Grundversorgung mit Energie nimmt, würde ganz klar die Öffentlichkeit für die Bedeutung eines solchen Rechts sensibilisieren. Dennoch scheint die Umsetzung in der Praxis zum jetzigen Zeitpunkt eher fragwürdig, zumal unter der Prämisse, dass es sich bei einem Recht auf Zugang zu Grundversorgung mit Energie um eine kostenintensive Verpflichtung handelt. Die Verhandlungen würden sich aller Voraussicht nach viel länger hinziehen und es wird schwieriger, eine erforderliche Anzahl an Staaten zu gewinnen, die einem solchen Vorhaben gegenüber positiv eingestellt sind und es dementsprechend fördern.

From Bilateralism to Community Interest: Essays in Honour of Judge Brunno Simma, 2011, S. 574–589 (576).

872 *UNCHR*, Resolution 2002/24, Abs. 9(F); *HRC*, Resolution 1/3 (2006); Für eine detaillierte Darstellung der Arbeitsgruppe, siehe *Mahon*, Progress at the Front: The Draft Optional Protocol to the International Covenant on Economic, Social and Cultural Rights, in: Human Rights Law Review 2008, S. 617.

873 *Riedel*, New Bearings to Social Rights? The Communications Procedure under the ICESCR, in: Fastenrath (Hrsg.), From Bilateralism to Community Interest: Essays in Honour of Judge Brunno Simma, 2011, S. 574–589 (577).

874 Bis August 2016 haben 21 Vertragsstaaten das Fakultativprotokoll ratifiziert.

875 *Riedel*, New Bearings to Social Rights? The Communications Procedure under the ICESCR, in: Fastenrath (Hrsg.), From Bilateralism to Community Interest: Essays in Honour of Judge Brunno Simma, 2011, S. 574–589 (577 f.). Hinter diesen optimistischen Schätzungen liegt der Prozess weit zurück.

3. *Zwischenergebnis*

Die Änderung des Wortlauts des Vertrages oder die Schaffung eines Fakultativprotokolls stellen Möglichkeiten dar, das Recht auf Zugang zu Energie ausdrücklich als Menschenrecht anzuerkennen. Die Tatsache, dass dem Internationalem Pakt über wirtschaftliche, soziale und kulturelle Rechte das Recht auf Zugang zur Grundversorgung mit Energie immanent ist, würde ein Kodifizierung erfahren und somit die zum jetzigen Zeitpunkt bestehende Rechtsunsicherheit ausräumen. Darüber hinaus bestünde die Möglichkeit, auch die Rechte auf Wasser und sanitäre Einrichtungen in den Vertragstext aufzunehmen. Im Ergebnis würde dies zu einer Stärkung des Sozialpakts im Besonderen und den Menschenrechten im Allgemeinen führen.

In der Realität kann mit einer Änderung des Wortlauts oder der Schaffung eines Zusatzprotokolls in naher Zukunft nicht gerechnet werden. Dazu ist noch viel Aufklärungs- und Überzeugungsarbeit durch die beteiligten Institutionen notwendig. Auch wenn die Entwicklungen diesbezüglich konkreter würden, ist es, wie oben gezeigt, ein langwieriger Prozess.

II. Resolution der Generalversammlung

Eine weitere Möglichkeit, um dem Recht auf Zugang zu Energie die erforderliche Anerkennung auf internationaler Ebene zu verschaffen, könnte durch eine Resolution der Generalversammlung der Vereinten Nationen erreicht werden. Als Beispiel kann hier die Entwicklung zur Anerkennung eines Rechts auf Wasser und sanitäre Einrichtungen herangezogen werden. In der Resolution der Generalversammlung vom 28. Juli 2010 heißt es:

> *"The General Assembly recognizes the right to safe and clean drinking water and sanitation as a human right that is essential for the full enjoyment of life and all human rights"*.[876]

Die Resolution nimmt explizit Bezug auf den General Comment Nr. 15 des Ausschusses über wirtschaftliche, soziale und kulturelle Rechte.[877] Unterstützt wurde dieses Vorgehen vom UN-Menschenrechtsrat im September 2010, der ebenfalls eine Resolution verabschiedete, in der bestätigt wird, dass das Recht auf Wasser rechtsverbindlich für die Staatengemeinschaft ist.[878]

---

876 Resolution der Generalversammlung A/RES/64/292, S. 2.

877 Resolution der Generalversammlung A/RES/64/292, S. 2.

878 HRC, Resolution 15/9, Human rights and access to safe drinking water and sanitation, UN Doc. A/HRC/RES/15/9 vom 30.09.2010.

Bis zur Verabschiedung der Resolution mussten viele Akteure über einen langen Zeitraum über dieses Thema verhandeln. Einen wesentlichen Anteil an der Vorarbeit wurde dabei vom Ausschuss für wirtschaftliche, soziale und kulturelle Rechte geleistet, der mit der Verabschiedung des General Comment Nr. 15 eine Grundlage für die Resolution der Generalversammlung geschaffen hat.[879] Im Vergleich zu einer Änderung des Wortlauts des Sozialpakts oder der Schaffung eines Fakultativprotokolls war der Zeitraum, bis es zur Verabschiedung der Resolution gekommen ist, relativ kurz. Seit der Entstehung des General Comment Nr. 15 im Jahre 2002 bis zur Verabschiedung der Resolution der Generalversammlung sind ungefähr 8 Jahre vergangen – für die Setzung von „Recht" im Völkerrecht eine relativ kurze Zeitspanne.

Der Sinn und Zweck, der durch die Verabschiedung einer Resolution der Generalversammlung, die das Recht auf einen Zugang zu Grundversorgung mit Energie anerkennt, verfolgt wird, könnte durch die Natur der Resolutionen in Frage gestellt werden. Die Resolutionen der Generalversammlung entfalten grundsätzlich keine rechtsverbindlichen Verpflichtungen für die Mitgliedsstaaten der Vereinten Nationen.[880] Eine Resolution der Generalversammlung stellt zwar einen Rechtsakt dar, aus diesem folgen aber nicht immer rechtlichen Verbindlichkeiten.[881] Anders kann es aussehen, wenn Resolutionen der Generalversammlung von fast allen Mitgliedern der Vereinten Nationen verabschiedet wurden.[882] Sie werden auch nicht als Völkerrechtsquelle qualifiziert.[883] Art. 10 der Charta der Vereinten Nationen qualifiziert die Entscheidungen der Generalversammlung als *recommendations* also Empfehlungen. Doch jüngst tritt immer mehr die Ansicht in den Vordergrund, den einstimmig oder durch Konsens beschlossenen Resolutionen einen rechtsverbindlichen Charakter zuzugestehen,

879 *Langford*, The United Nations Concept of Water as a Human Right: A New Paradigm for Old Problems?, in: Water Resources Development 2005, S. 273–282 (275).

880 *Tomuschat*, United Nations, General Assembly, in: Wolfrum (Hrsg.), The Max Planck Encyclopedia of Public International Law, Oxford University Press, 2008, online edition, [www.mpepil.com], letzter Zugriff am 10.11.2012.

881 *Tomuschat*, United Nations, General Assembly, in: Wolfrum (Hrsg.), The Max Planck Encyclopedia of Public International Law, Oxford University Press, 2008, online edition, [www.mpepil.com], letzter Zugriff am 10.11.2012.

882 *Riedel/Giacca/Golay*, The Development of Economic, Social and Cultural Rights in International Law, in: Riedel/Giacca/Golay (Hrsg.) Economic, Social and Cultural Rights in International Law: Contemporary Issues and Challanges, 2014, S. 3–48 (22).

883 Verdross/Simma, Universelles Völkerrecht, 3. Aufl. 1984, § 635, S. 407.

wenn sie vorgeben rechtliche Regelungen zu schaffen.[884] Zudem beeinflussen viele Resolutionen der UN-Generalversammlung die Bildung künftigen Völkerrechts, insbesondere des Gewohnheitsrechts.[885]

Die Resolution, die zur Anerkennung eines Rechts auf Wasser und eines Rechts auf sanitäre Einrichtung[886] führte, wurde mit 122 Stimmen dafür und 41 Enthaltungen angenommen.[887] Einstimmigkeit ist folglich nicht gegeben.

Auch wenn die Verbindlichkeit der Resolution in Frage gestellt wird, so ist die symbolische Wirkung, die von einer solchen Entscheidung ausgeht, nicht zu unterschätzen. Vielmehr kann der Resolution wegen einer derart hohen Anzahl an Zustimmungen eine faktische Verbindlichkeit zugesprochen werden.

Die Hürden für die Verabschiedung einer Resolution sind hoch, allerdings ist der erforderliche Aufwand im Vergleich zur Änderung des Wortlauts des Sozialpakts geringer. Nichtsdestotrotz setzt dies eine intensive und langwierige Vorbereitung voraus. So müssen die Rahmenbedingungen für eine solche Resolution geschaffen werden. Hier ist der Ausschuss für wirtschaftliche, soziale und kulturelle Rechte in der Pflicht. Aber auch die diversen NGOs müssen dafür sorgen, dass das Thema Energie und Menschenrechte die erforderliche Aufmerksamkeit erfährt. Ist dies gewährleistet, kann eine Resolution der General Versammlung, die das Recht auf Grundversorgung mit Energie anerkennt, die Verpflichtung stärken. Bis dahin ist es aber noch ein langer Weg.

III. Schaffung eines neuen Vertrags

Eine weitere Möglichkeit, dem Recht auf Zugang zu Grundversorgung mit Energie Anerkennung zu verschaffen, wäre die Schaffung eines neuen Vertrags. Die Unterteilung der Menschenrechte in bürgerliche und politische Rechte auf der einen Seite und wirtschaftlichen, sozialen und kulturellen Rechten auf der anderen Seite ist, wie auch schon gezeigt[888], der Tatsache geschuldet, dass zur

---

884 *Tomuschat*, United Nations, General Assembly, in: Wolfrum (Hrsg.), The Max Planck Encyclopedia of Public International Law, Oxford University Press, 2008, online edition, [www.mpepil.com], letzter Zugriff am 10.11.2012; *Riedel/Giacca/Golay*, The Development of Economic, Social and Cultural Rights in International Law, in: Riedel/Giacca/Golay (Hrsg.) Economic, Social and Cultural Rights in International Law: Contemporary Issues and Challanges, 2014, S. 3–48 (22).

885 *Vitzthum*, in: Vitzthum/Proelß (Hrsg.), Völkerrecht, 6. Aufl. 2013, S. 56.

886 UN Doc., A/64/L.63/REV.1.

887 Presseerklärung der Vereinten Nationen, http://www.un.org/News/Press/docs/2010/ga10967.doc.htm, letzter Zugriff am 10.11.2012.

888 Siehe oben, S. 51 ff.

Zeit der Verhandlungen über die beiden Menschenrechtspakte tiefe ideologische Unterschiede zwischen den westlichen Staaten und den Staaten des Ostblocks herrschten.[889] Kurz gesagt, der Westen favorisierte die politischen und bürgerlichen Rechte, die Staaten des Ostblocks machten sich für die wirtschaftlichen, sozialen und kulturellen Rechte stark.[890] Die Entscheidung, zwei separate Menschenrechtspakte zu verabschieden, war letztlich politisch motiviert.[891] Mit dem Zusammenbruch der Sowjetunion im Jahre 1991 wurden diese tiefen ideologischen Differenzen zu einem großen Teil überwunden. Eine strikte Trennung zwischen Ost und West ist heute nicht mehr auszumachen. Staaten des „Westens" sind genauso Vertragspartei des Sozialpakts, wie umgekehrt. Weil auch die Universelle Erklärung der Menschenrechte nicht zwischen bürgerlichen und politischen sowie wirtschaftlichen, sozialen und kulturellen Rechten differenziert und die Menschenrechtspakte faktisch aus ihr hervorgehen, ist es an der Zeit, darüber nachzudenken, einen verbindlichen menschenrechtlichen Vertrag zu schaffen, der die bestehenden Differenzen überwindet. Dies wäre sogar die logische Konsequenz aus dem Faktum, dass alle Menschenrechte universell, unteilbar, voneinander abhängig und in einer Wechselbeziehung zueinander stehen.[892]

Das Alter der beiden Menschenrechtspakte kann als weiteres Argument für eine Reform des bestehenden Menschenrechtsregimes angeführt werden. Der Internationale Pakt über bürgerliche und politische Rechte sowie der Internationale Pakt über wirtschaftliche, soziale und kulturelle Rechte sind aus dem Jahre 1966. Die vorliegende Arbeit hat gezeigt, dass die Fortentwicklung der

---

889 *Eide*, Economic, Social and Cultural Rights as Human Rights, in: Eide/Krause/Rosas (Hrsg.) Economic, Social and Cultural Rights: A Textbook, 2001, S. 9–28; *Riedel*, New Bearings to Social Rights? The Communications Procedure under the ICESCR, in: Fastenrath (Hrsg.), From Bilateralism to Community Interest: Essays in Honour of Judge Brunno Simma, 2011, S. 574–589 (574).

890 Vgl. oben, S. 29 ff.

891 *Eide*, Economic, Social and Cultural Rights as Human Rights, in: Eide/Krause/Rosas (Hrsg.) Economic, Social and Cultural Rights: A Textbook, 2001, S. 9–28; *Riedel*, New Bearings to Social Rights? The Communications Procedure under the ICESCR, in: Fastenrath (Hrsg.), From Bilateralism to Community Interest: Essays in Honour of Judge Brunno Simma, 2011, S. 574–589 (574).

892 Zur Schaffung eines einheitlichen Menschenrechtsabkommen, siehe *O'Flaherty/O'Brien*, Reform of UN Human Rights Treaty Monitoring Bodies: A Critique of the Concept Paper on the High Commissioner's Proposal for a Unified Standing Treaty Body, in: Human Rights Law Review 2007, S. 141–172; *Johnstone*, Cynical Savings or Reasonable Reform? Reflections on a Single Unified UN Human Rights Treaty Body, in: Human Rights Law Review 2007, S. 173–200.

Menschenrechte unter den gegebenen Voraussetzungen an ihre Grenzen stößt. Der Mangel an Überwachungsorganen, die über ein robustes Mandat verfügen, die Normen der Pakte rechtsverbindlich auszulegen, führt dazu, dass die Fortentwicklung der Menschenrechte hinter der Schnelllebigkeit der modernen, globalisierten Welt zurückbleibt. Die Entwicklung der Menschenrechte zeigt eher evolutionistische, denn revolutionistische Züge. Nichtregierungsorganisationen und transnationale Unternehmen nehmen eine immer wichtigere Rolle auf der internationalen Bühne ein, trotzdem ist deren Partizipation unter dem bestehenden Menschenrechtsregime nur unzureichend gewährleistet. Als ein erster Schritt in diese Richtung kann die *Universal Periodic Review* gesehen werden.[893] Der Mechanismus wurde durch die Resolution der Generalversammlung 60/251 vom 15. März 2006 errichtet.[894] Die *Universal Periodic Review* ist ein einzigartiger Prozess, in dessen Verlauf Maßnahmen zur Verbesserung der Menschenrechtssituation aller 193 Mitgliedstaaten bewertet werden. Eine Unterscheidung zwischen bürgerlichen und politischen Rechten und wirtschaftlichen, sozialen und kulturellen Rechten wird nicht mehr vorgenommen.

Es zeigt sich, dass einiges dafür spricht, ein einheitliches Menschenrechtsregime zu schaffen, um damit den Inhalt wirtschaftlicher, sozialer und kultureller Rechte zu konkretisieren. Dennoch wird eine solche Umsetzung nicht unverzüglich oder in naher Zukunft vollzogen werden. Obwohl die ideologischen Widersprüche zu einem gewissen Maß überwunden sind, würde die Schaffung eines neuen Menschenrechtsabkommens ein langwieriger und zäher Prozess sein.

Auch birgt die Schaffung eines einheitlichen Menschenrechtsregimes einige Gefahren. Es ist nicht ausgeschlossen, dass der Menschenrechtsstandard eines

---

893 Umfassend zum UPR, *Abebe*, Of Shaming and Bargaining: African States and the Universal Periodic Review of the United Nations Human Rights Council, in: Human Rights Law Review 2009, S. 1–35; *Moss*, Opportunities for Nongovernmental Organization Advocacy in the Universal Periodic Review Process at the UN Human Rights Council, in: Journal of Human Rights and Practice 2010, 122–150; *Redondo*, The Universal Periodic Review of the UN Human Rights Council: An Assessment of the First Session, in: Chinese Journal of International Law 2008, S. 721–734; *Saito*, An NGO Assessment of The New Mechanisms of the UN Human Rights Council, in: Human Rights Law Review 2009, S. 203–223 (210); *Schrijver*, The UN Human Rights Council: A New "Society of the Committed" or Just Old Wine in New Bottles?, in: Leiden Journal of International Law 2007, S. 809–823; *Smith*, More of the Same or Something Different? Preliminary Observations on the Contribution of Universal Periodic Review with Reference to the Chinese Experience, in: Chinese Journal of International Law 2011, S. 565–586.

894 Vgl. UN Doc. A/RES/60/251.

solchen Übereinkommens hinter dem aktuellen Standard zurückbleibt. Der Grund hierfür ist darin zu sehen, dass ein einheitliches Menschenrechtsregime nur im Konsens der Staatengemeinschaft geschaffen werden kann. Ein solcher Konsens kann nur durch gegenseitiges Nachgeben erreicht werde, mit der Konsequenz, dass dies möglicherweise auf Kosten des Schutzstandards geschieht. Beispielhaft können die zum Teil massiven Einschränkungen der Freiheitsrechte im Zuge der Bekämpfung des internationalen Terrorismus genannt werden. Ein neu zu schaffendes Menschenrechtsregime würde die Freiheitsrechte möglicherweise mit einem Vorbehalt für den Fall einer terroristischen Bedrohung versehen.

Die ausdrückliche Anerkennung eines Rechts auf Zugang zu Grundversorgung mit Energie kann auf diesem Weg in absehbarer Zeit praktisch nicht erreicht werden. Insofern muss die Idee, ein Recht auf Zugang zur Grundversorgung mit Energie durch die Schaffung eines neuen Vertrages als zurzeit nicht realisierbar bezeichnet werden.

Zehntes Kapitel: Ergebnis und Schlussfolgerungen

Energie ist unerlässlich für das menschliche Leben. Die Sicherung und der Zugang zu Energie sind entscheidend für die Nachhaltigkeit moderner Gesellschaften.[895] Es ist daher aktuell und für die Zukunft eine der größten Herausforderungen für die Menschheit, Energiequellen zu sichern und einen Zugang zu ihnen zu gewährleisten. Energie treibt das menschliche Leben an und ist eine notwendige Voraussetzung für die kontinuierliche Entwicklung der Menschheit. Seit jeher ist mit der Evolution von Zivilisationen die Nachfrage des Menschen nach Energie gestiegen.[896] Der weltweite Bedarf an Energie wird mit wachsender Bevölkerung, Urbanisation und Modernisierung rapide ansteigen. Wahrscheinlich noch stärker, als dies in der Vergangenheit der Fall war. Denn die Technologisierung der Gesellschaft, lässt das Bedürfnis nach Energie immer dringender werden.

Dennoch sind weltweit bis zu 3 Milliarden Menschen auf fossile Energieträger im täglichen Leben zum Heizen oder Kochen angewiesen.[897] Bis zu 1,5 Milliarden Menschen verfügen über keinen Zugang zu Elektrizität, eine weitere Milliarde Menschen haben nur einen unzureichenden Zugang zu Elektrizität oder anderen modernen Energiequellen.[898] Dieser Missstand hat verheerende Folgen. Er ist eine der Hauptursachen für die große Armut in den Gebieten, die nicht über einen ausreichenden Zugang zu Energie verfügen. Der Mangel an Energie, beispielsweise in Form von Elektrizität, führt zu einer Stagnation der wirtschaftlichen Entwicklung. Als Resultat gibt es keine oder nur wenige Arbeitsplätze, die es den Menschen ermöglichen würden, der Armut zu entfliehen. Schulische und berufliche Ausbildung könnte dieser Entwicklung entgegen wirken, aber auch diese kann auf Grund einer mangelnden Energieversorgung nur rudimentär gewährleistet werden. Darüber hinaus ist der Mangel an Energie ursächlich für negative Auswirkungen auf die Gesundheit der Menschen. Sie sind wegen der Abhängigkeit von fossilen Brennstoffen erhöhten

895 *Asif/Muneer*, Energy supply, its demand and security issues for developed and emerging economies, in: Renewable and Sustainable Energy Reviews 2007, S. 1388–1413 (1388).

896 *Asif/Muneer*, Energy supply, its demand and security issues for developed and emerging economies, in: Renewable and Sustainable Energy Reviews 2007, S. 1388–1413 (1389).

897 *AGECC*, Energy for a Sustainable Future, 2010, S. 7.

898 *AGECC*, Energy for a Sustainable Future, 2010, S. 7.

Schadstoffbelastungen ausgesetzt, die zu Atemwegserkrankungen führen. Zudem ist ein funktionierendes Gesundheitssystem nur durch einen Zugang zu modernen Energiequellen zu gewährleisten, ohne welche Krankheiten nicht effektiv bekämpft werden können. Dies trifft die Menschen doppelt, die nur mangelhaft über einen Zugang zu Energie verfügen. Die Abhängigkeit von fossilen Brennstoffen bedingt Krankheiten, die dann wegen einer unzureichenden Gesundheitsversorgung nicht behoben werden können. Von diesen Auswirkungen sind Frauen und Kinder im besonderen Maße betroffen, weil das in den mit Energie unterversorgten Regionen vorherrschende Rollenverhältnis zwischen Männern und Frauen dies fördert. Energie ist eines der dringendsten Grundbedürfnisse des Menschen und die Bereitstellung eines Zugangs zu modernen Energiequellen verringert die weltweite Armut, steigert das Wohl der Menschheit und hebt dadurch weltweit den Lebensstandard der Menschen.

Der Zusammenhang zwischen Armut und defizitärer Energieversorgung wurde erkannt und die Staatengemeinschaft hat begonnen, diese Missstände zu beheben. So wurde als Reaktion und Anerkennung des Problems das Jahr 2012 durch Resolution der Generalversammlung der Vereinten Nationen zum *"International Year of Sustainable Energy for All"* erklärt.[899] Die Resolution erkennt an, dass ein Zugang zu moderner, bezahlbarer Energie in Entwicklungsländern essenziell für die Erreichung der international vereinbarten Entwicklungsziele, inklusive der MDGs ist, die zu einer Reduzierung der Armut und der Verbesserung der Lebensbedingungen für einen Großteil der Weltbevölkerung führen.[900] Dazu passt auch die von UN Generalsekretär Ban-Ki Moon geführte Initiative *"Sustainable Energy for All"* mit dem Ziel, alle Bereiche der Gesellschaft zu mobilisieren, um bis zum Jahr 2030 die drei miteinander verbundenen Ziele im Kontext Energie zu erreichen:[901] Nämlich allgemein und weltweit Zugang zu Energiedienstleistungen bereit zu stellen, die weltweite Energieeffizienzrate zu verdoppeln und den Anteil erneuerbarer Energien am globalen Energiemix zu verdoppeln.[902] Daneben deuten auch die vielen Projekte auf Initiative von UNDP oder der Weltbank im Zusammenhang mit Infrastrukturmaßnahmen im Energiesektor darauf hin, dass ein

899 Vgl. GA Res. 65/151, UN Doc. A/RES/65/151 v. 16.2.2011, Abs. 1; *Bazilian* et al., Improving Access to Modern Energy Services: Insights from Case Studies, in: The Electricity Journal 2012, S. 93–114.

900 GA Res. 65/151, UN Doc. A/RES/65/151 v. 16.2.2011.

901 *Secretary-General's High-Level Group on Sustainable Energy for All*, Sustainable Energy for All, A Global Action Agenda, 2012, S. 5 ff.

902 *Secretary-General's High-Level Group on Sustainable Energy for All*, Sustainable Energy for All, A Global Action Agenda, 2012, S. 5 ff.

Umdenken stattgefunden hat und aktiv die Verbesserung der aktuellen Situation in Bezug auf Energie herbeigeführt werden soll.[903]

Die vorliegende Arbeit ist der Frage nachgegangen, ob ein Recht auf Zugang zur Grundversorgung mit Energie als Menschenrecht nach dem Internationalen Pakt für wirtschaftliche, soziale und kulturelle Rechte existiert. Eine ausdrückliche Normierung fehlt, die Interpretation des Vertrages kann jedoch die Existenz eines solchen Rechts bestätigen. Kritiker sprechen dem Vorgehen, jedes nur erdenkliche Recht zu einem Menschenrecht zu erklären, Sinn und Legitimation ab. Denn es besteht dadurch die Gefahr, dass der Begriff der Menschenrechte langfristig an Bedeutung verliert.[904] Diese Kritik ist im Einzelfall berechtigt, kann hier im vorliegenden Fall aber nicht überzeugen. Energie ist eines der dringendsten Grundbedürfnisse des Menschen. Ähnlich wie Wasser ist gerade in der heutigen Welt ein Zugang zu modernen Energiequellen lebensnotwendig. Es wird folglich nicht etwas Belangloses, sondern eine Grundvoraussetzung des menschlichen Lebens zu einem Menschenrecht erklärt. Zielrichtung der Menschenrechte ist es zudem ein Leben in Würde zu ermöglichen, auch dies kann wie in der Arbeit dargestellt nur dadurch gewährleistet werden, dass die Grundversorgung mit Energie gewährleistet ist. Der Begriff der Menschenrechte verliert dadurch im konkreten Fall nicht an Bedeutung, sondern erfährt eher eine Aufwertung.

Ein solches Vorgehen ist auch aus dem Grunde notwendig, weil die Gesellschaft einem ständigen Wandel unterzogen ist. Menschenrechtliche Kodifizierungen sind von so großer Wichtigkeit, dass sie die sich wandelnden Bedürfnisse berücksichtigen müssen. Als der Internationale Pakt über wirtschaftliche, soziale und kulturelle Rechte 1966 verabschiedet wurde, waren viele Probleme der heutigen Zeit noch nicht akut und konnten in dem Ausmaß nicht vorhergesehen werden. Es ist daher eine logische Konsequenz, dass Verträge interpretiert werden müssen, ohne dabei jedoch den ursprünglichen Sinn und Zweck des Vertrages zu ändern. Ganz nach dem Motto von *Fastenrath* „das Recht gilt in der Zeit und geht mit der Zeit".[905]

Die Auslegung von Art. 11 Abs. 1 IPWSKR hat ergeben, dass ein Zugang zu Grundversorgung mit Energie *conditio sine qua non* ist, um die Voraussetzungen eines angemessenen Lebensstandards zu erfüllen.[906] Der angemessene Lebensstandard soll ein würdevolles Leben gewährleisten. Die vollständige Erfüllung

---

903 Vgl. oben, S. 226 ff.

904 Kritisch auch Alston, "Conjuring up New Human Rights: A Proposal for Quality Control", in: The American Journal of International Law, 1984, S. 607–621.

905 *Fastenrath,* Lücken im Völkerrecht, S. 193.

906 Vgl. oben S. 135 ff.

eines angemessenen Lebensstandards setzt die Bereitstellung einer funktionsfähigen Energieinfrastruktur voraus.

Auch den anderen Verpflichtungen des Sozialpakts kann entnommen werden, dass ein Zugang zu Grundversorgung mit Energie eine notwendige Voraussetzung für deren Erfüllung ist, allen voran den Art. 6, 7, 12 und 13 IPWSKR.

Ein Recht auf Grundversorgung mit Energie ist als Element des angemessenen Lebensstandards gemäß Art. 11 Abs. 1 IPWSKR in Verbindung mit dem Prinzip der Menschenwürde im Sozialpakt enthalten. Es ist zudem eine notwendige Voraussetzung für die Verwirklichung von anderen Menschenrechten und stellt somit selbst ein Menschenrecht dar. Das Recht auf einen Zugang zu Grundversorgung mit Energie muss das Prinzip der Nichtdiskriminierung berücksichtigen, muss eine Menge an Energie zur Verfügung stellen, die ausreicht, die rudimentärsten Bedürfnisse zu befriedigen, den Anforderungen an Sicherheit gerecht werden und aus nachhaltigen Energiequellen stammen, die die Umwelt im geringsten Maß belastet.[907] Dabei beinhaltet das Recht auf Grundversorgung mit Energie nicht die Verpflichtung, jedem kostenlos Energie zur Verfügung zu stellen. Vielmehr resultiert daraus für die Vertragsstaaten die Pflicht, die notwendigen politischen und organisatorischen Voraussetzungen zur Förderung einer umfassenden Abdeckung mit Energie zu schaffen. Es müssen Gesetze, Verwaltungsvorschriften und Programme verabschiedet werden, die ein sicheres Umfeld für Investitionen in diesem Bereich schaffen und Partner für die Umsetzung anlocken. Kooperation ist im Zusammenhang mit der Umsetzung eines Rechts auf Grundversorgung mit Energie eine Grundvoraussetzung. Denn nur so können die technischen und finanziellen Grundlagen geschaffen werden.

Auch wenn der Internationale Pakt über wirtschaftliche, soziale und kulturelle Rechte ein Recht auf Zugang zu Grundversorgung mit Energie enthält, ist es noch ein langer Weg bis zur endgültigen Anerkennung. Hier muss zunächst die Zivilgesellschaft weiterhin Aufklärungsarbeit betreiben und die allgemeine Öffentlichkeit sowie Regierungen und andere staatliche Organisationen für das Bedürfnis nach Energie sensibilisieren. Aber auch der Ausschuss ist in der Pflicht, die Vertragsstaaten mit den ihm zur Verfügung stehenden Mitteln darauf hinzuweisen, dass das Recht auf Zugang zu Grundversorgung mit Energie eine Verpflichtung des Sozialpakts darstellt. So kann das wünschenswerte Ziel einer weltweit vollumfänglichen Versorgung mit Energie aus umweltfreundlichen und nachhaltigen Quellen bis zum Jahr 2030 gewährleistet werden.

---

907 Vgl. oben, S. 191 ff.

Abstract

Currently, up to 2 billion people worldwide still lack access to basic energy services like electricity. As a result many of these people live in poverty and suffer from severe health problems. Without modern sources of energy like electricity to generate lighting and natural gas, or the like for cooking and heating, many people especially in developing countries are dependent on solid fuels like firewood, dung, agricultural residues or coal. The indoor use of solid fuels leads to health problems especially among women who often suffer severe respiratory problems. Statistics show that nearly 2.5 million people die each year from air pollution caused by using solid fuels for cooking and heating. More than two billion people especially in India, China, South America and Africa still use solid fuels for cooking where women and children spent more time indoors than outdoors. The education of children also suffers from the lack of energy, as there is little time available for education if basic survival needs, such as fuel gathering, have to be attended to. Besides this, the lack of home electric lighting makes study impossible after nightfall. Today 20% of the world population consume 60% of the generated energy. As shown above, the lack of energy in the developing countries leads to a deficit of conveniences like electric lighting, modern efficient, and non-polluting fuel supplies, warm running water and sanitation systems that those living in economically developed countries take for granted. As a result economic growth is slow to nonexistent. The same applies for the improvement of living conditions.

A human right to access to basic supply with energy services could solve this crisis and could significantly reduce the number of people lacking access to basic energy services. Energy is an extreme complex and abstract topic. To get an understanding about the necessity of a human right to access to basic supply with energy one has to be aware about its basic principles.

In the absence of an explicit human right to access to basic supply with energy, the International Covenant on Economic, Social and Cultural Rights (ICESCR) can serve as a starting point. Such a right can be derived by way of interpretation. Article 11 (1) ICESCR explicitly contains a right for everyone to an adequate standard of living. According to article 11 (1) ICESCR an adequate standard of living compromises a right to food, clothing and housing. The provision does not mention a right to energy or at least a right to access to basic supply with energy services. But the enumeration of the rights contained in article 11 (1) ICESCR is not exclusive. This is indicated by the word "including" followed by the enumeration of the before mentioned rights. This leads to the assumption that a right to access to basic supply with energy could be included in an adequate standard of living. Article 11 (1) ICESCR does not contain a valid definition of the term adequate standard of living but it gives an indication of its meaning. According to article 11 (1) ICESCR an adequate standard of living can only be achieved if a right to food, clothing and housing is realized. The enumerated rights do not define the term adequate standard of living but rather substantiate it. As a result, a right to food, clothing and housing are necessary to achieve an adequate standard of living. If one develops this thought further, it becomes apparent that the before mentioned rights themselves can only be fulfilled if one has at least access to basic energy services. The right to food for example can only be fulfilled if a person is able to prepare the food properly by cooking it. Also, the preparation of food is only possible with sufficient energy. The same is true for realizing a right to housing. Housing facilities not only have to provide shelter, but people must have the chance to develop freely within its walls which can only be achieved if access to energy is available. Energy is a necessity to cool or heat a building and to provide sufficient lighting after nightfall. As a result, access to basic supply with energy is a basic requirement or using a different expression, it is "conditio sine qua non" for the fulfilment of an adequate standard of living.

Evidence that a right to access to basic supply with energy services can be derived from the ICESCR can also be found in other provisions. Take article 12 ICESCR the right to health as an example. As the Committee on Economic, Social and Cultural Rights stated in its General Comment No. 14 "The right to health is not to be understood as a right to be healthy. The right to health contains both freedoms and entitlements. The freedoms include the right to control one's health and body, including sexual and reproductive freedom, and the right to be free from interference, such as the right to be free from torture, non-consensual medical treatment and experimentation. By contrast, the entitlements include the right to a system of health protection which provides equality of opportunity for people to enjoy the highest attainable level of health". By a deeper analysis of article 12 ICESCR it becomes apparent that the realization of the freedoms and entitlements contained in the article is impossible without access to adequate energy services. Energy is necessary to maintain a certain level of hygiene which is of paramount concern in the medical sector. To operate efficiently, a hospital needs access to basic energy services. It is impossible to maintain a minimum level of hygiene without warm water, sanitation facilities and the like. Many pharmaceuticals need cooling to last longer and to unfold their full potential. Access to basic supply with energy is a prerequisite for the full realization of the right to health in article 12 ICESCR.

Articles 6 and 7 ICESCR commonly refer to a right to work. As the Committee on Economic, Social and Cultural Rights stated in its General Comment No. 18: "Work as specified in article 6 of the Covenant must be decent work. This is work that respects the fundamental rights of the human person as well as the rights of workers in terms of conditions of work safety and remuneration."[908]

The question arises, how a work place without access to basic supply with energy can be considered as decent work or comply with modern work safety standards? Especially nowadays, if modern work places are equipped with computers and powerful machines, it is hard to imagine how a right to work can be realized without access to energy. Even the fulfillment of articles 6 and 7 ICESCR requires access to basic supply with energy services.

The analysis of the ICESR shows that access to energy is a coercive necessity for the fulfillment of the obligations contained in the ICESCR.

Aside from the ICESCR there is more evidence for the existence of a human right to access to basic supply with energy. The obligations in the Convention on the Elimination of all Forms of Discrimination against Women (CEDAW), the Convention on the Rights of Persons with Disabilities (CRPD) and the International Covenant on Civil and Political Rights (ICCPR) require at least access to basic supply with energy services. Here the same principles as above apply.

Although a right to access to basic supply with energy is not expressively mentioned in any of the Covenants, as shown above, such a right can be derived by way of interpretation. Once we assume that a right to basic supply with energy exists, the content and scope of such a right has to be defined in the following step.

The Committee on Economic, Social and Cultural Rights has in the past repeatedly defined the scope of the rights contained in the ICESCR in its General Comments. The structure of defining the scope and content of the obligations developed by the Committee has been proven successful. For this reason the proven structure shall be applied to a right to access to basic supply with energy services.

Bradbrook und Gardam summarized the content of a right to energy as follows:

> "the basic right would be designed to ensure access on the basis of equality and non-discrimination to a sufficient, regular, reliable, efficient, safe, and affordable supply of (ideally clean and sustainable) energy."

This statement can be considered as true, but it does not measure up to the complexity of such a right. The right to access to basic supply with energy is twofold. It contains both rights and entitlements. The freedoms include the right to maintain

908 CESCR-General Comment No. 18 (2006), para. 7.

access to existing energy services and the right to be free from interference, such as the right to be free from arbitrary disconnections of energy services. By contrast, the entitlements include the right to a system of energy services and management that provides equality of opportunity for people to enjoy the right to access to basic supply with energy. In addition, access to basic supply with energy services must be available and accessible. Accessibility is further divided in physical accessibility, economic accessibility and non-discrimination.

It follows from this point, that a right to access to basic supply with energy must be affordable for all. In addition, the right must be accessible to all, including the most vulnerable or marginalized sections of the population, in law and in fact, without discrimination on any of the prohibited grounds.

As mentioned above, a right to access to basic supply with energy imposes certain obligations on the state party to the Covenant. As with every human right the state has the obligation to respect, protect and to fulfil. The obligation to respect requires that State parties refrain from interfering directly or indirectly with the enjoyment of the right to access to basic supply with energy. The obligation includes, inter alia, refraining from engaging in any practice or activity that denies or limits equal access to such a right. The obligation to protect requires State parties to prevent third parties from interfering in any way with the enjoyment of the right to access to basic supply with energy. The obligation includes, inter alia, adopting the necessary and effective legislative and other measures to restrain, for example, third parties from denying equal access to basic supply with energy on arbitrary grounds. Last but not least, the obligation to fulfil has to be analyzed, which can be disaggregated into the obligations to facilitate, promote and provide. The obligation to facilitate requires the State to take positive measures to assist individuals and communities to enjoy the right. It requires State parties to ensure that the people living under its jurisdiction can enjoy the right. States parties are also obliged to actively fulfil (provide) the right when individuals or a group are unable, for reasons beyond their control, to realize that right themselves by the means at their disposal.

In General Comment No. 3, the Committee confirms that every right contained in the ICESCR has a core obligation to ensure the satisfaction of, at the very least, minimum essential levels of each of the rights enunciated in the Covenant. The determination of the core obligation of a right to access to basic supply with energy is not without obstacles. Compared to the right to water it is nearly impossible to name a certain amount of energy that can be considered as sufficient. With respect to a right to basic supply with energy, the quantity of energy must be sufficient to fulfill the basic human needs. The amount of energy must be enough for cooking and lighting. In addition, it should be possible to cool or heat a room.

The analysis has shown, that the ICESCR contains a right to access to basic supply with energy. Energy in general is of paramount importance for human life. With the continuing urbanization and modernization of our society, demand for access to energy is irresistible and is increasing. But even if a right to access to basic supply with energy can be deduced from the ICESCR, it will probably take some time until its final universal recognition. In addition critics of such a right will bring the cost argument. The enforcement of the right requires states to invest into its infrastructure. Resolving this obstacle is a great challenge and requires the involvement of many different actors. Take the right to water for example. Before its final recognition by General Assembly Resolution A/RES/64/292 in July 2010, the status of a right to water was comparable with the current status of a right to access to basic supply with energy. It was a long and stony path from the idea that the ICESCR contains a right to water until its universal recognition. In a first step it is necessary to raise the awareness of society for the current situation with respect to energy and to make clear what disadvantages a lack of access to energy causes. People and stakeholders have to be sensitized for the issue.

The Committee on Economic, Social and Cultural Rights could take a leading role in promoting a right to access to basic supply with energy. It should address this issue in its constructive dialogue during the annual sessions and in its concluding observations. In addition, the Committee might consider drafting a General Comment covering the issues in respect to a right to energy. Not only might the Committee on Economic Social and Cultural Rights take action, but also other stakeholders like NGOs and the civil society can contribute substantially to the promotion of a human right to access to basic energy services. They must actively participate in the constructive dialogue during the annual sessions of the Committee.

A right to access to basic supply with energy exists, but it is an arduous journey until a universal recognition of the right.

Abkürzungsverzeichnis

BGBl	Bundesgesetzblatt
CAT	Convention against Torture and Other Cruel, Inhuman or Degrading Treatment or Punishment
CEDW	Convention on the Elemination of All Forms of Discrimation against Women
CESCR	Committee on Economic, Social and Cultural Rights
CHR	Commission of Human Rights
CRC	Convention on the Rights of the Child
CRPD	Convention on the Rights of Persons with Disabilities
EGG	Eneuerbare-Energien-Gesetz
EGMR	Europäischer Gerichtshof für Menschenrechte
EMRK	Europäische Menschenrechtskonvention
EnWG	Energiewirtschaftsgesetz
ESMAP	Energy Sector Management Assistance Programme
EuGRZ	Europäische Grundrechte-Zeitschrift
EuZW	Europäische Zeitschrift für Wirtschaftsrecht
GATT	Allgemeine Zoll- und Handelsabkommen
HRC	Human Rights Council
IBRD	International Bank for Reconstruction and Development
ICC	International Coordination Committee of National Institutions for the Promotion and Protection of Human Rights
ICERD	International Convention on the Elimination of All Forms of Racial Discrimination
ICSID	International Centre for Settlement of Investment Disputes
IDE	International Development Association
IEA	Internationale Energieagentur
IFC	International Finance Corporation
IGH	Internationaler Gerichtshof
ILO	International Labour Organization
IPBPR	Internationaler Pakt über Bürgerliche und Politische Rechte
IPWSKR	Internationaler Pakt über Wirtschaftliche Soziale und Kulturelle Rechte
JDSD	Johannesburg Declaration on Sustainable Development
JPOI	Johannesburg Plan on Implementation
Kcal	Kalorien

LPG	Liquefied Petroleum Gas
KW/h	Kilowatt pro Stunde
MW	Megawatt
MDG	Millennium Development Goals
OECD	Organisation for Economic Co-operation and Development
OHCR	Office of the High Commissioner for Human Rights
StromGVV	Stromgrundversorgungsverordnung
TNC	Transnational Corporation
UNDP	United Nations Development Programm
UNESCO	United Nations Educational, Scientific and Cultural Organization
UNHCR	Commission on Human Rights
UNO	United Nations Organisation
UPR	Universal Periodic Review
WHO	World Health Organisation
WTO	World Trade Organisation
WVK	Wiener Übereinkommen über das Recht der Verträge

Literaturverzeichnis

Bücher und Aufsätze

Abebe, Allehone Mulugeta, Of Shaming and Bargaining: African States and the Universal Periodic Review of the United Nations Human Rights Council, in: Human Rights Law Review 2009, S. 1–35.

Aichele, Valentine, Die nationale Menschenrechtsinstitution: Eine Einführung, 2. Aufl., Berlin 2009.

Aichele, Valentine, Nationale Menschenrechtsinstitutionen. Ein Beitrag zur nationalen Implementierung von Menschenrechten, Frankfurt a. M.[u.a.] 2003.

Allali, Brahim, TEMASOL: Providing Energy Access to Remote Rural Households in Morocco, GIM Case Study No. B093. New York: United Nations Development Programme, 2011.

Alston, Philip, Putting Economic, Social and Cultural Rights Back on The Agenda of the United States, in: Schulz (Hrsg.) The Future of Human Rights U.S. Policy for a New Era, Philadelphia 2009, S. 120–138.

Alston, Philip, The Committee on Economic, Social and Cultural Rights, in: The United Nations and Human Rights, 2. Aufl., Oxford 2008.

Alston, Philip, The Historical Origins of the Concept of General Comments in Human Rights Law, in: de Chazournes Laurence/Gowlland-Debbas, Vera (Hrsg.), Liber Amicorum Georges Abi Saab, Den Haag [u.a.] 2001.

Alston, Philip, The International Covenant on Economic, Social and Cultural Rights, in: Manual on Human Rights Reporting under six Major international Human Rights Instruments, Genf 1997.

Alston, Philip, Out of the Abyss: The Challenges Confronting the New UN Committee on Economic, Social and Cultural Rights, in: Human Rights Quarterly Bd. 9 (1987), S. 332–381.

Alston, Philip/Quinn, Gerard, The Nature and Scope of States Parties' Obligations under the International Covenant on Economic, Social and Cultural Rights, in: Human Rights Quarterly, 1987, S. 156–222.

Alston, Philip, Conjuring up New Human Rights: A Proposal for Quality Control, The American Journal of International Law, (1984) Vol. 78, No. 3, S. 607–621.

Andreassen, Bard-Anders, in: Afredsson/Eide (Hrsgg.) The Universal Declaration of Human Rights: A Commentary, New York [u.a.] 1992.

Asif, M./Muneer, T., Energy supply, its demand and security issues for developed and emerging economies, in: Renewable and Sustainable Energy Reviews, 2007, S. 1388–1413.

Aust, Anthony, Handbook of International Law, Cambridge [u.a.] 2005.

Aust, Anthony, Vienna Convention on the Law of Treaties (1969), in: Wolfrum (Hrsg.), The Max Planck Encyclopedia of Public International Law, Oxford University Press, 2008, online edition, [www.mpepil.com].

Baderin, Mashood A./McCorquodale, The International Covenant on Economic, Social and Cultural Rights: Forty Years of Development, in Economic, Social and Cultural Rights in Action, Oxford 2007.

Bazilian, Morgan/(u.a.), Improving Access to Modern Energy Services: Insights from Case Studies, in: The Electricity Journal 2012, S. 93–114.

Bekker, Bernard/Eberhard, Anton/(u.a.), South Africa's rapid electrification programme: Policy, institutional, planning, financing and technical innovations, in: Energy Policy 2008, S. 3115–3127.

Bernardt, Rudolph, Interpretation in International Law, in: ders. (Hrsg.), Encyclopedia of Public International Law, Volume 2, North-Holland 1995, S. 1416.

Bernardt, Rudolph, Interpretation and Implied (Tacit) Modification of Treaties, in: ZaöRV, 1967, S. 491–506.

Bernardt, Rudolph, Die Auslegung völkerrechtlicher Verträge, Köln 1963.

Biesalski, Hans, Kap. Ernährung, in: Schmidt, Robert/Lang Florian (Hrsg.), Physiologie des Menschen, 30. Aufl., Berlin 2007.

Blackshield, Anthony/George Williams, Australian Constitutional Law and Theory: Commentary and Materials, 6. Aufl., Annandale (N.S.W.) 2014.

Bradbrook Adrian/Gardam, Judith, Energy and Poverty: A Proposal to Harness International Law to Advance Universal Access to Modern Energy Services, in: Netherlands International Law Review, 2010, S. 1–28.

Bradbrook Adrian/Gardam, Judith, A Human Dimension to the Energy Debate: Access to Modern Energy Services, in: Jounral of Energy and Natural Resources Law 2008, S. 526–552.

Bradbrook Adrian/Gardam, Judith, Placing Access to Energy Services within a Human Rights Framework, in: Human Rights Quarterly 28 2006, S. 389–415.

Bradbrook, Adrian/Wahnschafft, Ralph D., The contribution on international law to achieving global sustainable energy production and consumption, Energy Law and Sustainable Development, Gland, Cambridge 2003, S. 153–163.

Bradbrook, Adrian, Energy and Sustainable Development, in: Asia Pacific Journal of Environmental Law 4 (1999), S. 309–317.

Brecht, Bertolt, Dreigroschenoper, Leipzig, 1928.

Brew-Hammond Abeeku/Kemausuor, Francis, Energy for all in Africa – to be or not to be?!, in: Current Opinion in Environmental Sustainability 2009, S. 83–88.

Brownlie, Ian, Principles of Public International Law, 7. Aufl., Oxford, New York 2008.

Broyles, Dave, What is Energy?, Bloomington USA 2006.

Buergenthal, Thomas/Thürer, Daniel, Menschenrechte: Ideale, Instrumente, Institutionen, Baden-Baden 2009.

Buergenthal, Thomas, International Human Rights in an Historical Perspective, in: Janusz Symonides (Hrsg.), Human Rights: Concepts and Standards, Dartmouth [u.a.] 2000.

Buergenthal, Thomas, The Normative and Institutional Evolution of International Human Rights, in: Human Rights Quarterly, 1997, S. 703–723.

McCaffrey, Stephen, The Human Right to Water, in: Brown Weiss, Boisson de Charzounes and Bernasconi-Osterwalder (Hrsg.), Fresh Water and International Economic Law, Oxford 2005.

McCaffrey, Stephen, A Human Right to Water: Domestic and International Implications, in: Georgetown International Environmental Law Review, (5) 1992, S. 1–24.

Cahill, Amanda, The Human Right to Water – A Right of Unique Status': The Legal Status and Normative Content of the Right to Water, in: The International Journal of Human Rights 2005, Vol. 9, No. 3, S. 389–410.

Carney, Terry, Neoliberal welfare reform and 'rights' compliance under Australian social security law in: Australian Journal of Human Rights, 12 (1) 2006, S. 223–253.

Chapman, Audrey R., Core Obligations Related to the Right to Health', in: Audrey Chapman/Sage Russel (Hrsg.) Core Obligations: Building a Framework for Economic, Social and Cultural Rights, Antwerpen 2002.

Chapman, Audrey/Sage, Russell, Introduction, in: Audrey Chapman/Sage Russel (Hrsg.) Core Obligations: Building a Framework for Economic, Social and Cultural Rights, Antwerpen 2002.

Chaurey, Akanksha/Ranganathan, Mailni/Mohanty, Parimita, Electricity access for geographically disadvantaged rural communities-technology and policy insights, in: Energy Policy 32 (2004), S. 1693–1705.

Chichilnisky, Graciella, Basic Needs and the North/South Debate, Working Paper, New York, 1982.

Conforti, Benedetto, National Courts and the International Law of Human Rights, in: Conforti, Benedetto/Francioni, Francesco (Hrsg.), Enforcing International Human Rights in Domestic Courts, Den Haag 1997, S. 3–14.

Cottier, Thomas/(u.a.), Energy in WTO law and policy, in: Cottier, Thomas/Delimatsis, Panagiotis (Hrsg.), The Prospects of International Trade Regulation, Cambridge 2011.

Cranston, Maurice, What are Human Rights? London [u.a.] 1973.

Cranwell, Glen, Treaties and Australian Law: Administrative Discretions, Statutes and the Common Law', in: Australian Journal of Administrative Law, Vol. 9 (2002) S. 65–83.

Craven, Matthew, The International Covenant on Economic, Social and Cultural Rights, in Raija Hanski/Markku Suski (Hrsg.) An Introduction to the International Protecction of Human Rights, Turku 1999.

D'Agostino, Anthony/Sovacool, Benjamin, Summining the Sun: Evaluating China's Renewable Energy Development Project (REDP), Lee Kuan Yew School of public Policy energy governance case Study Nr. 6, Singapore 2011.

Danilenko, Gennady M., Implementation of International Law in CIS States: Theory and Practice, in: European Journal of International Law 10 (1999), S. 51–69.

Dankwa, Victor (u.a.), Commantary to the Maastricht Guidelines on Violations of Economic, Social and Cultural Rights, in: Human Rights Quarterly, 20 1998, S. 705–730.

Diekmann, Bernd /Heinloth, Klaus, Energie: Physikalische Grundlagen ihrer Erzeugung, Umwandlung und Nutzung, 2. Aufl., Braunschweig 1997.

Djalalov, A. A., National Water Law of Uzbekistan: Its Coordination with International Water Law. Priorities and Problems. Line of Activities for Improvement, 2001.

Donnelly, Jack, International Human Rights, 3. Aufl., Colorado 2006.

Donnelly, Jack, Universal Human Rights in Theory and Practice, Ithaca (USA) [u.a] 1989.

Donnelly, Jack, The Concept of Human Rights, London [u.a.] 1985.

Drupady, Ira Martina/Sovacool Benjamin, Harvesting the Elements: The Achievements of Sri Lanka's Energy Services Delivery Project, Lee Kuan Yew School of public Policy energy governance case Study Nr. 10, Singapore 2011.

MacDougal, Myres (u.a.), Human Rights and World Public Order: The Basic Policies of an International Law of Human Dignity, New Haven [u.a.] 1980.

Dupont, Alan/Greame Pearman, Heating up the Planet Climate Change and Security, 1. Aufl., Double Bay (N.S.W.) 2006.

Eide Asbjørn, Economic, Social and Cultural Rights as Human Rights, in: Eide, Asbjørn/Krause, Catarina/Rosas, Allan (Hrsg.) Economic, Social and Cultural Rights: A Textbook, Dordrecht 2001, S. 9–28.

Eide Asbjørn, Making Human Rights Universal, in: Stocke, Hugo/Tostensen, Arne (Hrsg.), Human Rights in Development (Yearbook 1999/2000, The Millenium Edition).

Eide Asbjørn, UN Special Rapporteur for the Right to Food, The Right to Adequate Food as a Human Right: Final Report submitted by Asbjørn Eide, UN Doc E/CN.4/Sub.2/1987/23.

Engbruch, Katharina, ‚Das Menschenrecht auf einen angemessenen Lebensstandard', Ernährung, Wasser, Bekleidung, Unterbringung und Energie als Elemente des Art. 11 (1) IPWSKR, Frankfurt a. M. 2007.

Epping, Volker, Grundrechte, 5. Aufl., Heidelberg 2012.

Fastenrath, Ulrich, Lücken im Völkerrecht, Berlin, 1991.

Fisher, D. E., Environmental Accountability of the Water and Electricity Industries in Australia, in: Journal of Energy & Natural Resources Law 1997, S. 97–128.

Feynman, Richard, The Feynman Lectures on Physics, Boston, 1964.

O'Flaherty, Michael/O'Brien, Claire, Reform of UN Human Rights Treaty Monitoring Bodies: A Critique of the Concept Paper on the High Commissioner's Proposal for a Unified Standing Treaty Body, in: Human Rights Law Review 2007, S. 141–172.

Frotscher, Werner/Pieroth, Bodo, Verfassungsgeschichte, 9. Aufl., München, 2010.

Frowein, Jochen, European Convention for the Protection of Human Rights and Fundamental Freedoms (1950), in: Wolfrum (Hrsg.), The Max Planck Encyclopedia of Public International Law, Oxford University Press, 2008, online edition, [www.mpepil.com].

Frowein, Jochen, The European and American Convention on Human Rights: A Comparison, in: Human Rights Law Review 1980, S. 44–65.

Fuchs, Eileen, Optional Provision, in: Wolfrum (Hrsg.), The Max Planck Encyclopedia of Public International Law, Oxford University Press, 2008, online edition, [www.mpepil.com].

Gleick, Peter H., 'Basic Water Requirements for Human Activities: Meeting Basic Needs', in: Water International, 21, 1996.

Goldemberg, José, Development and Energy, in: Bradbrook, Adrian (u.a.) (Hrsg.), Energy Law and Sustainable Development, Gland, Cambridge 2003, S. 1–9.

Gorni, Christian Das Menschenrecht auf Teilnahme am kulturellen Leben. Inhalt, Grenzen und Justiziabilität von Artikel 15 (1) lit. a) des Internationalen Paktes über wirtschaftliche, soziale und kulturelle Rechte", Stuttgart [u.a.], 2008.

Gros Espiell, Héctor, The Evolving Concept of Human Rights, in: Ramcharan (Hrsg.) Human Rights: Thirty Years after the Universal Declaration of Human Rights, Den Haag, 1979, S. 41–66.

Grüneberg, Christian, in: Palandt Bürgerliches Gesetzbuch, 72. Aufl., München 2013.

Hansen Richard, SELCO India and SEWA Bank: Innovations in Linking Sustainable Energy and Development Finance, 2007.

Harris, David/Livingstone, Stephen (Hrsg.), The Inter-American System of Human Rights, Oxford 1998.

von Heinegg, Wolff Heintschel, in: Ipsen (Hrsg.), Völkerrecht, 6. Aufl., München 2014.

Herdegen, Matthias, Interpretation in International Law, in: Wolfrum (Hrsg.), The Max Planck Encyclopedia of Public International Law, Oxford University Press, 2008, online edition, [www.mpepil.com].

Herzog, Roman/Grzeszick, Bernd, in: Maunz, Theodor/Dürig, Günter (Begr.), Grundgesetz Kommentar, 70. Aufl., München 2014.

Heuck, Klaus/Dettmann, Klaus-Dieter/Schulz, Detlef, Elektrische Energieversorgung, 7. Aufl., Heidelberg [u.a.], 2007.

Hobe, Stephan/Kiminich, Otto, Einführung in das Völkerrecht, 9. Aufl., Tübingen 2008.

Hoffmann, Jan Martin, Die Europäische Menschenrechtskonvention und nationales Recht, Köln 2010.

van Hoof, Rethinking the Sources of International Law, Deventer, 1983.

Howard, Guy/Jamie Bartram, Domestic Water Quantity, Service Level and Health, World Health Organisation 2003, WHO/SDE/WSH/03.02.

Howells, M.I./(u.a.), A model of household energy services in a low-income rural African village, in: Energy Policy 2005, S. 1833–1851.

Humphrey, John Peters, The Universal Declaration of Human Rights, in: Ramcharan (Hrsg.) Human Rights: Thirty Years after the Universal Declaration of Human Rights, Den Haag, 1979, S. 21–37.

Jackson, John H., Status of Treaties in Domestic Legal Systems. A Policy Analysis, in: American Journal of Law, Vol. 86, 1992, S. 310–340.

Jarass, Hans/Pieroth, Bodo, Grundgesetz Kommentar, 13. Aufl., München 2014.

Johansson, Thomas/Goldemberg, José, The Role of Energy and in Sustainable Development: Basic Facts and Issues, in: Johansson, Thomas/Goldemberg, José (Hrsg.) Energy for Sustainable Development: A Policy Agenda, New York 2002, S. 25–39.

Johnstone, Rachael, Cynical Savings or Reasonable Reform? Reflections on a Single Unified UN Human Rights Treaty Body, in: Human Rights Law Review 2007, S. 173–200.

Kalantry, Sital/Getgen, Jocelyn/Koh, Steven Arrigg, Enhancing Enforcement of Economic, Social, and Cultural Rights Using Indicators: A Focus on the Right to Education in the ICESCR, in: Human Rights Quartely 2010, S. 253–310.

Kaltschmitt, Martin, in: Kaltschmitt, Martin/Hartmann, Hans/Hofbauer, Hermann (Hrsg.) Energie aus Biomasse: Grundlage, Technik und Verfahren, 2. Aufl., Heidelberg [u.a.] 2009.

O'Keefe, Roger, The „Right to take part in Cultural Life" under Art. 15 of the ICESCR, in: International and Comparative Law Quarterly, 1998, S. 904–923.

Kennedy, David, The Sources of International Law, in: The American University International Law Review, 1987, S. 1–96.

Kiefer, Thorsten, The Human Right to Water: Domestic and International Implications, LL.M. Scripte Vrij Doctoraal Internationaal Recht, Universiteit van Amsterdam, 2003.

Kinney Eleanor, The International Human Right to Health: What Does This Mean for our Nation and World?, in: Indiana Law Review 2001, S. 1457–1475.

Kinney Eleanor/Clark, Brian, Provisions for Health and Health Care in the Constitutions of the Countries of the World, in: Cornell International Law Journal, 2004, S. 285–355.

Kirchner, Friedrich, Kirchner's Wörterbuch der Philosophischen Grundbegriffe, 5. Aufl., Leipzig 1907.

Klee, Kristina, Die progressive Verwirklichung wirtschaftlicher, sozialer und kultureller Menschenrechte, Stuttgart 2000.

Klein, Eckart, Menschenrechtsinflation?, in: Hanschel/(u.a.) (Hrsg.) Mensch und Recht: Festschrift für Eibe Riedel zum 70. Geburtstag, Berlin 2013, S. 117–129.

Klein, Eckart, Universeller Menschenrechtsschutz – Realität oder Utopie?, in: EuGRZ, 1999, S. 109–115.

Klein, Eckart, Statusverträge im Völkerrecht, Berlin [u.a.], 1980.

Kunze, Max, Unternehmensethik und Wertemanagement in Familien- und Mittelstandsunternehmen, Heidelbeg 2007.

Koch, Ida Elisabeth, The Justiciability of Indivisible Rights, in: Nordic Journal of International Law 2003, S. 3–39.

Köck, Heribert Franz, Zur Interpretation Völkerrechtlicher Verträge, in: American Journal of International Law 1998 (53), S. 217–237.

Koenigs, Tom, Foreword, in: Riedel, Eibe/Rothen, Peter (Hrsg.) The Human Right to Water, Berlin 2006.

Komives, Kristin, Water, Electricity, and the Poor: Who Benefits from Utility Subsidies?, World Bank (Hrsg.), Washington 2005.

Langford, Malcolm, Closing the Gap? An Introduction to the Optional Protocol to the International Covenant on Economic, Social and Cultural Rights, in: Nordic Journal of Human Rights, Volume 27, No. 1 2009, S. 1–28.

Langford, Malcolm, The United Nations Concept of Water as a Human Right: A New Paradigm for Old Problems?, in: Water Resources Development 2005, S. 273–282.

Leary, Virginia, The Right to Health in International Human Rights Law, in: Health and Human Rights 1994, S. 24–56.

Leckie, Scott/Gallagher, Anne, Economic, Social, and Cultural Rights, A legal Resource Guide, Philadelphia 2006.

Liebach, Ingo, Die unilaterale humanitäre Intervention im „zerfallenen Staat" („failed State"), Köln 2004.

Linderfalk, Ulf, On the Interpretation of Treaties, Dodrecht 2007.

Lohse Oliver, Das Recht auf Wasser als Verpflichtung für Staaten und nichtstaatliche Akteure' Art. 11 Abs. 1, Art. 12 Internationaler Pakt über wirtschaftliche, soziale und kulturelle Rechte, Hamburg 2005.

Lukes, Rudolf, Die Europäische Energiecharta, in: EuZW 1992, S. 401–406.

Lyster, Rosemary/Bradbrook, Adrian, Energy Law and the Environment, Cambridge 2006.

Macrory, Patrick (u.a.), The World Trade Organization: Legal Economic and Political Analysis, Heidelberg 2005.

Mahon, Claire, Progress at the Front: The Draft Optional Protocol to the International Covenant on Economic, Social and Cultural Rights, in: Human Rights Law Review 2008, S. 617–646.

von Mangoldt, Hermann/Klein, Friedrich/Starck, Christian, Kommentar zum Grundgesetz, Band II Artikel 20–82, 6. Aufl., München 2010.

Maslow, Abraham H., Motivation and Personality, 2. Aufl., New York 1970.

Maurer, Hartmut, Staatsrecht I, 6. Aufl., München 2010.

McDougal, Myres S./Lasswell, Harlod/Miller, James, The Interpretation of International Agreements and World Public Order: Principles of Content and Procedure, Dordrecht 1994.

McKenzie, Gordon/Tullock, Richard, The New World of Economics, 6. Aufl., Heidelberg 2012.

Milner, Wesley T./(u.a.), Security Rights, Subsistence Rights, and Liberties: A Theoretical Survey of the Empirical Landscape, in: Human Rights Quarterly 1999, S. 403–443.

Mainali, Brijesh, Sustainability of rural energy access in developing countries, Doctoral Thesis, Stockholm 2014.

Moss, Lawrence, Opportunities for Nongovernmental Organization Advocacy in the Universal Periodic Review Process at the UN Human Rights Council, in: Journal of Human Rights and Practice 2010, S. 122–150.

Nader, Lucia, The Role of NGOs in the Human Rights Council, in: SUR-International Journal on Human Rights, 2007, S. 7–27.

Neumann, Gerald, American Convention on Human Rights, in: Wolfrum (Hrsg.), The Max Planck Encyclopedia of Public International Law, Oxford University Press, 2008, online edition, [www.mpepil.com].

Njenga, Beatrice Khamati, Upesi Rural Stoves Project – Kenya, in: Karlson (Hrsg.) Generating Opportunities: Case Studies on Energy and Women 2001, S. 44–51.

Nowak, Manfred, The Need for a World Court of Human Rights, in: Human Rights Law Review 2007, S. 251–259.

Nowak, Manfred, The Right to Education, in: Eide, Asbjørn/Krause, Catarina/ Rosas, Allan (Hrsg.) Economic, Social and Cultural Rights: A Textbook, Dordrecht 2001, S. 245–272.

Nowak, Manfred, International Human Rights in an Historical Perspective, in: Janusz Symonides (Hrsg.), Human Rights: Concepts and Standards, Dartmouth (et al.), 2000.

Nowrot, Karsten/Yvonne Vardin, Liberalisierung der Wasserversorgung in der WTO Rechtsordnung – die Verwirklichung des Menschenrechts auf Wasser als Aufgabe einer transnationalen Verantwortungsgemeinschaft, 2003, erhältlich unter: http://www.telc.uni-halle.de/sites/default/files/altbestand/Heft14.pdf, letzter Zugriff am 08.08.2016.

Oetheimer, Mario/Palomares Guillem, Euopean Court of Human Rights (ECtHR), in: Wolfrum (Hrsg.), The Max Planck Encyclopedia of Public International Law, Oxford University Press, 2008, online edition, [www.mpepil.com].

Ostwald, Wilhelm, Vorlesungen über Naturphilosophie: Gehalten im Sommer 1901 an der Universität Leipzig, 1902.

Ouguergouz, Fatsah, African Charter on Human and Peoples' Rights (1981) in: Wolfrum (Hrsg.), The Max Planck Encyclopedia of Public International Law, Oxford University Press, 2008, online edition, [www.mpepil.com].

Ouguergouz, Fatsah /Baimu, Courts for Africa: Considering the Coexistence of the African Court on Human and People's Rights and the Court of Justice, in: Netherlands Quarterly of Human Rights 2004, S. 241–267.

Ouguergouz, Fatsah, The Establishment of an African Court of Human and Peoples' Rights: A Judicial Premiere for the African Union, in: African Yearbook of International Law 2003, S. 79–141.

Pejan, Ramin, The Right to Water: The Road to Justiciability, in: Gerorge Washington International Law Review 2004, S. 1181–1210.

Pinheiro, Paulo Sérgio, Musings of a UN Special Rapporteur on Human Rights, in: Global Governance 2003, S. 7–13.

Pritzkow, Sebastian, Das völkerrechtliche Verhältnis zwischen der EU und Russland im Energiesektor, Heidelberg 2011.

Pruitt, Lisa R., Deconstructing CEDWA's Article 14: Naming and Explaining Rural Difference, in: William & Marry Journal of Women and Law, Vol. 17, 2011, S. 347–394.

Ragazzi, Maurizio, World Bank Group, in: Wolfrum (Hrsg.), The Max Planck Encyclopedia of Public International Law, Oxford University Press, 2008, online edition, [www.mpepil.com].

Reader, Soran, Does a Basic Needs Approach need Capabilities?, in: The Journal of Political Philosophy, 2006, S. 337–350.

Reddy, Amulya K.N., Energy and Social Issues, in: UNDP, World Energy Assessment 2000.

Redondo, Elvira Dominguez, The Universal Periodic Review of the UN Human Rights Council: An Assessment of the First Session, in: Chinese Journal of International Law 2008, S. 721–734.

Reimann, Carsten, Ernährungssicherung im Völkerrecht: Der Menschenrechtsansatz und seine Ergänzungsmöglichkeiten angesichts der Welthungerproblematik, Stuttgart [u.a.] 2000.

Riedel, Eibe/Giacca, Gilles/Golay Christophe (Hrsg.), Economic, Social and Cultural Rights in International Law: Contemporary Issues and Challenges, Oxford 2014.

Riedel, Eibe, „Rethinking Human Rights – Real Reforms in Procedure and Substance?", in: Delbrück et al. (Hrsg.) Aus Kiel in die Welt: Kiel's Contribution to International Law, Festschrift zum 100-jährigen Bestehen des Walther-Schücking-Instituts für Internationales Recht, University of Kiel, Berlin 2014, S. 421–446.

Riedel, Eibe, New Bearings to Social Rights? The Communications Procedure under the ICESCR, in: Fastenrath, Ulrich (Hrsg.), From Bilateralism to Community Interest: Essays in Honour of Judge Brunno Simma, 2011, S. 574–589

Riedel, Eibe, Sleeping Beauty or Let Sleeping Dogs Lie? The Right of Everyone to Enjoy the Benefits of Scientific Progress and its Applications (REBSPA), in: Hestermeyer, Holger P. (Hrsg.) Coexistence, Coexistence, Cooperation and Solidarity (2 vols.) Liber Amicorum Rüdiger Wolfrum, S. 503–519.

Riedel, Eibe, Economic, Social and Cultural Rights, in: Krause, Catarina/Scheinin, Martin (Hrsg.) International Protection of Human Rights: A Textbook, Turku 2009, S. 129–149.

Riedel, Eibe, The Human Right to Health: Conceptual Foundations, in: Clapham, Andrew/Robinson, Mary (Hrsg.) Swiss Human Rights Book Vol. 3 Realizing the Right to Health (2009).

Riedel, Eibe, International Covenant on Economic, Social and Cultural Rights (1966), in Wolfrum (Hrsg.) The Max Planck Encyclopedia of Public International Law, Oxford University Press, 2008, online edition, [www.mpepil.com].

Riedel, Eibe, Committe on Economic, Social and Cultural Rights, in Wolfrum (Hrsg.) The Max Planck Encyclopedia of Public International Law, Oxford University Press, 2008, online edition, [www.mpepil.com].

Riedel, Eibe, Overview over Methods of Interpretation, special focus on constitutional interpretation in different legal systems, in: Feinäugle, Clemens/Röder, Tilman/Wiesner, Verena (Hrsg.), Max Planck Compilation of The Papers and Proceedings of the Heidelberg Seminar on Potential Disputes before the Sudanese Constitutional Court, Heidelberg 2006, S. 13–26.

Riedel, Eibe /Söllner, Sven, Studiengebühren im Lichte des UN-Sozialpakts, in: JZ 2006, S. 270–277.

Riedel, Eibe, International Law Shaping Constitutional Law: Realization of Economic, Social and Cultural Rights, in: Riedel (Hrsg.) Constitutionalism – Old Concepts, New Worlds: German Contributions to the VIth World Congress of the International Association of Constitutional Law (IACL), Santiago de Chile 2004, Berlin 2005, S. 105–121.

Riedel, Eibe, Allgemeine Bemerkungen zu Bestimmungen des Internationalen Pakts über wirtschaftliche, soziale und kulturelle Rechte der Vereinten Nationen, in: Deutsches Institut für Menschenrechte (Hrsg.) Die „General Comments" zu den VN-Menschenrechtsverträgen, Baden-Baden 2005, S. 160–173.

Riedel, Eibe, The Human Right to Water, in: Klaus Dicke (u.a.) (Hrsg.), Weltinnenrecht Liber Amicorum Jost Delbrück, S. 585–606, Berlin 2005.

Riedel, Eibe, The Development of International Law: Alternatives to Treaty-Making? International Organizations and Non-State Actors, in: Wolfrum, Rüdiger/Röden, Volker (Hrsg.) Developments of International Law in Treaty Making, 2005, S. 301–318.

Riedel, Eibe, Scope of NGO Participation in Human Rights Treaty Bodies, in: Wolfrum, Rüdiger/Röben, Volker (Hrsg.) Developments of International Law in Treaty Making, 2005, S. 301–318.

Riedel, Eibe, New Bearings to the State Reporting Procedure, in: von Schorlemer, Sabine (Hrsg.), Praxishandbuch UNO, Berlin [u.a] 2003.

Riedel, Eibe, Menschenrechte der dritten Generation, in: EuGRZ 1989, S. 9–21.

Riedel, Eibe, Theorie der Menschenrechtsstandards, Funktion, Wirkungsweise und Begründung wirtschaftlicher und sozialer Menschenrechte mit exemplarischer Darstellung der Rechte auf Eigentum und Arbeit in verschiedenen Rechtsordnungen, Berlin 1986.

Robertson, William C., Energy: Stop fakin it!: finally understanding science so you can teach it, Arlington (USA) 2002.

Rodgers, Gerry/Lee, Eddy/Sweptson, Lee/Van Daele, Jasmien, The International Labour Organization and the Quest for Social Justice 1919–2009, Genf 2009.

Rybach, Johannes, Physik für Bachelors, 2. Aufl., München 2010.

Sachs Ignacy/Dana Silk, Food and Energy, Strategies for Sustainable Development, The United Nations University, Tokyo 1990.

Saito, Yuri, An NGO Assessment of The New Mechanisms of the UN Human Rights Council, in: Human Rights Law Review 2009, S. 203–223.

Sagar, **Ambuj,** Alleviating energy poverty for the world's poor, in: Energy Policy (33) 2005, S. 1367–1372.

Salman, M.A./Siobhán McInerny-Lankford, The Human Right to Water, The World Bank, Washington 2004.

Scheinin, Martin, Economic and Social Rights as Legal Rights, in: Eide, Asbjørn/Krause, Catarina/Rosas, Allan (Hrsg.) Economic, Social and Cultural Rights: A Textbook, Dordrecht 2001.

Schneider, Jakob, Die Justiziabilität wirtschaftlicher, sozialer und kultureller Menschenrechte, Deutsches Institut für Menschenrechte (Hrsg.), Berlin 2004.

Schoiswohl, Michael, United Nations Development Programm, in: Wolfrum (Hrsg.), The Max Planck Encyclopedia of Public International Law, Oxford University Press, 2008, online edition, [www.mpepil.com].

Scholten, Christoph, Die Energiecharta – Bedeutung, aktuelle Herausforderungen und gemeinsame Handlungsoptionen mit ihren Partnern, in: Recht der Energiewirtschaft 2004, S. 85–92.

Schreyögg, Georg/Koch, Jochen, Grundlagen des Managements, ‚Basiswissen für Studium und Praxis', 2. Aufl., Wiesbaden 2010.

Schrijver, Nico, The UN Human Rights Council: A New "Society of the Committed" or Just Old Wine in New Bottles?, in: Leiden Journal of International Law 2007, S. 809–823.

Schweitzer, Michael, Staatsrecht III, 9. Aufl., Heidelberg 2008.

Selivanova, Yulia, The WTO and Energie: WTO Rules and Agreements of Relevance to the Energy Sector, ICTSD, 2007.

Sepúlveda, Magdalena, The obligations of 'international assistance and cooperation' under the International Covenant on Economic, Social and Cultural Rights. A possible entry point to a human rights based approach to Millennium Development Goal 8, in: The International Journal of Human Rights, (13) 2009 S. 90–109.

Sepúlveda, Magdalena, The Nature of the Obligations under the Covenant of Economic, Social and Cultural Rights, Antwerpen [u.a.] 2003.

Shestack, Jerome J., The Philosophical Foundations of Human Rights, in: Janusz Symonides, Janusz (Hrsg.), Human Rights: Concepts and Standards, Dartmouth [u.a.] 2000.

Shue, Henry, Basic Rights Subsistence, Affluence, and U.S. Foreign Policy, 2. Aufl., Princeton NJ (USA), 1996.

Shupack, Martin, The Churches and Human Rights: Catholic and Protestant Human Rights Views as Reflected in Church Statements, in: Harvard Human Rights Journal, 1993, S. 123–157.

Simma, Bruno, „Die vergessenen Rechte": Bemühungen zur Stärkung des VN-Sozialpakts, in: Ruland, Franz/(u.a.) (Hrsg.), Verfassung, Theorie und Praxis des Sozialstaats, Festschrift für Hans Zacher zum 70. Geburtstag, Heidelberg 1998, S. 867–882.

Simma, Bruno/Khan, Daniel-Erasmus/Zöckler, Markus/Geiger, Rudolf, The Role of German Courts in the Enforcement of International Human Rights, in: Conforti, Benedetto/Francioni, Francesco (Hrsg.) Enforcing International Human Rights in Domestic Courts, Den Haag 1997, S. 71–110.

Simma, Bruno, The examination of State reports: International Covenant on Economic, Social and Cultural Rights, in: Klein, Eckart (Hrsg.) The monitoring system of human rights treaty obligations, Colloquium, Potsdam, 22./23. November, Berlin 1996.

Simma, Bruno/Alston, Philip, The Sources of Human Rights Law: Custom, Jus Cogens, and General Principles, in: Australian Yearbook of International Law, 1992, S. 82–108.

Small, Ian (u.a.), Acting on an Environmental Health Disaster: The Case of the Aral Sea, in: Environmental Health Perspectives, 2001, S. 547–549.

Smets, Henri, Economics of Water Services and the Right to Water, in: Weiss, Edith Brown/(u.a.) (Hrsg.), Fresh Water and International Economic Law, Oxford 2005.

Smith, Rohna K. M., More of the Same or Something Different? Preliminary Observations on the Contribution of Universal Periodic Review with Reference to the Chinese Experience, in: Chinese Journal of International Law 2011, S. 565–586.

Smith, Rohna K. M., International Human Rights, 3. Aufl., Oxford 2007.

Snyder, Francis, The Effectiveness of European Community Law: Institutions, Processes, Tools and Techniques, in: Modern Law Review, 1993, S. 19–54.

Snyder, Francis, Soft Law and Institutional Practice in the European Community, in: S. Martin (Hrsg.), The Construction of Europe: Essays in Honour of Emile Noël, Dordrecht [u.a.]1994, S. 197–225.

Speight, James G., Handbook of Coal Analysis, 2. Aufl., New Jersy 2015.

Starke Joseph G., Monism and Dualism in the Theory of International Law, in: Brit. Y.B. Int'l L. 66, 1936.

Steiner, Henry J/Philip Alston/Goodmann, Ryan, International Human Rights in Context, 3. Aufl., Oxford 2008.

Stoll, Peter-Tobias/Schorkopf, Frank, WTO: World Economic Order, World Trade Law, Leiden 2006.

Strauß, Karl, Kraftwerkstechnik, 6. Aufl., Heidelberg, 2010.

Streeten, Paul, First Things First – Meeting Basic Human Needs in the Developing Countries, London 1981.

Streeten, Paul, Basic Needs and Human Rights, in: World Development, Vol. 8, 1980, S. 107–111.

Streeten, Paul, Basic needs: premises and promises, in: Journal of Policy and Modeling 1979 No.1, S. 136–146.

Streeten, Paul/Burki, Shahid Javed, Basic Needs: Some Issues, in: World Development, Vol. 6, 1978, S. 411–421.

Stubenrauch, Jessica, Ein Menschenrecht auf Wasser, ZUR 2010, S. 521–528.

Suzuki, Motoyuki, Water in our Future, in: van Ginkel, J. A. (Hrsg.), Human Development and the Environment, Tokyo [u.a.] 2002, S. 197 ff.

Thienel, Tobias, The 'Living Instrumetn' Approach in the ECHR and Elsewhere: Some Remarks on the Evolutive Interpretation of International Treaties, in: Festschrift 100 years of the Walther-Schücking Institute of International Law, University of Kiel, Berlin 2014, S. 165–198.

Thommen, Jean-Paul, Managementorientierte Betriebswirtschaftslehre, 8. Aufl., Zürich 2008.

Tomuschat, Christian, United Nation, General Assembly, in: Wolfrum (Hrsg.), The Max Planck Encyclopedia of Public International Law, Oxford University Press, 2008, online edition, [www.mpepil.com].

Tomuschat, Christian, An Optional Protocol for the International Covenant on Economic, Social and Cultural Rigths?, in: Dicke, Klaus/(u.a.) (Hrsg.), Weltinnenrecht Liber Amicorum Jost Delbrück, S. 815–834, Berlin 2005.

Triandis, Harry C., Individualism-Collectivism and Personality, in: Journal of Personality, 2001, S. 907–924.

Tully, Stephen, The Human Right to Access Electricity, in: The Electricity Journal, 2006, S. 30–39.

Tully, Stephen, A Human Right to Access Water? A Critique of General Comment No. 15, in: Netherlands Quarterly of Human Rights, (23) 2005, S. 35–63.

Thürer, Daniel, The Role of Soft Law in the Actual Process of European Integration, in: O. Jacot-Guillarmod (Hrsg.), L'avenir du libre-échange en Europe: vers un Espace économique européen?, Zürich 1990, S. 131.

Thürer, **Daniel**, „Soft Law" – ein neue Form von Völkerrecht?, in: Zeitschrift für Schweizerisches Recht, Band 104, 1985, S. 429–453.

United Nations/Centre for Human Rights, National human rights institutions: a handbook on the establishment and strengthening of national human rights institutions for the promotion and protection of human rights, Professional Training Series No. 4, New York, Geneva 1995.

Van Alstine, Michael, Dynamic Treaty Interpretation, in: University of Pennsylvania Law Review, 1998, S. 686–793.

van Dijk, Peter (Hrsg.), Theorie and Practice of the European Convention on Human Rights, 4. Aufl., Deventer 2006.

van Hamel, Hugo, World Trade Organization, Den Haag 1997.

Verdross, Alfred/Simma, Bruno, Universelles Völkerrecht, 3. Aufl., Berlin 1984.

Vereshchetin, Vladlen, New Constitutions and the Old Problem of the Relationship between International and National Law, in: EJIL 1996, S. 29–41.

Vilijoen, Frans, African Court on Human and Peoples' Rights (ACtHPR), in: Wolfrum (Hrsg.), The Max Planck Encyclopedia of Public International Law, Oxford University Press, 2008, online edition, [www.mpepil.com].

Vilijoen, Frans, International Human Rights Law in Africa, 2. Aufl., Oxford 2007.

Villiger, Eugen, Commentary on the 1969 Vienna Convention on the Law of Treaties, Art. 31, Leiden 2009.

Weber, Wolfgang/Kabst, Rüdiger, Einführung in die Bertiebswirtschaftslehre, 7. Aufl., Wiesbaden 2009.

Welling, Judith, International Indicators and Economic, Social, and Cultural Rights, in: Human Rights Quaterly 2008, S. 933–958.

Wesselak, Viktor/Schabbach Thomas, Regenerative Energietechnik, Heidelberg 2009.

Winkler, Inga, Lebenselixier und letztes Tabu: Die Menschenrechte auf Wasser und Sanitärversorgung, Berlin 2011.

Young, Katharine, The Minimum Core of Economic, Social and Cultural Rights, in: The Yale Journal of International Law, (33) 2008, S. 112–175.

Young, Thomas, A Course of Lectures on Natural Philosophy and the Mechanical Arts. Nachdruck 1845, Taylor and Walton, S. 34 ff.

Reports

AGECC, Energy for a Sustainable Future, 2010.

Australian Institute of Health and Welfare, Australias Welfare 2005.

BP, BP Statistical Review of World Energy June 2010.

Catarina de Albuquerque, "Report of the independent expert on the issue of human rights obliagtions related to access to safe drinking water and sanitation (2009)".

COHRE, UN-HABITAT, WaterAid and SDC, Sanitation: A human rights imperative (Geneva 2008)

Department for Institutional Development (DFID), Energy for the poor – Underpinning the Millenium Development Goals, 2002.

Diakonisches Werk der EKD e.V.(et.al.), Analyse: „Energie vom Acker, Wie viel Bioenergie verträgt die Erde", 2009, S. 33 ff. < http://www.brot-fuer-die-welt.de/downloads/fachinformationen/analyse04_energie-vom-acker.pdf>

Energy for All: Vietnam's Success in Increasing Access to Energy through Rural Electrification, Asian Development Bank 2011.

European Fundamental Rights Agency (FRA), Comparative thematic legal study on National Human Rights Institutions and human rights organisations in the member states, 2010.

International Labour Office, 'Meeting Basic Needs Strategies for eradicating mass poverty and unemployment' (1977).

ILO, World Employment Conference, 1976, document WEC/CW/E.1; Declaration of Principles and Programme of action adopted by the Tripartite World Conference on Employment, Income Distribution and Social Progress, and the international division of labour, Geneva 4–17 June 1976.

Kommentar zu Art. 27 des Entwurfs der International Law Commission (ILC-Draft), UN-Doc A/6309/Rev, YBILC II (1966), S. 217 ff.

The Limburg Principles on the International Covenent on Economic, Social and Cultural Rights, UN doc. E/CN.4/1987/17, in: Human Rights Quarterly, Vol. 9 (1987), S. 122–135.

The Maastricht Guidelines on Violations of Economic, Social and Cultural Rights, abgedruckt in: Human Rights Quarterly (1998) S. 691–704.

Misereor, "Energie für die Armen: Ein Positionspapier", 2004.

OECD/IEA, World Energy Model – Methodology and Assumptions, 2009.

OECD/IEA, World Energy Outlook 2009.

Plan of Implementation of the World Summit on Sustainable Development, 2002.

Report of the World Summit on Sustainable Development 2002, Südafrika 26.08.-04.09.2002, U.N. Doc. A/CONF.199/20.

Roosevelt, 4 – State of the Union Message to Congress, 11. January 1944, <http://www.presidency.ucsb.edu/ws/index.php?pid=16518>.

Secretary-General's High-Level Group on Sustainable Energy for All, Sustainable Energy for All, A Global Action Agenda, 2012.

UNDP, Human Development Report 2009.

UNDP et. al., Energy Services for the Millenium Development Goals, 2005.

UNDP/UNDESA/WEC, World Energy Assement Overview: 2004 Update.

UNDP, Gender and Energy For Sustainable Development: A Toolkit and Resource Guide, (2004).

World Bank, One Goal Two Paths: Achieving Universal Access to Modern Energy in East Asia and the Pacific, 2011, S. 60.

The World Bank, Implementation Completion and Results Report, May 2009, Report No: ICR0000706.

World Commission on Environment and Development (WCED), Report "Our Common Future", 20. März 1987, Chapter 7. <http://www.worldinbalance.net/pdf/1987-brundtland.pdf>.

World Health Organisation, 'The Right to Water', (2003).

WHO, The World Health Report 2002.

WHO, The Global Water Supply and Assessment 2000, Geneva (2000).

WHO, Situation Analysis of Household Energy Use and Indoor Air Pollution in Pakistan, Department of Child and Adolescent Health and Development, 2005.

World Health Organisaton, 'The Global Water Supply and Sanitation Assessment 2000' (2000).

WHO/UNDP, The Energy Access Situation in Developing Countries, November 2009.

Internetquellen

Frankenberger, Amerika auf dem Weg zur Energieunabhängikeit, FAZ Online v. 20.10.2013, http://www.faz.net/aktuell/wirtschaft/konjunktur/oel-und-gas-amerika-auf-dem-weg-zur-energieunabhaengigkeit-12617741.html, letzter Zugriff am 08.08.2016.

Schultz, Energiearmut: Im dunklen Deutschalnd, Spiegel Online v. 05.05.2014, http://www.spiegel.de/wirtschaft/soziales/energiearmut-reportage-ueber-menschen-ohne-stromversorgung-a-964258.html, letzter Zugriff am 08.08.2016.

New York Times, The Shame of the United Nations, v. 26.02.2006, ehttp://www.nytimes.com/2006/02/26/opinion/26sun2.html?_r=2&n=Top%2fOpinion%2fEditorials%20and%20Op%2dEd%2fEditorials&oref=slogin&, letzter Zugriff am 08.08.2016.

Studien zum Internationalen, Europäischen und Öffentlichen Recht

Herausgegeben von Eibe Riedel

Band 1 Christian Jutzi: Das Brandwaffenprotokoll. Regelungen und Verbindlichkeit. 1997.

Band 2 Jutta Schumann: Faktische Gleichberechtigung. Die Grundgesetzerweiterung des Art. 3 II S. 2. 1997.

Band 3 Christian Keim: Der institutionelle Rahmen im Wettbewerbsrecht der Europäischen Union und mögliche Reformmodelle. Eine Darstellung des europäischen institutionellen Gefüges und eine Entwicklung eines neuen Modells durch Vergleich mit dem institutionellen Rahmen in den USA, Deutschland, Großbritannien und Frankreich. 1998.

Band 4 Andreas Torka: Nichtnavigatorische Wassernutzungen. Mechanismen der Internationalen Zusammenarbeit. Von der Konfrontation über die Kooperation zu koadministrativen Formen der Zusammenarbeit. 1999.

Band 5 Markus Reimann: Die nicht-navigatorische Nutzung internationaler Süßwasserressourcen im Umweltvölkerrecht. 1999.

Band 6 Felix William Stoecker: NGOs und die UNO. Die Einbindung von Nichtregierungsorganisationen (NGOs) in die Strukturen der Vereinten Nationen. 2000.

Band 7 Torsten Weigt: Die ökologische Aktion zur Vermeidung und Bekämpfung transnationaler Umweltkatastrophen. Ein Beitrag zu Möglichkeiten und Problemen der Durchsetzung umweltschützender Verpflichtungen im Völkerrecht. 2000.

Band 8 Markus Tjaden: Genanalyse als Verfassungsproblem. Zulässigkeit genanalytischer Anwendungen im Lichte von Menschenwürde und genetischem Selbstbestimmungsrecht. 2001.

Band 9 Thorsten Wagner: Funktion und praktische Auswirkungen der richterlichen Vorlagen an den Gerichtshof der Europäischen Gemeinschaften. Dargestellt an Beispielen aus der Rechtsprechung zur Anwendung und Auslegung der Richtlinie 77/187/EWG und deren Einfluss auf das deutsche Recht. 2001.

Band 10 Thomas F. Kremer: Die "wissenschaftliche Rechtsphilosophie" Carl Magnus Bergbohms. Versuch einer analytisch-kritischen Rekonstruktion. 2001.

Band 11 Hüseyin Özcan: Rundfunkfreiheit in Deutschland und in der Türkei. Unter Berücksichtigung der Staatsferne des Rundfunks. 2002.

Band 12 Valentin Aichele: Nationale Menschenrechtsinstitutionen. Ein Beitrag zur nationalen Implementierung von Menschenrechten. 2003.

Band 13 Seong-Woo Ji: Die Ausgestaltung der Rundfunkfreiheit im dualen System. Eine rechtsvergleichende Untersuchung zum deutschen und koreanischen Verfassungsrecht. 2004.

Band 14 Andreas Blüthner: Welthandel und Menschenrechte in der Arbeit. The Compatibility of Human Rights at Work with the WTO-System. 2004.

Band 15 Christoph Steiner: Das Recht auf soziale Gesundheitsversorgung. Unter besonderer Berücksichtigung des Artikel 9 ICESCR. 2004.

Band 16 Joachim Spalcke: Arzneimittelzulassungsverfahren in der Europäischen Union und den Vereinigten Staaten von Amerika. Entwicklung und Harmonisierung. 2004.

Band 17 Bernd Neumann: Zeugnisverweigerungsrechte und strafprozessuale Ermittlungsmaßnahmen. 2005.

Band 18 Randolf Straky: Das Privatleben Prominenter als Verfassungsproblem. Ein Rechtsvergleich mit Frankreich und England unter Einbezug von Internetpublikationen. 2006.

Band 19 Fabian Böhm: Strukturen internationalen Subventionsrechts. EG-Beihilfenrecht und WTO- Subventionsrecht aus rechtsvergleichender Perspektive. 2007.

Band 20 Katharina Engbruch: Das Menschenrecht auf einen angemessenen Lebensstandard. Ernährung, Wasser, Bekleidung, Unterbringung und Energie als Elemente des Art. 11 (1) IPWSKR. 2008.

Band 21 Sandra Reinheimer: Das Verbindungskonzept der Bundeswasserstraßenverwaltung. 2008.

Band 22 Danny Reinhold: Der Schutz der Umwelt in der Binnenschifffahrt unter besonderer Berücksichtigung ausgewählter zukünftiger Handlungsansätze auf dem Weg zu einer ökologischen Binnenschifffahrtspolitik. 2009.

Band 23 Katrin Träbert: Sanktionen der Europäischen Union gegen ihre Mitgliedstaaten. Die Sanktionsverfahren nach Art. 228 Abs. 2 EGV und Art. 7 EUV. 2010.

Band 24 Ana Maria Suárez Franco: Die Justiziabilität wirtschaftlicher, sozialer und kultureller Menschenrechte. Eine Untersuchung über den aktuellen Zustand in Lateinamerika, unter Beachtung der völkerrechtlichen Menschenrechtsstandards. Kolumbien als Beispiel. 2010.

Band 25 Robert Kessel: Die Kontrolldichte der Normenkontrolle in Skandinavien aus deutscher Sicht. Eine rechtsvergleichende Untersuchung der richterlichen Überprüfung der Verfassungsmäßigkeit von Gesetzen in Dänemark, Norwegen und Schweden. 2011.

Band 26 Stephan Fehrentz: Rechtliche Grenzen von Privatisierungen im Strafvollzug. Unter besonderer Beachtung des Gesetzes über elektronische Aufsicht im Vollzug der Freiheitsstrafe. 2013.

Band 27 Anne-Kathrin Rühr: Instrumente des individuellen Grundrechtsschutzes in der Russischen Föderation. Eine rechtsvergleichende Betrachtung. 2016.

Band 28 Dennis-N. Warman: Energie als Menschenrecht. Ein Recht auf Zugang zur Grundversorgung mit Energie als Menschenrecht nach dem Internationalen Pakt über wirtschaftliche, soziale und kulturelle Rechte. 2017.

www.peterlang.com

www.ingramcontent.com/pod-product-compliance
Ingram Content Group UK Ltd.
Pitfield, Milton Keynes, MK11 3LW, UK
UKHW021125041026
8980IPUK00026B/535

9 783631 674406